A bissel was
geht immer

Helmut Dietl

A bissel was geht immer

Unvollendete Erinnerungen

Herausgegeben
von
Tamara Dietl

Mit einem Nachwort
von
Patrick Süskind

Kiepenheuer & Witsch

3. Auflage 2022

Umschlaggestaltung: Rudolf Linn, Köln
Umschlagmotiv Vorderseite: © picture alliance/dpa/Jens Kalaene;
Rückseite: © privat
Fotos im Innenteil: © privat, außer
Stadtbilder München (S. 211–215): © Stadtarchiv München
Gesetzt aus der Adobe Garamond
Satz: Buch-Werkstatt GmbH, Bad Aibling
Druck und Bindung: CPI books GmbH, Leck
ISBN 978-3-462-04980-0

Inhalt

Vorwort

Helmuts letzter Film ist dieses Buch. Wer es liest, wird einem bisher unbekannten Helmut Dietl begegnen. Einem Helmut Dietl aus einer Zeit, als er noch nicht *der* Helmut Dietl war. Aus der Zeit vor den *Münchner Geschichten*, dem *Monaco Franze* und *Kir Royal*, vor *Schtonk* und vor *Rossini*. Ich kann mich noch gut an den Moment erinnern, als ich ihm zum ersten Mal begegnet bin. Das war an einem sehr heißen Abend im Sommer 1997, und Helmut war schon lange *der* Helmut Dietl.

Es war eine Begegnung der Blicke. Mehr nicht. Aber auch nicht weniger. Irgendeine Medienfirma hatte zu einem Empfang ins Kölner »Wasserturm«-Hotel geladen. Ich sah Helmut inmitten von Schauspielerinnen, Agentinnen und anderen Damen der Filmwelt. Es war eine Szene wie aus seinen Filmen, und er selbst verkörperte sein eigenes Klischee. Ganz in Weiß gekleidet saß er da und rauchte eine Zigarette nach der anderen. Mir kamen Szenen aus *Rossini* in den Sinn, einem seiner größten Erfolge, der zu Beginn desselben Jahres dreieinhalb Millionen Zuschauer in die Kinos gelockt hatte.

Immer wieder schaute er zu mir herüber, und ich schaute zurück. Es war diese melancholische Genugtuung in seinem Blick, die mich zutiefst berührte. Und gleichzeitig war ich irritiert von der irreal anmutenden Mischung aus Fiktion und Wirklichkeit, die sich in dieser Szene spiegelte und die mich noch lange beschäftigte.

Drei Monate später sahen wir uns wieder. Diesmal in München, zum Abendessen im »Romagna Antica«, natürlich genau in jenem italienischen Lokal, das als reales Vorbild gedient hatte für das fiktive Restaurant »Rossini«. Wieder mutete die Szenerie irritierend unwirklich an, und irgendwie hatte ich den ganzen Abend das Gefühl, im falschen Film zu sein. Am Tisch hinter Helmut – selbstverständlich wieder in Weiß und natürlich wieder ketterauchend – saß der laut monologisierende Bernd Eichinger mit ein paar Schauspielerinnen, die an seinen Lippen hingen. Helmut plante damals einen Spielfilm über das Leben und Sterben des bayerischen Schauspielers Walter Sedlmayr, den er seit den 1960er-Jahren kannte, der oft bei ihm gespielt hatte und der 1990 ermordet worden war. Ich hatte für SPIEGEL TV eine Dokumentation über den Tod von Walter Sedlmayr gemacht, und Helmut meinte, ich könne ihm deshalb vielleicht bei dem Drehbuch behilflich sein.

Irgendwie war jener Abend der eigentliche Beginn unserer Liebe – auch wenn es noch über zwei Jahre dauern sollte, bis wir endgültig zusammenkamen. Es war der Moment, in dem wir unser gemeinsames Lebensthema entdeckten: die großen Fragen des Künstlers an das Zusammenspiel von Realität und Fiktion. Die ganze Nacht philosophierten wir über den Unterschied zwischen dem »echten« Leben und dem Leben auf der Leinwand. Für Helmut, so begriff ich irgendwann in den frühen Morgenstunden, spielten am Ende weder Wirklichkeit noch Fiktion die eigentliche Rolle.

Ihm ging es vielmehr um die *Wahrheit;* um die Kunst, in all seinen Geschichten die *Wahrheit hinter der Wirklichkeit* zu erzählen. Mit seinen Komödien und Satiren die Wahrheiten der menschlichen Seele zu entlarven, ihre Schwächen, ihre Stärken, ihre Sehnsüchte, Ängste und auch ihren Selbstbetrug – diese Kunst war sein Leben, und darin war er genial.

Die letzten fünfzehn Jahre seines Lebens habe ich mit ihm gemeinsam verbracht und die Entstehung von zwei Filmen miterlebt. Habe miterlebt, wie unendlich hingebungs- und mühevoll sein künstlerisches Ringen um eben diese Wahrheit war. Habe miterlebt, wie *Zettl*, seine Satire über die Berliner Republik, 2012 mit den gnadenlosen Verrissen der Filmkritiker regelrecht hingerichtet worden war. Helmut hat aufs Schmerzlichste unter dieser Häme gelitten – als Mensch und auch als Künstler. Er fühlte sich zutiefst unverstanden durch die Vorwürfe, dass die Republik, wie er sie in *Zettl* gezeichnet hat, so *in Wirklichkeit* doch gar nicht sei. Verbittert schüttelte er über so viel Ignoranz den Kopf – weil es ihm eben gerade *nicht* um die *Wirklichkeit*, sondern um die *Wahrheit* der Berliner Republik gegangen war.

Nach dem Flop von *Zettl* fiel er in eine schwere Depression und eine große Schreibblockade. Nie wieder werde er einen Film machen können – davon war er überzeugt. Er begann Antidepressiva zu nehmen, in der Hoffnung, die Kränkung auf diese Weise bekämpfen zu können. Die Psychopharmaka halfen ihm dabei, nicht völlig in der eigenen, der inneren Dunkelheit zu versinken. Aber die Schreibhemmung konnten sie nicht lösen.

»Ich werde meine Memoiren schreiben«, verkündete er eines Morgens beim Frühstück. Er hatte wieder einmal die halbe Nacht nicht geschlafen und den Kampf gegen die Dämonen im Morgen-*Grauen* für verloren erklärt.

»Was hältst du davon?«, fragte er mich, ohne meine Antwort abzuwarten. »Wenn ich keinen *Film* schreiben muss, fällt mir das Schreiben vielleicht wieder leichter.«

Und genau so kam es. Helmut begann an seinen Memoiren zu schreiben und überwand auf diese Weise seine Schreibblockade. Wie früher bei seinen Drehbüchern arbeitete er auch diesmal enorm diszipliniert. Jeden Tag mehrere Stunden lang. Mit einem – wesentlichen – Unterschied allerdings. Er schrieb allein. Für das Verfassen seiner Drehbücher hatte er immer ein Gegenüber gebraucht, einen Koautor. »Hat auch was«, sagte er eines Tages amüsiert über sich selbst. »Hat wirklich was, gleichzeitig sein eigener Autor und Koautor zu sein.«

9

Monatelang schrieb er, ohne dass ich etwas lesen durfte, dafür aber immerhin von seiner zunehmend besseren Laune profitieren konnte. Sein Schreibtisch füllte sich langsam, aber stetig mit seinen kleinen feinen Kalendern der letzten vierzig Jahre, die ihm als Notiz-Tagebücher gedient hatten. Als ich ihn irgendwann einmal nach seinen Fortschritten fragte, antwortete er triumphierend: »Ich bin schon bei fast zweihundert Seiten und noch lange nicht das erste Mal verheiratet.«

Es war ein wunderschöner Sommerabend im Jahr 2013, als er mich fragte, ob ich Lust hätte, etwas aus seinen Memoiren zu hören. Unsere Tochter Serafina war bereits ins Bett gegangen, und wir saßen auf unserer Terrasse hoch über den Dächern von München. Er holte eine Flasche Rotwein und sein Manuskript. Dann begann er zu lesen. Die halbe Nacht lang. Und ich begann zu staunen. Das waren nicht die Memoiren, die ich erwartet hatte. Das war Literatur – und zwar vom Allerfeinsten. Wundervolle Prosa, die mich sehr beeindruckte. Eine brillante Erzählung über seine Kindheit und Jugend im München der Nachkriegszeit, die abgöttische Liebe zu seiner Mutter Else, die sich für ihn aufgeopfert hatte, über die latente Verachtung für den alkoholkranken Vater, der die Familie früh verlassen hatte. Seine Aufbrüche ins Leben, die Zeit beim Militär, seine ersten Berührungen mit der Welt des Films. Vor allem aber seine ersten Berührungen mit der Welt der Erotik – seine zärtliche, poetisch-sinnliche Liebeserklärung an die Frauen rührte mich am meisten. Helmut war schon sehr früh das, was er sein Leben lang geblieben ist: ein Mann, der die Frauen liebte.

»Du bist ein Schriftsteller geworden durch die Arbeit an diesem Buch«, sagte ich am Ende seiner Lesung. »Bin ich nicht *geworden*, Liebling, war ich schon immer«, erwiderte er. »Ich war immer ein Autor. Regisseur bin ich nur deshalb geworden, weil es niemanden gab, der meine Drehbücher genauso gut hätte inszenieren können wie ich selbst.«

Helmut schrieb weiter an dieser wunderbaren Geschichte seines Lebens. Mit großer Befriedigung schrieb er daran, jeden Tag, viele Stunden lang.

Bis zum 8. Oktober 2013. Bis zu jenem schicksalhaften Tag, an dem er seine Krebsdiagnose bekam. Danach war Schluss mit dem Schreiben, jedenfalls erst einmal. Über zweihundertfünfzig Seiten hatte er bis dahin geschafft – und war noch immer nicht das erste Mal verheiratet.

Als sich im Frühsommer 2014 sein Zustand nach der Strahlenchemotherapie stabilisierte, wollte er weiterschreiben. Aber es gelang ihm nicht mehr richtig. »Vielleicht kann man als Schwerkranker nicht wirklich gut sein eigener Koautor sein«, bemerkte er eines Tages und rief seinen Freund Patrick Süskind an. Er solle seine Kalender und Tagebücher aus den frühen Jahren mitbringen. Patrick kam, und bei einer »guten Tasse Tee« (Süskind) begannen die beiden die gemeinsame Zeit zu rekonstruieren. Viele Nachmittage ging das so, immer bei einer guten Tasse Tee und, wie mir schien, einer zarten und heiteren Freude über die gemeinsam verbrachte Lebenszeit.

Eines Morgens setzte sich Helmut wieder an seinen Laptop und schrieb weiter. Allerdings nicht da, wo er aufgehört hatte. Sondern da, wo er mit Patrick begonnen hatte, *Kir Royal* zu erfinden. »Dazu fällt mir im Moment am meisten ein«, sagte er. »Über die Zeit dazwischen werde ich später schreiben.«

Zu dem *Später* ist es nicht mehr gekommen. Im Dezember 2014 begann Helmuts Lungenkrebs Metastasen in die Wirbelsäule zu streuen. Im Februar 2015 gaben wir schließlich die Hoffnung auf Heilung auf und ersetzten sie durch die Hoffnung auf ein würdevolles Sterben bei uns zu Hause. Diese Hoffnung wurde erfüllt. Eine Woche bevor er starb, sprach Helmut noch einmal über seine Memoiren, die nun unvollendet bleiben mussten. Er bat mich, sie nach seinem Tod zu veröffentlichen.

»Für das, was ich nicht mehr geschafft habe, können die Leute ja meine Serien und Filme schauen«, sagte er mit einem Lächeln und dieser melancholischen Genugtuung im Blick. »In meinem Werk steckt die ganze Wahrheit über mich. Das bin ja sowieso alles ich.«

Tamara Dietl
München, den 26. April 2016

1

Andere feiern ihre Geburtstage. Ich nicht. Das liegt vielleicht daran, dass ich auf diesem Gebiet als Kind schon eindrucksvolle und daher unvergessliche Enttäuschungen erleben durfte. Keiner meiner Geburtstage vom dritten bis zum zehnten Lebensjahr war auch nur annähernd so verlaufen, wie ich mir damals einen Kindergeburtstag im Hochsommer vorgestellt hatte: Die Sonne sollte scheinen, es sollte aber nicht zu heiß sein. Zwischendurch oder auch gleichzeitig sollte es schneien, und zwar in gleichmäßig dicken Flocken. Auf keinen Fall sollte es jedoch kalt sein. Im hüfthohen Gras eines großen, wilden Gartens sollten bunt bemalte Eier versteckt sein. Baden sollte man können, aber auch Schlittenfahren, Drachen steigen lassen, Blinde Kuh spielen, singen, tanzen, lachen. Von den Geschenken, die ich mir als Kind zum Geburtstag wünschte, weiß ich nur noch, dass sie sehr viel zahl- und vor allem viel einfallsreicher waren als die, die ich schließlich bekam. Meinen Eltern konnte ich keinen Vorwurf machen, meinem Vater schon deshalb nicht, weil er wieder mal nicht da war, und meiner Mutter auch nicht, weil ich sie viel zu sehr liebte. Wo mein Vater hinfuhr, wenn er wegfuhr, wusste ich nicht genau. Er sei beruflich auf Reisen, hatte man mir gesagt. Diese Reisen mussten müde machen, denn wenn mein Vater gelegentlich an Wochenenden nach Hause kam, dann schlief er. Meine Mutter kochte, allerdings wohl nicht so gut wie die Großmutter väterlicherseits. Dieses Defizit war an Sonntagen ständiges Thema, sogar als sich meine Mutter einmal, überraschenderweise, bei der Zubereitung eines gekochten Rindfleisches selbst übertraf.

Fatalerweise hatte mein Vater recht, als er die gereichte Speise als »Tellerfleisch« bezeichnete und nicht als den Tafelspitz, den er von seiner Mutter gewohnt war. Grundsätzlich wäre das kein Problem gewesen, denn das Tellerfleisch war wirklich sehr gut, aber es war kein Tafelspitz. Es hätte gereicht, das Tellerfleisch als solches zu bezeichnen, und alles wäre in Ordnung gewesen. Meine Mutter jedoch machte den entscheidenden Fehler, ihrem durchaus wohlschmeckenden Gericht den hochstapelnden Namen Tafelspitz zu geben. Sie setzte sich damit in Konkurrenz zu ihrer Schwiegermutter und hatte den Kampf schon verloren, ehe er begann.

Noch verheerender waren die Folgen, wenn sich meine Großmutter mütterlicherseits des Herdes bemächtigte. Die Betty-Oma hatte nämlich im Gegensatz zur väterlichseitigen Greiner-Oma Gaumen und Zunge von hoher Unempfindlichkeit. Ob die Tatsache, dass die eine die Vornamen-Oma war, die andere jedoch, respektvoll, ihren Nachnamen vorangestellt bekam, mit den unterschiedlichen kulinarischen Fähigkeiten der Großmütter zu tun hatte, war mir als Kind zwar nicht zu sagen, aber zu vermuten gestattet. Es gab noch andere Hinweise, dass die Ehe zwischen Else Dietl-Greiner, geborene Else-Betty Donhauser, und ihrem Mann Heinz, meinem Vater, von Anfang an eine nicht sehr glückliche Verbindung war. Die Greiner-Oma nannte Else eine »Bürgerliche«, ein Ausdruck, der von der Schwiegertochter als ungerechte und vor allem ungerechtfertigte Herabwürdigung empfunden wurde, denn weder war die Familie Dietl-Greiner jemals adelig, noch gab es sonst einen ersichtlichen Grund, der so eine Beleidigung gerechtfertigt hätte. Wenn die Greiner-Oma, die Maria hieß, aber allgemein Mirzl genannt wurde, eine Kommunistin gewesen wäre, dann könnte man so eine Invektive vielleicht verstehen, sie war aber zeit ihres Lebens keine. Wenn überhaupt jemand in der Familie der marxistischen Ideologie verdächtigt werden konnte, dann der Großvater mütterlicherseits, Xaver Donhauser. Er war Schneider von Beruf und redete wenig.

Die Betty-Oma muss es schwer gehabt haben neben ihrem Xaver. Er war Atheist, sie war streng katholisch. Und die beiden sprachen auch angeblich nicht miteinander. Wie sie trotz dieser Hindernisse zu zwei Kindern kamen, blieb ihr Geheimnis. Bei Betty-Omas geradezu fanatischer Marienverehrung war eine unbefleckte Empfängnis nicht auszuschließen. Ihr Mann Xaver Donhauser wurde wegen seiner kommunistischen Parteizugehörigkeit von den Nazis verhaftet und ins Konzentrationslager Dachau gesteckt. Meine Erinnerung an ihn ist dunkel und beschränkt sich auf einen einzigen und kurzen Moment: Ein alter Mann mit wenigen weißen Haaren, gekleidet in eine verbeulte dunkelgraue Hose, ein hellbraun gestreiftes Hemd unter einem grau melierten Pullover mit V-Ausschnitt, darüber ein bräunliches, schon ziemlich abgewetztes Tweed-Jackett, betrat unsicher gehend und auf einen Spazierstock gestützt das Erdgeschoss eines großen Einfamilienhauses.

Da Vater, Mutter und Kind nur ein einziges Mal in ihrem gemeinsamen Familienleben ein solches Haus bewohnten, kann es sich nur um die ehemalige Villa einer Nazigröße gehandelt haben, die die amerikanischen Befreier beschlagnahmt und »Henry« Greiner – meinem Vater – großzügig zur Verfügung gestellt hatten.

Die Villa war in Neufriedenheim gelegen, einem Vorortsviertel in den westlichen Ausläufern der Stadt München. Die Straße, die zu dem Haus führte, war nicht geteert. Gegenüber breiteten sich Kornfelder aus, dahinter Wiesen und Wald. Etwa zehn Gehminuten weiter östlich, Richtung Stadt, war in einer von der Sozialen Wohnungsbaugesellschaft der Weimarer Republik um das Jahr 1930 errichteten Siedlung von Ein- und Mehrfamilienhäusern auch das kleine Häuschen der Greiner-Oma zu erreichen. Sehr praktisch für den Vater, wenn er seine Mutter besuchen wollte, sehr unangenehm für die »bürgerliche« Schwiegertochter und nicht unproblematisch für den kleinen Jungen, der seine Greiner-Oma innig liebte, aber spürte, dass zwischen seiner Mutter und der um die Ecke wohnenden Schwiegermutter die Distanz um ein Vielfaches größer war als die Entfernung zwischen den Häusern.

Der äußerlich durchaus gesund wirkende Großvater Donhauser

starb einige Wochen nach seinem Besuch bei uns an einer Krankheit, die er sich offenbar im Lager zugezogen hatte. Welche, erfuhr ich nicht, möglicherweise war sie seelisch verursacht. Ich war häufig bei der Greiner-Oma untergebracht, da beide Eltern arbeiteten. An den Abenden des Wochenendes, wenn die Mutter freihatte – sie war Absolventin einer Handelsschule und irgendwo als Stenotypistin oder Sekretärin tätig –, legte sie zwei Sofakissen auf ein Fensterbrett im ersten Stock der Villa und stellte einen Stuhl davor, damit ich darauf stehen oder knien konnte. Sie öffnete das Fenster, Mutter und Kind lehnten sich auf die Kissen und schauten auf die dunkle Straße hinaus, in der weder jemand vorbeiging noch vorbeifuhr. Das Kornfeld gegenüber war in der Dunkelheit kaum zu sehen. Es gab keine Straßenbeleuchtung. Nur wenn der Mond ausreichend schien oder sich das Auge nach einiger Zeit an die Dunkelheit angepasst hatte, wären einzelne Gegenstände zu erkennen gewesen, wenn es solche gegeben hätte. Mutter und Kind warteten auf den Vater. Sie warteten darauf, dass sich zwei Scheinwerfer zeigten, die Scheinwerfer eines amerikanischen Trucks. Wenn der kam, kam auch der Vater.

Er saß immer vorne auf dem Beifahrersitz. Um sich das Warten, das sehr häufig vergeblich war, zu versüßen, aßen meine Mutter und ich Schokoladenpralinen, die damals sehr selten waren. Mein Vater hatte sie, wie viele andere Lebensmittel auch, aus der PX, dem Post Exchange Laden, in dem nur Angehörige der amerikanischen Streitkräfte einkaufen durften. »Henry« Greiner arbeitete, offenbar in hoher Funktion, für den Special Service. Was er da allerdings tat, wussten weder Frau noch Kind, deshalb wussten wir auch nicht, wann und ob er nach Hause kam und vor allem nie, wo er war, wenn er nicht kam. Ich erhielt auf diesbezügliche Fragen, sowohl von Vater wie von Mutter, unbefriedigende Antworten, die stets mit einem »Das verstehst du noch nicht« endeten. So unrecht hatten die beiden gar nicht, denn was zum Beispiel »Damenringkämpfe im Schlamm« waren und inwiefern sie ein »Special Service« sein sollten, das erschloss sich dem Kind erst, als es keines mehr war.

In Erinnerung blieb etwas ganz anderes. Nicht ob und wann der Vater kam oder nicht, sondern die mit den Fingernägeln ganz glatt gestrichenen Stanniolpapiere, in die die Pralinen eingepackt waren. Silbrig auf der Unterseite, wo sie mit der Schokolade in Berührung kamen, farbig bunt auf der Oberseite. Teils waren Linien zu sehen, die aber nicht durchgehend *eine* Farbe hatten, sondern wiederum in sich bunt waren. Sterne gab es und Mondsicheln, Kometen, Kugeln, Quadrate und Dreiecke. Am eindrucksvollsten waren Sterne und Mondsicheln. Meine Mutter war besonders verlässlich im Glattstreichen des Stanniolpapiers. Was ihre Hände verließ, sah aus wie gebügelt. Ich war mit meinen wesentlich kleineren Fingernägeln nicht ganz so erfolgreich. Vielleicht war ich auch ungeduldiger. Durch das abendliche Warten am Fenster entstanden so im Laufe der Zeit dicke Bündel von Stanniolpapier. Sie sahen aus wie etwas sehr Wertvolles. Zuerst verwendete ich das Wunderpapier, das gar kein Papier war, sondern eine ganz dünne Metallfolie, die sich zu allen möglichen Gestalten und Installationen formen ließ, zum Spielen. Mithilfe meiner Mutter entstanden realistische Dinge wie Häuser, Mauern und Straßen. Ich belebte dann die Szenerie mit Fabelwesen, die nur von mir identifiziert und benannt werden konnten. Wenn jemand fragte, welche Kreatur oder welches Tier beispielsweise ein etwa zwanzig Zentimeter langes, röhrenartiges Gebilde sein sollte, das sich nach dem einen Ende zu deutlich verjüngte, bekam man von mir nur die verächtliche, stereotype Antwort: »Das sieht man doch.«

Da sich niemand, vor allem Erwachsene nicht, die Blöße geben wollten, etwas nicht zu sehen, »was man doch sah«, wichen die Fragen bald einem Erkenntnis und Verständnis heuchelnden: »Ah ja … sehr schön, also was das Kind in dem Alter schon für eine Fantasie hat.« Man war offenbar der Meinung, dass Fantasie ein fortgeschrittenes Lebensalter voraussetzt.

Die so wertfrei begonnene Spielerei fand jedoch bald ein kommerzielles Ende. Es stellte sich heraus, dass Stanniol zu der damaligen Zeit tatsächlich in Deutschland ein rares und daher wertvolles

Gut war. Deshalb verkaufte es der Vater, das weinende Kind erhielt als Trost einen Teddybären. Das Problem, das damals niemand verstand, war jedoch, dass man zu einem Teddybären, sei er auch noch so weich und kuschelig, außer Kosenamen nichts anderes sagen konnte. Ein Teddybär war ein Teddybär, »das sah man doch«. Weder konnte er ein Elefant noch eine Schlange werden, unmöglich eine Dampflokomotive oder ein Propellerflugzeug, und schon gar nicht so etwas Exotisches wie die nur in den Urwäldern von *Stanniolistan* vorkommenden Ungetüme wie der Schokopudding fressende *Akakamuffelknupsel* oder die ständig betrunkene *Wildpatschlöffeline*.

Im Herbst des Jahres 1950 fand diese Art von Spielereien ein Ende. Es gab eine Schultüte, einen Schulranzen und das dazugehörige imposante Gebäude. Dieses lag mehrere Kilometer weit entfernt, an der Kreuzung Fürstenrieder/Agnes-Bernauer-Straße, und konnte nur durch einen dreiviertelstündigen Fußmarsch oder mit dem Bus erreicht werden. Schon von Weitem war der Turm der Schule zu sehen, die höchste Erhebung des Vororts Laim. Von 1901 bis 1904 war an dem post-neugotischen Gemäuer gebaut worden. Es sollte das Wahrzeichen des im Jahr 1900 von der Stadt München eingemeindeten Dorfes werden. Es war ein schieres Wunder, dass dieses mächtige Bauwerk im Zweiten Weltkrieg nicht zerstört wurde, denn es war so auffällig, dass es von Bord eines alliierten Bombers nur schwerlich übersehen werden konnte.

Die wenigen Erinnerungen des Erwachsenen an diese Volksschule, heute Grundschule genannt, sind die Eisblumen an den äußeren Scheiben der Doppelfenster links von der Schulbank des Kindes. Außerdem konnte es sein, dass es sanft schneite. Da sich solche Phänomene nur zu einer ganz bestimmten Jahreszeit ereignen, muss es Winter gewesen sein.

Das im Langzeitgedächtnis gespeicherte Bild vom Schreibwerkzeug des Griffels, eines rund gedrehten, massiven Schieferstiftes von ungefähr vier bis fünf Millimeter Durchmesser, der bis über die

Hälfte von glänzendem, buntem Papier umwickelt war, sowie der dazugehörigen Schiefertafel mit dem gelbbraunen Schwämmchen, lassen vermuten, dass es sich um die erste Klasse Volksschule, also den Winter 1950/51 handelte. Bleibende Eindrücke, etwa von Lehrern oder Mitschülern, habe ich nicht. Man ist versucht, daraus den Schluss zu ziehen, dass ich mich bereits als Kind nur für mich selbst interessierte, eine Eigenschaft, die auch dem Heranwachsenden immer wieder vorgeworfen wurde, ebenso wie dem Erwachsenen und dem Alternden. Dieses ungewöhnlich selektive Gedächtnis entstand vermutlich durch die Erfahrungen in frühkindlicher Zeit. Schon damals schien sich das »Hilf dir selbst, sonst hilft dir niemand« tief in Hirn und Seele eingeprägt zu haben. Außerdem fand meine Lehrzeit für soziale Beziehungen weder in der Schule noch in der Familie statt, sondern, wenn überhaupt, auf der Straße, damals »auf der Gassn« genannt.

Parallel zur breiten Fürstenrieder Straße, der vom Laimer Bahnhof bis über den Waldfriedhof von Norden nach Süden verlaufenden Verkehrsader, hatte die Soziale Wohnungsbaugesellschaft schon 1928 begonnen, das Land nach Westen hin zu bebauen. So entstand unter anderen ein großer Wohnblock mit vier Stockwerken, direkt an der Fürstenrieder Straße, zwischen Inderstorfer- und Saherrstraße, mit weiträumigen Hinterhöfen, in denen Männer ihre Fahrräder abstellen und reparieren konnten. Frauen fuhren damals seltener Fahrrad als heute. Als Ausgleich dafür durften bzw. mussten sie häufiger zu Hause bleiben und in besagtem Hinterhof an zu diesem Zweck extra installierten Teppichstangen mit einem Haushaltsgerät namens Teppichklopfer, auch Ausklopfer genannt, den Teppich-, Bett- oder Wohnungstürvorleger kräftig bearbeiten und dabei zwangsläufig allerlei Aggressionen und Frustrationen loswerden. Wann immer solche weithin hörbaren Aktionen begannen, wurden fast gleichzeitig Fenster zum Hof geöffnet, und ältere Herren machten es sich auf den Fensterbrettern bequem. Sie schauten hinunter auf die Frauen, die mit ausladenden Körperbewegungen auf die Teppiche einhieben. Manche der Männer benutzten sogar Fern- oder Operngläser, um die wackelnden Pos und schwingenden Brüste aus der Nähe betrachten zu können.

Manche der Hausfrauen vollführten ihre Reinigungsbewegungen, so schien es wenigstens dem frühreifen Jungen, in einer so ausschweifenden Art, dass eine vorsätzliche erotische Provokation nicht ausgeschlossen werden konnte. Leider fand dieses Teppichklopfen eher vormittags als nachmittags statt, sodass man als Schulpflichtiger nur selten Gelegenheit hatte, von dem Schauspiel zu profitieren.

Ältere, schon in der Pubertät befindliche Anrainer pflegten an bestimmten Wochentagen, von denen sie wussten, dass ein entsprechender Andrang vor den Teppichstangen herrschen würde – meistens die Montage und Freitage der Monate Mai bis Ende September –, irgendeine Krankheit zu simulieren, die stundenlanges Verweilen an der frischen Luft eines geöffneten Fensters zwingend vorschrieb. Wenn das anregende Schauspiel in den Höfen nicht geboten wurde, konnte man dort auch Fußball spielen. Die Teppichstangen dienten dabei als ideale Tore.

Die westliche Begrenzung des Hinterhofes bildete eine mannshohe Hecke, die ab Frühsommer alles verbarg, was an Niedrigem hinter ihr geschah, im Spätherbst jedoch ihre Blätter verlor. An dieser Hecke vorbei führte außerhalb des Hofes ein schmaler Weg von etwa eineinhalb Metern Breite, der auf der gegenüberliegenden Seite wiederum von einer Hecke des gleichen Gebüsches begrenzt wurde. Hier jedoch war sie ungefähr alle zehn Meter unterbrochen von schmalen, etwa ein Meter vierzig hohen, aus Staketenhölzern gezimmerten Gartentüren, die in leicht bemoosten Betonpfählen verankert waren. Auch die Holzlatten waren schon grünlich von der Feuchtigkeit, was darauf schließen lässt, dass sie nicht aus der verwitterungsfesteren Edelkastanie geschnitten waren, sondern eher aus dem billigeren Fichten- oder Tannenholz. Um zu verhindern, dass Mensch oder unerwünschtes Getier darüberkletterten, waren die Latten oben spitz zugeschnitten. Dies nützte aber schon deshalb nichts, weil zwischen den einzelnen Latten, wahrscheinlich aus Ersparnisgründen, genügend Platz gelassen war, dass sich potenzielle Eindringlinge auf die Querträger stützen und so, gefahr- und problemlos, das Hindernis überwinden konnten. Die Gartentür ließ sich selbstverständlich auch mit einem Schlüssel öffnen. So einen besaß ich. Ich hatte ihn der Greiner-Oma mit ihrem ausdrücklichen Einverständnis gestohlen. Diese eher absurden Spiele machten uns beiden Spaß.

Mit der Betty-Oma war so was nicht möglich. Stehlen war Sünde und als solche irgendwo im Katalog der Zehn Gebote verzeichnet. Den kannte die Betty-Oma auswendig und zitierte ihn bei jeder Gelegenheit. Die Greiner-Oma hingegen hatte kein so gutes Verhältnis zum »lieben Gott«. Man hörte sie selten von ihm sprechen und wenn, dann wurde er eingepackt in eher abschätzige Redewendungen wie »Achduliebergott«, »Ohgottohgottohgott« oder auch »Meingottmeingott«, letztere mit der Betonung auf »mein«, was jedoch in keiner Weise als Possessivpronomen gemeint war. Ob die »alte« Frau, damals jedoch höchstens Anfang sechzig, schon früh eine überzeugte Atheistin gewesen war oder sie erst durch ein Leben, geprägt von überwiegend schlechten Erfahrungen, darunter zwei Weltkriege, einfach nicht mehr an Gott glaubte, vor allem nicht an den »lieben«, konnte man im Alter von sechs bis acht Jahren natürlich nicht wissen.

Aber man machte in Hinsicht Religionsunterricht auch andere, gegenteilige Erfahrungen. Wenn das Kind an der Hand von Betty-Oma einem Kapuzinermönch begegnete, was nicht ungewöhnlich war, weil Betty-Oma in München in der Ehrengutstraße, in der Nähe der Kapuzinerkirche, wohnte und keine Gelegenheit versäumte, in der Kapuzinerstraße an der Kapuzinerkirche vorbeizugehen, um einen oder mehrere Kapuzinermönche zu erspähen, dann ermahnte die Großmutter das Enkelkind, den heiligen Mann zu grüßen: »Gelobt sei Jesus Christus!« Das Kind in seiner Aufregung sagte jedoch »geliebt« statt »gelobt«, was dem Mönch offenbar besonders gut gefiel. Er griff in eine der Taschen seiner dunkelbraunen Kutte, holte aus einer prallen Spitztüte eine reife gelbe »Ringlo«, hochdeutsch auch Reineclaude genannt, heraus und übergab sie dem Kind, weihevoll wie eine Hostie, mit feierlichen Worten und einem ebensolchen Lächeln. Der Großmutter sagte er, dass er den Versprecher fast noch besser fände als das Original. Daraufhin war Betty-Oma lange Zeit sehr stolz auf ihren Enkel.

Auch dieser dachte sich seinen Teil. Die Sache mit der »Ringlo«, einer seltenen Frucht, die er besonders gerne aß, hatte ihn sehr beeindruckt. Auch die Kleidung des Mönches, das weite Gewand mit der Kapuze, fand er elegant und gleichzeitig geheimnisvoll. Die Großmutter erzählte dem Kind, dass der Kapuzinerorden ein ganz besonderer sei, weil sich seine Mitglieder in erster Linie um Arme und Kranke kümmerten, erst dann um sich selbst. Sie stünden sehr früh auf und beteten erst, bevor sie frühstückten. Dann würden sie den ganzen Tag arbeiten, hauptsächlich in Krankenhäusern und Heimen, in denen die Armen, die kein Zuhause hatten, übernachten durften. Zu essen gebe es für die Mönche immer nur Wasser und Brot, an Sonntagen eine warme Suppe, weil sie selbst so arm seien. Am Abend beteten sie wieder, nachdem sie tagsüber ebenfalls häufig gebetet hätten. Danach legten sie sich, meist hungrig, auf ihre harten Holzpritschen nieder, weil sie sich keine weichen Betten leisten konnten und wollten, und schliefen, in Gedanken an eine Vielzahl christlicher Märtyrer, denen es noch viel schlechter gegangen war als ihnen, zufrieden ein. Mir taten die armen Mönche leid. Aber ganz so schwer, wie die Betty-Oma das elende Leben der Gottesdiener darstellte, konnte es auch nach kindlichem Ermessen kaum sein. Immerhin wölbte sich die Kutte etwas um den Bauch des Gottesmannes, was wohl nicht allein von Brot und Wasser kam, und immerhin hatte er eine Tüte voll mit »Ringlos« in der Tasche. Es war eine Lektion in Sachen Mythenbildung, die das Kind hier erhielt.

Was war die Wahrheit, was die Wirklichkeit? Stimmte das eine mit dem anderen überein oder widersprach es sich? Und welche Geschichte war die interessantere: die vom dickbäuchigen Ringlokapuziner oder die des asketischen Mönches, der in der Tradition des »Ordens der minderen Brüder« auf hölzernen Pritschen schläft und von heiliggesprochenen Märtyrern träumt?

Welche erzählt man gerne weiter?

Wenn der kleine Junge die Gartentür mit dem »gestohlenen« Schlüssel öffnete, waren es noch höchstens fünfzehn Schritte, um über einen schmalen Kiesweg den rückwärtigen Eingang zu Greiner-Omas kleiner Doppelhaushälfte zu erreichen. Die Soziale Wohnungsbaugesellschaft hatte die Siedlungen außerordentlich bewohnerfreundlich konzipiert und gebaut. Es gab in südlicher Richtung, rechtwinkelig von der Inderstorfer Straße abgehend, fünf Straßen mit dem gleichen Bebauungsmuster. Jede der Straßen war ungefähr zehn Meter breit und an die zweihundert Meter lang. Bebaut waren sie mit einstöckigen Reihenhäusern, die Keller und Speicher sowie nach hinten raus kleine Gärten von je etwa zweihundert Quadratmetern hatten. Von diesen Gärten hatte ein jeder seine eigene Teppichstange. Damit die Wohnanlage nicht allzu uniform wirkte, waren die Reihenhäuser unterschiedlich angeordnet. Es gab Zwei-, Drei- und Vierspänner, und es gab auch verschiedene Grundrisse.

Dies hatte zur manchmal verwirrenden Folge, dass der nachbarliche Besucher, wenn er eines der äußerlich sehr ähnlichen Häuser betrat und gleich eilig links zur Toilette wollte, entweder gegen eine Wand prallte, weil da gar keine Tür war, oder – was für einen kleinen Jungen besonders peinlich war – mit schon geöffneter Hose im Wohnzimmer des Nachbarn oder in seiner Küche stand.

Bei der Greiner-Oma, die am Ende der Gaishofer Straße eine Doppelhaushälfte mit der Nummer 47 bewohnte, konnte einem dieses Malheur nicht passieren. Hier führte die erste Tür links nach der Eingangstüre tatsächlich zur Toilette. Wollte man diese nicht benützen, ging man den kurzen Gang entlang, auf dem man dann entweder nach links zur Küche abbog oder ebenfalls links die Treppe zum Obergeschoss bestieg. Man konnte aber auch geradeaus gehen, die Tür zum rechteckig geschnittenen Wohn- und Esszimmer öffnen, um an dem großen Tisch in der Mitte des Raumes eine ältere Frau im Hausmantel sitzen zu sehen. Auf dem Tisch standen eine Kaffeekanne, durch die wollene Wärmehaube nicht gleich als solche erkennbar, daneben eine Tasse aus Meißner Porzellan mit dem dazugehörigen Unterteller in Zwiebelmuster und einem kleinen silbernen Löffel. Das Ensemble wurde vervollständigt durch Milchkännchen und Zuckerdose, ebenfalls aus dem wertvollen alten Porzellan, das aber an den Rändern schon leichte Schrammen aufwies. Leicht gekrümmt saß die Greiner-Oma auf einem Biedermeierstuhl, trug ihre Lesebrille und las Zeitung. Jeden Tag außer Sonntag, denn sonntags gab es damals keine.

Welche Zeitung das war und ob sich das Kind im Alter von sechs Jahren, als es gerade anfing lesen zu lernen, dafür interessierte, weiß ich heute nicht mehr. Ich weiß nur, dass es eine andere Zeitung war als die, die die Nachbarn lasen. Manche Seiten von Greiner-Omas Zeitung waren auch mit sonderbaren Schriftzeichen bedeckt, die mir fremd erschienen. Zu welcher Tageszeit die Greiner-Oma ihre Zeitung las, das weiß ich auch noch: Es geschah zweimal am Tag: Das erste Mal las sie darin morgens, da schien die Sonne, allerdings nur im Sommer, durch die zwei nach Osten gerichteten Fenster ins Zimmer. Im kleinen Garten davor warf sie lange, schräge Schatten. Das zweite Mal war es später Nachmittag, da stand die Sonne schon tief im Westen, allerdings nur im Winter. Im Garten lag Schnee, das Zimmer war dunkel, bis auf den Platz am Tisch, den eine Leselampe erhellte.

Sonderbarerweise gibt es keine Erinnerungsbilder, die die Greiner-Oma am späten Nachmittag in einer wärmeren Jahreszeit, Zeitung lesend, am Tisch des Wohnzimmers zeigen. Tat sie es vielleicht heimlich irgendwo anders? Las sie die Zeitung vielleicht an dem alten Holztisch, der im Garten nahe der Begrenzungsmauer unter der Linde stand und immer wackelte, egal wie viele Bierfilze man unter egal welches Tischbein schob? Nein, an diesem Tisch wurde nicht gelesen, an diesem Tisch wurde gegessen, und zwar nicht einfach irgendwas.

Was an diesem Tisch gegessen wurde, im Sommer, im Schatten der ausladenden Krone des Baumes, waren die feinsten Speisen, die sich ein Kind vorstellen und eine Großmutter wie die Greiner-Oma mit wahrer Zauberkraft herstellen konnte: Zwetschgenknödel oder gar, als Höhepunkt der Feinschmeckerei, Aprikosenknödel. Für diese ursprünglich in der österreichischen Küche beheimatete und dort Marillenknödel genannte kulinarische Kostbarkeit wurden die Früchte zuerst entkernt, mit jeweils einem Stückchen Würfelzucker gefüllt und dann mit einem Teig aus Kartoffeln, Mehl, Eiern, Salz und etwas Muskat ummantelt. Anschließend hatte die Köchin sie zu einem kinderfaustgroßen Knödel zu formen, in Ei und Semmelbröseln zu panieren und in heißem Fett goldbraun zu backen. Schließlich wurden sie noch mit Zucker und Zimt bestreut. Und so wurden sie auf dem wackeligen Holztisch unter der Linde von der Oma serviert.

Das Kind saß der Großmutter gegenüber und konnte es kaum erwarten, den ersten dieser noch warmen Marillenknödel hinunterzuschlingen. Um einen Engpass in der Speise- und eine Blockade der Luftröhre zu vermeiden, hatte die Greiner-Oma ihrem Enkel verordnet, die Knödel zuerst mit der Gabel in gefahrlos essbare Stücke zu zerteilen und dann erst zu verzehren. Insgeheim freute sie sich natürlich über die Gier und die Lust des Kindes auf die von ihr zubereiteten Spezialitäten. Es würde sich in der Familie herumsprechen, die Betty-Oma würde sich grämen, auch die »bürgerliche« Schwiegertochter würde vermutlich den vom kleinen Sohn stolz berichteten neuen Rekord von achtzehn hintereinander gegessenen Marillenknödeln mit ebenso süßsaurem Lächeln zur Kenntnis nehmen, wie sie bereits den Verzehr von zunächst zehn, dann zwölf und schließlich fünfzehn kommentiert hatte. Diesmal allerdings war die Grenze überschritten. Achtzehn Knödel hält kein Magen aus, schon gar nicht der eines kleinen Kindes.

Die Greinerin war sich keiner Schuld bewusst, denn sie wusste genau, dass sie nur zehn Knödel gemacht hatte. Vier davon hatte sie selbst zu sich genommen, also konnte das Kind nur sechs gegessen haben und keinesfalls dreimal so viel. Der Familienstreit, der nun ausbrach, drehte sich nun nicht mehr nur um Ernährungsfragen, sondern auch um ethische und moralische Probleme. Während sich die Ernährungsfragen darum drehten, dass das Rindsgoulasch der Großmutter grundsätzlich zu scharf sei, dass generell alle Speisen einen zu starken Beigeschmack von Knoblauch und Zwiebeln hätten (was dazu führte, dass das Kind häufig unter Blähungen litt), dass das Paprikahuhn viel zu paprikalastig und die Nachspeisen wie Kaiserschmarrn, Apfelstrudel mit Vanillesoße, Salzburger Nockerln oder gewuzelte Mohnnudeln zu schwer, zu fett und zu süß seien, waren die in der Hauptsache von der Betty-Oma vorgebrachten Argumente religiöser Natur: *Wer* lügt in dieser Angelegenheit *wen* an?

Während ich mit Magenbeschwerden, die ich mir übrigens nicht durch die Marillenknödel zugezogen hatte, sondern durch übermäßigen Genuss von Gummibären, die ich bei unerlaubtem Kartenspiel mit anderen Gassenkindern gewonnen hatte, zu Hause im Bett lag, analysierte die gottgläubige Frau den Hergang der Marillenknödelaffäre: Wenn der Junge nur sechs Aprikosenknödel gegessen, aber von achtzehn erzählt habe, dann könne er sich nur entweder verzählt haben oder er habe gelogen. Da er jedoch bereits als Kind bekanntlich ein glänzender Kopfrechner gewesen sei, scheide erste Möglichkeit aus. Die zweite scheide ebenfalls aus. Denn hätte er nicht achtzehn von diesen Knödeln gegessen, läge er jetzt nicht krank im Bett. Außerdem könne sie sich gut erinnern, dass der Magen des Kindes bereits bei sechzehn Stück solcher Knödel schon einmal leicht revoltiert habe. Also sei die Lügnerin überführt: Es sei Mirzl Greiner, und sie habe nicht, wie sie behauptet, nur zehn Knödel angefertigt und selbst davon vier gegessen, sondern höchstwahrscheinlich mindestens zwanzig oder sogar zweiundzwanzig. Jedenfalls habe sie gelogen. Hätte das Kind gelogen, könnte man in Anbetracht seines geringen Alters von einer lässlichen Sünde ausgehen, bei Frau Greiner sei das jedoch nicht der Fall. Hier handle es sich um eine eindeutige grobe Lüge, noch dazu im Verein mit Körperverletzung. Diese Machenschaften seien ein eindeutiger Verstoß gegen das achte Gebot. Kein Wunder bei einer Frau, die nie, auch an Sonntagen nicht, zur Messe gehe. Dabei wohne sie in unmittelbarer Nachbarschaft der Kirche Herz Jesu, die höchstens zweihundert Schritte von ihrem Haus entfernt sei, wogegen man zum »Wirtshaus zum Grünen Kranz«, in das die Greinerin gelegentlich ihr Enkelkind mit einem irdenen Maßkrug schickte, um an der Gassenschenke einen Liter frisches Bier vom Fass zu holen, mindestens doppelt so lange gehen müsse. Im Übrigen sei man nicht hundertprozentig sicher, dass das Kind durch das frische Bier nicht in die Versuchung geführt würde, eine, wenn auch geringe Menge des Alkohols zu sich zu nehmen.

Else musste sich von ihrer Mutter noch einige weitere Gründe anhören, warum die gottlose Schwiegermutter völlig ungeeignet sei, den Jungen richtig zu erziehen. Der verstorbene Mann der Greinerin sei ein unseriöser Filmschauspieler gewesen und habe im Jahr 1933 aus immer noch ungeklärten Gründen Selbstmord begangen. Eine Todesart, die jedenfalls unter Christen eine Todsünde sei. Ferner sei Fritz, der ältere Bruder von Heinz, irgendwann irgendwo verschollen, Heinz selbst sei zuerst in einem Zirkus außer Landes, dann aus unerfindlichen Gründen nicht im Krieg gewesen, in dem doch alle waren, außer ihrem Mann, der im Lager leiden musste. Und zur Kapuzinerkirche, in der sie jeden Morgen die heilige Messe besuche, ginge man von ihrer Wohnung in der Ehrengutstraße zu Fuß mindestens zehnmal so lange wie zu Herz Jesu vom Haus der Greiner-Mirzl. Erschwerend komme noch, jedenfalls im Winter, hinzu, dass die Kapuzinerkirche nicht geheizt sei, wogegen es in Herz Jesu immer mindestens achtzehn Grad habe. Das habe sie heimlich, mit einem Thermometer, im letzten Winter eigenhändig gemessen. Bei dieser Gelegenheit seien von ihr auch die Schritte von der Kirche bis zum Haus der Greinerin unabsichtlich, aber genau gezählt worden. Ihre, Bettys Schrittlänge sei ungefähr die gleiche wie die der gottlosen Mirzl, da sie sich und die andere in der Körpergröße nur unwesentlich unterschieden. Außerdem gebe es Gerüchte, dass Heinz, der meistens abwesende Vater des armen Jungen, ein Spion, wenn nicht gar ein Doppelspion gewesen oder noch sei. Als sich nämlich amerikanische Panzerverbände, die ihren Xaver mitsamt dem ganzen KZ Dachau befreien wollten, zuerst von Nordwesten dem Dorf Arnbach genähert hätten, sei Heinz Dietl unter dem Namen Henry Greiner zusammen mit den alliierten Soldaten und noch dazu in amerikanischer Kampfuniform als Führer und Dolmetscher der Einheiten aufgetaucht und habe verhindert, dass die kleine Ortschaft beschossen wurde.

Das könne sie bezeugen, weil sie genau zur gleichen Zeit in Arnbach beim Bauern Graf Butter, Eier, Brot und Milch gehamstert habe. Und die seltsame Fügung, dass es eine Indersdorfer Straße sowohl in Arnbach als auch in München gebe und dass sich das herrschaftliche Haus, das Heinz/Henry, für welche Dienste auch immer, von den Amis erhalten habe, ausgerechnet in einer Straße befände, die genau so heiße wie die, die durch das kampflos eroberte Dorf führte, sei ganz bestimmt kein Zufall, sondern deute auf eine verschlüsselte Nachricht des amerikanischen Geheimdienstes hin.

Elses Einwand, dass man die Straße in München in der Mitte mit hartem »t«, die andere jedoch mit weichem »d« schreibe, wurde von ihrer Mutter nicht zur Kenntnis genommen. Stattdessen erging sie sich in weiteren Vermutungen, Gerüchten und diffusen Anschuldigungen, die letztlich auf nichts anderes abzielten, als dem Kind jeden weiteren Umgang mit der Greiner-Oma unmöglich zu machen. Der Erste, dem diese Absicht klar wurde, war der Junge, der eigentlich in seinem Bett liegen sollte, um den verstimmten Magen auszukurieren.

Ganz leise hatte ich die Tür meines Zimmers einen Spalt weit geöffnet, um Betty-Omas wirre Monologe mitzuhören. Als ich genug gehört hatte, huschte ich zurück in mein Bett, wartete noch einen Moment, dann begann ich zu weinen. Zuerst leises, dann immer lauteres Weinen war meine Spezialbegabung. Ich brauchte nur an irgendetwas Trauriges zu denken, schon kamen mir die Tränen. In meiner jungen Seele hatte ich einen ganzen Katalog trauriger Umstände, Situationen und Begebenheiten angesammelt, die mir als geborenem Melancholiker jederzeit zur Verfügung standen und die ich nur abzurufen brauchte. So genügte es also zu denken, dass ich die geliebte Greiner-Oma nie wiedersehen würde, schon flossen die Tränen. Allein die Vorstellung, in Zukunft auf ihre Paprikahendl, ihr Goulasch, ihren Tafelspitz, ihr Wiener Schnitzel und ihre wunderbaren Mehlspeisen verzichten zu müssen und stattdessen der redlichen, aber fantasie- und geschmacklosen Küche der ebenfalls geliebten Betty-Oma ausgesetzt zu sein, verursachte bei mir regelrechte Weinkrämpfe.

Es dauerte keine halbe Minute, da beugten sich Mutter und Großmutter besorgt über das magenkranke Kind. Tränenüberströmt bat der Junge seine geliebte Mutter, ihn mit der Großmutter allein zu lassen, weil er bei ihr die heilige Beichte ablegen wolle.

Else staunte über das seltsame Begehren, da sie aber in seinem linken Auge ein zehntelsekundenkurzes, komplizenhaftes Zwinkern wahrnahm, eine Botschaft, die ganz eindeutig nur ihr, der Mutter galt, ging sie gehorsam aus dem Zimmer. Betty erklärte dem Kind, dass man so eine Prozedur nur bei Todkranken durchführe, und auch in einem solchen Fall sei dazu nur ein Priester befugt. Der Enkelsohn bestand jedoch eigensinnig auf der Beichte bei der Oma. Er ließ sich die Tränen trocknen und beichtete mit leiser Stimme die schweren Sünden, die er begangen hatte: Erstens habe er diesmal keine achtzehn Marillenknödel gegessen und damals auch keine sechzehn. Die Greiner-Oma habe nämlich wie immer nur zehn solcher Knödel gemacht, und er habe wie immer auch nur sechs davon gegessen. Mehr könne er von diesen ekligen Teigbatzen, die er nur der Greiner-Oma zuliebe hinunterwürge, gar nicht verdrücken. Als der Junge bemerkte, wie gut diese Schmähung der einen Großmutter bei der anderen ankam, fuhr er in seiner »Beichte« fort. Das Magen-Darm-Problem sei nicht durch die Knödel verursacht worden, sondern durch die Menge der Gummibären, die er beim Kartenspiel auf der »Gassn« gewonnen habe.

Betty-Oma glaubte, es handle sich um Spiele wie Quartett oder Ähnliches. Der Junge ließ sie in dem Glauben und verschwieg, dass es sich um »Wattn« handelte, ein Glücksspiel, das gerne in Hinterzimmern bayerischer Wirtshäuser von gestandenen Männern gespielt wurde, die nicht selten dabei Haus und Hof verloren. Mit den sechzehn bzw. achtzehn Knödeln habe er nur angeben wollen, das bereue er zutiefst, und er wolle es nie wieder tun. Man möge ihm verzeihen und insbesondere der Greiner-Oma nicht böse sein, die bestimmt nichts dafür könne, dass ihr Enkel so ein Lügner sei.

Betty-Oma war tief gerührt von den Bekenntnissen des Kindes und umarmte es inniglich. Natürlich verzieh sie ihm alles und schloss aus dieser Offenheit, dass sie ihm unter allen Omas doch die liebste sei. »Unter den Omas schon«, entgegnete der Junge, aber die Reihenfolge sei: »Zuerst die Mama, dann gleich dahinter sie, dann lange nichts, und dann erst, wenn überhaupt, die Greiner-Oma.« Gegenüber der Greiner-Oma hätte er natürlich diese Rangordnung entsprechend umgestellt, wenn sie ihn jemals gefragt hätte. Aber solche Fragen stellte diese lebenserfahrene Frau nicht.

Was denn mit dem Papa sei? Auf welchen Platz käme denn der in der Liste? Mit großen, sehnsuchtsvollen Augen sah das Kind seine Großmutter an, die, so beschränkt sie manchmal auch war, sofort begriff, dass sie diese Frage besser nicht gestellt hätte. Aus den Augen des Kindes quollen dicke Tränen, die Lippen zuckten, aber sie blieben stumm. Der Schmerz war ganz tief im Innersten verschlossen, er entzog sich jeder Formulierung, man erhielt keine Auskunft.

2

So wuchs ich also zwischen drei Frauen auf. Ich liebte an meiner Mutter alles, ohne irgendwelche Einschränkungen, an den zwei so gegensätzlichen Großmüttern ihre Verschiedenheit. Von allen dreien lernte ich viel. Betty hatte neben ihrer Liebe zu Gott auch eine Leidenschaft für Friedhöfe und Straßenbahnen. An ihrer Hand lernte ich früh die ganz verschiedenen städtischen Friedhöfe kennen. Besonders geheimnisvoll war der Südfriedhof, der etwa einen halben Kilometer südlich des Sendlinger Tors zwischen Thalkirchner- und Pestalozzistraße lag. Dort ruhten unter schweren alten Marmor- und Granitplatten, bewacht von moosbewachsenen, steinernen Engeln, all die berühmten Toten, nach denen die Stadt ihre Straßen benannt hatte: Ainmiller und Bürklein, Ett und Fraunhofer, Gabelsberger, Gärtner, Görres und Kaulbach, Klenze, Neureuther, Nussbaum und Ohm, Pettenkofer, Reichenbach, Schwanthaler, Senefelder, Spitzweg, Thiersch, Zenetti und viele andere. Ich wusste zwar nicht, was die genannten Herren alles vollbracht hatten, aber dass sie sehr berühmt sein mussten, das bewiesen schon die Haltestellen der Straßenbahnen, die wiederum nach den Namen der Straßen benannt waren. Natürlich gab es auch eine Haltestelle namens Goetheplatz sowie eine, die Schillerstraße hieß. Von diesen beiden Herren hatte ich aber noch nie etwas gehört. Auf dem Südfriedhof lagen sie jedenfalls nicht. Daraus folgerte ich, dass ein Klenze oder ein Schwanthaler weit bedeutender sein mussten als ein Schiller oder ein Goethe.

Vom Alten Südfriedhof, der Mitte des 16. Jahrhunderts als Pestfriedhof vor den Toren der Stadt angelegt worden war, hatte die Betty-Oma noch weitere gruselige Geschichten zu erzählen. So sollen anfangs des 18. Jahrhunderts an die achthundert Leichen von Opfern der Sendlinger Mordweihnacht in Massengräbern unter die Erde geschafft worden sein. Ich, der ich mit knapp sieben Jahren schon verstand, dass ein Massengrab im Gegensatz zu den prunkvollen Einzelgräbern etwas von einer ungerechten Güterverteilung an sich hatte, wollte unbedingt die genaue Stelle sehen, an der die achthundert Toten vergraben worden waren, und ging trotz Einwänden der überforderten Großmutter einem fauligen Geruch nach, der leider nur von einem Komposthaufen an einer Mauerecke ausströmte.

Als Entschädigung bot die Großmutter dem enttäuschten Enkelkind an, am Sendlinger-Tor-Platz die Trambahn Nummer 6 zu nehmen und die Lindwurmstraße hinaufzufahren, vorbei am Goetheplatz, wo das Amt sei, in dem sie praktischerweise gleich ihre Rente abholen könne, zu dem Sendlinger Bergerl, an dem das Sendlinger Kircherl stehe. An diesem Kircherl sei nämlich ein großes Wandgemälde zu sehen, auf dem der Schmied von Kochel, fahneschwingend und bewaffnet nur mit einer großen Keule mit eisernen Spitzen, als Anführer seiner bayerischen Bauern gegen die österreichischen Besatzer gekämpft habe. Durch einen schändlichen Verrat sei es dann 1705 zu der besagten Mordweihnacht gekommen, in der die Bayern ihr Leben für die Freiheit ihres Landes hingaben. Zur Befreiung von den Österreichern und ihrem Kaiser Joseph dem Ersten sei es zwar zunächst nicht gekommen, aber zum ewigen Gedenken an die Tapferen. »Lieber bayerisch sterben als kaiserlich verderben« soll der Eid gelautet haben, den sich die aufständischen Bauern schworen. Als ihn die Großmutter mit zitternder Stimme zitierte, liefen dem Jungen mehrere Schauer den Rücken hinunter, und jedes Mal, wenn er später mit der Linie 6 an der Kirche mit dem heroischen Gemälde vorbeifuhr, konnte er sich darauf verlassen, dass ihn eine wohlige Gänsehaut befiel.

So lernte ich, straßenbahnfahrend mit der Betty-Oma, allmählich meine Stadt kennen, die streng genommen gar nicht die meine war. Ich wurde nämlich am 22. Juni 1944 geboren, zu einer Zeit, in der

München gerade wieder von alliierten Bombern angegriffen wurde. Else flüchtete damals hochschwanger aus der gefährdeten Stadt und brachte mich in dem Kurort Bad Wiessee am Tegernsee zur Welt. Diesen Ort konnte ich als Kleinstkind naturgemäß nicht als solchen wahrnehmen. Als erwachsener Mann sah ich ihn erst fünfundvierzig Jahre später wieder, als ich meine damalige Lebensgefährtin in eine der vielen Privatkliniken begleitete, die sich entlang des Seeufers breitgemacht hatten. Jegliche Suche nach Spuren war sinnlos, da ich als Säugling, der sich höchstens ein paar Tage in Bad Wiessee aufgehalten hatte, wohl keine hinterlassen haben dürfte. Die einzigen Kontakte, die später gelegentlich zwischen mir und meinem Geburtsort zustande kamen, waren meine durch mehrmalige Scheidungen und Eheschließungen ausgelösten Anträge an die Gemeinde, dem unbelehrbaren Wiederholungstäter ein entsprechendes Herkunftszeugnis auszustellen.

Die Greiner-Oma, zu der ich in den ersten zwei Jahren meiner Volksschulzeit meistens mittags kam, um dann am frühen Abend nach Büroschluss von meiner Mutter abgeholt zu werden, hatte außer bei der täglichen Zeitungslektüre wenig mit der Gegenwart und gar nichts mit der Zukunft im Sinn. Ihre Gedanken galten der Vergangenheit, und da besonders ihrem Mann.

Fritz Greiner, geboren am 1.1.1879 in Bratislava, das damals noch zu Ungarn gehörte, war ein viel beschäftigter Schauspieler, der nach einem kurzen Gastspiel am Schlierseer Bauerntheater, wo er Mirzl kennenlernte und sich in sie verliebte, ab 1918 zuerst in München, dann in Berlin in über achtzig Filmen erst Neben-, dann auch bald Hauptrollen spielte. Seine bedeutendsten Rollen waren die Titelfiguren des Wallenstein und des Andreas Hofer in den gleichnamigen Produktionen 1924/25 und 1929. Was man sich unter Filmtiteln wie – um nur einige zu nennen – »Der größte Gauner des Jahrhunderts« sowie »Der Verfluchte« oder »Der unsterbliche Lump«, »Der Zinker« oder »Dr. Sacrobosco, der große Unheimliche« vorzustellen hatte, war mindestens zwei Familienmitgliedern ganz klar: mir und auch der Großmutter mütterlicherseits. Für uns beide nämlich waren die Rollennamen des jeweiligen Filmtitels mit Person und Charakter des Schauspielers Greiner identisch. Daraus ergab sich das absolut negative Bild des Mannes bei Betty-Oma, das in dem Beiwort »unseriös« gipfelte, und ein über alle Maßen faszinierendes bei mir. Kraftvolle, dämonische, auch heldenhafte Figuren verkörperte der Großvater für mich.

Aber so war er gar nicht, sagte die Greiner-Oma, heldenhaft schon, kraftvoll auch, aber auf keinen Fall dämonisch. Und dann zählte sie, als ob sie sie irgendwann auswendig gelernt hätte, all seine guten Seiten und Eigenschaften auf: männlich schön sei er gewesen, großzügig und gütig, gescheit und humorvoll, verständnisvoll, immer gut gelaunt und ein vorbildlicher Vater, wenn er da war und nicht, wie in seinem Beruf üblich, oft auf Reisen. Von diesen Reisen habe er jedoch immer Postkarten mit ganz lieben Grüßen geschickt. Sie habe sie alle aufgehoben. Allerdings seien sie alle in deutscher, nicht in lateinischer Schrift geschrieben, sodass ich sie vielleicht erst später einmal, als Erwachsener, werde lesen können.

Als ich sie dann später tatsächlich las, wurde mir klar, warum die Oma mir diese Postkarten aus Madeira und Mexiko, aus Lissabon, Madrid, Paris, Wien, Bratislava, Budapest, Prag, Rom, Venedig und anderen magischen Orten nie vorlesen wollte. Aus den sich ständig wiederholenden »lieben Grüßen und Küssen« stieg ein verdächtiger Geruch von schlechtem Gewissen auf.

Aus manchen der postalischen Äußerungen des Großvaters war zu schließen, dass Mirzl ihren Fritz gerne auf seinen Reisen zu den Dreharbeiten begleitet hätte. Briefe von ihr an ihn gab es nicht. Sie habe ihm nicht geschrieben, das habe sich bei den kurzen Abwesenheiten nicht »gelohnt«. Aus den Poststempeln der Karten ging jedoch hervor, dass sich die »kurzen Abwesenheiten« zuweilen über Wochen und Monate erstreckten.

Der Großvater scheint viele gute Eigenschaften gehabt zu haben, aber ein guter Ehemann war er wohl nicht. Dennoch hatte Mirzl ihn geliebt, und sie tat es immer noch. Mit einem Stolz, der nicht ganz frei war von dezenter Beimischung des Schmerzes und der Wehmut, sagte sie, meist nach mehreren Gläsern Pfefferminzlikör, dass Fritz Greiner halt etwas war, was ich erst sehr viel später verstehen würde. Kurz vor dem Abitur, nach drei Jahren Unterricht in französischer Sprache, erinnerte ich mich an die Formulierung, die meine Großmutter damals gebraucht hatte: »un homme à femmes«, und übersetzte sie wörtlich. Heraus kam: »ein Mann zu/für/bei/ Frauen«.

Fritz hatte seine Mirzl betrogen. Und das wohl nicht nur einmal, sondern gewohnheitsmäßig. Damals dachte ich über solche möglichen Fehltritte meines Großvaters nicht nach, weil ich die Vorgänge gar nicht begriff und sie mich auch nicht interessierten. Was ich jedoch unbedingt von der Greiner-Oma bis ins letzte Detail wissen wollte, war alles über Theater, Film und Schauspielerei. Mirzl, die selbst einmal Schauspielerin gewesen war, diesen Beruf aber ihrem Fritz und den beiden Söhnen zuliebe aufgegeben hatte, wollte aus irgendeinem Grund nicht gerne über das Thema reden. Da also viel aus ihr nicht herauszubringen war, vermutete ich Geheimnisse, die immer größer und deren Lüftung immer interessanter wurden, je weniger sie erzählte.

Gelegentlich jedoch durfte ich sie auf die sogenannte »Filmbörse« begleiten, die sich in einem Saal im ersten Stock des Hofbräukellers an der Inneren Wiener Straße im Stadtteil Haidhausen befand. Das imposante Gebäude, gegen Ende des 19. Jahrhunderts im Stil der Neorenaissance errichtet, hatte auch einen weitläufigen Biergarten, in dem am 5. Mai 1919, nach Zerschlagung der Münchner Räterepublik, unschuldige Bürger von Freikorpsangehörigen erschossen worden waren. Am 16. August desselben Jahres hielt Hitler hier im Hofbräuhaus-Keller seine erste politische Rede, deren Verlauf er in seinem Buch »Mein Kampf« beschrieb, auch in weiteren Jahren diente die Örtlichkeit sehr häufig rechtsradikalen Veranstaltungen. Wie so häufig in großen Bierhallen, waren auch an diesem Ort Gebräu und Gewalt, Dumpfheit und Dummheit, Rauflust und Reaktion harmonisch vereint.

Als mich die Greiner-Oma zu der »Börse« mitnahm, wusste ich als Kind natürlich nichts von der Vergangenheit des Hauses. Die Gedenktafel, die heute am Eingang des Biergartens angebracht ist, gab es damals noch nicht, und das einzig Seltsame für mich war, dass in einem Gebäude, das *Keller* hieß, die Treppen nicht nach unten, sondern nach oben führten. Hinter zwei mächtigen dunkelbraunen Flügeltüren im ersten Stock verbarg sich ein riesiger Saal, in dem viele Menschen, teils stehend, teils auf Stühlen sitzend, warteten. Die, die standen, waren überwiegend Arbeitslose, die hofften, ein paar Mark als Statisten beim Film zu verdienen. Die, die gelegentlich saßen und sich den Stuhl mit anderen teilten, waren die Komparsen, die diese Beschäftigung berufsmäßig ausübten, und die, die immer auf ihren sogar mit Namen versehenen Stühlen saßen, waren die Kleindarsteller. Ein Statist war eine anonyme Figur in einer Menge, beim Komparsen konnte schon, wenn er Glück hatte, sein Gesicht für eine Sekunde im Film zu sehen sein, und ein Kleindarsteller war, wie der Name sagt, ein »kleiner Darsteller«. Wenn ein solcher Glück hatte, durfte er sogar ein, zwei Worte sagen oder im allerglücklichsten aller Fälle einen ganzen Satz. Die Kleindarsteller waren meist ehemalige Schauspieler, die es nicht geschafft hatten, jemals bekannte Akteure zu werden, oder sie waren, wie Mirzl Greiner, die Witwen früherer Stars. In Greiner-Omas Fall war der Tod ihres Mannes schon fast zwanzig Jahre her, und die Filme, mit denen sich Fritz Greiner einen Namen gemacht hatte, waren überwiegend Stummfilme. Es gab also nicht allzu viele Kleindarsteller, die sich an den großen Kollegen erinnerten. Aber von denjenigen, die ihn entweder noch vom Sehen oder vom Hörensagen kannten, wurde Mirzl ehrerbietig gegrüßt, zum Teil auch umarmt und geküsst, hauptsächlich von Damen ihres oder noch weiter fortgeschrittenen Alters. Wer den Krieg überlebt hatte, erinnerte sich gerne an die Zeit davor, und von Demenz oder Alzheimer war bei den älteren Kleindarstellerinnen nicht das Geringste zu spüren. Nach gehöriger Zeit des Wartens, meistens ein bis zwei Stunden, die sich die reiferen Damen mit Gesprächen über bessere Zeiten vertrieben, kamen dann die Herren

Aufnahmeleiter, Produktionsleiter oder Regieassistenten der Filme, die hauptsächlich in den Ateliers von Geiselgasteig, heute Bavaria, hergestellt wurden.

Sie hatten die Aufgabe, unter den Wartenden diejenigen auszuwählen, die für den jeweiligen Film gebraucht wurden. Junge, hübsche Frauen hatten es am leichtesten, sie konnten den wichtigen Herren etwas bieten. Von den älteren hatten jene die besten Chancen, beschäftigt zu werden, die den Komparsenführer, den Chef der Filmbörse, gut kannten. So kam es immer wieder vor, dass einige sechzig- oder siebzigjährige grauhaarige Frauen engagiert wurden, wenn eigentlich dreißigjährige blonde gesucht wurden. Die älteren bekamen dann platinfarbene Perücken und entsprechende Korsagen und wurden irgendwo, mit dem Rücken zur Kamera, in den Hintergrund gestellt. Einige wenige wurden immer engagiert, darunter auch Greiner-Oma, mit Ausnahme von Filmen, für die man junge Soldaten oder alte »Neger« brauchte.

Eines Tages erfuhr Greiner-Oma vom Chef der Filmbörse, natürlich ganz vertraulich, dass für eine Rolle in einer deutsch-französischen Koproduktion ein männliches Kind im Alter ihres Enkels gesucht wurde. Die Beschreibung »blond, dicklich und blaue Augen« passte mit Sicherheit auf eine Vielzahl von Kindern, nur nicht auf mich. Ich war dunkelhaarig, mager und hatte braune Augen, entsprach also durchaus nicht dem Klischeebild eines deutschen Kindes. Meine Großmutter, gewieft durch langjährige Erfahrung im Filmgeschäft und überzeugt von dem Talent ihres Enkelsohns, ließ sich von der Rollenbeschreibung nicht abschrecken und ersuchte um einen Vorstellungstermin bei der Produktion auf dem Studiogelände von Geiselgasteig. Als man sie dort fragte, ob ihr Enkel die beschriebenen Voraussetzungen für die Rolle erfülle, entgegnete sie, dass sie sich ein blondes, dickliches und blauäugiges Kind in einer französischen Koproduktion unmöglich vorstellen könne und daher den Regisseur sprechen möchte, um ihn vor diesem gravierenden Besetzungsfehler zu bewahren.

Damals, im Alter von knapp sieben Jahren, wusste ich noch nicht, dass solche Verhaltensweisen im Filmgeschäft nicht nur äußerst unüblich, sondern vor allem absolut chancenlos waren, darum war ich auch nicht erstaunt, dass man uns tatsächlich in den Warteraum vorließ. Heute halte ich sowohl dieses selbstbewusste Auftreten meiner Großmutter als auch das, was danach geschah, für ein Wunder. Man führte uns in ein großes Zimmer, in dem gut zwei Dutzend blonde, dickliche und blauäugige Jungen unter der Obhut von Damen saßen, die aus Gründen unverwechselbarer äußerlicher Merkmale nur ihre Mütter sein konnten.

Die Jungen wie ihre Mütter starrten mich an, als ob ich von einem anderen Stern käme, und so fühlte ich mich auch. Ich bekam Angst und war den Tränen nahe, wogegen meine Greiner-Oma das Problem auf ihre resolute Weise löste. Sie ging, ohne auch nur einen Moment zu zögern, auf die einzige Türe zu, die in ein anderes Zimmer führte, und in dem sie zu Recht, wie sich herausstellte, den Regisseur oder zumindest einen seiner Assistenten vermutete, öffnete sie und schubste mich in den Raum hinein. Mehrere Herren saßen dort um einen Tisch, auf dem Massen von Fotos lagen. Die Herren schauten überrascht auf, einer von ihnen, ein eleganter Gentleman von etwa fünfzig Jahren, erhob sich nach einem Moment des ungläubigen Staunens, ging auf mich zu, strich mir freundlich über die Haare, drehte sich dann zu den Herren am Tisch, deutete auf mich und sagte überlegen lächelnd: »Voilà!« Dann wandte er sich an meine Großmutter und sprach mit ihr höflich und in fehlerfreier deutscher Sprache mit einem leichten ausländischen Akzent, den mir meine Oma als französischen erklärte.

Das magere, dunkelhaarige Kind mit den braunen Augen bekam die Rolle, und zwar deshalb, wie ich später erfuhr, weil der elegante Herr Emil Edwin Reinert, Regisseur des Filmes, von Anfang an gänzlich anderer Meinung war als sein Produzent, was diese Rolle betraf. Hier bekam ich die erste Lektion in Sachen Filmgeschäft: Beim Filmemachen gibt es offenbar mindestens zwei, die das Sagen haben, wobei der eine im Allgemeinen das Gegenteil vom andern will.

Ich jedenfalls fuhr – oder besser, wurde gefahren – in einem Wagen mit Chauffeur und Greiner-Oma nach Mittenwald in das bayerische Wettersteingebirge. Von dort aus ging ein steiler, kurvenreicher und staubiger Hohlweg hinauf zum Lautersee. Direkt am malerischen blaugrünen, spiegelklaren Gebirgssee lag ein im rustikal-bayerischen Stil erbautes Hotel, das einerseits als Unterkunft für Schauspieler und Team diente, andererseits auch als einer der Drehorte des Films. Der männliche Hauptdarsteller des Films, der damals unumstrittene deutsche Superstar O. W. Fischer, bewohnte als Einziger ein Haus ganz in der Nähe für sich alleine. Völlig alleine war er jedoch nicht, denn er hatte seine Katzen dabei. Angeblich nahm er sie überallhin mit, beziehungsweise er drehte nirgendwo, wohin er seine Katzen nicht mitnehmen konnte.

Ob er seiner Katzen wegen nicht in dem Hotel wohnen wollte, das mir, der ich in meinen sieben Jahren noch nie in einem Hotel abgestiegen war, als der Inbegriff luxuriösen Lebens erschien, ob er als Superstar, der er war, zwischen sich und die anderen eine seiner Bedeutung gemäße Distanz legen oder ob er einfach seine Ruhe haben wollte, erschloss sich mir jedenfalls nicht. O. W. Fischers Katzen jedoch erwiesen sich für mich als besonderer Glücksfall. Wie ich von meiner Greiner-Oma erfuhr, suchte der Superstar nämlich eine zuverlässige Person, die die Katzen an langen Spezialleinen mindestens zwei Stunden spazieren führte, wenn er selbst durch Dreharbeiten verhindert war. Da er fast jeden zweiten Tag drehen musste, war die Aufgabe, mit fünf Mark pro Katzenspaziergang dotiert, außerordentlich lukrativ. Fünf Mark für zwei Stunden war damals, zu einer Zeit, als das durchschnittliche Monatseinkommen bei dreihundert Mark lag, als eine Semmel fünf und eine Breze sechs Pfennige kostete, eine Menge Geld. Man konnte sich tatsächlich dreiundachtzig Brezen dafür kaufen oder auch über ein Kilo Gelbwurst. Wer jeden zweiten Tag in zwei Stunden fünf Mark verdiente, hatte also viel Freizeit und musste auf gar keinen Fall Hunger leiden.

Die Greiner-Oma nahm mich bei der Hand, führte mich vor das Haus des Stars, der nach ihren Erzählungen so etwas war wie der König des deutschen Films, jedenfalls wichtiger als der Papst, den mir die andere Oma, die Betty-Oma, als allerwichtigsten Menschen auf der Welt geschildert hatte, und befahl mir, alleine in das Haus hineinzugehen und mich dem weltberühmten Schauspieler vorzustellen. Dabei sollte ich erstens sagen, dass ich der Enkel des verstorbenen Fritz Greiner sei und dass ich zweitens in demselben Film wie er mit dem Arbeitstitel »Andere Tage« eine kleine Rolle spielte, entweder seinen Sohn oder den seines Kollegen Axel von Ambesser, genau wüssten das meine Oma und ich nicht, da wir bisher kein Drehbuch erhalten hätten, und drittens – was das Wichtigste sei –, dass ich Tiere jeder Art besonders liebte, selbst zwei Hunde hätte, nämlich den Pointer Tommy und den Wolfshund Zilo, aber schon immer am liebsten Katzen gehabt hätte, was leider, solange die Hunde lebten, unmöglich sei. Ich sagte meiner Oma, dass ich all das nicht sagen würde und dass ich auch für fünf Mark an jedem zweiten Tag nicht alleine vor den König des deutschen Films treten würde, eher noch vor den Papst.

Es kam zu einem kleinen Streit zwischen mir und meiner Oma, der jedoch von einem gerade aus dem Haus tretenden, gut aussehenden, eindrucksvollen Mann um die Mitte dreißig auf liebevollste Art geschlichtet wurde. Zuerst nahm er meiner Oma das Taschentuch, mit dem sie meine Tränen trocknen wollte, aus der Hand und wischte sie mir selbst damit ab, dann bat er uns in sein Haus und führte mir seine vier Katzen vor, die er als sehr eigenwillig schilderte. Bei Fremden würden sie sehr »fremdeln«, sagte er mit seiner wohlklingenden, weichen, aber dennoch männlichen Stimme, die eine leichte österreichische Färbung hatte. Kaum hatte er es gesagt, kamen zu seiner Verwunderung alle vier Katzen auf mich zu, drückten sich schnurrend gegen meine Beine, eine sprang mir sogar auf die Schulter, als ich mich bückte, um sie zu streicheln, und schon war das Katzenspaziergangsgeschäft perfekt.

Der überaus freundliche Herr Fischer drückte mir, noch bevor ich die besprochene Leistung erbracht hatte, schon die ersten fünf Mark in die Hand und dazu vier lange Leinen. Vier Katzen mit sehr unterschiedlich ausgeprägten Charakteren an vier etwa dreißig Meter langen Leinen zwei Stunden gleichzeitig so spazieren zu führen, dass sich weder die dünnen, aus einer Extramischung von Kunsthanf-flechtschnüren und Verpackungsbindfäden hergestellten Seile in- und umeinander verwickelten noch die höchst eigenwilligen Tiere in ihrem spontanen und daher unvorhersehbaren Bewegungstrieb, der die linkshändig geführten häufig nach rechts zog und die rechtshändig geleiteten am liebsten nach links, wobei man sich weder auf das eine noch auf das andere verlassen konnte, nicht so zu behindern, dass die ursprüngliche Sympathie der Katzen für den jungen Spaziergangsbeauftragten in Verachtung oder gar Abneigung umschlug, war eine Leistung, die ihr Entgelt wahrlich wert war. Mehrmals wurde ich, beim Auseinandersortieren und Lösen der gar nicht vermeidbaren Leinenverschlingungen, von den aufgeregten und irritierten Tieren an Händen und Armen so zerkratzt, dass ich sowohl eine Tetanusspritze brauchte als auch die nach den ersten vier Ausflügen blutig verdienten zwanzig Mark in solide Lederhandschuhe zu investieren hatte, die in meiner Kindergröße in Mittenwald natürlich nicht vorrätig waren und daher von einem freundlichen Lederhosenschneider von Hand genäht werden mussten, um den Anforderungen der Katzenspaziergänge gewachsen zu sein.

In zwei Monaten hatte ich jedoch bei O. W. Fischer mehr verdient, als meine Gage bei dem Film war, die angeblich, laut Auskunft meiner Großmutter, mehrere Hundert Mark plus erstklassige Unterkunft im Hotel und beste Verpflegung für zwei Personen betragen sollte. Der Superstar war sogar so nett, dass er mir die kleinen Lederhandschuhe für das Doppelte dessen abkaufte, was sie gekostet hatten.

Ich hatte mich nach den erwähnten Anfangsschwierigkeiten an die Katzen gewöhnt und sie sich offenbar so sehr an mich, dass der Abschied geradezu herzzerreißend war. O. W. Fischer behauptete sogar, dass sie mit ihm jetzt nur widerwillig mitgingen, während sie sich auf die Spaziergänge mit mir immer gefreut hätten. Er habe das des Öfteren genau beobachtet und sage ganz offen und ehrlich, dass er dabei bohrende Stiche der Eifersucht in seinem Herzen verspürt habe. Als Kind wusste ich natürlich nichts auf diese innere Entblößung zu entgegnen, aber später sagte ich mir, dass es schon einen Grund haben muss, dass einer ein Superstar wird und ein anderer nicht. Ich glaube das heute noch, habe allerdings niemanden mehr kennengelernt, der seine Katzen an dreißig Meter langen, in England handgefertigten Spezialleinen spazieren führt und sie nach ihrem Ableben in kleinen, gläsernen Särgen auf dem Parkgrundstück seiner Villa mit Aussicht auf den Lago di Lugano persönlich bestattet.

Es gab zwei Szenen bei den Dreharbeiten zu dem Film, der, als er in die Kinos kam, aus irgendeinem mir unbekannten Grund in Deutschland nicht mehr *Andere Tage*, sondern *Verträumte Tage* hieß, in Frankreich *L'Aiguille rouge*, die mir in wenn auch dunkler Erinnerung blieben. In der einen saß ich mit der attraktiven österreichischen Schauspielerin Aglaja Schmid, im Film offenbar meine Mutter, stumm und in offenbar schlechter Laune an einem Tisch im voll besetzten Speisesaal des Hotels und aß zu Abend. Frau Schmid war zu diesem Zeitpunkt fünfundzwanzig Jahre alt, sie muss mich also mit achtzehn bekommen haben. Ein besonders gut aussehender Mann von Anfang vierzig, ich glaube, es war der damals schon berühmte Axel von Ambesser, im Film wahrscheinlich mein Vater, näherte sich raschen Schrittes und setzte sich wie selbstverständlich, so als hätte er sich nur verspätet, zu uns an den Tisch.

Eine andere Version, die gedreht wurde, sah vor, dass ich in dem Moment aufstand und wortlos wegging. Wahrscheinlich sollte das bedeuten, dass ich diesen Herrn nicht mochte. Es wurde mir nicht erklärt, ich tat daher einfach, was mir gesagt wurde, und unterstützte meine eigene Interpretation der Szene durch ein sichtbar verärgertes Verhalten. Ruckartig stand ich vom Stuhl auf, kniff meine Lippen zusammen, stampfte mit dem Fuß auf und streckte dann, vor dem Weglaufen, dem gut aussehenden Herrn noch die Zunge raus.

Der Regisseur nahm meine Gestaltung der Figur etwas verwundert und amüsiert zur Kenntnis, schickte mir aber dann seinen Regieassistenten, der mir zu verstehen gab, dass solche Gefühlsausbrüche zwar durchaus eindrucksvoll sein könnten, vorausgesetzt sie seien gut gespielt und entsprächen dem Drehbuch, das ich nach wie vor nicht kannte. Ich sollte aber einfach aufstehen, weggehen und sonst gar nichts, vor allem keine Mimik, also keine Bewegung im Gesicht erkennen lassen. Ich versprach, es genau so zu machen, wie er befohlen hatte, und setzte mich wieder zurück an den Tisch.

Kaum saß ich, kam der Assistent wieder, richtete mir einen schönen Gruß des Regisseurs aus und bat mich, die Szene jetzt doch genau so zu spielen wie vorher, nur beim Rausstrecken der Zunge sollte ich darauf achten, dass sie nicht zu lange draußen bliebe, mit anderen Worten, ich sollte sie nur ganz kurz rausstrecken und dann sofort und blitzschnell wieder zurückziehen.

Wir drehten die Szene dann wieder und wieder, bis der gut aussehende Herr, wie gesagt, vermutlich Axel von Ambesser und im Film mein Vater, dem sich allmählich verselbstständigenden und dadurch immer absurder werdenden Regietreiben durch einen cholerischen Ausbruch bei der vierzehnten Wiederholung von Zunge raus, Zunge rein ein Ende setzte.

Die zweite Szene, die mir unvergesslich blieb, spielte in der Zahnradbahn, die zum Gipfel der Zugspitze fuhr, das heißt, sie fuhr nicht wirklich hinauf, jedenfalls nicht, solange ich darin saß, sondern immer nur über die nächste Kurve hinaus, und dann wieder zurück. Ich verstand damals nicht, wieso sie immer nur durch die nächste Kurve fuhr und nicht weiter, aber es war mir auch völlig gleichgültig, solange ich mich durch die Gewichtsverschiebung in der Kurve an meine Begleiterin schmiegen konnte, die ich damals für die schönste Frau der Welt hielt. Es war die blonde Michèle Philippe, eine französische Schauspielerin um die Mitte zwanzig. Sie sprach nicht deutsch und ich nicht französisch. Daher konnte ich ihr auch nicht verständlich machen, dass ich unbedingt vorhatte, sie in etwa zehn Jahren zu heiraten. Sie würde dann Mitte dreißig sein und ich siebzehn.

Dieser Altersunterschied von achtzehn Jahren schien mir in Bezug auf Michèle nicht allzu problematisch, wenn ich davon ausging, wie gut meine Mutter mit ihren zweiunddreißig Jahren noch aussah. Selbstverständlich würde ich in den zehn Jahren so gut Französisch lernen, dass wir uns auch über die schwierigsten Dinge unterhalten könnten. Leider konnte ich mein Vorhaben nicht so kommunizieren, dass Michèle es verstehen und irgendwas dazu hätte sagen können. So blieb es also bei den Gewichtsverschiebungen in der Kurve und den stummen Blicken.

Das Adieu von Michèle war tränenreich, und zwar auf beiden Seiten. Sie gab mir ein Foto mit Autogramm, das ich über ein Jahr lang unter meinem Kopfkissen aufbewahrte. Irgendwann verschwand es spurlos, angeblich war niemand daran schuld, und gesehen hatte es auch keiner. Ich nehme an, nahm auch damals schon an, dass meine Betty-Oma heimlich das Foto der schönen Französin verschwinden ließ, weil sie sich viel zu früh Sorgen um meine sexuellen Triebe machte, die bei mir erst im Alter von fünfzehn Jahren diesbezügliche Selbstbeschäftigungen auslösten.

Das Filmemachen und die dadurch empfangenen vielfältigen Eindrücke – vom Katzenspazierenführen über die cholerischen Ausbrüche eines sich untadelig seriös gebenden Herrendarstellers bis hin zu der überwältigenden Schönheit von Michèle und dem betörenden Duft, der sie umgab (erst als Erwachsener kam ich durch eine kurze Affäre, die sich im engen Lift eines Hotels in Nizza abspielte, dahinter, dass es sich um das berühmte Parfüm Shalimar von Guerlain gehandelt haben musste) – erweckten in mir im Alter von sieben Jahren ernsthafte Zweifel, ob ich, wie ich vorgehabt hatte, tatsächlich Archäologe werden sollte, und auch der Beruf des Entdeckungsreisenden schien mir nicht mehr so reizvoll wie noch vor Kurzem. Das Filmmilieu faszinierte mich jetzt umso mehr, als ich mir für hundert Mark, einem Teil meiner Schauspielergage, im noblen Pelz-

und Wollgeschäft »Saltzmann« am Münchener Odeonsplatz einen Wintermantel, einen sogenannten Dufflecoat aus reinem Kamelhaar, kaufen durfte. Wie hoch die Gage für meine Rolle in dem Film genau war, erfuhr ich nicht, weil nicht *ich* das Geld bekam, sondern meine Eltern. Ich hätte sie natürlich fragen können, auch meine Greiner-Oma hätte ich fragen können, aber aus irgendeinem Grund wollte ich das nicht.

Vielleicht erlaubte es mein Stolz nicht, vielleicht wollte ich dokumentieren, dass mir weniger am Geld als an der Sache gelegen war, vielleicht genügte mir auch, was ich beim Katzenspazierenführen verdient hatte, denn diese Tätigkeit sah ich beim Betrachten meiner zerkratzten Hände als wirkliche Arbeit an, während das Filmen, wie zum Beispiel beim Zahnradbahnfahren mit Michèle, für mich ein reines Vergnügen war.

Den Film, in dem ich gespielt hatte, konnte ich leider nie im Kino sehen, da er damals für Kinder meines Alters nicht freigegeben war, und als ich alt genug war, wurde der Film nicht mehr gespielt. Ein bedeutendes Werk der Filmgeschichte kann es wohl nicht gewesen sein, denn erst als es das Internet gab, gelang es mir, einige, allerdings sehr kurze Informationen darüber zu finden. Die literarische Vorlage zu dem Drehbuch stammte von Vicki Baums Erzählung »Das Joch«, an dem Drehbuch war unter anderen auch Johannes Mario Simmel als Autor beteiligt. Seltsamerweise wurden für die weibliche Hauptrolle der »Maja Berger«, im Film meine Mutter, zwei verschiedene Darstellerinnen genannt, in deutschen Quellen Aglaja Schmid, in französischen Michèle Philippe. Aber vielleicht war das damals in Koproduktionen so üblich.

Leider waren diese »Verträumten Tage« nicht der Beginn, sondern das Ende meiner Karriere als Filmschauspieler. Mein Vater, der sich sonst weder um mein Wohl noch um mein Wehe kümmerte, vertrat den harten, durch alle meine flehentlichen Bitten nicht zu erweichenden Standpunkt, dass der Junge erst einmal aufs Gymnasium gehen und dann, per Studium, einen richtigen Beruf ergreifen sollte, bevor er, wenn es unbedingt sein müsste, die fragwürdige Laufbahn eines »Gauklers« einschlagen könnte. Mein Argument, dass es mit Ende zwanzig zu spät sei für einen Anfänger, der als Schauspieler erstens berühmt werden wollte und zweitens seinen Beruf vielleicht ja auch noch lernen müsse, fanden kein Gehör, ich hatte zu gehorchen. Meine Mutter hielt sich völlig aus dieser Auseinandersetzung heraus, vermutlich war sie glücklich darüber, dass mein Vater endlich überhaupt zu einer mich betreffenden Erziehungsentscheidung willens und fähig war. Betty-Oma unterstützte aufgrund ihrer bürgerlich-konservativen Grundhaltung die Meinung meines Vaters, während Greiner-Oma das erste und einzige Mal statt ihrem Sohn dem Enkel zustimmte, und dieses mit einer Vehemenz, die Mutter und Sohn fast entzweit hätte.

Bei den heftigen Diskussionen zwischen der Greiner-Oma und meinem Vater, die ich zum Teil unfreiwillig mitverfolgen musste, kam allerlei Aufschlussreiches über den berühmten Großvater Fritz Greiner zur Sprache. Die Streitereien fingen immer mit meiner potenziellen Schauspielerkarriere an und endeten regelmäßig bei den erotischen Eskapaden der beiden Elternteile. Da man dabei vergaß, meine Anwesenheit zur Kenntnis zu nehmen, erfuhr ich so, dass mein Vater, wenn er mein Großvater gewesen wäre, eine solche unausstehliche Frau wie meine Großmutter auch betrogen hätte, und wenn er eine Frau wie meine Großmutter gewesen wäre, dann hätte er einem solchen notorischen Seitenspringer wie meinem Großvater ebenfalls die Hörner aufgesetzt.

»Er hat es nicht bös gemeint, er konnte nur nicht anders«, verteidigte später einmal mein Vater seinen verstorbenen Vater mir gegenüber und beharrte so sehr auf diesem angeborenen Gendefekt, dass ich unschwer daraus folgern konnte, dass er die vererbte Krankheit auch bei sich selbst diagnostizierte und das Leiden unter derselben auch für sich in Anspruch nahm.

Da ich meinen Vater bislang nur für einen schweren Alkoholiker gehalten hatte, nachdem ich eines Tages zufällig Zeuge geworden war, wie er schon morgens auf nüchternen Magen ein Zahnputzglas voll Gin auf einen Zug austrank, gab mir dieses Bekenntnis Anlass, über mich selbst und mein Verhältnis zu Frauen nachzudenken. Ich hatte mir nämlich, ähnlich wie bei Michèle, ab dem Alter von ungefähr zehn Jahren angewöhnt, von jeder neuen Freundin ein Foto zu erbitten, um dieses dann in einer alten Brieftasche auf dem mit Gerümpel voll gestopften Speicher des Hauses der Greiner-Oma zu verstecken. Es gab viele »neue Freundinnen«, daher auch viele Fotos. Wie andere gleichaltrige Knaben Briefmarken, Mickey-Mouse- und Tarzan-Hefte oder Fußballerbildchen sammelten, so sammelte ich Freundinnen. Da ich im Durchschnitt selten länger als zwei Wochen mit ein und derselben »ging« und meistens schon eine neue hatte, bevor ich mit der alten Schluss machte, kam ich im Jahr auf eine Anzahl von fünfunfzwanzig bis dreißig, in besonders guten Jahren sogar darüber. Angesichts dieser Zahlen musste ich davon ausgehen, dass der Morbus Greiner, von Großvater über Vater, auch auf mich übertragen worden war. Interessant dabei ist jedoch folgendes Phänomen: Den ersten richtigen Geschlechtsverkehr hatte ich erst im Alter von achtzehn Jahren und zwei Monaten.

Vater Heinz Dietl

Mutter Else Dietl, geborene Donhauser

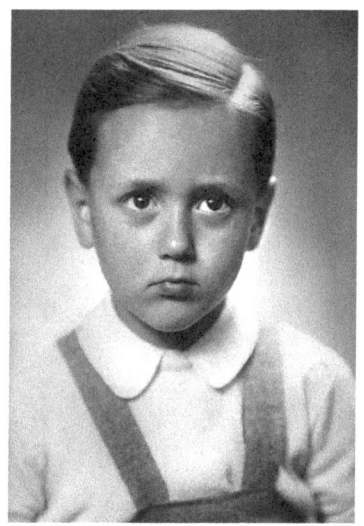

Kinderjahre

3

Nach der 2. Klasse Volksschule zogen meine Eltern um. Von der Inderstorfer Straße in Neufriedenheim in die Rottenbucher Straße nach Gräfelfing. Der Ort, der heute in der deutschen Einkommenssteuerstatistik gleich nach München-Grünwald und Königstein im Taunus kommt, war damals ein ganz normales Dorf, das ganz normal verdienende Einwohner hatte. Es liegt am westlichen Rand des Landkreises München, etwa acht Kilometer von Laim entfernt, im Tal des Flüsschens Würm, das dem Starnberger See – früher auch Würmsee genannt – entspringt und im weiteren Verlauf über die Amper in die Isar mündet. Heute ist Gräfelfing schnell und problemlos über eine Autobahn zu erreichen, die in den Siebzigerjahren eröffnet wurde. Für einen achtjährigen Jungen lag das Dorf damals am Ende der Welt. Wenn man nun zur Greiner-Oma wollte, genügten nicht mehr ein paar Hundert Meter geradeaus und dann links, sondern man musste zuerst von der Rottenbucher Straße zu Fuß zur Haltestelle des Busses in der Bahnhofstraße gehen. Dann fuhr man langsam über Großhadern bis zum Münchener Waldfriedhof. Dort stieg man in einen anderen Bus um, der wiederum sehr langsam die lange Fürstenrieder Straße hinunterfuhr. An der Haltestelle bei der Inderstorfer Straße stieg man dann wieder aus und ging den letzten Kilometer bis in die Gaishofer Straße 47 zu Fuß. Dort wurde man nach zwei Stunden Weges von einer liebevollen Großmutter mit frischem Apfelstrudel und warmer Vanillesoße erwartet, was allein die lange Reise wert gewesen wäre – wenn man sie hätte machen dürfen.

Ich durfte aber nicht, jedenfalls nicht allein. »Mit acht Jahren fährt man noch nicht alleine Omnibus«, sagte meine Mutter. Sie hatte insofern nicht ganz unrecht, als ein großer Teil der Fahrstrecke bis nach Großhadern durch einen dunklen Wald führte. Von diesem Wald, der sich damals bis an den westlichen Rand von Laim/ Neufriedenheim erstreckte, hieß es, er sei verwunschen. Gruselige Dinge seien dort geschehen, und auch heute noch trieben böse Geister dort ihr Unwesen. Viel später erst erfuhr ich, dass hier in der Nähe am 26. April 1945 ein Todesmarsch von 6887 KZ-Häftlingen vorbeigezogen war, die sogenannte Evakuierung des Lagers Dachau, die von SS-Mannschaften unter Leitung des Massenmörders von Auschwitz, Rupprecht, und des Rapportführers Böttgers, genannt »der Genickschussspezialist«, durchgeführt worden war.

Ein ehemaliger Häftling schrieb: »Es begann (unterwegs) zu regnen, und wir stolperten über Menschen ... bald sahen wir auch die ersten Toten. Nur wenig Blut, ein kleiner blutiger Fleck auf der Stirn, aber im Nacken ein großes Loch ...«

Über diese Geschehnisse wurde nicht gesprochen, nicht in der Schule, nicht zu Hause. Es gab sie nicht. Und doch ging von dem dunklen Wald etwas Unheimliches aus, so als wollte er ein düsteres Geheimnis preisgeben, das aber keiner wissen wollte.

Eines Tages, ich muss schon zehn gewesen sein, denn ich besaß ein Fahrrad, das mir mein Vater zu Weihnachten geschenkt hatte, war ich auf dem Rückweg von der Greiner-Oma nach Gräfelfing. Ich war schon auf dem Straßenstück, das durch den Wald führte, und fuhr, wie immer auf dieser Strecke, so schnell ich konnte. Plötzlich hörte ich aus dem Teil des Waldes, der rechts von mir lag, die Stimmen zweier Männer, die sich anbrüllten und offenbar heftig stritten. Ich sah den einen Mann vor dem anderen aus dem Wald in Richtung Straße flüchten, er hatte eine stark blutende Wunde über der linken Schläfe. Der Verfolger schwang eine Waffe oder ein schweres Werkzeug in der rechten Hand. Es könnte eine Axt gewesen sein. Das Geschrei der beiden verstand ich nicht, es war eine fremde, slawisch klingende Sprache. Der Angreifer stellte sein Opfer noch im Wald vor der Straße und schlug es nach kurzem, aggressivem Wortwechsel nieder. Ich fuhr in panischer Angst davon.

Von dieser Bluttat hörte man nichts im Radio und las nichts in der Zeitung. Wenn ich von den zwei Männern erzählte, glaubte man mir nicht. Auch sie hatte es offenbar nie gegeben.

Diese frühen Fünfzigerjahre waren eine Zeit, in der es alles Mögliche gab, worüber nicht geredet wurde. Es waren zum Teil die leidvollen Themen der jüngsten Vergangenheit, aber auch die Gegenwart hatte ihre Tabus, und die Zukunft wurde von allen so lange in rosiges Licht getaucht, bis sie irgendwann diese Bonbonfarbe tatsächlich annahm. Zwei Themen sind zu nennen, die neben den historischen Altlasten zu den gesellschaftlichen Tabus dieser Zeit gehörten, zumindest für einen kleinen Jungen aus der 2. Klasse Volksschule. Das eine war der Umgang mit Fäkalien, das andere mit Sex.

Eines Mittags, nach dem Unterricht, machte ich mich wie immer zu Fuß auf den Heimweg, der bei normalem Schritttempo etwa eine Viertelstunde dauerte. Es war Sommer, ich hatte eine kurze bayerische Lederhose an, dazu ein kariertes Hemd. Auf dem Rücken trug ich meinen Schulranzen.

Im Allgemeinen vermied ich es, die Toiletten des Schulhauses zu benützen. Ich wollte mich nicht auf Klobrillen setzen, von denen ich nicht wissen konnte, wer vorher darauf gesessen hatte, und verrichtete größere Geschäfte daher lieber zu Hause. Normalerweise hatte ich meine diesbezüglichen Bedürfnisse so ausgerichtet, dass ich immer rechtzeitig nach Hause kam, um den vertrauten Ort benützen zu können. An diesem Tag war es jedoch anders, sei es, weil ich mich verrechnet hatte, da in der letzten Stunde Turnen war, wobei ich vielleicht die Dauer des Um- und Anziehens nicht ausreichend berücksichtigt hatte, oder weil ich nicht darauf gefasst war, dass sich gewisse neue sportliche Übungen an diesem Tag stärker auf den Verdauungsapparat auswirkten als bisherige. Jedenfalls rumorte es in meinen Eingeweiden, Darmwinde entwickelten sich von kleinen Lüftchen zu Stürmen, und der Druck in meinem Unterbauch wurde von Sekunde zu Sekunde stärker. Das Haus, in dem wir wohnten, kam schon in Sicht, nur noch dreihundert Meter trennten mich von der rettenden Toilette, da passierte es. Ich konnte keinen Schritt mehr tun, die Kraft des angespannten Schließmuskels ließ plötzlich nach, es wurde warm in der Lederhose, und das herrliche Gefühl des nachlassenden Druckes wurde in kürzester Zeit vertrieben von dem übel riechenden Duft der breiigen Masse, die langsam die Hinterseite der nackten Oberschenkel hinunterlief.

Ich wäre am liebsten in der Erde versunken, so sehr schämte ich mich. Um die Peinlichkeit der Situation noch zu verschlimmern, kam genau in diesem Moment Bärbel, die siebenjährige Tochter eines Nachbarn, aus ihrem Garten. Als sie freundlich lächelnd an mir vorbeilief, drehte ich mich etwas verkrampft lächelnd langsam um die eigene Achse, in der Hoffnung, dass das Mädchen nur die Vorderseite meines Körpers zu sehen bekäme. Allerdings war ich jetzt gezwungen, rückwärts weiterzugehen, wenn ich nicht riskieren wollte, dass sie durch plötzliches Umschauen zur Zeugin meines schrecklichen Malheurs würde. Nach einer Ewigkeit trennten mich nur noch etwa zweihundert Schritte von zu Hause, nach einer weiteren Ewigkeit waren es nur noch an die zwanzig. Ich hoffte inständig und betete ausnahmsweise zu Gott, dass die große Liebe meines jungen Lebens, die Nachbarstochter, die gegenüber in der noblen Villa wohnte, den zauberhaften Namen *Ruth Abendschön* trug und noch dazu, auch bei Tag, genau so überirdisch schön aussah, wie es ihr Nachname versprach, nicht in diesem Moment aus dem Anwesen ihrer Eltern träte und mich in diesem abscheulichen Zustand zu sehen bekäme. Zur Sicherheit ging ich die letzten Meter seitwärts, sodass sie mich, im schlimmsten Fall, von vorne anschauen müsste. Aber wie würde ich dieses Seitwärts-Gehen vor ihr begründen?

Bei Bärbel bedurfte das Um-die-eigene-Achse-Drehen keiner Erklärung, erstens lief sie schnell an mir vorbei, zweitens war meine Beziehung zu Bärbel Blatt nicht von der Leidenschaft geprägt, die ich für Ruth Abendschön empfand. Niemals war ich vor Ruth seitwärts gegangen. Immer war ich vor ihr stehen geblieben, hatte sie angeblickt und sie möglichst schon deshalb in ein Gespräch verwickelt, damit ich sie länger anschauen konnte. Sie hatte langes schwarzes Haar und, wie mir schien, eher grüne als blaue große Augen. Ihr Gesicht war oval geschnitten und von vollendeter Symmetrie. Ihre Lippen waren fein, aber voll, die Nase kühn und elegant geschwungen, vielleicht eine Spur zu groß. Sie sah aus, wie ich mir eine Südländerin vorstellte. Man hätte sie für eine Italienerin oder Spanierin halten können. Ihre Haut war von vornehmer Blässe, so als gehöre sie zum Hochadel. Eine Prinzessin, so sah ich sie in meinen Träumen.

In diesem Teil der Rottenbucher Straße war das Haus der Abendschöns, die Nummer 4, sicherlich das ansehnlichste. Ein lang gestrecktes bungalowartiges Gebäude mit einem kleinen Anbau für Gäste oder Gesinde und einer Doppelgarage. Vor der Villa lag ein von niedrigen Buchsbaumhecken begrenztes Rasenstück, das man auf einem Weg, der mit dunkelrötlichen Natursteinplatten belegt war, überquerte, um zur Haustüre zu gelangen. Die linke und rechte Seite des Hauses liefen in geschwungenen, etwa ein Meter achtzig hohen Mauern aus, die mit den gleichen dunklen Ziegelpfannen bedeckt waren wie das Dach des Hauses. Zwischen den Mauern waren schmiedeeiserne Türen angebracht, die links in den Garten der Herrschaft, rechts zum Häuschen des Gesindes führten. Dieses Häuschen, Nummer 4a, das aus einem kleinen Zimmer unten, einem noch kleineren im ersten Stock sowie einem winzigen, direkt unter dem Dach gelegenen, nur über eine Holzleiter zu erreichenden sogenannten Kinderzimmer bestand, hatte mein Vater für einhundertfünfzig D-Mark im Monat gemietet.

Der Unterschied zwischen der bisherigen Acht-Zimmer-Villa in der Inderstorfer Straße und dem Zweieinviertel-Zimmer-Gesindehäuschen in Gräfelfing war selbst für ein Kind nicht zu übersehen. Durch diese Wohnverhältnisse war auch mein Verhältnis zu Ruth Abendschön von Anfang an definiert. Wenn wir auch nicht *Gesinde* der Abendschöns waren, sondern *Mieter* eines ihnen gehörenden Häuschens, so waren wir allein dadurch Mitglieder einer minderen

Klasse. Jede wie immer geartete Beziehung zwischen der Tochter der Herrschaft im Herrschaftsgebäude und dem Sohn eines Mieters, der einhundertfünfzig Mark im Monat zahlt, damit er und seine Familie nicht auf der Straße stehen müssen, konnte nichts anderes sein als eine Mesalliance.

Einmal wurde ich bei den Abendschöns zum Mittagessen eingeladen. Anwesend waren Frau Abendschön, ihre Tochter Ruth sowie ihre erwachsene Tochter Anneliese, die aus Frau Abendschöns erster Ehe stammte. Alle drei, Mutter und Töchter, waren nicht nur gut aussehend, sondern geradezu überirdisch schön. Sie waren so schön, dass es schwer zu sagen war, wer von ihnen die Schönste war. Bedient wurden wir von dem Dienstmädchen Sabine, die aus instinktsicherem Klassenbewusstsein mit mir sympathisierte und die Speisen, die sie auftrug, auch gekocht hatte. Was es zu essen gab, weiß ich nicht mehr, aber ich erinnere mich noch genau, dass Ruth von ihrer Mutter *Ruthlein* genannt wurde und ich Zitronenlimonade bekam. Diese Limonade war nicht selbst gemacht, sondern industriell.

Dass man zum Essen tatsächlich Limonade trinken durfte, war neu für mich und beeindruckte mich sehr. Bei uns zu Hause gab es höchst selten Limonade. Wenn sich die Abendschöns schon zu Mittag Limonade leisten konnten, dann musste Herr Abendschön viel Geld haben oder verdienen. Das konnte man auch an dem sogenannten Herrenzimmer sehen, das durch breite Schiebetüren vom Speisezimmer getrennt war. Das Herrenzimmer war trotz des großen Fensters zum Garten wesentlich dunkler als das Speisezimmer, was nur zum Teil an dem Schatten lag, den die Krone der vor dem Fenster stehenden riesigen Buche warf, auch nicht nur daran, dass das Speisezimmer mit weißen Schleiflackmöbeln ausgestattet war. Im Herrenzimmer herrschte, auch durch die dunkelbraunen Ledersessel, die dunkelbraunen Bücherregale, in denen Bücher standen, die ausnahmslos in dunkelbraunes Leder gebunden waren, sowie den immens wuchtigen dunkelbraunen Schreib- und den überdimensionalen dunkelbraunen Couchtisch eine geheimnisvolle, düstere, fast bedrohliche Atmosphäre.

Ich konnte mir den korpulenten Herrn Abendschön, der selbst zu Hause Anzug und Krawatte trug, in diesem Raum gut vorstellen, an seinem voluminösen Schreibtisch oder in einem der tiefen Sessel sitzend, mit Geschäftsfreunden alten dunkelbraunen französischen Kognak trinkend und dazu dunkelbraune Havanna-Zigarren rauchend. Manchmal, sehr selten, überkam ihn so etwas wie ein Lächeln, er öffnete dabei die Lippen nur ganz wenig, entblößte aber dennoch einige Goldkronen, die seine seitlichen Schneidezähne schmückten.

Das Lächeln von Herrn Abendschön, verbunden mit dem starren, maskenhaften Ausdruck in dem dicken, teigigen Gesicht, hatte etwas Sardonisches, Krampfhaftes, so als sei es nicht freiwillig entstanden, sondern ihm möglicherweise von ihm selbst aufgezwungen worden. Er war der Generaldirektor, wenn nicht gar der Besitzer einer Möbelfabrik. Ich kannte solche Generaldirektoren nur aus Kinderbüchern und Comicstrips. In den Büchern und Heften ekelte ich mich vor diesen Gestalten. Es war bemerkenswert, dass in einer Zeit des Wiederaufbaus nach dem Krieg ausgerechnet die Figur des *Generaldirektors* überwiegend negativ dargestellt wurde. Vermutlich stand den Autoren und Zeichnern noch der preußische Popanz des herrischen Generals vor Augen oder die fettleibigen, Zigarren rauchenden Geschäftsleute auf den Gemälden von Max Beckmann und den Zeichnungen von George Grosz und Otto Dix. Vielleicht war es auch der allgegenwärtige Parvenü, der in dieser Wirtschaftswunderepoche wieder, wie zu Zeiten des Simplizissimus, die Karikatur provozierte. Wie auch immer, der Generaldirektor sah im wirklichen Leben so aus wie auf den Zeichnungen und umgekehrt.

Dass dieser hässliche Herr Abendschön, der eine dunkelrote BMW-502-V8-Luxuslimousine mit beigen Ledersitzen fuhr – damals kein Auto, sondern eine Sensation –, eine so schöne Tochter wie das *Ruthlein* hatte, war für mich nicht zu begreifen. Das Auto war auch wunderschön, aber das konnte man sich für viel Geld kaufen. Hatte der Generaldirektor das Kind gekauft, vielleicht mitsamt der schönen Mutter, deren Ähnlichkeit mit dem Kind unübersehbar war? Aber die Mutter hatte doch schon die schöne Anneliese, angeblich aus erster Ehe. Auch Anneliese sah ihrer Mutter äußerst ähnlich. Gab es da irgendein Geheimnis?

Vielleicht hatte er sie alle gekauft, alle drei Frauen? Die Atmosphäre in der Villa legte diesen Verdacht nahe. Es herrschte niemals Heiterkeit, es war auch nie laut. Die Mutter sagte wenig und hatte einen von Melancholie umflorten Blick, der sie durchaus nicht reizloser machte. Anneliese sagte nie etwas, lächelte aber gelegentlich stumm und so unwiderstehlich, dass man kaum den Blick von ihr wenden wollte.

Ruth, die außerhalb des elterlichen Hauses vielleicht kein Wirbelwind, aber auf jeden Fall ein normales Jungmädchentemperament war, veränderte schon ihren Gang, wenn sie den kurzen Weg zur Haustür der elterlichen Villa betrat. Vorher, auf der Straße, ging sie aufrecht, auf dem Steinplattenweg zum Haus spätestens nach zwei Schritten gebückt und mit hängenden Schultern. Wenn sie das Anwesen verließ, trug sie zuerst noch einige Meter lang eine Opfer- und Leidensmiene zur Schau, den innerhäusigen Gesichtsausdruck sozusagen, der sich erst bei zunehmendem Abstand vom Elternhaus in ihren normalen, außerhäusigen verwandelte. Selbst das Dienstmädchen Sabine schien innerhalb des Hauses den Kopf etwas hängen zu lassen und ihn nur für die Zeit aufzurichten, die sie brauchte, um einkaufen zu gehen.

Vielleicht war das Anwesen in irgendeiner Form von irgendwoher ungünstig bestrahlt, vielleicht war Herr Abendschön ein Tyrann, vor dem sich alle fürchteten, vielleicht wurden die Frauen in dem Haus wie Sklavinnen gehalten und mussten sich deshalb so unterwürfig benehmen. So erklärte ich mir damals die Verhältnisse im Hause Abendschön. Sehr viel später, als ich schon einige schlechte Erfahrungen gesammelt hatte, gelang mir eine andere Interpretation der Umstände: Frau Abendschön hatte ihren ersten Mann verlassen oder war von ihm verlassen worden, möglich war auch, dass Annelieses Vater im Krieg gefallen war. Jedenfalls war Anneliese dagegen, dass ihre Mutter Herrn Abendschön heiratete. Sie mochte den Herrn nicht, der Herr mochte auch sie nicht. Ruthlein kam zur Welt und mochte zuerst ihre große Schwester Anneliese gern. Als sie jedoch merkte, dass ihr Vater und ihre große Schwester einander nicht mochten, mochte sie ihre große Schwester auch nicht mehr. Darüber wurde die Mutter, die ohnehin ihrem ersten Mann nachtrauerte und Herrn Abendschön nicht aus Liebe, sondern aus anderen Gründen geheiratet hatte, noch trauriger, als sie ohnehin schon war. Die Situation im Haus war so verfahren, dass jede weitere Diskussion zwischen den Beteiligten überflüssig erschien. Deshalb wurde im Hause Abendschön hauptsächlich geschwiegen. Es war sehr still.

Nachdem es mir dann schließlich irgendwann gelungen war, Ruthlein Abendschön und Bärbel Blatt zu überreden, auf der Hühnerleiter in den Speicher des von uns gemieteten Gesindehäuschens zu klettern, um mit mir in dem sogenannten Kinderzimmer *Doktorspiele* zu veranstalten, wurde ich von der Vermieterfamilie nicht mehr in ihr Haus eingeladen. Auch Herr und Frau Blatt grüßten nicht mehr zurück, wenn ich ihnen einen guten Tag wünschte. Mit noch nicht ganz acht Jahren war ich der »Wüstling« der Rottenbucher Straße geworden. Offenbar hatten die Mädchen ihren Eltern von den Spielen mit mir erzählt und dabei alle Schuld auf mich geschoben. Im Religionsunterricht kam es mir vor, als ob mich der Pfarrer plötzlich mit etwas schiefem Kopf anschaute.

Wahrscheinlich hatten Bärbel und Ruth ihre schrecklichen Missetaten, die darin bestanden, dass wir uns gegenseitig unsere primären Geschlechtsmerkmale gezeigt hatten, dem Herrn Pfarrer gebeichtet. Wobei anzumerken ist, dass Bärbel einen Bruder hatte, dessen Geschlechtsteil sie bestimmt schon einmal oder vielleicht sogar mehrmals gesehen hatte, wogegen Ruth keinen Bruder und ich keine Schwester hatten, uns beiden also höchstens Neugier vorzuwerfen war. Es ist anzunehmen, dass den Mädchen unter Auferlegung von jeweils mindestens hundert Vaterunsern die schweren Sünden wider das sechste Gebot vom Pfarrer verziehen wurden. Mir konnte man nicht verzeihen, und zwar deswegen nicht, weil ich die von mir begangenen »Sexualverbrechen« weder meinen Eltern noch dem Herrn Pfarrer erzählt hatte. Ich musste allein damit fertigwerden. Mein »unzüchtiges« Verhalten entwickelte sich zu einem regelrechten Trauma. Angst und Schuldgefühle ließen mich unruhig und schlecht schlafen.

In Träumen wurde ich für meine Taten, die im Sinne des Wortes gar keine waren, sogar verurteilt und ins Gefängnis geworfen, nachdem ich vorher im ganzen Dorf, vor allen Leuten, meine Verbrechen bekennen und Spießruten laufen musste. Mehrmals wurde ich auch zum Tode verurteilt und am Galgen aufgehängt, gelegentlich köpfte man mich sogar, und eine Erschießung überlebte ich nur durch eine Begnadigung in letzter Sekunde. Wer diese allerdings ausgesprochen hatte, erfuhr ich nie. Es war mir auch gleichgültig, ich war froh, stattdessen mein Traum-Dasein in lebenslänglicher Haft verbringen zu dürfen.

Nach Jahren erst gelang es mir, das »Doktorspielen« nicht mehr als etwas Sündhaftes, Verwerfliches und Bestrafenswertes zu empfinden. Die Ausläufer dieses Traumas verfolgten mich ständig, und lange war ich nicht ganz sicher, ob die Wunden, die damals meiner kindlichen Seele zugefügt worden waren, jemals ganz verheilt sind. Sie wurden mir zugefügt von einer »Ideologie«, die eigentlich eine Art von klerikal gefördertem Obskurantismus war. Ich brauchte nicht lange zu suchen, denn in dem Vorort Gräfelfing herrschte genau diese, im Grunde grausame, katholisch-spießbürgerliche Atmosphäre, die ich zwar als Kind nicht genau benennen konnte, aber dennoch instinktiv als etwas Unaufrichtiges und Verheucheltes empfand. Im wahrsten Sinn des Wortes war die dort wohnende Gesellschaft auf unangenehmste Weise »scheinheilig«.

4

Kurz nach meinem »Verbrechen« zogen wir aus dem Gesindehäuschen des Abendschön'schen Anwesens aus und in den ersten Stock des gegenüberliegenden Wohnhauses ein. Das Haus Rottenbucher Straße 1 zählte zu jener schrecklichen Art von Nachkriegsbauten, die, ebenso fantasielos wie billig errichtet, eine ganze Straße, und sei sie noch so lang, für immer verschandelten.

Man wollte gar nicht glauben, dass auf gleicher Höhe der Straße auf einer Seite die diskrete, noble Villa des Möbelgeneraldirektors stehen konnte und gleich gegenüber auf der anderen, nur durch höchstens fünfzehn Meter Luftlinie getrennt, ein aus dem monotonen Baukasten eines Maurermeisters, der sich nebenberuflich Architekt nannte, stammendes, stramm rechteckiges, vermutlich aus verputzten Hohlblocksteinen zusammengepfuschtes Dachüberdemkopfhaus. Es gehörte dem Ehepaar Gerwald.

Herr Gerwald war gescheiterter Musiker und Alkoholiker. Gern verbreitete er das Gerücht, er habe früher bei den »Symphonikern« die erste Geige gespielt. Um welche Symphoniker es sich dabei wann und wo handelte, sagte er nicht. Sicher war nur, dass er gelegentlich an Wochenenden in der Biergroßwirtschaft Heide-Volm (mit ganzjährigem Wiesnzelt und sommerlichem Biergarten) an der Bahnhofstraße des Nachbarorts Planegg seine Geige in dem dortigen Vergnügungsorchester erklingen lassen durfte. Er kam von solchen Veranstaltungen regelmäßig volltrunken und spätnachts heim, schlug zuerst seine Ehefrau, die mit unflätigen Schimpfworten und durchdringenden Schreien reagierte, und torkelte danach hinter das

Haus, wo er sich lange und lautstark erbrach. Da mein Zimmer ein Fenster nach eben dieser Seite hatte, wurde ich regelmäßig Ohrenzeuge der Folgen seiner Ausschweifungen.

Frau Gerwald, eine dunkelhaarige, vulgär aussehende Person, war Niederösterreicherin aus Krems an der Donau. In den erwähnten Nächten der handgreiflichen Auseinandersetzungen mit ihrem Gatten bediente sie sich eines heimischen Vokabulars, das so schmutzig und ordinär klang, wie es wohl nur in diesem speziellen Dialekt möglich ist. Offenbar sexuell erregt von dieser Gossensprache fiel Herr Gerwald dann über Frau Gerwald her, wobei auch er nicht mit obszönen Ausdrücken sparte.

Die Reihenfolge von Prügeln, Kotzen und Kopulieren konnte aber mitunter auch variieren, sodass es erst am Schluss zum Kotzen kam.

Sehr interessant war das Verhalten des Gerwald'schen Wolfshundes Zilo in diesen Nächten. Seine Hundehütte, die er vorwiegend bewohnte, war so zwischen Haus und Garage gelegen, dass ich sie und den Hund vom Fenster unseres Badezimmers aus gut beobachten konnte. Das magere graue Tier mit den gelbgrünen Augen und dem ungepflegten, struppigen Fell kam seinem Herrn zuerst zur Begrüßung entgegen, roch dann aber wohl die schwere Alkoholfahne, die dieser vor sich hertrug, und verzog sich schnell in seine Hütte. Während der Auseinandersetzungen der Menschen im Haus lag das Tier zwar in seiner Hütte, ganz gegen seine sonstige Gewohnheit jedoch mit Hinterteil und Schwanz zum Eingang, und drehte sich erst wieder um, wenn das nächtliche Spektakel zu Ende war. Zilo sah wirklich aus wie ein wilder Wolf, wurde unter den Hunden der Umgebung als Alpha-Tier respektiert und hatte verschiedene seltsame Eigenschaften. Selbst bei eisigster Kälte verweigerte er die Wärme des Hauses und schlief draußen in seiner Hütte. Und es gab zwei Menschen, für die er sich offenbar verantwortlich fühlte. Das waren Anneliese Abendschön und ich. Wenn sie oder ich bei Dunkelheit an späten Winternachmittagen noch gut einen halben Kilometer von zu Hause entfernt waren, kam uns Zilo schon ungerufen entgegen, vermutlich, um uns sicher nach Hause zu bringen.

Das machte er weder bei Herrn noch bei Frau Gerwald. Sonntagnachmittag, wenn ich ins Kino gehen durfte, das ich erst nach einer Dreiviertelstunde zu Fuß erreichte, begleitete mich Zilo unaufgefordert. Vor dem alten Kino, das in Stall und Scheune eines umgebauten Gast- und Bauernhofes untergebracht war, legte er sich zu Boden und blieb dort liegen, bis die Vorstellung zu Ende war. In dem Kino gab es hauptsächlich amerikanische Western und Abenteuerfilme, in die wir als brave Kinder hineingingen und als verwegene Cowboys, grausame Indianer und stolze Piraten wieder herauskamen. Nach diesen Filmen war es wunderbar, mit dem »wilden Wolf« an der Seite wieder nach Hause zu gehen, wo dieser, statt wie ein normaler Hund zur offenen Gartentüre hineinzugehen, über die ein Meter fünfzig hohe Mauer sprang, die das Haus umgab. Auch beim Verlassen des Gartens sprang er über die Mauer, selbst wenn die Türe oder das breite Garagentor geöffnet waren.

Ich weiß nicht, warum er das tat, aber es imponierte mir sehr. Als mich mein Vater eines Tages, nachdem ich in den Ferien bei der Greiner-Oma geschlafen hatte, mit einem jungen schwarzweiß gefleckten Jagdhund, einem *Pointer* überraschte, war meine erste Sorge, wie Zilo auf ihn reagieren würde. Ich nahm mir vor, ihn durch ein längeres Gespräch auf den unverhofften Zuwachs vorzubereiten. Entspannt in seiner Hütte liegend, den schmalen Kopf auf die Vorderläufe gebettet, hörte er mir in größter Ruhe zu. Am nächsten Tag stellte ich ihm dann *Tommy* vor. Zilo entblößte seine mächtigen gelben Fangzähne, was den Welpen gleich so beeindruckte, dass er sich auf den Rücken fallen ließ und alle vier Läufe von sich streckte. Diese Unterwerfungsgeste nahm Zilo gelassen zur Kenntnis, schleckte den jungen Hund ein paarmal ab und verschwand dann wieder in seiner Hütte. Einige Tage lang schien es, als ob mir Zilo etwas übel nähme, dann aber übernahm er offenbar für Tommy, der immerhin auch ein Rüde war, die gleiche Verantwortung wie für mich und Anneliese.

Selbst als der Pointer heranwuchs und gelegentlich von anderen Straßenkötern attackiert wurde, fuhr Zilo schnell und zornig dazwischen, als ob er auf unmissverständliche Weise klarmachen wollte, dass dieser Hund unter seinem persönlichen Schutz stehe. Herr Gerwald wollte, dass wir Tommy *kastrieren* lassen, ein Wort, das ich zuerst nicht verstand. Dann informierte ich mich in Brehms Tierleben. Anschließend sagte ich unserem Vermieter ins Gesicht, dass ich meinen Hund erst dann kastrieren ließe, wenn er selbst mit gutem Beispiel vorangehe, was auch den Vorteil habe, dass ich mir an den Wochenenden nicht mehr seine nächtlichen Lustschreie anhören müsse. Das hätte ich nicht sagen sollen, denn zur Antwort erhielt ich eine kräftige Ohrfeige, der eine Flut wüster Beschimpfungen folgte.

Ich blieb jedoch standhaft, mein Hund wurde nicht kastriert, und ich war sehr stolz, ihn vor diesem unwürdigen Schicksal bewahrt zu haben. Hätte ich allerdings gewusst, was einem unkastrierten Rüden kurz nach der Geschlechtsreife, die ihn schon bei einem Alter von ungefähr zehn bis zwölf Monaten ereilt, alles bevorsteht, hätte ich mich vielleicht anders entschieden. Nicht nur, dass er jetzt zum Rivalen anderer Rüden wurde und daher häufig mit Bisswunden nach Hause kam, sondern man musste froh sein, wenn er in manchen Monaten überhaupt nach Hause kam. Seine erotischen Ausflüge führten ihn kilometerweit weg, bis in die Gemeinden Großhadern, Lochham und Planegg.

Dort holten wir ihn dann vor den Haustüren läufiger Hündinnen ab, deren Herrchen und Frauchen er offenbar schon gut bekannt war. Tommy konnte noch so sehr von Bissen anderer Hunde verwundet, erschöpft und ausgehungert sein, seine hochgradige Triebhaftigkeit ließ ihn nichts davon spüren. Erst zu Hause brach er gewöhnlich zusammen, fraß sich noch voll und schlief dann erst einmal ein paar Tage seinen Liebesrausch aus.

Zilo war da ganz anders. Er hielt sein Liebesleben geheim, verschwand plötzlich und kam dann irgendwann wieder. Das konnten Tage oder auch Wochen der Abwesenheit sein. Um jeden anderen Hund hätte man sich Sorgen gemacht, ihn gesucht und suchen lassen. Bei Zilo war das nicht nötig. Er kam immer wieder nach Hause. Auch nach Wochen des Streunens sah er nicht anders aus als vorher.

Er war nicht abgemagert, sein Fell nicht struppiger oder schmutziger als zuvor, und er wies auch keine neuen Wunden auf. Gab man jedoch der Freude, ihn wiederzusehen, irgendeinen akustischen oder gestischen Ausdruck, streichelte man ihn und stieß dazu gar noch irgendwelche blödsinnigen Koseworte aus, dann schaute man in ein Hundegesicht, das von all den Schmeicheleien ungerührter nicht sein konnte, so als wollte er sagen: »Ich war doch gar nicht weg, und wenn, dann geht es euch nichts an.« So war Zilo. Er war zwölf, als ihn jemand mit einem Stück vergifteten Fleisches tötete. Der Täter blieb unbekannt. Ich vermutete, dass es Herr Gerwald selbst war. Sein Hund liebte Anneliese Abendschön und mich mehr als ihn. Das konnte der sensible Geiger Gerwald auf die Dauer nicht ertragen.

Nach der 4. Klasse Volksschule kam ich aufs Gymnasium. Jedoch nicht auf das Realgymnasium Gräfelfing, das seinen Unterricht 1954 noch in Notbaracken abhielt, bis es ein Jahr später dann einen Neubau bezog, sondern unglücklicherweise auf die Oberrealschule in München-Pasing. Lieber hätte ich ein Jahr lang in der Gräfelfinger Baracke gesessen, als in Pasing zur Schule zu gehen. In die Schule *gehen* war nämlich in diesem Fall wörtlich zu nehmen. Zuerst musste man auf der endlos langen Rottenbucher Straße zu Fuß nach Lochham gehen, was bei gutem Wetter im Sommer ungefähr vierzig Minuten dauerte, dann war etwa zehn Minuten lang ein dunkles Waldstück zu durchqueren, im Winter in der Dunkelheit des frühen Morgens oder an manchen Tagen auch in der Finsternis des späten Nachmittags.

Um solche Situationen sechs Tage in der Woche zu überstehen, erwies sich die Kraft meiner Fantasie als eine schwere Belastung. Lange bevor ich den schmalen Weg durch den Wald betrat, malte ich mir in allen Einzelheiten aus, was mir dort zustoßen könnte. Als Opfer schrecklicher Verbrechen sah ich mich, wilde Tiere, die es dort gar nicht gab, würden mich zerreißen, böse Geister mich in die Irre leiten. Schlotternd vor Angst kam ich schließlich an dem Platz vor dem Lochhamer Bahnhof an, von dem aus ein Omnibus nach Pasing fuhr.

Weitere zwanzig Minuten später hielt dieser meist voll besetzte, nach Schülerschweiß und mit Leberwurst beschmierten Pausenbroten stinkende Bus vor einem mächtigen dunkelgrauen Gebäude, der Oberrealschule München-Pasing. Direkt gegenüber stand eine ebenso graue steinerne Burg, die sogenannte *Lehrerbildungsanstalt*. Hatte man diese knapp eineinhalb Stunden während Reise inklusive Fußmarsch, Waldangst und übel riechenden Ausdünstungen hinter sich und betrat das dunkle Klassenzimmer in der immer dunklen Schule, hatte man schon genug. Es wäre gar nicht nötig gewesen, dass man dann auch noch jahrelang schlecht gelaunten und pädagogisch weitgehend inkompetenten Lehrern ausgeliefert war. Nur die Englischlehrerin, deren Namen ich leider nicht mehr weiß, war wunderbar. Sie war jung, hübsch und humorvoll. Englisch wurde zu meinem Lieblingsfach, und von der Frau Lehrerin träumte ich nicht nur nachts. Besonders unangenehm hingegen, und zwar so sehr, dass ich mir bis heute seinen Namen gemerkt habe, war der Lehrer für Mathematik und Physik, Herr Braun. Er brachte es fertig, nahezu jedem in der Klasse diese beiden im Grunde sehr interessanten Fächer so zu verleiden, dass selbst Streber schlechte Noten erhielten. Hinterhältig, wie Herr Braun noch dazu war, stellte er immer wieder unangekündigt schriftliche Aufgaben, bei denen wir Probleme lösen mussten, die er vorher entweder gar nicht oder nur schlecht erläutert hatte. Um Herrn Braun seine Inkompetenz zu beweisen, fiel etwa ein Drittel der Schüler der 4. Klasse (heute wäre es die 8.) mit den Noten *mangelhaft* in den Fächern Mathematik und Physik durch. Ich war stolz darauf, auch dabei zu sein.

Wir erwarteten daher einen Skandal in der Schule, mindestens jedoch eine Versetzung oder Degradierung des Studienrats Braun. Es geschah dem Herrn Studienrat aber nichts Nachteiliges, im Gegenteil, er wurde sogar zum Oberstudienrat befördert. Da ich dieses Vorgehen der Schulbehörde mit der Beförderung von gewissen skrupellosen Staatsbeamten im Dritten Reich verglichen hatte, wurde ich gebeten, diese Anschuldigungen mit größtem Bedauern zurückzunehmen oder die Schule zu verlassen. Ich verließ die Schule.

5

Da mein Vater sich just zu dieser Zeit abrupt entschlossen hatte, seine Tätigkeit als Filmkaufmann aufzugeben und stattdessen Gastronom und Kinopächter im bayerischen Neuhaus am Schliersee zu werden, kam der Abschied von der ungeliebten Oberrealschule Pasing gerade recht. Da es weder in Neuhaus noch in Schliersee ein Gymnasium gab, schickte man mich in das Schülerheim Dr. E. Kees in Bad Tölz/Gaissach, Gaissacher Straße 42–44. Dort, in einer Art Internat, schlief und aß ich schlecht und konnte meine in Gräfelfing, Lochham und Pasing erworbenen Wanderfähigkeiten insofern gut gebrauchen, als man von Gaissach eine gute halbe Stunde zu Fuß bergauf, bergab in das Gymnasium von Bad Tölz ging.

Sowohl am Schülerheim wie am Gymnasium gefiel mir aber besonders gut, dass es nicht nur Jungen gab, sondern auch Mädchen. Biggi aus Waakirchen, die in meine Klasse ging, hatte rötlich-blonde Haare und einen großen Busen. Ilse aus Saarbrücken, die im Schülerheim ein Stockwerk unter mir schlief, hatte braune Haare, roch zwar immer ein bisschen nach Schweiß, war aber figürlich ebenfalls, für ihr Alter von vierzehn Jahren, schon sehr weit entwickelt und sexuell ausgesprochen neugierig. Da ich in der glücklichen Lage war, die vierte Klasse zu wiederholen und den Lehrstoff schon weitgehend zu beherrschen, blieb mir viel Zeit, mich um meine erotische Entwicklung zu kümmern. Meine Sammlung von Fotografien konnte ich damals um prächtige und wertvolle Exemplare bereichern. Nur meine Erfahrungen auf dem Gebiet des tatsächlichen sexuellen Vollzugs blieben beschränkt. Vielleicht traute ich mich noch nicht richtig. Jedenfalls blieb es bei Biggi und Ilse und all den anderen beim bloßen Busenanfassen und den Flecken im Laken meines Hochbetts.

An einem Wochenende im Monat durfte ich immer heimfahren. Da es etwas umständlich war, mit öffentlichen Verkehrsmitteln von Gaissach nach Neuhaus am Schliersee zu gelangen, holte mich, bei schönem wie bei schlechtem Wetter, der Schenkkellner des Bauerngirgl mit seinem Motorrad ab. Der »Bauerngirgl« war kein Bauer, der Girgl hieß, sondern die Gaststätte meines Vaters. Das Gebäude, in dem sich vorne ein Kino befand, das einzige in Neuhaus am Schliersee, hatte nach hinten hinaus einen großen Saal, in dem mein Vater mit finanzieller Hilfe der Wiflinger Brauerei eine gemütliche bayerische Wirtschaft einrichten ließ. In der Küche stand die Greiner-Oma, die so gut kochte wie bei ihr zu Hause, das Kino wurde von meiner Mutter betrieben.

Ich durfte die Eintrittskarten abreißen und die Plätze anweisen. Die Filme durfte ich sowieso sehen, mehrmals, da wir samstags und sonntags je drei Vorstellungen hatten. So sah ich deutsche Filme mit Stars wie Ruth Leuwerik, Maria Schell, Liselotte Pulver und anderen, die Partner hatten wie meinen guten Bekannten O. W. Fischer sowie Hans Albers oder Martin Held. Oder amerikanische Filme mit Cary Cooper und Cary Grant, mit Robert Mitchum, Frank Sinatra und Dean Martin, mit Errol Flynn, Robert Taylor, James Stewart und Henry Fonda, John Wayne, Kirk Douglas und Burt Lancaster, die alle umzingelt waren von den schönsten Frauen, die man sich nur vorstellen konnte: Ava Gardner, Rita Hayworth, Liz Taylor, Lauren Bacall, Ingrid Bergman, Gina Lollobrigida, Audrey Hepburn, Sofia Loren, Vivian Leigh, Silvana Mangano, Simone Signoret, Michèle Morgan etc. In dieser Gesellschaft hätte man sich auch in Neuhaus am Schliersee wohlfühlen können, wenn es nicht den Bäcker Kugler gegeben hätte.

Der Bäcker Kugler hatte sein Wohnhaus und seine Bäckerei vorne an der Neuhauser Straße, etwas weiter zurückgesetzt waren das Kino und der Saal, den mein Vater zur Gaststätte »Bauerngirgl« umbauen ließ. Diese Gebäude gehörten Kugler auch, er vermietete sie an meinen Vater.

Kugler war nicht irgendein Bayer, sondern ein Bergoberbayer, auch wenn der See näher an seiner Bäckerei lag als das Gebirge. Die Bergoberbayern gehören, *wenn* sie unangenehm sind, *dann* zu den unangenehmsten Oberbayern. Sie sind »ruachat«, was nicht von dem hebräischen Wort »ruach« kommt, das als »ruach ha-elohim« den heiligen Atem Gottes bedeutet. Dieser heilige Atem hat die oberbayerischen Bergbayern nur vereinzelt gestreift, sie gelten in ihrer überwiegenden Mehrzahl als geizig und gierig, eben als »ruachat«.

Das ist aber nur eine der besonderen Eigenschaften dieses Volksstammes. Ohne groß zu verallgemeinern, könnte man sagen, dass bei ihnen all das in schönster Harmonie anzutreffen ist, was man bei anderen Stämmen des Landes als Untugenden bezeichnen würde: das unmäßige Biertrinken, die Rauflust und die Brutalität, die Verlogenheit und die Bigotterie, der Fremdenhass im Allgemeinen und der Preußenhass im Besonderen, der allerdings nur dann virulent wird, wenn die Touristen wieder weg sind, ferner der Erzkonservatismus, der Antifeminismus und der Antisemitismus sowie der Katholizismus, der Sexismus, der Monarchismus und Antidemokratismus bis hin zum Anarchismus, der die Bergbayern zu einer nahezu staatsuntauglichen und nur schwer regierbaren Stammesbruderschaft macht.

Natürlich haben die Bergoberbayern auch gute Eigenschaften, aber die sind bei ihnen so gut versteckt wie ihr Geld, ihre Butter und ihre Eier sowie ihr Schlacht- und Milchvieh. Aus diesem Grund haben sie auch die Weltkriege einigermaßen gut überlebt, und viele sind von den Hamsterverkäufen an Städter sogar reich geworden. Ob der Bäckermeister Kugler zu diesen raffgierigen Nachkriegsgewinnlern gehörte, kann ich nicht mit Sicherheit sagen, aber kaufmännisch gewitzt war er, jedenfalls mehr als mein Vater.

Das Idyll am Schliersee war keines, eher könnte man sagen: Es war die Hölle. Alle stritten sich ständig, der Bäcker Kugler mit meinem Vater, wobei es hauptsächlich um Geld ging, der Vater mit meiner Mutter, wobei es ebenfalls um Geld ging, die Mutter mit der Greiner-Oma, diese wiederum mit ihrem Sohn, meinem Vater, wobei es schon wieder um Geld ging. Die Sachlage war jedoch ganz einfach: Nicht einer aus meiner Familie beherrschte das Geschäft, das er ausübte. Mein Vater war kein Wirt, auch wenn er glaubte, dass ihn seine eigene Trunksucht dazu befähigte. Meine Mutter konnte das Kino nicht erfolgreich führen, weil sie den Machenschaften der Verleiher nicht gewachsen war und daher immer nur Filme spielen durfte, die alle Leute längst gesehen hatten. Meine Greiner-Oma kochte wie immer hervorragend, aber viel zu hervorragend für die überwiegend aus Bergoberbayern bestehende Kundschaft, die bestenfalls ein fettiges, durchwachsenes Tellerfleisch kannte, aber nicht den Tafelspitz aus dem allerfeinsten Teil des Ochsen. Die Kosten, die allein die Küche der Greiner-Oma für Fleisch, Gemüse, diverse Beilagen, Kräuter und Gewürze verursachte, hätten jedes Drei-Sterne-Restaurant an der Côte d'Azur auf die Dauer ruiniert, also auch den »Bauerngirgl« am Schliersee. Jeder Gast, der bei uns ein Gericht aß, verursachte allein durch sein Essen Defizite, nahm er gar noch eine der wunderbaren Nachspeisen der Greiner-Oma zu sich, wurde der Verlust pro Gast noch höher. Die Bergoberbayern tranken Bier, an dem wenig zu verdienen war, und die wenigen Touristen, die sich in den »Bauerngirgl« verirrten, der nicht einmal eine Aussicht auf See oder Berge bot, bestellten niemals eine Flasche Wein, sondern höchstens ein Viertel. Das Kino, an Wochentagen komplett leer, war an Wochenenden mit durchschnittlich zehn Besuchern ausgelastet. Allein der Vorführer kostete mehr, als die Filme einspielten, was meinen Vater eines voll trunkenen Abends auf die Idee brachte, mich sofort von der Schule zu nehmen und eine Kinovorführerlehre antreten zu lassen. Ein diesbezüglicher Streit mit meiner Mutter, in den sich glücklicherweise auch die Greiner-Oma zu meinen Gunsten einmischte, indem sie wieder von der besonderen Karriere sprach, die sie sich für mich vorstellte (wobei sie jedoch niemals Genaueres verlauten ließ), bewahrte mich vor diesem Schicksal.

Überhaupt hatte ich mich in diesem Alter dauernd absonderlichster beruflicher Pläne zu erwehren, die man für mich aussheckte. Einer der wunderlichsten war die fixe Idee meiner Betty-Oma, die mich bereits in der schmucken Uniform eines Piccolos im Hotel »Vier Jahreszeiten« an der Münchener Maximilianstraße sah. Sie hatte da offenbar gute Beziehungen, da sie eine Frau kannte, die wiederum einen Mann aus Düsseldorf kannte, der in diesem Grand Hotel schon mehrmals genächtigt hatte und daher den Portier gut kannte. Portier im Grand Hotel zu werden, das schien ihr der Kulminationspunkt einer Karriere ihres Enkels zu sein. Die Greiner-Oma hatte indes nur Verachtung für solche Vorschläge übrig. Sie war zu Recht der Meinung, dass Portier zu sein kein Berufsziel für diesen Enkel sein konnte. »Du wirst nicht andere bedienen, sondern dich von ihnen bedienen lassen«, sagte sie und duldete dabei keinen Widerspruch. Ich hätte einen solchen sowieso nicht eingelegt, aber ich hätte gerne von ihr gewusst, wie man einen so privilegierten Status erreicht. Sie sagte es nicht, aber ich vermutete, dass sie selbst diesen Luxus zu Lebzeiten ihres Mannes genossen hatte und den Verlust ihrer Privilegien nur schwer verwinden konnte.

Nach wie vor hätte sie es wohl gern gesehen, wenn ihr Enkel die früh begonnene und schnell wieder abgebrochene Schauspielerkarriere fortgesetzt hätte, aber die allmählich immer dramatischer werdenden Ereignisse in der »Unternehmung Bauerngirl« verdrängten die Diskussionen um Piccolo oder Gaukler. Es kam die Zeit der Kündigungen. Brauerei und Bank kündigten die Kredite und Bäcker Kugler die Pachtverträge für Gaststätte und Kino. Meine Eltern kündigten ihrerseits den Mietvertrag ihres Hauses, meinen Aufenthalt im Schülerheim Kees und schließlich wechselseitig ihre fünfzehn Jahre bestehende eheliche Gemeinschaft. Sie ließen sich scheiden. Dafür, dass man die Ehe der beiden schon seit kurz nach meiner Geburt, wohlwollend gesagt, als zerrüttet bezeichnen konnte, war sie von erstaunlich langer Dauer gewesen. Ich glaube, das lag an den Großmüttern.

Die katholische Betty-Oma war aus religiösen Gründen prinzipiell gegen Scheidungen. Außerdem litt sie so sehr unter der Ehe mit ihrem Mann Josef – ihre einzig glückliche Zeit mit ihm war die Zeit seines Aufenthalts im KZ –, dass sie gar nicht einsah, wieso ihrer Tochter ein solches Martyrium erspart bleiben sollte. Greiner-Oma fürchtete vor allem, dass ihr Sohn im Falle einer Trennung von meiner Mutter unverzüglich bei seiner Mutter einziehen würde, was er dann auch tat, und sie mit ihm in den Strudel seines wüsten, alkoholgetränkten Daseins gezogen würde, was sich tatsächlich auch kaum vermeiden ließ.

Ich musste wieder einmal die Schule wechseln und besuchte zeitweise die Ludwigsoberrealschule in der Laimer Fürstenrieder Straße. Diese Schule ist mir in bester Erinnerung, nicht etwa, weil sie ein ästhetisch gelungener, moderner Neubau mit eigenem Schwimmbad war, sondern weil ich in dieser Schule einen Lateinlehrer hatte, der mit keinem vorher oder nachher zu vergleichen war. Er hieß Rötzer und war leidenschaftlich. Er war so leidenschaftlich in die alte Sprache verliebt, die er unterrichtete, dass uns Schülern gar nichts anderes übrig blieb, als seine Liebe zu teilen. Mir ist unvergesslich, wie er uns den Tacitus vorlas: ... Germania omnis a Gallis Raetisque et Pannoniis Rheno et Danuvio fluminibus ... separatur ...

Herr Rötzer war Oberbayer, aber wenn er uns lateinische Texte vorlas, dann war nicht nur plötzlich sein schwerer bayerischer Tonfall verschwunden, sondern mit ihm jede Härte seiner germanischen Zunge. Die eher spröde lateinische Sprache, die immer eine tote genannt wurde, bekam durch ihn einen Wohlklang, der an eine Mischung aus heutigem lebendigem Italienisch und Spanisch erinnerte. Das Erstaunlichste war jedoch, dass man allein durch sein Lesen allmählich auch den Inhalt der fremden Sprache verstand. Durch seine Betonungen, seine Pausen, seine Rhythmik gliederten sich die schwierigsten und längsten Sätze in eingängige, einleuchtende und sinnfällige Bestandteile. Ich war nicht der Einzige in meiner Klasse, der durch Rötzers geniale Unterrichtsmethoden in kürzester Zeit seine Lateinnoten erheblich verbesserte. Hatte ich im Vorjahr, bei

einem anderen Lehrer, zwischen ausreichend und mangelhaft ge-
schwankt, so landete ich bei Rötzer, zu meinem eigenen Erstaunen,
zwischen gut und sehr gut.

Leider kam ich nur ein Jahr in den Genuss dieser herausragenden
pädagogischen Qualität, denn wir mussten die Wohnung in Gräfelfing verlassen. Meine Mutter konnte sie sich alleine nicht mehr leisten. Ihr geschiedener Mann zahlte den Unterhalt für sie und mich,
zu dem er gesetzlich verpflichtet gewesen wäre, nicht ein einziges
Mal. Und es kam sogar noch schlimmer. Da Ehepartner normalerweise als Gesamtschuldner haften und mein Vater bedenkenlos einen Offenbarungseid geleistet hatte, musste meine Mutter auch die
Schulden meines Vaters bezahlen. Sie tat das, unter größten Schwierigkeiten, in Form von monatlichen Raten zu je fünfzig Mark. Allerdings hätte sie etwa hundertsiebzig Jahre alt werden müssen, um
alle Verbindlichkeiten meines Vaters zu tilgen. Irgendwann betrieb
dieser dann zusammen mit einer etwa gleichaltrigen, ordinären,
ständig betrunkenen Geliebten einen Stehausschank in der Paul-
Heyse-Straße in der Nähe des Münchener Hauptbahnhofes. In diesem Etablissement trat ich gelegentlich nach dem Schulunterricht
an und erbettelte ein paar Mark von meinem Vater.

Auf die milde Gabe, die nie über fünf Mark hinausging, wartete ich manchmal bis zu drei Stunden. Im Grunde immer so lange,
bis seine Geliebte entweder kurz einkaufen ging oder gerade nicht
herschaute. Sie ging aber selten einkaufen, vor allem nicht, wenn
ich den Laden betreten hatte, und genauso selten ließ sie uns aus
den Augen. 1972 starb mein Vater. Im Alter von etwas über fünfzig Jahren hatte er sich schließlich zu Tode gesoffen. Kurz danach
erhielt ich eine amtliche Anfrage, ob ich sein Erbe antreten wollte.
Ich wollte nicht.

Nachdem sich meine Eltern scheiden gelassen hatten, fing ich wieder an, regelmäßig Gedichte zu schreiben. Ob irgendein kausaler
Zusammenhang zwischen dem einen und dem anderen bestand,
weiß ich nicht. Ich glaube eher nicht.

Angefangen hatte die Schreiberei mit acht Jahren, als ich mein Taschengeld, weil ich keines von den Eltern bekam, damit verdiente, kurze Theaterstücke, meistens Einakter, zu verfassen, um sie dann mit den mehr oder minder gleichaltrigen »Gassn-Kindern« des Viertels vor deren zahlenden Eltern aufzuführen. Ich vereinte mehrere Funktionen in einer Person: Ich war der Autor, der Regisseur, häufig auch der Hauptdarsteller, vor allem jedoch der Unternehmer.

Bei durchschnittlich dreißig Personen im Publikum und einem Eintrittspreis von fünfzig Pfennigen blieben für mich, je nach Besetzung des Stückes, zwischen fünf und acht Mark. Wenn die lockenköpfige Annemarie Achthaler die Hauptrolle spielte, war der Garten ihrer Mutter, der Frau Achthaler, in dem die Aufführungen stattfanden, meist voll besetzt. Der blonde Engel war der Star und entsprechend teuer. Unter fünf Mark spielte sie nicht. Da half es auch nichts, wenn ich ihr vormachte, dass ich in sie verliebt sei.

Sie glaubte meinen Schwüren nicht, außerdem war sie auf meinen Freund Vlady scharf, der bei mir immer den Bösewicht mimen musste. Aber sie spielte gerne meine Stücke und vor allem die Rollen, die ich für sie schrieb. Wir traten jedes Wochenende auf, wenn es nicht regnete. Ich hatte ein Repertoire von über zehn theatralischen Geschichtchen parat, sodass ich die Samstage und Sonntage einigermaßen abwechslungsreich bespielen konnte. Das Theatergeschäft lief so gut und machte mir so viel Spaß, dass ich mir vornahm, unbedingt später in meinem Leben darauf zurückzukommen, möglicherweise aus rein wirtschaftlichen Erwägungen.

Aus Gründen hormoneller Überschwemmungen, die bei jedem Heranwachsenden ganz normal sind, aber gerne als Frühpubertät bezeichnet werden, musste ich jedoch das lukrative Showbusiness im Achthaler'schen Garten bald aufgeben und meiner inneren Stimme folgen. Verhängnisvollerweise befahl mir diese, mich unverzüglich der brotlosen Kunst der Lyrik zuzuwenden. So schrieb ich also fortan viele Jahre lang Gedichte. Solche, die sich reimten, und noch viel mehr solche, die sich nicht reimten. Im Laufe der Jugendjahre entstanden so Berge von Papierdichtungen, die meistens das

Material, auf dem sie geschrieben wurden, nicht wert waren. Immerhin war ich wenigstens selbstkritisch genug, das zu erkennen. Meine Methode, die Spreu vom Weizen zu trennen, war ebenso einfach wie effizient: Ich las die Gedichte meinen jeweiligen Freundinnen vor. Gefielen sie ihnen, dann wusste ich mit ziemlicher Sicherheit, dass das Geschriebene nichts taugte. Vor allem wenn sich Hund auf Abgrund reimte, Regen auf verwegen oder stählern auf schmälern. Überhaupt kam bei den Mädchen immer alles gut an, was pathetisch oder sentimental war und sich auf irgendwas reimte.

Ich habe seither, bis heute, eine gewisse Skepsis dem Reim gegenüber.

Ich reimte damals in allen möglichen Stilen, Rilke, Brecht, Benn, auch Hölderlin blieben nicht verschont, so wenig wie diverse Ausländer, die ich hauptsächlich in Übersetzungen kannte wie: Baudelaire, Rimbaud, Verlaine und Éluard, Jiménez, Lorca, Guillén, Alberti, Ungaretti und vor allen anderen Heinrich Heine. Den jungen Frauen gefiel der allerdings nicht so sehr. Vielleicht war er ihnen zu ironisch. Ich liebte ihn, er war mein Gott.

Autogrammkarten und Filmstills
von Großvater Fritz Greiner – in
den 1920er-Jahren vielbeschäftigter
Filmstar im deutschen Kino

6

Ich wurde sechzehn. Einige Wochen danach kamen die großen Ferien, und es gelang mir, meinen Freund Herbert davon zu überzeugen, dass wir zusammen eine Reise machen sollten. Ich wusste auch schon wohin: nach Paris. Denn dort war erstens Heinrich Heine begraben und zweitens gab es sicher nirgendwo so viele Pariserinnen wie in Paris. Was wir leider nicht wussten: dass es auch und ganz besonders in Paris üblich war, in den Sommermonaten zu verreisen, und man daher um diese Zeit in Paris weibliche Angehörige aller Nationen antraf, jedoch kaum französische.

Ansonsten war die Paris-Reise, für die ich zuerst vier Wochen lang im Münchner Milchhof leere Milchflaschen reinigte, um damit zweihundert Mark zu verdienen, eigentlich keine Reise, sondern eher ein Abenteuer. Es fing schon damit an, dass mein Freund Herbert, ebenfalls in Ermangelung einer üppigen Reisekasse, vorschlug, wir sollten trampen. Diese Fortbewegungsart, die darin bestand, dass man durch entsprechende Zeichengebung am Straßenrand vorbeifahrende Pkws oder Lkws anzuhalten versuchte, um von ihnen ein möglichst langes Stück des Weges mitgenommen zu werden, war damals üblich, jedenfalls unter Schülern und Studenten. Zunächst hatten wir Glück und wurden nach vierstündigem Warten bis nach Karlsruhe mitgenommen. Von Karlsruhe zur französischen Grenze nach Kehl fuhren wir billig mit einem Bus. Der nächste, der uns mitnahm, ließ uns bei finsterster Nacht auf einer Landstraße bei Sarrebourg raus. Die Nacht verbrachten wir im Straßengraben. Es war Anfang September und weder warm noch kalt. Trotzdem froren wir gegen vier Uhr früh. Wir stellten uns wieder an den Straßenrand. Dort waren wir dann weitere zwei Stunden allein, bis ein Kleinlaster mit einem Metzger vorbeikam, tatsächlich hielt und uns mitnahm. Er fuhr nach Metz. Metz lag im Norden, wir wollten eher nach Westen, fuhren aber trotzdem dankbar mit. In Metz setzte uns der freundliche Metzger ab. Ab Metz gesellte sich dann ein weiterer Reisegefährte zu uns, ein junger französischer Priester. Er war, schon an der Kleidung erkennbar, katholisch und wollte auch nach Paris. Allerdings wollte er vorher die berühmte Kathedrale von Reims sehen. Da Herbert sie auch sehen wollte, warteten wir erneut einige Stunden, bis endlich das räumlich geeignete Fahrzeug hielt, das erstens nach Reims fuhr und dessen Fahrer zweitens willens war, drei Anhalter auf einmal mitzunehmen.

Der Fahrer, ein Weinhändler, war außerordentlich gesprächig, und es genügte ihm völlig, wenn wir auf seine langen Ausführungen mit oui-oui oder non-non antworteten. Selbst der französische Priester hatte keine Chance, die Suada des Weinhändlers zu unterbrechen. Etwas benebelt von dem verbalen Wasserfall des temperamentvollen Fahrers stolperten wir schließlich in Reims in das riesige Gotteshaus. Da mir schon kleinere Kirchen, außer ländliche Kapellen, in ihrer fordernden Art immer etwas unheimlich waren, fand ich das viel gerühmte hundertzwanzig Meter hohe Bauwerk, eines der bedeutendsten gotischen Klerikaldenkmäler, entsetzlich einschüchternd. So war es ja vielleicht auch gemeint. Der Mensch sollte sehen, wie klein er ist. Vor acht Jahrhunderten erbaut, als die Durchschnittsgröße des unverkrüppelten Erwachsenen etwa ein Meter fünfzig betrug und sich in dieser relativ flachen Gegend keine Gelegenheit bot, die Kathedrale jemals von weit oben zu betrachten, musste und sollte sich der Gläubige wie ein armer, kleiner Wurm vorkommen. Kathedralen wurden deshalb häufig in ebenen Landschaften erbaut, nie in den Bergen und äußerst selten in der Nähe größerer Hügel. Weit und breit sollte sich keine höhere Erhebung befinden, schon gar nicht in ihrer Nachbarschaft. Die einzige prominente Ausnahme ist vielleicht der Petersdom in Rom, der von sechs Hügeln umgeben ist, aber auch selbst auf einem solchen, dem vatikanischen, in einer Höhe von 132,5 Metern steht und vor sich über einen riesigen Platz gebietet, der anderswo höchstens zu militärischen oder ähnlichen profanen Zwecken genutzt würde. Ich konnte also die Kathedrale von Reims nicht gebührend würdigen, weil mich einerseits die erwähnten Abneigungen daran hinderten und ich andererseits nicht über ausreichende architektonische oder kunsthistorische Bildung verfügte. Ich wollte endlich nach Paris, das Grab von Heinrich Heine besuchen, in den Cafés von St. Germain sitzen, in den Straßen der Stadt spazieren gehen, schöne Frauen besichtigen, gerne auch Brücken und Bauwerke verschiedenster Art, aber keine Kirchen oder gar Museen.

Wir kamen erstaunlicherweise doch noch so rechtzeitig bei Tageslicht in Paris an, dass ich sofort mit der Metro zum Friedhof von Montmartre fahren konnte, in dem Heinrich Heines Grab lag. Schon in München hatte ich mir Stadt- und Metropläne besorgt und wusste daher genau, dass ich die Nummer 12 nehmen konnte, wenn ich die Nummer 4 nicht erwischte. Beide fuhren nach Norden. Die eine hatte ihre Endstation an der Porte de Clignancourt, die andere an der Porte de la Chapelle.

Ich stieg also in der Nähe des Friedhofs aus und war nach einem kurzen Fußmarsch in der Avenue Rachel 20, wo sich einer der Eingänge zu der Ruhestätte befand. Vor dem schlanken weißen Grabstein mit der apollinischen Leier und dem Haupt des Dichters stand ich bewegt und befahl mir zu weinen. Es klappte. Eine alte Frau ging hinter dem Grab vorbei und lächelte mich mitleidig an, als sei der Verstorbene ein naher Verwandter gewesen, um den ich trauerte. Ich glaubte es beinahe selbst. Beim Verlassen des Friedhofs sah ich die alte Dame am Grab von Jacques Offenbach stehen. Auch sie weinte. Vielleicht war auch sie eine Verwandte.

Während ich tief bewegt des verstorbenen deutschen Dichters gedachte, suchte mein Freund Herbert in der Nähe der Place St. Michel ein billiges Hotel. Als wir uns am frühen Abend in dem verabredeten Café auf dem Platz trafen, hatte er bereits ein solches gefunden, gleich um die Ecke in der Rue de la Harpe. Das Zimmer war in etwa das wert, was wir dafür bezahlten. Mehr darüber zu sagen, wäre unfair. Wir hatten einen romantischen Blick in den kahlen, engen Innenhof, der sich an zwei Seiten durch hohe, stark verwitterte Brandmauern auszeichnete, während sich, im rechten Winkel zu uns, in der ebenfalls rückwärtigen Fassade pro Stockwerk ein schmales Fenster befand, das, wie bei uns auch, zu einem nicht wesentlich breiteren Zimmer gehörte. Ein schwindelfreier Bergsteiger hätte den Abgrund, der sich zwischen diesen Hotelfenstern auftat, mit einem kleinen Sprung, ein professioneller Akrobat auch mit einem Spagat überwinden können.

Herbert und ich lehnten uns so weit aus unserem Fenster hinaus, dass wir in das benachbarte Zimmer hineinschauen konnten. Was akustische Lebensäußerungen unserer Hotelnachbarn – sporadisches Kichern und Lachen – schon vermuten ließen, wurde durch den Augenschein zweifelsfrei bestätigt: Zwei junge Frauen, eher Mädchen, sicherlich noch unter zwanzig, die eine schöner als die andere – wobei schwer zu sagen war, welche von beiden als die eine und welche als die andere zu bezeichnen war – wohnten tatsächlich neben uns, buchstäblich in Griffweite, wenn sie sich auch aus dem Fenster herausgelehnt hätten.

Als ich mit den beiden schönen und noch dazu freundlich lächelnden Mädchen ein Gespräch anzubahnen versuchte, baute sich unerwarteterweise eine kleine Sprachbarriere auf. Sie antworteten auf meine plumpen Fragen – »Wie geht's denn so?« und »Wo kommt ihr zwei Schönen denn her?« – in ihrer Landessprache, einem Englisch, das mit dem Anflug eines seltsamen Akzents behaftet war. Ich hatte sechs Jahre Schulenglisch hinter mir, Herbert sieben. In diesen Jahren hatte man zwar Übersetzung, Rechtschreibung und Nacherzählung gelernt, aber nicht Konversation mit zwei südafrikanischen Balletttänzerinnen in Paris. Dennoch gelang es den beiden jungen Damen, von uns zu einem Besuch der Bars rund um die Place Pigalle eingeladen zu werden. Warum sie als Frauen unbedingt das weitgehend von männlichen Touristen frequentierte Amüsierviertel besuchen wollten, konnten wir aus sprachlichen Gründen nicht ganz begreifen, aber die Worte »Schampejn« und ›Taluus Lauträk« kamen auch uns bekannt vor. Besonders bei dem ersten Wort zitterten uns schon vor Angst die Knie. Eine Flasche »Schampejn« hätte unsere Reisekasse nicht überstanden, vermutlich nicht einmal für jeden ein Glas. Deshalb erklärten wir sofort in Englisch, dass wir beide, sowohl Herbert als auch ich, seit Jahren schon strikte Antialkoholiker seien und keine anderen Getränke als »Mineralwater« oder gelegentlich auch mal »a coke« tränken.

Die Damen waren von diesen Äußerungen positiv beeindruckt, gaben aber zu verstehen, dass sie gerne »Schampejn« tränken und das zu Hause auch häufig täten, denn Südafrika sei ein Weinland, und am liebsten tränken sie den »Boschendal Le Grand Pavillon Brut Rosé«, wenn sie allerdings schon mal in Paris seien, sollte es doch ein französischer »Schampejn« sein. Glücklicherweise wurden wir ins teure Moulin Rouge, wohin die beiden unbedingt wollten, nicht hereingelassen, da wir nicht reserviert hatten. Außerdem schien die Dame am Empfang, die offenbar durch langjährige Erfahrung über einen geschulten Blick verfügte, unseren Altersangaben nicht so recht zu glauben. Wir hatten uns vor den südafrikanischen Balletteusen um vier (Herbert) und um fünf (ich) Jahre älter gemacht, um uns nicht durch Geruch der Minderjährigkeit alle erotischen Chancen zu verderben. Es gelang uns fast, wieder in das etwas billigere Quartier Latin zurückzukehren, da hatte Marjorie, die jüngere der beiden, zwischen Sexläden, Reizunterwäsche-Boutiquen und Peepshow-Etablissements das Cabaret »Follies Pigalle« entdeckt und bestand darauf, die in mehreren Sprachen angekündigte »echt Pariser Revue« zu sehen.

Es war insofern ein gelungener Abend, als es uns gelang, trotz des Konsums von zwei Gläsern Coca-Cola, in denen mehr Eis als Cola war, sowie je zwei Gläsern »Schampejn« für die Balletteusen, noch genügend Geld übrig zu behalten, wenigstens das Hotelzimmer für eine Nacht, die erste und letzte, zu bezahlen.

Am nächsten Morgen standen wir früh auf und trampten wieder Richtung Deutschland. Wir hatten zunächst Glück und wurden von einem französischen Handelsvertreter für Schmuckwaren bis Pforzheim mitgenommen. Dort allerdings warteten wir vergeblich vom späten Nachmittag bis in den späten Abend. Mit den paar Mark, die wir noch hatten, konnten wir uns nur eine einzige Zugfahrkarte nach München leisten. Wir ließen das Los zwischen uns entscheiden, dann nahm Herbert den Zug. Ich kam erst am nächsten Tag an. Hätte mich nicht ein slowakischer Lastwagenfahrer mitgenommen, ich würde vermutlich heute noch am Nordrand des Schwarzwaldes auf einen mitleidigen Chauffeur warten.

7

Durch einen glücklichen Zufall fand meine Mutter eine neue Bleibe für uns beide in dem Münchner Stadtteil Schwabing. So verließen wir eine normale, moderne Dreizimmerwohnung mit Bad und fließendem Warmwasser und fanden uns wieder in einem absolut komfortlosen alten Lagerhaus einer Möbelspedition. Meine Mutter hatte schon in ihrer Jugend in derselben Speditionsfirma als Kontoristin gearbeitet, und diese Stellung bekam sie nun wie durch ein Wunder nach über zwanzig Jahren wieder. Ihr Gehalt war allerdings eher ein Hungerlohn. Wenn sich meine Mutter ein paar neue Strümpfe kaufen wollte, dann musste sie ein halbes Jahr lang sparen. Im zweiten Stock des Hauses wurden zwei Räume, die sonst zur Lagerung von Möbeln dienten, für uns freigeräumt, und wir durften darin, allerdings inoffiziell, einen Ölofen installieren und eine kleine elektrische Herdplatte anschließen. Die Toilette befand sich auf dem Gang. Dort floss auch, bei Bedarf, Wasser aus einem Hahn. Das Wasser jedoch war kalt. Bad oder Dusche gab es nicht. Trotzdem waren wir für die Unterkunft sehr dankbar.

Die Lage des Möbellagerhauses in Westschwabings Römerstraße war nämlich exquisit. Das heruntergekommene Gebäude lag mitten im legendären Teil der sogenannten »Traumstadt«. Im Wohnhaus daneben, so zeigte eine Plakette an, hatte im zweiten Stock der Dichter Wolfskehl gelebt, der zum Kreis der George-Jünger gehörte. Um die Ecke in der Ainmillerstraße hatte Rilke einige Jahre verbracht, Gabriele Münter mit Kandinsky, und in einem Haus ein paar Straßen weiter war Lenin vorübergehend untergetaucht. Da, wie ich glaubte, die Luft in diesem Stadtteil von kreativer Aktivität geradezu geschwängert war, wollte ich sie sofort tief einatmen, um dann hastig und auf der Stelle ein paar Zeilen hoch aufgewühlter Lyrik zu komponieren, in denen ich den Zauber des mythisch-romantischen Schwabinger Milieus in eine Reihe schwülstiger Worte zu fassen versuchte.

Das Gedicht habe ich später durch Zufall unter alten, nie abgeschickten Liebesbriefen gefunden. Es war eine konfuse Mischung aus schlechtem Baudelaire, coolem Benn, falsch verstandenem, sentimentalem Lorca und obendrauf saß, wie mit einem Sahnehäubchen verziert, etwas verkitschter Rilke. Ich habe mich geschämt, und dann habe ich das Papier, auf dem ich das Gedicht geschrieben hatte, in viele kleine und kleinste Teile zerrissen und anschließend aus dem Fenster geworfen. Angst, dass jemand die Papierschnitzel finden und wieder zusammensetzen könnte, hatte ich nicht. Das Fenster, aus dem ich die lyrischen Konfetti warf, befand sich nämlich im achten Stock des »Beverly Hilton Hotel« in Los Angeles, und auf dem Wilshire Boulevard tief unten gingen keine Passanten spazieren, es fuhren nur Autos vorbei.

Das Alte Realgymnasium, heute Oskar-von-Miller-Gymnasium, das ich in Schwabing besuchte, hatte gegenüber den fünf Schulen, die ich bisher kannte, verschiedene Vorteile, darunter einen ganz entscheidenden: Es war von meinem Lagerhaus in fünf bis acht Minuten, je nach Laune oder Verfassung, zu Fuß erreichbar. Nicht nur, dass der Weg durch Straßen führte, an deren Wohnhäusern wiederum etliche Gedenktafeln von berühmten Dichtern, Malern und Komponisten hingen, gefiel uns, sondern auch, dass ich es tatsächlich noch rechtzeitig bis Unterrichtsanfang um acht Uhr schaffte, wenn ich erst gegen sieben Uhr fünfundvierzig aufwachte. Allerdings im Laufschritt, ungewaschen und ohne Frühstück. Das jedoch, auch einer der Vorteile, spielte in dieser Schule kaum eine Rolle. Bei manchen Lehrern durfte man sogar während der ersten Unterrichtsstunde sein Wurstbrot essen, wenn man eines hatte. Außerdem war es eine reine Jungenschule, was besonders angenehm war, weil man nicht dauernd den erotischen Unruhen und Intrigen ausgesetzt war, die gemischtgeschlechtliche Klassen zwangsläufig mit sich brachten. Diese letzten drei Jahre vor dem Abitur gehörten zu den glücklicheren meines Lebens. Das empfinde ich nicht nur heute so, auch damals erschien mir die Zeit in diesem Gymnasium eher wie ein ständiges Fest.

Ganz entscheidend zum Entstehen dieses Gefühls trugen erstaunlicherweise die Lehrer bei. Zum ersten Mal in meiner schulischen Laufbahn, mit Ausnahme des schon erwähnten großartigen und leidenschaftlichen Lateinlehrers Rötzer, hatte ich das Gefühl, dass vorne am Pult keine Gegner standen, sondern Freunde. Eine besondere Lichtgestalt, auch wenn er nicht wie eine solche aussah, war der Lehrer für Deutsch und Geschichte, der Russe Dmitri Milinski. 1935 in Leningrad geboren, mit sechs Jahren die lange Belagerung der Stadt durch die deutsche Wehrmacht überstanden, kam er nach mehreren Fluchtversuchen 1945 schließlich in Bayern an. Dass ausgerechnet ein gebürtiger Russe mit polnischem Familiennamen unser Lehrer für genuin deutsche Angelegenheiten wurde, war ein Geschenk, das wir zunächst gar nicht richtig würdigen konnten. Nicht nur, dass Herr Milinski die deutsche Sprache sehr viel besser beherrschte als wir, er kannte sich auch im Fach Geschichte besonders gut aus, in der russischen sowieso, aber am besten in der deutschen. Es hatte ein gutes Jahrzehnt gedauert, bis wir von einem Leningrader endlich die ganze Wahrheit über die deutsche Vergangenheit erfuhren. Von keinem deutschen Lehrer wurde je so offen, objektiv und sachverständig über das Dritte Reich unter Adolf Hitler berichtet: Arbeitslosigkeit … Judenverfolgung … SA … SS … Wehrmacht … KZs! Wir waren schockiert, vor Entsetzen gelähmt, schämten uns unseres Volkes und unseres Landes. Milinski erzählte uns auch die Geschichte der Sowjetunion, er schilderte die unvorstellbare Tyrannei Stalins und las uns ein Buch vor, das ich nie vergessen werde: *Ein Tag im Leben des Iwan Denissowitsch* von Alexander Solschenizyn. In diesem Buch wird das Schicksal des Zimmermanns I. D. Schuchow beschrieben, der nach einer absurden Anklage wegen Hochverrats zu zehn Jahren Lagerhaft verurteilt wurde. Mit feuchten Augen hörten wir Milinski zu, auch er zückte bisweilen sein Taschentuch, um sich zu schneuzen.

Ein besonderes Original lernten wir im Fach Kunsterziehung kennen, den Professor Manzinger. Er war Bayer und das, was sich der Bürger unter einem »Schwabinger Künstler« vorstellte, auch politischer Anarchist, wie wir bald herausfanden. Er malte selbst und stellte seine Werke auch bisweilen in Münchener Galerien aus. Leben konnte er vom Verkauf seiner Bilder offenbar nicht, sonst hätte er wohl kaum eine Stelle als Lehrer in einem Gymnasium angenommen. Manzinger pflegte gerne im Freien zu unterrichten, und so lernten wir hauptsächlich den Englischen Garten sowie die darin befindlichen Biergärten kennen. Im pädagogischen Bereich war er eigen und unorthodox. So erkannte er sofort die ungewöhnliche künstlerische Begabung meines Schulkameraden und späteren Freundes Ugo Dossi. Während er mir empfahl, nicht auf Leinwänden herumzudilettieren und stattdessen mein literarisches und analytisches Talent weiterzuentwickeln, wies er Ugo immer wieder darauf hin, dass seine Stärke in der Farbe liege und nicht in der Sprache. So kam es schließlich durch Manzingers Gespür fürs Wesentliche dazu, dass ich im Unterricht für Kunsterziehung weiterhin Gedichte schrieb, die Ugo dann illustrierte.

Im Abiturzeugnis bekamen wir dann beide eine Eins, Ugo Dossi für seine Malerei, ich für meinen Essay (damals hieß das »Bildinterpretation«) zu Munchs Gemälde *Der Schrei*, überschrieben mit dem Zitat: »Nur weil ich paranoid bin, heißt das noch lange nicht, dass keiner hinter mir her ist«.

Auch die anderen Lehrer waren Persönlichkeiten: der immer schlecht gelaunte Französisch-Professor Madl, der nichts liebte außer der Sprache, die er unterrichtete, die dafür aber umso heftiger. Vielleicht war er deswegen so schlecht gelaunt, weil er in dem Land, in dem er geboren war und lebte, nicht umhin kam, auch gelegentlich deutsch zu sprechen. Interessant war auch der Biologie-Lehrer, dessen Namen ich zwar vergessen habe, nicht aber den Ort, in dem er wohnte: Ebersberg. Er hasste die Großstadt, weil es hier kaum Teiche mit Enten gab. Enten waren sein Ein und Alles, ähnlich wie Gänse für den berühmten Verhaltensforscher Lorenz. So einer wie der wäre er wohl auch gerne geworden. Es scheint leider nicht ganz gereicht zu haben. Aber jeder, der einmal in seiner Klasse war, wusste alles über Enten. Kaum etwas über andere Tiere, aber alles über Enten.

Unsere Lehrer waren skurril, eigensinnig, verschroben und hatten alle möglichen »Meisen«. Aber sie waren fantasievolle, unverwechselbare Charaktere mit Ecken und Kanten, vielleicht weil sie alle ein »Schicksal« mit sich trugen. Jeder, der Anfang der Sechzigerjahre an die dreißig oder noch älter war, hatte zwangsläufig Erlebnisse hinter sich, die den nachfolgenden Generationen erspart blieben. (Es wäre aber zynisch zu sagen, der Mangel an bestimmten Erlebnissen sei schuld am Mangel an Persönlichkeiten.)

Es müssen religiös-moralische Gründe gewesen sein, dass Betty-Oma, die mit mir nahezu sämtliche Stadtviertel Münchens per Trambahn oder Bus bereist hatte – von Ramersdorf bis Haid- und Steinhausen, von Unter- bis Obersendling, von der Stadtmitte bis Bogenhausen, von der Au bis Trudering und was es sonst noch alles an eingemeindeten Dörfern gab, sogar den Hellabrunner Tierpark im äußersten Süden der Landeshauptstadt –, nur *ein* Viertel um keinen Preis betreten wollte: *Schwabing*. Ob es daran lag, dass hinter dem Siegestor keine flanierenden Kapuzinermönche mehr anzutreffen waren, oder ob es der schlechte Ruf war, den Schwabing in kleinbürgerlich-katholischen Kreisen hatte, Betty-Oma mochte das Viertel einfach nicht.

Zu dem schlechten Ruf hatte vor allem die »holsteinische Venus« Fanny Gräfin zu Reventlow beigetragen, die bereits um die Jahrhundertwende als Frau in jeder Hinsicht ein äußerst freizügiges Leben führte, das man sonst in dieser Zeit nur Männern zugestand.

Auch der »Skandal«-Dramatiker Frank Wedekind, der Anarchist

Erich Mühsam, der Kreis um den Knaben und Jünglinge lieben-den Dichter Stefan George, die »verruchten« Cafés und Kneipen wie das »Stefanie« und der »Simplicissimus« sowie die für ihre »sexuellen Ausschweifungen« bekannten Maler mit ihren »promisken« Nackt-modellen haben nicht gerade dafür gesorgt, das besagte Stadtviertel als Hort des gesellschaftlichen Anstands und der bürgerlichen Moral auszuweisen. Sie waren froh, in Schwabing einen Ort gefunden zu haben, in dem sie nicht sofort beim kleinsten Verstoß gegen die »gu-ten Sitten« wie im damaligen Berlin mit preußisch-protestantisch-prüder Zensur verfolgt wurden, sondern im Rahmen der seinerzeit schon vorsichtig praktizierten, aber erst sehr viel später sogenannten »Liberalitas Bavariae«, weitgehend ungestört ihr unkonventionelles Leben führen konnten.

Anfang der Sechzigerjahre war jedoch von dem eigenwilligen kul-turellen Leben Schwabings vor den großen Kriegen nicht mehr viel übrig geblieben, außer den schon erwähnten Gedenktafeln an den Häusern und den Kneipen, die sensationslüsternen Touristen, die Schwabing häufig mit St. Pauli verwechselten, vorgaukelten, es hätte sich in »Wahnmoching« im Laufe der Jahrzehnte nichts verändert. Das war die Wirklichkeit, mit der ich mich nach unserer Flucht vom Vorort in die Großstadt hätte auseinandersetzen sollen. Das wollte ich aber nicht. An der sogenannten Wirklichkeit, wie sie sich mir, scheinbar objektiv, präsentierte, war ich nie besonders interes-siert, weder damals noch später. Auch die Gegenwart erschien und erscheint mir heute noch nichts anderes zu sein als eine sich täglich neu zusammensetzende Mischung aus viel Vergangenheit und wenig Zukunft – und nur als solche des Nachdenkens und der künstleri-schen Gestaltung wert.

Alle meine späteren, mehr oder minder gut gelungenen Arbei-ten, Fernsehserien und Kino-Filme, von *Münchner Geschichten* aus dem Jahr 1973 angefangen bis hin zu *Zettl* fast vierzig Jahre später, spiegeln diese Grundeinstellung und sind von ihr geprägt. Da mir alles Künstlerische privat und alles Private künstlerisch ist, ich also das eine vom andern sowieso nicht trennen kann, war für mich damals auch die ewige Frage, ob Schwabing 1962 das noch war, was es vielleicht einmal unter der Herrschaft des bayerischen Prinzregenten Luitpold gewesen war, obsolet und musste daher von mir nicht beantwortet werden.

Vieles gefiel mir in meiner neuen Umgebung, manches nicht. Zu den unerfreulicheren Begleitumständen unseres täglichen Lebens im Lagerhaus gehörte nämlich nicht nur der Mangel an sanitärem Komfort. Den behoben wir dadurch, dass wir mindestens einmal in der Woche die warmen Duschen des Schwabinger Nordbades, das nur ungefähr zehn Gehminuten von der Römerstraße entfernt war, in Anspruch nahmen. Lästiger war etwas anderes: Für das eiserne Eingangstor, die Haustüre, die Wohnungstüre und die Zimmertüren wurde uns nur je ein Schlüssel von der alten Inhaberin und Chefin der Spedition, Frau Schmalhofer, ausgehändigt. Diese Schlüssel waren alt, der Torschlüssel vermutlich sogar noch handgeschmiedet, sodass wir es uns finanziell nicht leisten konnten, Duplikate davon anfertigen zu lassen. Die einzigen Exemplare waren also in der Obhut der Schlüsselverwahrerin: meiner Mutter. Ich hatte keine. Ein Kostenangebot, das ich heimlich einholte, belief sich für alle Schlüssel auf 112 Mark, davon kostete allein der antike Torschlüssel 84. Das waren Summen, die uns jede diesbezügliche Überlegung ersparten.

Wenn ich von der Schule untertags nach Hause kam, war das insofern noch problemlos, als das Eingangstor offen stand. Erst bei Anbruch der Dunkelheit wurde es geschlossen, ebenso die Haustüre. Die Schlüssel zur Wohnung und zu den Zimmern holte ich im Büro meiner Mutter ab, das sich im Parterre des Lagerhauses befand. So weit, so gut. Schwieriger wurde es abends, ganz schwierig nachts. Wenn ich abends »strawanzen« ging, und das war mindestens fünf- bis sechsmal in der Woche der Fall, musste meine Mutter mit mir die dunklen Treppen des Hauses hinuntergehen, um mit dem uralten Torschlüssel das Eisentor zu öffnen und es hinterher wieder zu verschließen.

Auch das war noch, wenn auch unbequem, zumindest in der wärmeren Jahreszeit gut machbar. Vollends problematisch wurde die Schlüssel-Angelegenheit jedoch nachts, vor allem wenn meine Rückkehr in das Lagerhaus erst spät nachts stattfand. Da wir weder am vorderen Eingangstor eine Klingel zu unseren Zimmern hatten noch sonst irgendwo, musste ich zuerst um die Ecke von der Römerstraße in die Ainmillerstraße gehen. Unweit von Rilke, Münter, Kandinsky und Kollegen stand ein Wohnhaus mit einem Hof, von dem aus man an einer bestimmten Stelle den Balkon und die Fenster des Zimmers meiner Mutter im zweiten Stock des Lagerhauses einsehen konnte. Um sich nachts Zugang zu diesem Hof zu verschaffen, musste man aber erst über das Tor steigen, das diesen Hof versperrte. Dann schlich man leise in die hintere Ecke des Hofes, um von dort aus die nötige Kommunikation mit der Mutter herbeizuführen. Diese geschah mittels eines verabredeten leisen Pfeifsignals, worauf idealerweise die Mutter nach einer kurzen Weile auf den Balkon treten und einen Bund mit den Schlüsselunikaten schräg nach unten in den Hof werfen sollte, in dem der Sohn wartete. Rein theoretisch wäre das Ganze keine besondere Aktion gewesen, wenn nicht gelegentlich die Mutter schon tief geschlafen hätte und die Pfiffe daher notwendigerweise an Lautstärke zunehmen mussten. Dies wiederum hatte unweigerlich zur Folge, dass zuerst *ein* Hund in der Nachbarschaft zu bellen anfing. Bellte einer, so bellten in kürzester Zeit mehrere, Fenster gingen auf, »Ruhe« wurde gebrüllt, kleine Kinder fingen an zu schreien. Ich flüchtete, so schnell ich konnte, kletterte wieder über das Hoftor und rannte davon. »Hilfe! Einbrecher! Polizei!«, ertönten hinter mir gellende, leicht hysterische Rufe. Daraufhin bellten noch mehr Hunde, schrien noch mehr kleine Kinder.

Die Sache mit den Schlüsseln war keine Freude, weder für die Nachbarn noch für mich, vor allem nicht für meine Mutter. Vorsichtig, im Bemühen, den jeweilig anderen in seinen Gefühlen nicht zu verletzen, versuchten wir, gemeinsam das Problem zu lösen. Im Gegensatz zu mir glaubte meine Mutter unbeirrbar an das Gute im

Menschen, sonst hätte sie meinen Vater vermutlich niemals geheiratet. (Vielleicht hat sie auch nur dringend einen Vater für ihr Kind gebraucht, wer weiß. Jahre später hat sie mir nämlich erzählt, dass sie zum fraglichen Zeitpunkt mit zwei Männern versorgt war. Allerdings war einer von ihnen, wenn überhaupt, nur »ganz kurz« da. Zu einem sagte ich dann später »Vati«. Vielleicht war auch er sich der ganzen Sache nicht hundertprozentig sicher, denn wirklich väterlich herzlich war *der* »Vati« zu mir nie.)

Zurück zu den Schlüsseln! Da meine Mutter also an das Gute im Menschen glaubte, in dem Fall an das Gute in mir, war sie überzeugt davon, dass mein spätes Nachhausekommen nicht meine Schuld war, sondern ausschließlich die Schuld anderer Leute. Leute, die sie nicht kannte und auch gar nicht kennen wollte. Ich sagte dazu gar nichts. Es könne nämlich nicht sein, dass ich, ihr geliebter Sohn, mit ihrer Nachtruhe und der unserer Nachbarn so gleichgültig und gewissenlos umginge. Auch dazu sagte ich nichts. Ich nickte lediglich. Wahrscheinlich hätte ich schlechten Umgang, verkehrte vielleicht mit Leuten in Schwabing, die schlechten Einfluss auf mich ausübten. Ich zuckte mit den Achseln und begann mich allmählich schuldig zu fühlen. Dann spielte meine Mutter erneut *den* Trumpf aus, dem ich schon früher nichts entgegenzusetzen hatte: ihr absolutes Vertrauen in mich. Nie, sagte sie, und dessen sei sie sicher, würde ich mir auch nur das Geringste zuschulden kommen lassen, das ihr Sorgen oder gar Schmerzen zufügte. Damit war nicht nur das Schlüsselthema erledigt, sondern auch das Grundsätzliche zu allem anderen gesagt. Sie wusste, dass *ich* sie liebte, und sie wusste auch, dass *ich* wusste, dass *sie* mich liebte. Ergebnis war: 1. Ich ging höchstens vier statt sechs Tage in der Woche abends »strawanzen«. 2. Ich kam spätestens um 22 Uhr nach Hause und pfiff entsprechend leise. 3. Nur an Samstagen durfte es auch eine Stunde später werden, aber ich sollte nicht lauter pfeifen als sonst. 4. Wenn sie unbedingt wissen wollte, mit wem ich verkehrte, dann sollte ich es ihr sagen, allerdings nur, wenn ich *freiwillig* dazu bereit wäre. *Freiwillig* hieß natürlich *freiwillig müssen*. 5. Ich sollte wenigstens ein anständiges Abitur machen.

Ob meine Mutter so naiv oder so raffiniert war, mir ihr *Vertrauen* wie eine Fußfessel anzulegen, weiß ich bis heute nicht genau. Das Resultat ihrer Methode war jedenfalls erfolgreich. Für einen weitgehend unerfahrenen Jungen aus dem langweiligen Vorort Gräfelfing hatte Schwabing nämlich eine Vielzahl von zweifelhaften Attraktionen zu bieten. Eine dieser riskanten Attraktionen war nicht der »Alte Simpl« in der Türkenstraße, waren auch nicht die Cafés der Leopoldstraße, sondern die Bar »Lilos Leierkasten«, Ecke Occam-/Haimhauser Straße, keine zweihundert Meter vom Wedekind-Platz entfernt.

Die Wirtin Lilo, eine leicht ordinäre, verblühte Schönheit, die das Nachtgeschäft sichtlich satthatte und lieber mit den wenigen Gästen plauderte, als sie zu bedienen, musste dringend eine Entscheidung treffen. Entweder sie schloss die unrentable Bude oder sie fand jemanden, der die Geschäfte mit Lust und Laune erfolgreicher führte als sie. Und tatsächlich wurde sie fündig und fand nicht nur einen »Jemand«, sondern gleich zwei. Da es in Lilos Kneipe zwei Bar-Tresen gab, einen heller beleuchteten vorne rechts und einen schummrigeren hinten links, waren die »Zwillinge« genau das, was die vom Leben und der Liebe ermattete Wirtin brauchte.

Die »Zwillinge« waren zwar keine echten Zwillinge, dafür waren sie aber »echte Freunde«. Sie schliefen nicht nur bei-, sondern auch miteinander. Von solchen sogenannten »widernatürlichen« Beziehungen hatte ich bisweilen gehört und über sie auch gelesen. Unter uns Jungen hießen diejenigen, die in solchen sexuellen Partnerschaften lebten, ihre Veranlagung ausübten oder auch nur gerne ausgeübt hätten, einfach nur »warme Brüder« oder schlicht »Warme« oder »175er«. Warum sie »Warme« oder »warme Brüder« genannt wurden, ist bis heute noch nicht eindeutig geklärt. Prof. Magnus Hirschfeld, der Doyen der Sexualwissenschaften und selbst schwul, behauptete schon Ende des 19. Jahrhunderts, dass sich die Haut von Homosexuellen wärmer anfühle als diejenige der Heterosexuellen. Konnte man glauben oder auch nicht. Eine rein semantische Verbindung findet man in dem Wort *schwul,* das im Niederdeutschen schwül, also warm bedeutet. In der deutschen Sprache, so entnehme ich einer Erläuterung der *Wikipedia*, »… ist ein Zusammenhang zwischen Feuertod« – also der im Mittelalter üblichen Verbrennung Homosexueller – »und Hitze, heiß, warm und schwül, jedenfalls gegeben …«. Dass sie auch als 175er bezeichnet wurden, hatte mit dem Paragrafen 175 im Strafgesetz zu tun. Dieser Paragraf, der im Dritten Reich zu Lagerhaft, Tortur und Tod von Homosexuellen führte, hielt sich von seiner Einführung 1887 in verschiedenen Fassungen bis 1994, also über hundert Jahre. Noch in der Fassung vom 25.6.1973 war eine Bestrafung von fünf Jahren Gefängnis für einen Mann vorgesehen, der »… über 18 Jahre (ist), der mit einem anderen Mann unter 21 Jahren Unzucht treibt oder sich von ihm zur Unzucht missbrauchen lässt«. In der Zeit davor waren auch zehn Jahre Zuchthaus als Strafe nichts Ungewöhnliches.

1960/61 war also noch jede schwule Beziehung, in der es zu sexuellen Kontakten kam, äußerst riskant. Umso erstaunlicher war die lockere, auf charmante Weise provokante, öffentliche Selbstdarstellung der »Zwillinge«. Rolf und Bernd gingen als händchenhaltendes, liebenswürdiges junges Pärchen auf dem Boulevard Leopold spazieren. Sie hatten sich als Studenten der Münchener Modeschule kennengelernt, waren daher immer nach dem letzten Schrei gekleidet und gingen von Mai bis September am liebsten barfuß. Besonders beeindruckt war ich von den hellbeigen, fast weißen Cordsamt-Hosen, die um das Hinterteil herum hauteng geschnitten waren. Leider konnte man diese Hosen jedoch nicht kaufen, selbst wenn man das nötige Geld gehabt hätte. Sie waren von den beiden selbst entworfen und geschneidert.

Mit ihren modischen Klamotten, den blonden Locken und den braunen Augen zog das verliebte Paar in Schwabing viel Aufmerksamkeit auf sich. Vor allem zog das Paar hinter dem Bartresen des schummrigen Teils von »Lilos Leierkasten« bald Publikum en masse an. Schnell sprach es sich herum, dass hier »der Bär tanzt«, das Geschäft in der lange nahe am Ruin vorbeigeschrammten Kneipe nun brummte. Die »Zwillinge« mussten sich bald als Türsteher abwechseln, um nicht jeden hereinzulassen, der hereinwollte. Und alle wollten sie herein.

Auch Lilo übernahm gelegentlich das Geschäft des Türstehers. Da sie »Haare auf den Zähnen« hatte, rabiat und ordinär sein konnte, wurden alle abgewimmelt, die die Gesichtskontrolle nicht bestanden. Die Tür wurde versperrt, man musste klingeln, und bald schon war die erwünschte Kundschaft unter sich. Sie war sehr gemischt, bunt gemischt. Gut ein Drittel gehörte zu der Kategorie, deren Haut angeblich wärmer war als die der anderen. Farblich gesehen war sie überwiegend weiß, aber auch zum Teil braun und schwarz. Gelblich nur, wenn der Träger die siebzig schon überschritten und/oder ein Leberleiden hatte. Der Rest, also die überwiegende Mehrzahl, waren heterosexuelle Männer und Frauen, darunter auch ein paar wenige »professionelle« sowie postpubertäre Jünglinge und junge Mädchen. Allen gemeinsam war, dass sie, wenn nicht elegant, dann zumindest originell ge- und verkleidet, und wenn schon nicht auffallend schön, dann wenigstens auffallend geschminkt daherkamen.

Der »Leierkasten« wurde zu meiner Stammkneipe, meinem zweiten Zuhause.

Mit Bernd und Rolf war ich in kürzester Zeit gut befreundet, und auch die profitgierige Lilo akzeptierte mich. Ich konnte mir zwar nur leisten, nichts zu konsumieren, erhielt manchmal eine Cola gratis von den Zwillingen, aber ich war – was vor allem Lilo als alte Animierdame unter dem kommerziellen Gesichtspunkt »nur mit Ködern lockt man Beute« sah – ein hübscher Junge.

Als solcher erhielt ich immer wieder Angebote von seriösen, hauptsächlich älteren Herren, die ich jedoch immer freundlich und höflich ablehnte. Ich sei »leider in festen Händen«, sollte ich in solchen Fällen zu meiner Entschuldigung vorbringen, riet mir Bernd, das würde niemanden verletzen und mir nicht schaden. Es war ein guter Rat und funktionierte meistens. Mein erotisches Interesse war nämlich ausschließlich auf Frauen gerichtet, weniger auf Mädchen unter zwanzig als auf Frauen über dreißig. Solche Ladys, dachte ich

100

mir, hätten bestimmt mehr Erfahrung in sexuellen Angelegenheiten als ich. Von ihnen könnte ich sicherlich etwas lernen. Mein schrecklichster Albtraum war nämlich, ich würde mich in eine Jungfrau verlieben, es käme mit ihr zum Äußersten, und ich wüsste dann nicht, wie *das* geht, würde mich dümmlich und ungeschickt anstellen.

Mit den Frauen über dreißig ging aber gar nichts. Es gab zwar unter den Besucherinnen des »Leierkastens« immer welche, die aus meiner Sicht infrage gekommen wären, ich versuchte auch, mit einigen per Augenkontakt zu flirten. Aber nicht einmal ausführlichere Gespräche kamen zustande. Vielleicht war ich ihnen zu jung, vielleicht hielten sie mich für schwul oder gar für einen Stricher. Die Männer waren, ihrer Veranlagung gemäß, da schon interessierter und in einer anderen Weise auch interessanter. Sobald ich nämlich meine stereotype Ausrede geleistet hatte, wurden die Dialoge entspannter, und ich war oft beeindruckt von der intellektuellen Brillanz, mit der die Konversationen geführt wurden.

Allmählich wurde die ehemalige Schmuddelkneipe nämlich zu einem Treffpunkt von Literaten, Verlegern, Komponisten, Schauspielern, Sängern, Tänzern, nicht nur aus München, sondern aus der ganzen damaligen Bundesrepublik. Die seltsamsten Figuren kamen hier zusammen. An der vorderen Bar saß meistens, umgeben von ganz wenigen weiblichen, aber umso mehr jungmännlichen Begleitern, seine Durchlaucht Prinz Johannes von Thurn und Taxis.

Kurz nach Betreten der Kneipe hatte er mit seiner Entourage häufig schon die erste Flasche Champagner gekippt. Damals war er noch nicht mit Frau Gloria, Comtesse von Schönburg-Glauchau, verheiratet. Es hätte wohl auch wenig Sinn gemacht, denn erst zwanzig Jahre später durfte oder musste er, nach Fürst Karl August, die Funktion des Familienoberhauptes übernehmen. Dazu gehörte auch zwingend, wie bei jedem besseren Adelsgeschlecht, das seine Vorfahren mindestens bis zum frühen 12. Jahrhundert namentlich benennen konnte, dass man für Nachwuchs sorgte. Wie Johannes, der Jünglingsverehrer, und Gloria, der man gerüchteweise eine Vorliebe zu Frauen nachsagte, trotzdem dieser unumgänglichen dynastischen Pflicht nachkamen, ist ihre Privatangelegenheit. Fest steht jedenfalls, dass Gloria im Jahr 1980 bei ihrer Heirat mit Johannes bereits schwanger war.

Wie stark die gesellschaftlichen Kontraste unter den Besuchern des »Leierkasten« waren, zeigt die Frequentierung des Etablissements durch einen weiteren, später berühmt-berüchtigten Gast: Andreas Baader. Er soll »ein hübscher Junge« gewesen sein, aber »nicht schwul«, schreibt F. J. Wagner in seiner Autobiografie. Auch Wagner war, nach eigenem Bekunden, häufiger Gast bei Lilo und den Zwillingen, ebenso wie viele hoffnungsvolle Träumer, die später berühmt wurden oder auch nicht.

Historisch betrachtet gab es in München selten eine wirklich strikte Trennung der Klassen. Die Gesellschaft der bayerischen Hauptstadt war immer gemischt. Jeder konnte dazugehören, vorausgesetzt er oder sie war oder hatte auch nur ein bisschen etwas »Besonderes«: Besonders schön, sexy, prominent, klug, witzig, originell, gut gebaut, besonders dick oder besonders dünn, gebildet, belesen, links, rechts, anarchistisch, katholisch, evangelisch, besonders naiv oder besonders durchtrieben, besonders bayerisch, klatschsüchtig oder verschwiegen, besonders vermögend oder bettelarm, das alles konnte man in jeder Gesellschaft finden, in der mehr als zwei Personen zeitgleich zusammentrafen, besonders in Schwabing, wo man sich täglich in geistesschwester- oder -brüderlicher Nähe zu den verstorbenen Heroen der Kunst, der Kultur sowie der seidenen oder halbseidenen Society befand und sich daher in »Wahnmoching« wesentlich bedeutender fühlte, als man tatsächlich war.

Neben dem erwähnten, verehrten Lehrer Dmitri Milinski gab es noch jemand anderen, der meine politische, kulturelle und literarische Bildung ganz wesentlich förderte: der damalige Leiter des renommierten Frankfurter Insel Verlages Fritz Arnold. Fritz wurde 1916 als erster Sohn des berühmten Simplicissimus-Karikaturisten und Zeichners Karl Arnold in München geboren. Er war also 28 Jahre älter als ich und von beeindruckender intellektueller Kompetenz. Den

Krieg hatte er im Afrikakorps von Rommel mitgemacht, in Tunis hatte er unter anderen den französischen Romancier André Gide näher kennengelernt, er geriet in englische und amerikanische Gefangenschaft, aus der er schließlich 1947 entlassen wurde, und begann dann zunächst für die Münchener *Neue Zeitung* als freier Literaturkritiker zu arbeiten. Er wäre für mich – da ich auf diesem Gebiet, obwohl ich mir das nur ungern eingestehen wollte, einen schmerzlichen Mangel verspürte – ein idealer Vater-Ersatz oder Ersatz-Vater gewesen, wenn »seine Haut nicht deutlich wärmer« gewesen wäre, als man das von der eines Vaters erwartet.

Ich bewunderte ihn ohne Einschränkungen, sein Wissen, seine Erfahrung, seine kritischen Meinungen zur Weltpolitik und zu den immer noch sehr weit rechts stehenden Politikern der bundesrepublikanischen Nachkriegs- und Wirtschaftswunderzeit. Auch seine weltmännischen Umgangsformen gefielen mir, sogar das Filetieren von Starnberger-See-Renken beherrschte er meisterlich. All das jedoch änderte nichts an der Tatsache, dass ich ihm nicht das geben konnte, was er so sehnlichst wollte, aber im Umgang mit mir stets vornehm zu unterdrücken wusste.

Einige Monate nachdem wir uns im »Leierkasten« kennengelernt hatten, konnte ich nicht mehr umhin, Fritz zu erzählen, dass ich Gedichte schrieb, dass ich schon mehrere Hundert geschrieben und auch alle aufbewahrt hatte. Statt mir zu antworten, was ich gerne gehört hätte – dass er sich bereit erklärte, alle zu lesen –, riet er mir »auszumisten«. Darunter verstand er, diese größtenteils zu entsorgen und nur die von der Vernichtung auszuschließen, die ich für die besten hielt. Ich war zuerst enttäuscht, dann aber leuchtete mir die »künstlerische Strenge« durchaus ein. Bis auf zweiunddreißig Exemplare sortierte ich in nächtelanger Arbeit – meine Mutter wunderte sich – die poetischen Ergüsse der vergangenen acht Jahre aus und verbrannte sie.

Warum ich sie ins Feuer schmiss statt in den Müll, war mir damals schon klar. Ich hatte häufig gelesen, dass große Dichter, meistens in einem Anfall von Verzweiflung, ihre als unzulänglich erkannten Werke zu verbrennen pflegten. Ebenfalls wusste ich, dass prominente Damen und Herren der Gesellschaft seit Jahrhunderten die Angewohnheit hatten, kompromittierende Liebesbriefe den Flammen von meist offenen Kaminen zu übergeben. Sie schauten dabei teils »versteinert«, teils »aufgewühlt«, manchmal auch »teilnahmslos« und »unbeeindruckt«, »tieftraurig« oder »todessehnsüchtig«. Die Skala der wogenden Gefühle nahm kein Ende, jeder Ausdruck war möglich: »verstört«, aber auch »erleichtert«, »angeekelt« und »amüsiert«. Ich war entschlossen, sie alle nacheinander auszuprobieren. Diesen Vorteil verschaffte mir das Feuer gegenüber dem Müll. Ich war angesichts der vielen Möglichkeiten so begeistert, dass ich es fast schade fand, als das letzte Gedicht »ein Raub der Flammen« wurde. Dabei wurde mir gar nichts geraubt, ich habe es fast genussvoll hingegeben. Ich wollte, ich hätte noch ein paar Dutzend solcher Gedichte gehabt. Die zweiunddreißig, die ich übrig behielt, waren jedoch so erstklassig und so wenig gereimt, dass sie auch die immer noch sehr wirksame Freundinnenprobe mit Bravour bestanden. Nicht ein einziges gefiel den Mädels wirklich. Ich war stolz darauf und schickte die auserwählten wertvollen Papiere im sorgfältig abgetippten Original an den Insel Verlag, »persönlich und vertraulich« zu Händen von Fritz Arnold.

Eine Kopie behielt ich natürlich. Da ich an dem Tag, der dem folgte, an dem ich das große und dicke Kuvert zur Post getragen hatte, aus naheliegenden Gründen noch keine Antwort erhalten hatte, wurde ich erst am nächsten langsam nervös. Ich log mir allerlei Gründe in die Tasche, von postalischen Fehlleitungen bis hin zu einem Gremium ausgewählter Literaturwissenschaftler unter der Leitung von Herrn Arnold, das sich uneinig war, wie und wo es diese herausragenden Dichtungen einordnen sollte, und das daher für ein adäquates Urteil noch einige Zeit brauchte.

Etwas Ablenkung brachten mir die mittlerweile in die Stadtgeschichte eingegangenen »Schwabinger Krawalle«, die 1962 am 21. Juni am Wedekind-Platz begannen. Junge Straßenmusikanten hatten dort nach 22 Uhr 30 noch gespielt, was den Unmut von Anwohnern erregte und die Polizei zum Eingreifen ermunterte. Es kam zu heftigen Auseinandersetzungen mit einer zunächst kleinen Gruppe von Jugendlichen.

In der Nacht eskalierten die Streitigkeiten, und einen Tag später schon, an meinem Geburtstag, waren es nicht mehr nur vierzig Demonstranten, sondern angeblich vierzigtausend. Der Baader Andreas war angeblich auch dabei, ich sowieso, denn dadurch hatte ich wenigstens eine gute Ausrede, den Geburtstag nicht zu feiern. So richtig klar war mir nicht, worum es eigentlich ging, aber die Polizei benützte Schlagstöcke, und auch die Berittenen waren im Einsatz. Das genügte mir. Es war unfair, wie die sogenannten Ordnungshüter gegen uns vorgingen. Sie bekamen aber trotz Anwendung unverhältnismäßig brutaler Methoden vier Tage lang den Aufstand nicht in den Griff. Es gab zahlreiche Verhaftungen und mehrere Hundert Verletzte, hauptsächlich unter uns Protestierenden. Ich konnte gerade noch unversehrt von der Leopoldstraße in ein nahes, unter dem Namen »Stoßburg« bekanntes Appartementhaus in der Ainmillerstraße fliehen.

Nach den Krawallen wurde unter dem Münchner Polizeipräsidenten Schreiber erstmals ein Konzept der »Deeskalation« entworfen, das später als »Münchener Linie« bekannt wurde. Ob die Protestaktionen schon ein Vorläufer der 68er-Unruhen waren, kann ich nicht beurteilen. Der Historiker Detlef Siegfried hat die »Schwabinger Krawalle« als »mythisches Ereignis« bezeichnet, »das das Ende der Adenauerära und die Liberalisierung der Bundesrepublik anzuzeigen scheint«.

Ganz so pathetisch möchte ich die Angelegenheit nicht sehen, aber eines wurde mir damals ganz klar: Ich will weder von links noch von rechts erschossen werden, selbst wenn es da angeblich qualitative Unterschiede geben soll. Ich habe an dieser Prämisse während der 68er-Bewegung festgehalten und tue es heute noch, vielleicht mehr denn je.

8

Nach weiteren Wochen qualvollen Wartens auf eine Antwort vom Insel Verlag – auch Fritz meldete sich nicht – begannen die Sommerferien, und ich wollte, wiederum mit meinem Freund Herbert, im V W-Käfer seines Vaters über Italien nach Südfrankreich fahren. Herbert, ein Jahr älter als ich, hatte gerade erfolgreich Abitur gemacht, die Reise war die Belohnung dafür. Ich musste mir das für die Reise nötige Geld durch großzügige, jeweils bis zu 75 Minuten dauernde Nachhilfe-Stunden in Deutsch, Englisch und Latein verdienen.

In der Nacht vor der Abreise lag ich so lange schlaflos im Bett, bis meine Mutter in mein Zimmer kam und mir in die Hand versprach, die so sehnlich erwartete Antwort des Verlags sofort und überallhin nachzusenden, wenn ich sie über meine wechselnden Adressen auf dem Laufenden hielte.

In Portofino bei Genua sollte uns mein Schulfreund Ugo Dossi, gebürtiger Italiener, der, von unserem Kunsterzieher Manzinger angeregt, schon mehrere meiner Gedichte illustriert hatte, mit Speis, Trank und Unterkunft erwarten und uns in die dort urlaubende Jeunesse dorée einführen. Wir kamen abends an. Ugo war nicht zu finden. Auf der Piazza flanierten die schönsten Millionärstöchter und -söhne, im Hafen lagen die schönsten Segel- und Motorjachten, und die nicht minder schönen Restaurants waren so teuer, dass ein Abendessen für zwei hungrige junge Burschen bedeutet hätte, am nächsten Tag umzukehren und wieder nach Hause zu fahren, vorausgesetzt, man hätte solchen verschwitzten und verschmutzten Figuren wie uns überhaupt einen Platz gegeben. An einer Tankstelle außerhalb des Ortes kauften wir zwei durchweichte Sandwiches mit Tomaten und Mozzarella und beschlossen, im Auto zu übernachten, was den großen Nachteil hatte, dass wir, Horrorgeschichten von überfallenen Touristen im Kopf, die halbe Nacht nach einem geeigneten Parkplatz suchten. Wir fanden ihn schließlich auf dem Gehweg einer einsamen Brücke außerhalb von Genua. Zwei Stunden später stellte sich der Gehweg als ein Radweg heraus, den wir versperrten. Die einsame Brücke war ein viel befahrener Zugang zu einer Zementfabrik, und das Schlafen von zwei erwachsenen Personen in einem VW-Käfer war nur um den Preis steifer Nacken und schmerzender Rücken möglich.

Südfrankreich, genauer gesagt die Côte d'Azur, sah aus, wie ich mir damals das Paradies vorstellte. Wir fuhren am Ufer des Meeres entlang, durch Menton, Monte Carlo, über das Cap d'Antibes nach Juan-les-Pins. Es war herrlich, die Sonne schien so selbstverständlich von einem blauen Himmel, als sei es ihre tägliche Gewohnheit, und wir fanden einen billigen Campingplatz, der sogar eine Postadresse hatte. Als ich vor einer Telefonzelle wartete, um meiner Mutter die Adresse des Campingplatzes mitzuteilen, kam nach kürzester Zeit ein wütender Deutscher heraus, der gerade von seiner beleidigten Schwester erfahren hatte, dass er seit drei Wochen Onkel war, was sie ihm damals sofort brieflich, mit einem beiliegenden Foto des Säuglings, an die Adresse des Campingplatzes mitgeteilt habe. Sehr enttäuscht sei sie von ihrem Bruder gewesen, der auf die freudige Nachricht gar nicht reagiert hatte, und innerlich sehr, sehr verletzt. Der verärgerte Herr lud seinen Zorn über die Schwester und die französische Post ungefragt bei mir ab und erzählte mir, um zu beweisen, dass er völlig unschuldig sei, eine lange Geschichte von einer Frau, die jedes Jahr hierherkomme, um bei dieser Gelegenheit die Briefe des vergangenen Jahres abzuholen. Ich hörte seinem Lamento nur oberflächlich zu, denn inzwischen hatte eine üppige junge Frau, die auch noch hübsch war, die leere Telefonzelle betreten. Ich schaute zu ihr hin, sie schaute während des Sprechens zu mir her, ich lächelte sie an, sie lächelte zurück. Dann verließ sie die Zelle, ging aber nicht weg, sondern wartete draußen, während ich hineinging. Die Vorstellung, dass sie vielleicht auf mich warten könnte, machte mich so nervös, dass ich meiner Mutter nur mehrere Male dasselbe mitteilte: Sie solle mir auf keinen Fall den besagten Brief auf den Campingplatz in Frankreich nachschicken. Sie erwiderte, dass sie dies schon aus dem einfachen Grund nicht tue, weil sie gar keine Adresse habe. Daraufhin beendete ich das Gespräch beruhigt und mit einigen sichtbaren Küssen durchs Telefon. Der tatsächlich auf mich wartenden Elke aus einer ostholsteinischen Kleinstadt sagte ich wahrheitsgemäß, dass es sich bei dem Empfänger der fernmündlichen Küsse um meine Mutter gehandelt habe. Allerdings sagte ich die Wahrheit auf solche Weise, dass sie sie, wenn sie nicht ganz doof war, für eine Lüge halten musste. Elke sollte ruhig glauben, dass ich ein gefragter homme à femmes sei. Sie hatte, wie alle Mädchen, eine Freundin dabei, Gudrun, auch aus Ostholstein, die in der Frauenfreundschaft, zumindest bei amourösen Angelegenheiten, die Rolle der zweiten Geige spielte.

Da Herbert, blond und einen Kopf kleiner als ich, in unserer Beziehung eine nicht unähnliche Rolle bekleidete, war die Verteilung der Partnerschaften durchaus gerecht und harmonisch. Im Umgang mit Herbert hatte ich mir angewöhnt, ihm in intellektueller Hinsicht immer einen gewissen Vorsprung einzuräumen, der mindestens dem Unterschied unseres Alters angepasst war. Immerhin hatte er sein Abitur schon hinter sich. Ich nicht. Er hatte auch schon einen Führerschein. Den machte ich erst zwei Jahre später. Für mathematische und naturwissenschaftliche Fragen sowie in allen praktischen Dingen war er der zuständige Ratgeber. Wenn ich merkte, dass er auf eine Frage nicht gleich die richtige Antwort wusste, zog ich sie entweder sofort zurück oder beantwortete sie selbst so falsch, dass es ihm ein Leichtes war, sie mitleidig zu korrigieren. Ich stellte ihm auch, wenn er schlecht gelaunt war, Fragen, auf die ich die Antwort bereits wusste, bat ihn um Rat bei Problemen, die ich schon gelöst hatte, um ihm die Möglichkeit zu geben, mit seiner Überlegenheit in diesen Dingen zu glänzen. Seine Miene hellte sich danach sofort wieder auf, und er revanchierte sich großzügig auf die gleiche Art und Weise. Auf dieser Basis von gegenseitiger Rücksichtnahme funktionierte unsere Freundschaft auf lange Zeit.

Mit Elke und Gudrun fuhren wir in Herberts VW täglich nach Juan-les-Pins ans Meer. Wir mieden die teuren privaten Badeanstalten, legten unsere Decken an den öffentlichen Strand und uns darauf. Ich weiß nicht, ob es die sensationellen Formen waren, die Elke in ihrem Bikini spazieren führte, die Wellen, die so rhythmisch und sanft den Strand streichelten, oder das Zusammenwirken von beidem, das in mir einen Gefühlsdruck erzeugte, der nur durch das unverzügliche Verfassen von Lyrik gemildert werden konnte. Die ersten paar Zeilen lauteten wie folgt:

> *Das heimliche Schluchzen des Meeres*
> *Schweigt in den törichten Winden*
> *Die im Sand verborgen ein leeres*
> *Glas herber Erinnerung finden …*

Wie man unschwer erkennen kann, war ich damals auf keinen Fall der Großmeister des raunenden Imperfekts, sondern eher der des überflüssigen Adjektivs. Weiter als diese vier Zeilen, die ich zu diesem Zeitpunkt für sehr wirkungsvoll und atmosphärisch treffend hielt, kam ich nicht, denn Elke, triefend vor Nässe, legte sich neben mich. Sie war eine leidenschaftliche Schwimmerin und verstand nicht, wenn man ihre Begeisterung für diesen Sport nicht teilte. Ich durfte sie zuerst abtrocknen, etwas, was man eigentlich nur mit Kindern macht, aber sie wollte das so, vermutlich aus erotischen Gründen. Danach las ich ihr leise, aber sehr lautmalerisch den Anfang des Gedichtes vor. Das hätte ich nicht tun sollen, denn Elke war so begeistert davon, dass sie sofort aufsprang, das Papier zuerst an ihren noch feuchten Busen drückte und dann, eingeleitet von einem

Schrei des Entzückens, die vier Zeilen mit völlig unpassender, dramatischer Lautstärke ihrer Freundin Gudrun zu Gehör brachte. Herbert war glücklicherweise weit weg im Wasser, trotzdem schämte ich mich vor ihm. Auch einige Badegäste schauten beunruhigt auf. Ich hoffte, dass keine Landsleute darunter waren.

Auch in diesem Fall hatte der Freundinnentest funktioniert, der jedoch in so drastischer Ausprägung von mir gar nicht beabsichtigt gewesen war. Ich wollte Elke beeindrucken, sie sozusagen geistig vorbereiten auf körperliche Zuwendungen. Zu diesem Zweck hatte ich eine völlig andere Reaktion erwartet, zum Beispiel die der stillen Hochachtung und des intellektuellen Respekts, aus der dann das sexuelle Begehren ganz von selbst und in romantischer Weise hervorgehen würde. Das wäre mit Sicherheit so gewesen, wenn sie sich kritisch, aber dennoch bewundernd mit den vier Zeilen auseinandergesetzt hätte. Elke war aber eine Norddeutsche. So war ihr Benehmen, und so musste man sie behandeln. Vermutlich war sie sogar protestantisch. Norddeutsche Protestanten gehen gern den direkten Weg. Vor allem wenn sie Frauen sind. Das ist sehr praktisch, wenn man es eilig hat. Ich entschloss mich daher, Elke aus Ostholstein so zu nehmen, wie sie war, und das möglichst bald.

Als ich nachts auf meiner Luftmatratze auf dem Boden neben dem VW lag und hinüberschaute zu dem Zelt, in dem Elke und Gudrun schliefen, kam mir bei den Überlegungen, wie und wo ich die geplante geschlechtliche Annäherung durchführen könnte, noch ein Gedanke, der mich etwas verwirrte. Elke hatte durch mehrere Äußerungen in Gesprächen erkennen lassen, dass sie neben den körperlichen Vorzügen durchaus auch über geistige verfügte. Auf jeden Fall war sie nicht eine dumme Gans mit dicken Titten. Könnte es vielleicht sein, dass sie das Vier-Zeilen-Gedicht gar nicht wirklich gut fand und nur mir zuliebe Begeisterung geheuchelt hatte, in der Annahme, dass diese Schmeichelei mich veranlassen würde, endlich zur Tat zu schreiten? Sie wusste ja nicht, dass ich auf dem Gebiet der körperlichen Liebe ein absoluter Anfänger war. Ich hatte schließlich alles getan, um sie das Gegenteil vermuten zu lassen.

Vielleicht vermutete sie für meine Zurückhaltung irgendeinen anderen Grund. Da sich offenbar auch Herbert bei Gudrun viel Zeit ließ, konnte es durchaus sein, dass die Mädchen uns beide, Herbert und mich, für ein schwules Pärchen hielten. Immerhin kannten wir Elke und Gudrun schon fast drei Tage. Für protestantische Mädchen aus Norddeutschland eine lange Wartezeit, vor allem wenn sie im Urlaub sind und noch dazu im Süden.

Als ich am nächsten Morgen meinem Freund diese Überlegungen mitteilte, stellte sich heraus, dass Herbert die Sache mit Gudrun nach eigenen Angaben, schon am zweiten Tag vergeblich versucht hatte, hinter sich zu bringen, und in dem festen Glauben war, dass Elke und ich uns schon am ersten Tag nahegekommen waren. Das habe ihm jedenfalls Gudrun erzählt. Die wiederum wusste es direkt von Elke, allerdings mit der Auflage, es nicht weiterzuerzählen. Jetzt verstand ich gar nichts mehr, ahnte aber dunkel, dass die Zeit zu handeln gekommen war.

An diesem Tag fuhren wir nicht zum Strand, denn dort hätten es die Umstände nicht zugelassen, von der Absicht zur Tat zu schreiten. Wir machten einen Ausflug zu den Roten Felsen südwestlich von Cannes, zwischen Théoule-sur-Mer und Anthéor. Dort kletterten wir auf scharfkantigem Gestein zum Meer hinunter, um in einer der zahlreichen kleinen, nur vom Wasser her einsehbaren Buchten unsere Decken auszubreiten. Die Mädchen kamen willig mit, blieben gelegentlich stehen, um lauthals die herrliche Aussicht auf Meer und Küste zu loben, und bewunderten ostentativ das rote Gestein. Dass es wirklich und wahrhaftig rot war, konnte man von ihnen immer wieder hören: scharlachrot, orangerot, tomatenrot, purpurrot, karminrot, weinrot, blutrot. Es schien, als wollten sie sich gegenseitig übertreffen mit der Benennung einer Vielzahl von roten Farbschattierungen, so als ahnten sie nicht, was bevorstünde. Ein solches Verhalten allerdings hätte mehr zu katholischen Mädchen des deutschen Südens gepasst.

Als die zwei Holsteinerinnen aber dann den Vorschlag machten, dass wir nicht *eine* uneinsehbare Bucht für *vier*, sondern *zwei* für *je zwei* suchen sollten, war die Sache klar. Die geeigneten Plätze für unser Vorhaben zu finden, war nicht ganz einfach, aber schließlich gelang es.

Elke und ich saßen schweigend auf der Decke und schauten aufs Meer hinaus. In weiter Ferne zogen Segelboote vorbei. Angesichts der Segelboote kam das erste Gesprächsthema auf: Werden die Segler, die sich möglicherweise langweilen, ihre Langeweile dadurch vertreiben, dass sie möglicherweise mit Ferngläsern die Küste betrachten? Und wären die Ferngläser stark genug, um Menschen am Ufer zu erkennen? Da Elke auf diese Fragen nicht eingehen wollte und mich nur stumm ansah, beschloss ich schließlich, sie zu küssen. Sie küsste zurück, und so küssten wir uns, ungeachtet irgendwelcher Ferngläser, eine Weile. Es hätte ganz wunderbar und der Anfang einer feurigen Leidenschaft sein können, wenn sich Elke nicht irgendwann im Laufe der gesteigerten Erregung von der Decke runter und in den Sand gewälzt hätte. Sie zog mich mit, und in kürzester Zeit waren wir bedeckt mit dem Sand, der auch noch etwas feucht war, weil gelegentliche Wellen die kleine Bucht bespülten. Jedenfalls war es erst mal aus mit küssen, weil der Sand zwischen den Zähnen knirschte. Obwohl wir beide, ich spür- und sichtbar in der Badehose, zum Äußersten bereit waren, mussten wir vorher ins Meer, um den Sand abzuwaschen. Das Wasser war zwar zu dieser Jahreszeit nicht kalt, aber verglichen mit der Hitze unserer von Leidenschaft durchglühten Körper war seine laue Temperatur dennoch wie ein Kälteschock. Elke, das Nordweib, nahm das alles, im Gegensatz zu mir, unbeeindruckt hin, ich hatte sogar das Gefühl, als hätte sie die kleine Erfrischung genossen. Sie legte sich, nass wie sie war, wieder auf die Decke und zog wie selbstverständlich ihr Bikinioberteil aus. Die Wirkung dieser Aktion kontrollierte sie mit einem Blick auf meine Badehose und forderte mich auf, das nasse Ding auszuziehen und in die Sonne zu legen. Das wiederum wollte ich erst, wenn ich ihr was zu zeigen hätte, und legte mich deshalb mit der nassen Hose neben sie. Erstens sei es ungesund, eine nasse Badehose auf der

Haut trocknen zu lassen, sagte sie und entledigte sich ihres Bikini-höschens, zweitens bekäme man in einer nassen Hose keine ausdauernde Erektion.

Ich kam gar nicht mehr dazu, sie zu fragen, woher sie das wusste, weil sie schon dabei war, mir die Badehose auszuziehen. Ob es der Anblick ihrer Brüste, die Erinnerung an Kinderzeiten, in denen mir meine Mutter die nasse Badehose ausgezogen hatte, oder ob es der taktile Reiz war, den Elkes Hand auf mein vom Wasser geschrumpftes Genital ausübte, vielleicht war es alles zusammen, was bei mir erst die blitzschnelle Erektion und schon Sekunden später einen nicht mehr zu verhindernden, gewaltigen Samenerguss auslöste. Es war so, wie wenn gleich nach dem Donner schon der Blitz kommt. »Ejakulatio praecox«, sagte trocken meine Protestantin und zog sich ihr Höschen wieder an, »wenn du das öfter hast, solltest du mal zum Männerarzt gehen!« Eine Antwort darauf erübrigte sich genauso wie der Versuch, das Spiel von Neuem zu beginnen, denn eine, den halben Strand schon überschwemmende Welle und eine vom Meer her aufkommende Brise machten die kleine Bucht als Schauplatz für alle weiteren erotischen Bemühungen ungeeignet.

Auch Freund Herbert schien keine sehr glücklichen Momente bei den Roten Felsen erlebt zu haben, denn Gudrun war bei der Heimfahrt im Käfer eher wortkarg. Während bei der Hinfahrt Elke und ich Händchen haltend und knutschend auf den Rücksitzen saßen und Gudrun vorne am Steuer nach jedem Schaltvorgang, der auf der kurvenreichen Strecke nötig war, zärtlich Herberts rechte Hand in ihre linke nahm, wenn sie nicht gerade seinen ihr zugewandten Oberschenkel streichelte, war die Rückfahrt in puncto Verkehrssicherheit geradezu vorbildlich. Vorne, neben Herbert, saß ich und studierte die Landkarte auf der Suche nach der Stadt Venedig und dem schnellsten Weg dahin. Hinten saßen die Mädchen und unterhielten sich in einem Dialekt, der für uns nur brockenweise zu verstehen war. Es handelte sich vermutlich um eine Form von Plattdeutsch, das sowohl Ähnlichkeiten mit dem Holländischen wie dem Dänischen und manchmal sogar Englischen aufwies. Ganz unabhängig vom Inhalt, bei dem es wahrscheinlich darum ging, dass der Nordmann dem Südmann in mancher Hinsicht bei Weitem überlegen sei, hatte der plötzliche Gebrauch einer für uns nur schwer oder gar nicht zu verstehenden Sprache etwas vorsätzlich Ausgrenzendes und Trennendes.

Freundlich und höflich, als ob das, was geschehen war, als etwas gar nicht Geschehenes betrachtet werden könnte, verabschiedeten wir uns noch am selben Abend von den Damen. Wir entschuldigten uns mit einem dringenden Termin mit Freunden in Venedig, den wir ganz vergessen hätten. Zum Abschied flüsterte mir Elke ins Ohr: »Nimm es nicht persönlich!«

Was sie damit sagen wollte, weiß ich bis heute noch nicht genau. Wenn *ich ihr* diese aufmunternde Entschuldigung oder entschuldigende Aufmunterung zugeflüstert hätte, als Verursacher der erotischen Pleite, wäre es ganz einfach zu verstehen gewesen. Ich hätte mich dann für etwas entschuldigt, was *ich ihr* angetan hatte. Aber es lag ja nicht an Elke aus Ostholstein, dass ich diesen Praecox hatte. Es lag an mir, an meiner sexuellen Fantasie, die mich in diesem Moment überwältigt hatte. Also brauchte ich nicht einen Männerarzt aufzusuchen, sondern, wenn überhaupt, einen Psychotherapeuten. Das jedoch kam für mich nicht infrage. Ich war ja ein Poet, und die Fantasie war mein Werkzeug. Das wollte ich mir nicht wegtherapieren lassen. Jetzt, da ich meiner Fantasie sicher war, da mir ein Praecox quasi bewiesen hatte, dass ich ein Dichter war, war wieder alles in Ordnung. Ich war Elke nachträglich sehr dankbar, dass sie mir durch diesen Vorfall ermöglicht hatte, endlich einen unverstellten Blick auf meine eigene Persönlichkeit richten zu können.

Die Autofahrt nach Venedig dauerte lange. Unterwegs rief ich von einer Tankstelle aus meine Mutter an. Die Antwort des Verlages war immer noch nicht gekommen. Ich gab ihr als Nachsendeadresse Ferdinand Mayrhofer, den Freund eines Freundes, in Wien an.

Der Aufenthalt in Venedig, das von Touristen so wimmelte wie ein zu Boden gefallenes Stück Torte von Ameisen, nahm weniger

Zeit in Anspruch als die Reise dorthin. Wir fuhren mit einem Vaporetto zur Anlegestelle am Markusplatz und suchten die Kirche, in der Romy Schneider und Karlheinz Böhm fünf Jahre zuvor, anlässlich eines Films, getraut worden waren. (Ich war dort damals, im Alter von dreizehn, das erste und letzte Mal mit beiden Eltern im Urlaub gewesen, interessanterweise auch mit einem VW-Käfer. Ich musste daher bis vor einigen Jahren, wenn ich ein solches Auto sah, an Venedig denken und umgekehrt. Das hat sich seit dem 26.04.2002 glücklicherweise geändert. An diesem Tag habe ich nämlich in dieser Stadt geheiratet. Es war meine vierte und letzte Ehe. Seither läuft die Assoziationskette andersherum. Wann immer ich ein Hochzeitspaar sehe, denke ich seither an einen VW-Käfer.) Der dichte Strom der Gaffer verhinderte jede Aussicht, man sah weder das Meer noch die Gebäude. Beides war nur möglich, wenn man auf Zehenspitzen ging oder größer war als alle anderen.

Da die Touristen aber hauptsächlich aus Ländern kamen, in denen anscheinend schon der Durchschnitt ein Meter neunzig betrug, hatte man auch mit eins achtzig keine wirkliche Chance. Hinzu kam, dass man allein durch Stehenbleiben schon riskierte, niedergetrampelt zu werden. Unglücklicherweise waren wir auch noch bei dem Versuch, von der Meeresseite auf die Landseite zu gelangen, in der Mitte der Menschenmasse gelandet. Man hätte glauben können, dass es sich um einen Sonn- oder Feiertag handelte. Wie sich später, als wir schon auf der Fahrt nach Wien waren, durch die Radionachrichten herausstellte, war es tatsächlich der 15. August, bei uns zu Hause als Mariä Himmelfahrt gefeiert, in Italien als Ferragosto und Höhepunkt der sommerlichen Ferien betrachtet, an dem alle Einheimischen die Kühle des Meeres und der Berge suchen, während die Horden der Barbaren in die heißen Städte einfallen.

Herbert, der seinen Kindheitserinnerungen nachgehen wollte, schlug vor, über Kärnten nach Wien und bei dieser Gelegenheit am Ossiacher See vorbeizufahren. Er hatte als Kleinkind dort immer mit seinen Schwestern und seinen Eltern die großen Ferien verbracht. Ich nicht. Für mich war der See ein See wie jeder See. Das konnte ich ihm natürlich nicht sagen, ich konnte es ihn nicht einmal spüren lassen. Um ihm eine Freude zu machen, übertrieb ich schamlos meine Begeisterung für die Schönheit und Anmut der schilfbewachsenen Ufer und verstieg mich sogar so weit, an Ort und Stelle ein Gedicht über das zauberhafte Gewässer verfassen zu wollen. Das konnte mir Herbert gerade noch ausreden, nicht aber die Nacht in unmittelbarer Nähe des Sees zu verbringen. Herbert rieb sich von Kopf bis Fuß mit einem Insektenabwehrmittel ein, stieg ins Auto ein und schloss Türen und Fenster. Ich fand das reichlich zimperlich, legte mich neben den Wagen auf meine Luftmatratze und schlief sofort ein. Kurz danach wachte ich wieder auf und verbrachte dann die unangenehmste Nacht meines bisherigen Lebens. Zu stolz, um in das Auto zu fliehen, in dem es sich mein Freund inzwischen so bequem wie möglich gemacht hatte, kämpfte ich bis zum Morgengrauen vergeblich gegen Mücken aller Art, die mich sowohl an nackten wie auch bedeckten Stellen stachen und mein Blut saugten, als wäre ich ihre letzte Rettung vor dem Hungertod.

Als mein Freund Herbert dann im Licht der Morgensonne sowohl an meinem geschwollenen Gesicht wie an meinem geschundenen Körper die juckenden und schmerzenden Folgen der nächtlichen Angriffe mitleidlos betrachtete, war sein einziger Kommentar: »Da siehst jetzt, was ich als Kind jeds Jahr mitmachn hab müssn, an dem Scheiß-See, dem gschissnen!«

Dass er an dem See nicht den Ort seiner Freuden, sondern den seiner Leiden besuchen wollte, hätte er mir am Abend vorher mitteilen können. Ich sagte in den nächsten zwei Stunden gar nichts, er schwieg ebenfalls. Als ich während des gemeinsamen Schweigens schon fast sicher war, dass unsere Freundschaft durch den Mückenvorfall irreparabel beschädigt worden war, ergriff er plötzlich, geradeaus schauend, das Wort. Gerne, sagte er, hätte er mich gewarnt, sei sich aber nicht sicher gewesen, ob die Präsenz der Insekten im Laufe der Jahre durch allerlei chemische Vernichtungsmittel nicht nachgelassen hätte (ich hörte seinen Vater, den Doktor der Chemie, reden). In diesem Fall hätte er sich nämlich, durch übertriebene Warnungen, vor mir lächerlich gemacht. Außerdem war er durch mein Beharren auf einer Übernachtung am See sowie meine vorausgegangene überschwängliche Begeisterung für das Gewässer, die sogar in der Absicht gipfelte, den Zauber der Landschaft für alle Ewigkeit in einem Gedicht festzuhalten, so gerührt, ja fast geschmeichelt gewesen, dass er mir einen Herzenswunsch dieser Dringlichkeit unmöglich abschlagen konnte. Dass er meine Rötungen und Schwellungen so scheinbar teilnahmslos zur Kenntnis genommen hatte, sei nur dem Umstand zuzurechnen, dass er sich in diesem Moment selbst sah, als Kind, leidend unter den schmerzenden roten Quaddeln und preisgegeben der Schadenfreude der Bauernkinder, die offenbar so stanken, dass selbst die übelsten Blutsauger ihre Nähe mieden.

Ich hätte meinem Freund jetzt, um die gemeinsamen Missverständnisse aufzuklären, sagen können, dass mir der Ossiacher See von Anfang an ungefähr so gleichgültig und uninteressant gewesen war wie das gesamte österreichische Bundesland Kärnten, weil es für mich, auf dem Weg nach Wien, nichts anderes als ein viele Kilometer langes Hindernis darstellte. Wenn ich das jedoch getan hätte, wären beide Freundesdienste umsonst gewesen. Hätte ich nicht übertriebene Begeisterung für den See geheuchelt, wäre ihm niemals in den Sinn gekommen, mir den nächtlichen Ufer-Aufenthalt zu ermöglichen, den im Grunde weder er noch ich wirklich gewollt hatten.

Er entschuldigte sich dann auch noch für den Mückenangriff, an dem er nicht schuld war, und ich log erneut, als ich behauptete, es sei so schlimm gar nicht gewesen. Jedenfalls waren wir beide erleichtert und unsere Beziehung war nicht nur nicht beschädigt, sondern erschien uns intakter als je zuvor.

Diese wortreiche Nichtaufklärung und Verdunkelung von Heucheleien und Lügen gehört noch heute zu den schönsten und rührendsten Erfahrungen wahrer Freundschaft, an die ich mich erinnere. Seither habe ich ein eher ambivalentes Verhältnis zu der Frage: Wahrheit oder Lüge? Ich bin der Meinung, dass eine Lüge zum richtigen Zeitpunkt wertvoller und menschlicher ist als eine Wahrheit zum falschen. Nützlicher ist sie allemal.

Wien, eine Stadt, in der ich noch nie gewesen war, kannte ich nur aus sporadischen, kurzen Erwähnungen meiner Großmutter väterlicherseits und vor allem von ihren wunderbaren kulinarischen Köstlichkeiten, deren Rezepte allesamt der ehemaligen Donaumonarchie entstammten. Schuld daran muss der Großvater gewesen sein, dessen empfindlicher Magen offenbar nur die schwer verdaulichen Speisen seiner Heimat vertrug.

Aus irgendeinem unerklärlichen Grund kam mir die Stadt vertraut vor, so als sei ich schon mal dort gewesen. Alles, was ich nie gesehen hatte, kannte ich schon. Ich war entzückt, aber nicht überrascht von den Bildern, die sich mir boten. Besonders gut bekannt kam mir der Stadtpark vor mit seinen Statuen berühmter verstorbener Komponisten von Schubert bis Johann Strauß (Sohn), ebenso wie die Brunnen, die Zaubernamen trugen wie »Donauweibchenbrunnen« oder »Befreiung-der-Quelle-Brunnen«, mit dem Café-Restaurant »Kursalon« und dem Flüsschen Wien, das zwar der Stadt den Namen gab, den Stadtpark aber als dünnes Rinnsal durchquert. Ich kam mir vor, als wäre ich endlich zu Hause.

Dieses Déjà-vu-Erlebnis, so entnehme ich Wikipedia, »tritt bei einem gesunden Menschen vereinzelt spontan, im Zustand der Erschöpfung oder bei Vergiftungen durch Alkohol oder mit halluzinogenen Drogen gehäuft auf«. Weder war ich erschöpft noch betrunken oder unter dem Einfluss von Drogen, also musste das Gefühl, alles schon mal gesehen zu haben, an den Orten schon einmal gewesen zu sein, irgendeinen anderen Grund gehabt haben. Damals empfand ich es zwar als seltsam, aber durchaus angenehm, sodass ich das Phänomen nicht weiter zu ergründen versuchte. Heute interessieren mich die verschiedenen Hypothesen, die im Wesentlichen von neurochemischen Vorgängen im Gehirn ausgehen.

Meistens ist von verschiedenen Lappen die Rede, von Temporallappen, äußeren Schläfenlappen und aktiven Scheitellappen. Da ich kein Neurologe bin, sagen mir diese Erklärungen nicht viel, befriedigen mich daher auch nicht wirklich. Wesentlich mehr kann ich anfangen mit der These, dass möglicherweise »das Erlebnis dadurch eintritt, dass Kurz- und Langzeitgedächtnis für einen Moment nicht aufeinander abgestimmt sind und daher die Erinnerungs- oder Bekanntheitstäuschung auf teilweiser Übereinstimmung aktueller und früher erlebter Situationsmerkmale beruht, die nach dem Pars-pro-toto-Prinzip ergänzt werden. Eine vertraut wirkende Situation enthält zum Beispiel einen bestimmten, bekannten Geruch. Dieses einzelne Element sorgt dann für ein Wiedererkennen, das auf die gesamte Situation übertragen wird.« So gut mir diese Erklärung auch gefällt, sie hilft mir in diesem Fall nicht weiter. Ich war ja früher, soweit mir bekannt, nicht in Wien gewesen, und ob die Gerüche, die dieser Stadt an bestimmten Ecken und Winkeln entströmten, seien sie wohl oder übel, dieses Gefühl von wiedergefundener Heimat im Sinne einer Bekanntheitstäuschung vermitteln konnten, wage ich zu bezweifeln. Da hätte es zum Beispiel am Schwarzenbergplatz riechen müssen wie in der Küche der Greiner-Oma oder im Stadtpark wie im Bett meiner Mutter. Sehr viel einleuchtender scheinen mir da »Studien, die einen Zusammenhang zeigten zwischen der Imaginationsfähigkeit eines Menschen und der Häufigkeit von Déjà-vus«. Diese Erklärung gefällt mir schon deswegen am besten, weil sie mir gewisse Alleinstellungsmerkmale bescheinigt und die Frage nach einer früheren Existenz sowie einer eventuellen Seelenwanderung unbeantwortet lässt.

Noch ist ja nicht genau zu überblicken, was alles an Vererblichem in den Genen des Menschen steckt; es könnte ja durchaus sein, dass Fritz Greiner, der einige Zeit in Wien gelebt hatte, sowohl in dieser Stadt wie im besagten Park so leidenschaftlich gerne spazieren gegangen war, dass sich diese Passion in seine Persönlichkeit unauslöschlich eingeprägt und sich über Generationen ebenso vererbt hatte wie zum Beispiel seine promiskuitive Veranlagung.

Das kleine Gartenhäuschen in der Schrebergartensiedlung an der Alten Donau, das Herberts Vater gehörte, war mir hingegen überhaupt nicht bekannt vorgekommen, obwohl ich nach der These, dass beim Déjà-vu-Erlebnis das Kurzzeit- mit dem Langzeitgedächtnis vorübergehend nicht richtig abgestimmt sei, jederzeit den in Wien gelegenen Schrebergarten auf der Grundlage des Schrebergartens meiner Tante Pauline, in München-Siebenbrunn, am Ufer des Auer-Mühlbaches als bekannt hätte erleben können.

Zumal ich als Kind diesen kleinen Garten, den ich an heißen Sommerwochenenden mit meiner Großmutter besuchen durfte, innig liebte und den nahen, mit dichten Büschen und Bäumen umwucherten Bach in meiner Fantasie zu einem reißenden Urwaldgewässer beförderte. Auch der Geruch der beiden Holzhäuschen, der sich durchaus in angenehmer Weise ähnelte, führte zu keinen Sinnessensationen. Die einzige Sensation war, dass wir in Herberts Gartenhaus endlich wieder in richtigen Betten schlafen konnten. Es war ein Genuss, den nur der nachvollziehen kann, der zwei Wochen in einem VW genächtigt hat, in dem man vielleicht die Finger für längere Zeit ausstrecken konnte, aber bestimmt keine längeren Gliedmaßen.

Und dann kam der BRIEF.

Glücklicherweise hatte Herbert noch Besorgungen zu machen, sodass der BRIEF und ich alleine waren. Ich legte das rechteckige Kuvert auf den quadratischen Holztisch, zuerst in die Mitte, dann an einen Rand. Ich positionierte es so, dass es parallel zu den Begrenzungslinien des Holztisches, dann wiederum so, dass es schräg zu ihnen lag. Dann suchte ich ein Messer, denn ich wollte das Kuvert nicht aufreißen, sondern säuberlich aufschlitzen. Auf keinen Fall wollte ich es beschädigen. Da mir das Messer nicht scharf genug erschien, wetzte ich es mit dem Bruchstück eines Schleifsteins, den ich in einer Werkzeugkiste fand. Als ich das Messer an einer Ecke des Briefumschlages schon angesetzt hatte, zog ich es zögernd wieder zurück. Ich legte den Brief erneut auf den Tisch, setzte mich auf einen Stuhl und überlegte. Wenn ich das Kuvert jetzt öffne und den Brief lesen würde, wäre ich dann vorbereitet auf gute wie auf schlechte Nachrichten? Wie würde ich reagieren im Fall einer schlechten? Was wäre denn eine schlechte?

Eine schlechte wäre beispielsweise, dass der Verlag momentan keine Möglichkeit sähe, so ein Lyrikbändchen in seinem Programm unterzubringen. Ich solle mich nach der Frankfurter Buchmesse noch mal melden. Eine noch schlechtere wäre, dass der Verlag diese Art von Lyrik als nicht zu ihm passend betrachtet. Der Vorschlag wäre dann, ich solle es bei einem anderen Verlag versuchen. Eine wesentlich schlechtere wäre, dass man bei dem Verlag einstimmig der Meinung sei, meine Gedichte wären nicht gut genug, um überhaupt veröffentlicht zu werden. Die allerschlechteste wäre, dass meine Gedichte als unbedeutend, epigonal, im besten Fall spätpubertär gelten könnten, dass ich das Schreiben überhaupt aufgeben und stattdessen vielleicht, aus Liebe *zum* und Respekt *vor* dem geschriebenen Wort, beispielsweise eine Buchhändlerlehre anstreben solle. Wie ich auf eine gute Nachricht reagieren würde, brauchte ich mir gar nicht mehr zu überlegen, denn ich hatte, um die unerträgliche Anspannung nicht länger ertragen zu müssen, längst das Kuvert aufgerissen und tapfer die allerschlechteste aller möglichen Nachrichten gelesen. Nicht einmal, nicht zweimal, sondern immer wieder.

Den Strick, den ich in dem kleinen Haus suchte, gab es nicht. Es sollte ein solider, dicker Strick sein und nicht eine Schnur, mit der man bestenfalls Kletterpflanzen an ein Spalier binden konnte. Auch ein Haken, der eine an ihm hängende Last von etwa 65 Kilo zuverlässig festhalten würde, war nicht zu finden. Offenbar brauchte man solche Gegenstände in einem Ferienhäuschen an der Alten Donau nicht. Ich beschloss daher, mit der Straßenbahn in die Innenstadt zu fahren, um eine Seilerei sowie eine Eisenwarenhandlung zu suchen. Ich stieg zunächst am Opernring aus, um hinunterzugehen in die große U-Bahn-Station, in der sich mehrere Linien kreuzten. Hier waren auch Geschäfte jeglicher Art und vor allem ein großes Café, in dem man, zwar unter der Erde, aber im Freien stundenlang sitzen und Tausende von Menschen beobachten konnte: Menschen, die es eilig hatten, weil sie so schnell wie möglich ein bestimmtes Ziel erreichen wollten, andere, die etwas langsamer gingen, weil sie alles wollten, nur nicht dahinzufahren, wohin sie mussten, ferner solche, die offenbar gar nichts mussten und deshalb unschlüssig von einem Bahnsteig zum anderen schlenderten und wieder zurück, sowie diejenigen, die gar nicht vorhatten, irgendwo hinzufahren, sondern sich gleich in das Café setzten. Ich war schon ein paarmal dorthin gegangen, vor allem wenn es oben regnete.

Aber an diesem Tag regnete es nicht. Die Sonne schien. Es war heiß. Vor den Cafés rund um die Oper, die Kärntner Straße hinauf, hinüber zum Hotel »Sacher« oder nach der anderen Seite zum »Korso«, auch vor dem Hotel »Bristol«, überall saßen an diesem Nachmittag die Leute, hauptsächlich Touristen, unter Sonnenschirmen bei Kaffee, Kuchen und Eis und erzählten sich, häufig paarweise, was sie in Wien schon gesehen hatten, was sie unbedingt noch sehen wollten und dass es außer Paris und Rom auf der ganzen Welt wahrscheinlich keine schönere Stadt als Wien gab. Für mich allerdings war die Stadt, alle Städte, die ganze Welt, trotz Sonnenschein nicht nur nicht schön, sie war unerträglich geworden. Das Leben sinn- und nutzlos, die Zukunft öde und leer. Ich wollte mich umbringen. Aber vorher wollte ich den Brief noch mal lesen.

Ich hatte ihn bestimmt schon ein Dutzend Mal gelesen, aber an einem Ort, der vielleicht nicht geeignet war. Also stieg ich trotz oder wegen des strahlenden Augustsonnenscheins die Treppen hinunter in das unterirdische Café. Ganz langsam stieg ich hinab, als handelte es sich schon um die Stufen zum Eingang des Hades. Ich wollte dort einen Abschiedsbrief an meine geliebte Mutter schreiben, aber zuerst noch einmal den schon hundertmal gelesenen Brief erneut lesen, um meines finalen Entschlusses auch wirklich sicher zu sein. Schon nach den ersten, schrecklichen Zeilen stand er wieder unabänderlich fest. Ich bestellte ein Wasser ohne Kohlensäure, worauf der Kellner das sagte, was er immer sagte: »Ohne hamma ned, aber mit wenig hättma.« Ich sagte darauf auch, was ich immer sagte: »Dann gebnsma des mit wenig, halt naa, gebnsma dann lieba glei eins vom Hahn!« – »An Hahn hamma ned, hächstens an Kran«, sagte er darauf, ich sagte nichts mehr, sondern nickte nur. »Vo miraus kriagns a aans vom Kran, aber zoin miassns dös mit wenig«, sagte er. Ich sagte: »Is scho recht.« Der Kellner ging. Famous last words, dachte ich.

»Über alles geliebte Mutter, wenn Du diese Zeilen erhältst, ist Dein Sohn schon …« Der Kellner brachte wortlos das Wasser, blickte vom Papier auf und direkt in die Augen einer jungen Frau. Sie war nicht schön, sie war wunderschön. Sie hielt den Blick, aber sie lächelte nicht. Sie hatte lange dunkle Haare und große, traurige braune Augen. Wieso war sie traurig? Traurig war doch *ich*. Sie saß vier Tische weit von mir entfernt. Lohnte es sich, so kurz vor dem Tode die Bekanntschaft einer wunderschönen, jungen Frau zu machen? Ich wollte doch eigentlich einen liebevollen Abschiedsbrief an meine Mutter schreiben und anschließend einen dicken Strick und einen soliden Haken kaufen. Sie hatte Papier vor sich auf dem Kaffeehaustisch liegen. Sie wandte den Blick von mir ab und schrieb einige Zeilen auf das Papier. Sie schien eher zentriert als rechts- oder linksbündig zu schreiben. Schrieb sie vielleicht ein Gedicht? Gar eines, das sich reimt? Sollte ich vielleicht zu ihr gehen und sagen: »Fräulein Kollegin, schreiben Sie bitte nur ja keine Gedichte, sonst geht's Ihnen vielleicht bald auch so wie mir. Ich muss mich nämlich jetzt umbringen, weil mir schriftlich und von kompetenter Seite bestätigt wurde, dass ich kein Rilke bin und auch keinerlei Aussicht habe, irgendwann einer zu werden. Auch ein Heine bin ich nicht, und schon gar kein Baudelaire.« – »Lieben Sie Baudelaire?«, sagte ich und stand schon an ihrem Tisch.

Sie blickte von ihrem Papier auf, schaute mich aus ihren traurigen Augen etwas zerstreut an, nickte kurz und deutete mit der rechten Hand, sie war Linkshänderin, einladend auf den freien Stuhl an ihrem Tisch. Dazu sagte sie wie nebenbei: »Den mussma im Original lesen, den Baudelaire!« Ich setzte mich, wartete, bis sie ihre Zeile zu Ende geschrieben hatte, und erfuhr dann übergangslos, dass sie das

Gymnasium des Institutes Sacre Cœur der Erzdiözese besucht habe. Ihre liebste Fremdsprache sei dort Französisch gewesen. Ich gab zu, dass ich Baudelaires *Les Fleurs du Mal* nur in einer deutschen Übersetzung gelesen hatte, verschob den Besuch von Seilerei und Eisenwarenhandlung und schlug stattdessen einen Spaziergang im Stadtpark vor, weil das Wetter so schön sei.

Der Vorschlag »Stadtpark« gefiel Louise nicht nur, sie war geradezu begeistert davon. Sie liebte den Stadtpark und hatte sogar eine Theorie, wer ein Stadtparkliebhaber sei und wer nicht. Das wollte ich natürlich wissen und fürchtete schon, dass nur diejenigen, die gereimte Gedichte schrieben, dafür infrage kämen. Sie aber schob ihre Hand in die meine und antwortete: »Wer verliebt ist, liebt auch den Stadtpark.«

Im Anschluss an diese lakonische Aussage setzten wir uns auf eine Bank vor dem »Befreiung-der-Quelle«-Brunnen und knutschten. Nein, wir knutschten nicht, wir liebkosten einander, streichelten uns zärtlich, küssten uns.

Der Park mag ein Déjà-vu-Erlebnis gewesen sein, Bauwerke und Denkmäler mögen Bekanntheitstäuschungen gewesen sein, aber Louise war es nicht. Sie hatte mir das Leben gerettet. Die Zeit, in der ich mir das Leben nehmen wollte, auf meiner Armbanduhr ungefähr vor dreißig Minuten, lag Jahre zurück. Ich konnte mich gar nicht mehr genau daran erinnern. Irgendetwas war mit mir geschehen, ich wusste nicht was. Später, als ich einschlägige Erfahrungen mit Drogen gesammelt hatte, konnte ich rückwirkend das, was damals in Wien mit mir geschehen war, nur mit der Wirkung von gewissen psychotropen Substanzen vergleichen. Ich war zum ersten Mal so verliebt gewesen, dass ich jederzeit rosarote Schäfchen unter rosaroten Wölkchen über rosarote Wiesen hätte hüpfen sehen können – wenn ich das gewollt hätte. Es muss sich um einen besonders starken Cocktail verschiedener Hormone gehandelt haben. Bei gleichzeitiger Ausschaltung und Lahmlegung verschiedener wichtiger Gehirnbereiche verursachten diese ein solches Chaos in meiner Seele und meinem Körper, dass ich endlich zu einer glasklaren Sicht auf das einzig Wesentliche in meinem Leben kam.

Das einzig Wesentliche in meinem Leben waren nicht irgendwelche Gedichte, schon gar nicht die Meinung irgendwelcher Leute über diese Werke, es waren auch nicht Elke aus Ostholstein, Annemarie Achthaler aus München-Laim und auch nicht die über Hundert Fotos von ehemaligen Freundinnen aus pubertärer und präpubertärer Zeit, es waren nicht einmal die Marillenknödel von der Greiner-Oma, es war: LOUISE.

Es ist anzunehmen, dass die junge Wienerin meine Euphorie nicht in dem Maße teilte, wie es sich ein egozentrischer Typ wie ich gewünscht hätte. Ich muss gestehen, dass ich gar nicht darüber nachdachte, wer in wen in diesen Momenten mehr verliebt war. Sie küsste mich, ich küsste sie, und sie hatte gute Freunde, die in der Nähe eine Wohnung hatten, und die Freunde waren zufällig gerade verreist, und sie hatte zufällig einen Schlüssel zu der Wohnung. Eine solche Häufung von glücklichen Zufällen in so kurzer Zeit hätte mich normalerweise misstrauisch gemacht. Aber ich dachte nicht einmal an Misstrauen. Alles war richtig und gut und musste so sein – damals.

Umso mehr ernüchtert es mich heute zu wissen, dass ich diesen »narkotisierten Wahrnehmungszustand« hauptsächlich einer chemischen Substanz verdankt haben soll, die »in konzentrierter Form eine ölige und nach Fisch und Ammoniak riechende Flüssigkeit« ist, und »in kleineren Mengen sowohl im Bittermandelöl als auch in Schokolade vorkommt«. Es ist dieser Theorie nach also nicht Louise gewesen, die mich mit ihren sanften Lippen, mit ihrem seidigen dunklen Haar, mit ihren großen, traurigen braunen Augen und dem schwindelerregenden Duft ihrer samtigen Haut komplett um den Verstand brachte, sondern hauptsächlich meine signifikant erhöhten PEA-Werte. Es handelte sich also um nichts anderes als eine besonders kräftige Dusche des körpereigenen Hormons Phenylethylamin, mit tätiger Unterstützung anderer Wirkstoffe.

Ich bezweifle den Nutzen dieser Art wissenschaftlicher Erkenntnisse. Und zwar deshalb, weil sie unnötig sind, schlimmer noch, sie sind fantasie- und genussfeindlich. Wenn ich damals gewusst hätte, dass PEA stinkt, und vor allem wonach, wäre ich nie zusammen mit Louise in die Wohnung ihrer zufällig abwesenden Freunde gegangen und dort auf dem schnellsten Weg mit ihr ins Bett. Es war eine wunderbare, herrliche Nacht. Gott sei Dank war Louise keine Jungfrau mehr. Es blieb mir daher erspart, mich durch Ungeschicklichkeiten mangels Erfahrung zu blamieren. Genau besehen, brauchte ich überhaupt keine Erfahrung, denn diese hatte sie. Sie brachte es durch ihre liebevolle und selbstverständliche Art sogar fertig, mir das Gefühl zu vermitteln, als ginge ich einer Tätigkeit nach, die mir absolut vertraut sei und die ich perfekt beherrschte.

Als wir zusammen ins Bett gingen, war es spät in der Nacht und noch August, als wir am nächsten Morgen zusammen aufwachten, war es schon September. Es schien mir, als sei eine neue Zeit angebrochen. Wien war also die Stadt der ersten, großen Liebe. Aus einem Jüngling, der den Tod gesucht hatte, war ein Mann geworden, der die feste Absicht hatte, es die nächsten Jahre erst mal mit dem Leben zu probieren.

Am Tag meiner Abreise kaufte ich noch, erstarkt durch mein neues Selbstvertrauen, dieses allerdings leicht getrübt von einem ergründlichen Bodensatz schlechten Gewissens, mit dem kompletten Rest meines Geldes ein Geschenk für meine Mutter. In einem der feinen Geschäfte auf der Kärntner Straße erstand ich eine smaragdgrüne Handtasche aus Schlangenleder und einen kleinen Flakon mit französischem Parfüm von Balenciaga. Ich wusste zwar damals nicht, wer Balenciaga war, aber die Duftprobe, die eine überfreundliche Verkäuferin auf meinem rechten Handgelenk samt Unterarm generös versprühte, war überzeugend.

Meiner Mutter kamen die Tränen der Rührung, als sie Tasche und Parfüm auspacken durfte. Sie hatte schon lange kein Geschenk mehr bekommen. Als handle es sich um kostbare, unantastbare Reliquien, verschloss sie es sofort in der Schublade einer Kommode. Erst Jahre später, als sie ein modernes Ein-Zimmer-Appartement mit Bad, Toilette und fließend heißem Wasser schräg gegenüber dem alten Lagerhaus, Römerstraße 19 statt 14, bezogen hatte, begann sie, zwar ein wenig ängstlich, aber doch auch ein wenig stolz, die smaragdgrüne Tasche und das französische Parfüm so zu nützen, wie es ursprünglich gedacht war. Interessanterweise duftete Balenciagas edle Essenzenmischung auch nach Jahren noch immer so geheimnisvoll betörend wie beim Kauf, während das Smaragdgrün des Handtaschenschlangenleders, leicht verblichen, inzwischen zu einem matten, aber durchaus eleganten Olivton tendierte.

Dass das Liebeserlebnis mit Louise und das daran anschließende Geschenk an meine Mutter im Grunde nichts anderes waren als ein Abschiednehmen von ihrer Vorrangstellung als auch von ihrer Obhut, dass ich damit also eigentlich nichts anderes sagen wollte, als »Mama, ich bin jetzt erwachsen, ich brauch dich nicht mehr«, spürte sie vielleicht schon damals. Vielleicht rührten daher auch ihre Tränen.

Ich aber kam erst nach ihrem plötzlichen Tod am 6. Dezember 1976 auf diese Vermutung, konnte den Grund meines damaligen schlechten Gewissens endlich begreifen und stürzte mich dann vorsätzlich in eine schwere Krise, die mein Leben veränderte.

9

Die Welt schaute 1962 tagelang angstvoll auf die karibische In-
sel Kuba, auf die drohende atomare Konfrontation zwischen den
Supermächten USA und UdSSR, nur ich schaute wochenlang in
Adress- und Telefonbücher von Wien, die mir der verständnisvolle
Vater meines Freundes Herbert besorgt hatte.

Louise war verschwunden. Ich hörte nichts mehr von ihr. Sie
hatte offenbar weder eine Telefonnummer noch eine Adresse. Um
sie wiederzufinden, musste ich nach Wien fahren. Um nach Wien
zu fahren, brauchte ich Geld. Um Geld zu verdienen, musste ich,
vor oder nach dem täglichen Schulunterricht, eine Arbeit finden.
Die Eltern meiner Nachhilfeschüler wollten kein Geld mehr aus-
geben, da ihre Kinder aufgrund meiner pädagogischen Fähigkeiten
jetzt bessere Noten bekamen als vorher und daher die Geschäfts-
grundlage entfiel.

Also trug ich jeden Morgen von 4 Uhr früh bis 7 Uhr 30 von
Montag bis Samstag Zeitungen aus, nach der Schule fuhr ich von 14
bis 19 Uhr den Gabelstapler eines Supermarktes, und abends putzte
ich dreimal die Woche Bürofenster für eine Reinigungsfirma.

Ich hätte auch Fritz bitten können, mir Geld zu leihen, aber dazu
war ich zu stolz und wollte auch aus naheliegenden Gründen nicht
in seiner Schuld stehen. Die Beziehung zu ihm hatte durch die un-
selige Gedicht-Angelegenheit ohnehin Schaden genommen. Umso
mehr, als sich herausstellte, dass kein einziger seiner Lektoren, sondern nur er allein meine lyrischen Zeilen, die sich reimten oder auch
nicht, gelesen und auch beurteilt hatte. Besonders tief getroffen hat

mich, neben der verheerenden Kritik an meinen Versen, sein Ratschlag, ich solle doch eine Buchhändlerlehre anstreben. Das erinnerte mich stark an Betty-Omas großartige Idee vom Grand-Hotel-
Pagen. Nicht, dass ich alle meine Gedichte für gelungen hielt, aber
unter den zweiunddreißig eingesandten waren zumindest einige, auf
jeden Fall zwei, die ich nicht nur für *gar nicht schlecht*, sondern für
ungewöhnlich und originär hielt. Wenn Fritz wenigstens diese zwei
Exemplare unter den zweiunddreißig lobend hervorgehoben hätte,
wäre ich später bestimmt nicht ein bekannter Filmemacher geworden, sondern ein unbekannter Lyriker.

So gesehen müsste ich ihm eigentlich dankbar sein, dass er mich
mit seinem harten Urteil und dem verletzenden Buchhändler-Vor-
schlag so herausgefordert hatte, dass ich ihm, schon aus Trotz, zeigen
wollte, dass mein Talent und mein Wille durchaus für eine künstlerische Karriere ausreichten. Die Einzige, die daran übrigens nie ge-
zweifelt hatte, war die Greiner-Oma.

Als ich mit meinen Hilfsarbeiten endlich genug verdient hatte, um
mir die Zugreise zweiter Klasse hin und zurück für *eine* sowie ein
Wochenende mit zwei Übernachtungen für eventuell *zwei* Personen
in einem erstklassigen Hotel zuzüglich etwa vier Besuchen eben-
solcher Restaurants leisten zu können, war es schon Dezember. Es
schneite und es war ziemlich kalt. Das Wetter war mir jedoch egal.
Ich nahm es gar nicht wahr, denn ich fuhr nach Wien, in die im-
periale Hauptstadt meiner Begierde, voller Sehnsucht nach Louise.

Ich war naiverweise davon überzeugt, sie dort zu finden, wo ich
sie vor vier Monaten kennengelernt hatte: in dem Café der großen
U-Bahn-Kreuzung unter dem Opernring. Dort war sie aber nicht,
auch nach mehreren Stunden und dem fünften kleinen Braunen
kam sie nicht. Mein Vorhaben, von dem alten Kellner etwas über
sie zu erfahren, blieb auch ohne Ergebnis, schon allein weil der Kellner zwar auch alt, aber nicht mehr derselbe war, den ich von damals
kannte. »Da Stauchschneida Koarl schaugt jetzt am Zentralfriedhof
die Bleameln von unten an«, sagte sein Kollege und fügte ungefragt

hinzu, dass auch er, als schwerer Raucher, nicht mehr weit vom letzten Atemzug entfernt sei. »Und außerdem«, sagte er, »merk i mir nur soiche Weiber, bei dene dös übahaupts no an Sinn macht.« Was er mit »Sinn machen« meinte, führte er nicht näher aus.

Ich ging dann langsam und nachdenklich in den Stadtpark. Dort setzte ich mich auf die nasse Bank vor dem »Befreiung-der-Quelle«-Brunnen. In dem Brunnen war kein Wasser mehr. Holzplanken bedeckten ihn. Aber die Bank war zweifellos immer noch dieselbe wie damals. Es begann wieder zu schneien. Nach einer Stunde auf der Bank musste ich niesen. Vermutlich würde ich eine Erkältung kriegen. Ich stand auf und suchte den ganzen Park ab. Aber eine Louise war weit und breit nicht zu sehen. Statt auf sie, stieß ich auf einen verwahrlosten jungen Mann, der sich als »Existenzialist« ausgab und mich um ein paar Schillinge anbettelte.

Ich gab ihm einen Zehner und fragte ihn nach Louise. Er kannte sie tatsächlich, woher sagte er nicht: »De werd halt wieda in Steinhof sei«, sagte er, und weiter: »De hat ja no nia alle beiananda ghabt, des Luisal … zerst hat se si vom Fätti pudern lassn, sie war ja a Zeit lang sei Gschpusi, aba wia da Fätti dann gnua von ihr ghabt hat, hattas Luisal dann an seine Musika weitagebn …« Auf die Frage, wer der Fätti sei, erfuhr ich, dass es sich um den berühmten Jazzmusiker, Klarinettisten und Bandleader Fatty George, bürgerlich Franz Georg Presser handelte, in dessen Wiener Klub »Fatty's Saloon« gelegentlich auch internationale Stars wie Lionel Hampton und Ella Fitzgerald auftraten. Nach dieser deprimierenden Information wollte ich auch noch wissen, was und wo »Steinhof« sei. Auch hierüber wurde ich von dem Jungen genauestens aufgeklärt. Es handle sich um ein psychiatrisches Klinikum in Wien-Ottakring, das im Dritten Reich als »Zentrum der Reinigung des Volkskörpers« die Aufgabe gehabt hatte, »minderwertiges Leben« zuerst festzustellen und dann zu beseitigen. In dieser Anstalt für »Erb- und Rassenpflege« sollen damals an die achthundert Kinder und über siebentausend Frauen nach grauenvollen Experimenten ums Leben gekommen sein.

Ich hatte genug gehört. Der »Existenzialist« wollte noch mal Geld von mir. Ich gab ihm noch einen Fünfziger. Er bedankte sich. »Kann aba aa sein, dass sie scho wieda raus is ausm Steinhof, kann sein«, sagte er noch: »Dass sie dann glei weida nach Paris is … weil da hat sie immer hinwolln … nach Paris … weil sie is halt aa so a ›Existenzialist‹ … as Luisal!«

Das Wochenende in Wien war zu Ende, bevor es begonnen hatte. Um 20 Uhr 10 desselben Tages, an dem ich angekommen war, ging vom Westbahnhof ein Zug zurück nach München. Die dreieinhalb Stunden bis zur Abreise verbrachte ich wieder in dem Café unter dem Opernring. Meine Stimmung im Dezember glich der, die ich am letzten Tag des Monats August hatte. Ich saß an demselben Platz wie damals und dachte an den »finalen Abschiedsbrief«, den ich damals meiner Mutter schreiben wollte. Es fehlte nicht viel, und ich hätte schon wieder einen geschrieben. Louise hat sich angeblich von einem »Fätti und seinen Musikern« pudern lassen! Außerdem soll sie eine geisteskranke »Existenzialistin« sein! Noch im Zug verglich ich immer wieder meine Erinnerungen an Louise mit den Informationen des jungen Mannes im Stadtpark. Sollte ich seinen Erzählungen glauben?

Ich hatte ja damals auch gespürt, dass ich nicht der erste Mann in ihrem Bett war. Es hatte mich aber nicht gestört, im Gegenteil. Und doch war ich jetzt enttäuscht und gekränkt. Vielleicht lag es auch daran, dass Louises frühere Liebhaber damals anonyme, gesichtslose Wesen für mich gewesen waren. Jetzt waren sie es nicht mehr. Im Zug lag sogar die Wochenendausgabe der Wiener Kronen-Zeitung, in der ein Foto von Fatty George abgedruckt war. Er war ungefähr zwanzig Jahre älter als ich, sah gut, aber geschniegelt aus, hielt seine Klarinette in der Hand und grinste mich überlegen an.

Was den psychischen Zustand Louises betraf, so konnte ich mich an nichts erinnern, was einen oder mehrere Aufenthalte in einer geschlossenen Anstalt wie Steinhof gerechtfertigt hätte. Louise war fantasievoll, aber nicht von Wahn- oder Zwangsvorstellungen geplagt, melancholisch, aber nicht depressiv. Ihre Meinungen zu Menschen und gesellschaftlichen Zuständen waren zwar eher skeptisch bis pessimistisch, aber medizinisch gesehen nicht besonders auffällig. Sie war ganz einfach so, wie künstlerisch veranlagte Menschen häufig sind. Louises »Reise nach Paris«, die der Informant vermutet und mit der Behauptung verbunden hatte, dass Louise eine bekennende Existenzialistin sei, schien mir zunächst nur eine Erfindung ihres Bekannten aus dem Stadtpark zu sein. Nach längerem Nachdenken erinnerte ich mich jedoch an Louises Vorliebe für Baudelaire, für die französische Sprache und ihre Erziehung im Privat-Gymnasium Sacre Cœur. Da die Schule der Erzdiözese Wien gehörte, die Erzdiözese natürlich erzkatholisch war und der Vatikan bereits 1948 die Werke der Galionsfigur des Existenzialismus Jean-Paul Sartre auf den Index der verbotenen Bücher gesetzt hatte, »weil den Gläubigen gefährliche Zweifel erspart werden müssen«, schien mir plötzlich Louises Reise nach Paris aus einer religiös-philosophischen Motivation heraus durchaus plausibel zu sein. Vielleicht wollte sie den »Papst des Existenzialismus« mit der katholischen Kirche wieder versöhnen oder umgekehrt. Bestimmt saß sie jeden Tag im Quartier Saint-Germain im »Café de Flore« und wartete darauf, dass Sartre avec ou sans Beauvoir erschien. Dort würde ich sie dann bestimmt finden können, meine geliebte Louise, nicht in Wien, sondern in Paris …

Ich muss im Zug eingeschlafen sein und wirres Zeug geträumt haben, von Louise, Fatty George und Sartre. An Zusammenhänge konnte ich mich nicht erinnern, aber an ein paar Einzelheiten: Sartre schlief mit Louise und Fatty, die Beauvoir, die plötzlich das Schlafzimmer betrat und aussah wie meine Betty-Oma, verwickelte den nackten Fatty in eine peinliche Diskussion über die Beschneidung von Frauen in Afrika, und Sartre ließ mitten im Geschlechtsverkehr abrupt von Louise ab, weil er dringend mit dem Erzbischof von Wien telefonieren wollte …

Mit Betty-Oma

Mit den Eltern im Biergarten

Mit Hund Tommy in München-Gräfelfing

10

Gegen halb zwei Uhr morgens kam ich dann endlich in München an. Um meine Mutter nicht aufzuwecken, fuhr ich erst einmal in den »Leierkasten«. Dort ging es, wie immer an Samstagen, hoch her. Der Laden war gesteckt voll, an den beiden Bartresen konnten Lilo und die Zwillinge die Gläser gar nicht so schnell füllen, wie sie leer getrunken wurden. Ich quetschte mich an die hintere Bar neben ein äußerst attraktives junges Pärchen: Die blonde, etwa achtzehnjährige Frau sah atemberaubend aus, wie eine Mischung aus junger Greta Garbo und Marlene Dietrich. Den Mann, vielleicht Anfang zwanzig, konnte man von der Seite her ohne Weiteres mit Jean Marais verwechseln und von vorne mit einem leicht femininen James Dean. So wie die beiden aussahen, konnten sie keine Deutschen sein, Amerikaner von der Ostküste vielleicht, Franzosen aus Paris, Norditaliener aus Mailand oder Turin, vielleicht sogar Venezianer, Griechen aus einer reichen Reeder-Familie … es war schwer zu sagen, weil die beiden kein Wort sagten, aber hoch interessiert und mit gelegentlichem, feinem Lächeln das gemischte Publikum betrachteten. Auch ich lächelte gelegentlich, aber mehr in Richtung der Greta-Marlene, die mein Lächeln erwiderte. Auch Jean-James schaute mir zuweilen in die Augen und lächelte mich an.

Bernd, der wie ein professioneller Barkeeper über die Belagerung des Tresens herrschte, unermüdlich von hinten nach vorne und umgekehrt, von links nach rechts und wieder in die andere Richtung raste, Bestellungen aufnahm, die Kasse klingeln ließ, Drinks servierte und zwischendrin auch noch Gläser spülte, kam endlich mit zwei Gläsern, mit Eiswürfeln und brauner Flüssigkeit gefüllt, in meine Nähe, steckte mir schnell eine Flasche Cola zu, die er flink unter dem Vorsprung des langen Barbrettes hervorgezaubert hatte, und schob dann, mit besonders eleganter Armbewegung, dem Glamour-Pärchen die beiden klirrenden Gläser über die Planken der Bar hin, begleitet von einer Flasche dunklen Bacardi-Rums. Bei der Gelegenheit grüßten wir uns, und Bernd stellte mich ganz schnell den beiden vor, mit denen er offenbar eng befreundet war: »Das ist die Lili, und das ist der Frankie«, sagte er, und ich dachte: Aha … also doch Amis!

»Where in the US do you come from, East or West?«, fragte ich, um gleich zu erkennen zu geben, dass man mit mir jederzeit auch englisch sprechen könnte. »Wot du ju mien«, war die Entgegnung der wunderschönen Garbo-Dietrich-Lili, auch der Jean-James-Frankie schaute leicht verwundert: »Ju schpiek Inglisch?«, fragte er zurück. »Yes … a little«, sagte ich, aber mir schwante schon dunkel, dass ich mich möglicherweise gründlich geirrt hatte, was die nationale Zugehörigkeit des Pärchens betraf. Sicherheitshalber versuchte ich es noch auf Französisch, weil ich meinte, in Frankies Englisch so etwas wie einen leisen französischen Akzent gehört zu haben: »Vous êtes des Français, de Paris peut-être?« Darauf drehte sich Lili leicht verwirrt zu Frankie um und fragte ihn leise in makellosem Bayerisch: »Wos is jetza er, isa jetza a Ami oda a Franzos oda wos isa?«

Es stellte sich sehr schnell heraus, dass Frankie und Lili kein Liebespaar, sondern Geschwister waren, der Bruder ein paar Jahre älter als die Schwester und schwul. Er war gemeinsam mit den »Zwillingen« Rolf und Bernd auf die Münchener Modeschule gegangen, entwarf und nähte eigenhändig die raffinierte Kleidung seiner Schwester und stylte sowohl ihre Frisur wie auch ihr Makeup. Beide trugen den gut bayerischen Familiennamen *Maier* und kamen auch nicht aus New York, schon gar nicht aus Paris, sondern aus dem Dorf Moosinning bei Erding. Damals gab es noch keinen Flughafen in der Nähe, sondern hauptsächlich Torf aus der schwarzen Erde eines ehemals sumpfigen Bodens. Die Bauern im Moos, so nannte man das Moorgebiet, die Fortsetzung der Münchener Schotterebene, hatten kein sehr angenehmes Leben. Spätestens ab Anfang November brachen dichte Nebel über die feuchte Landschaft herein und blieben bis Ende Februar. In dieser nebeligen Jahreszeit machten sich hauptsächlich Geister, Gespenster, Hexen und Feen einen Spaß daraus, die Moosbewohner das Fürchten zu lehren. Im Sommer war es drückend schwül und heiß im Moos, dadurch entstand ein Erholungsgebiet für Stechmücken aller Art, Wespen und Hornissen. Auch Fröschen und Kröten, Lurchen, Olmen und Molchen, Blindschleichen und Ringelnattern konnte man in den zahlreichen Tümpeln und Teichen begegnen, und, wenn man viel Glück hatte, auch Kreuzottern. Es war keine wirklich gemütliche Gegend.

Mit dem Auto brauchte man von München aus für die fünfundzwanzig Kilometer nicht mehr als höchstens eine halbe Stunde, aber die gefühlte Entfernung des Dorfes Moosinning von der Stadt war nicht in Meilen zu messen. Moosinning war weit, weit weg, und die Reise dorthin war wie in ein vergangenes Jahrhundert.

Dieses Dorf, das ganze Erdinger Moos, war nicht mein »Ding«.

(Knappe vierzig Jahre später begann es dennoch *meines* zu werden. Ich kaufte in unmittelbarer Nähe, im Ortsteil Eichenried, kurz vor der Jahrtausendwende mit meiner damaligen Lebensgefährtin, mit der ich neun Jahre mehr oder weniger glücklich zusammengelebt hatte, ein altes Gebäude im einsamen »Außenbereich« und ließ es renovieren. Nach erfolgtem Umbau verliebte ich mich dann nicht nur in meine spätere vierte Ehefrau, sondern auch in diese Gegend.)

Aber zunächst verliebte ich mich in die Maier-Lili, und zwar sofort. Eine gute Stunde zuvor hatte ich noch im Zug aus Wien gesessen, hatte bizarre Albträume, litt unter der unglücklichen Liebe zu der unauffindbaren Louise und dem verpatzten Wochenende, das ich mir schon Wochen und Monate vor der Reise in glühendsten Farben ausgemalt hatte. Und jetzt waren sämtliche trauerbeladenen, nieder-drückenden Gefühle wie weggeblasen von einem Gefühlssturm, der mich so heftig erregte, ein solches Feuer in mir entfachte, dass ich mich entschloss, die blonde Festung, die neben mir thronte, sofort und auf der Stelle zu erobern.

Da ich noch nicht über die Verführungsroutine verfügte, die sich im Allgemeinen nach entsprechender Erfahrung von selbst einstellt und zwingend ein gewisses Vorspiel vorschreibt, fragte ich Lili-Greta-Marlene ganz direkt, ohne die geringsten Umschweife und mit bis zum Hals klopfendem Herzen, ob sie mit mir schlafen wolle, am besten noch heute Nacht. Nicht nur Bruder Frankie schien von dem unvermittelten Angriff auf die Tugend seiner Schwester überrascht zu sein, auch ich war es. Kaum hatte ich die unverblümte Frage an sie gestellt, wurde mir nämlich fast schlecht von meiner eigenen Courage. Stumm saß ich vor der Maier-Lili und wartete auf eine Antwort. Diese kam, wie zu erwarten war, in der Landessprache und schneller, vor allem deutlicher, als ich erwartet hatte.

»Ja mei«, sagte sie, »heit nacht no werd schwer sei … draußn is auf jeden Foi zkoit, und außerdem hab i da Mama vaschprocha, dass i bis um zwoa wieda hoam kimm … weil d' Mama is nämlich sterbns-krank und ko se koan Zantimäta mehr bewegn. Wenns jetza zum Beispui aufs Klo muaß, dann muaß ma da sei, sonst koos sei, dass sie in'd Hosn macht. I kannt di hächstns mit naus nemma … wei bei mir draussn hätt i a Zimma für mi alloa … da kanntmas dann macha … mogst?«

Ich nickte stumm. Sie lächelte mich an: »Nachad zoin ma jetz! Zoin, Berndi!« Mir schien es, als ob mich Jean-James-Frankie eben-falls anlächelte, merkte aber schnell, dass sein Lächeln und sein Au-genaufschlag dem jungen Mann hinter mir galten. Er war einer von der Sorte »Maurerbursch«. Frankie stand auf, küsste noch kurz seine Schwester, dann mich und verließ, noch vor uns, in Begleitung des »Maurerburschen« das Lokal. Lili öffnete ihre schwarze Lackleder-Handtasche, zog aus einem dicken Bündel von Hundertmarkschei-nen einen heraus und zahlte die Zeche für sie und ihren Bruder.

Auch meine Cola hätte sie noch bezahlt, wenn Bernd und ich sie nicht mit aller Höflichkeit daran gehindert hätten. Allerdings schien sie dadurch fast ein wenig beleidigt.

Die nächtliche Fahrt nach Moosinning in dem Mercedes-Diesel-Kombi der Familie Maier, der von Lili gesteuert wurde, die unschuldig und fröhlich zugab, die Führerscheinprüfung erst vor zwei Wochen bestanden zu haben, war riskant bis an die Grenze zur Lebensgefahr. Die Straßen waren winterlich glatt und die abgefahrenen Reifen des Kraftfahrzeugs vielleicht gerade noch für warme Jahreszeiten geeignet. Mal griff ihr Profil, mal nicht, und so schlitterten wir mehr dahin, als dass wir fuhren. Kurz nach Unterföhring stieg dann, von der Isar her, leichter Nebel auf, der bei Ismaning immer dichter wurde, bis er auf der holprigen Landstraße, je weiter man ins Moos kam, zu einer dicklichen, undurchdringlichen grauweißen Substanz wurde. Lili fuhr nicht auf Sicht, denn zu sehen gab es nichts, sondern mehr nach Gehör, aber mit jenem Gottvertrauen, das manche schlichtere Gemüter oft auszeichnet. Daran, dass ich mir die Reisetasche, die meine Mutter für das Wochenende in Wien prall gepackt hatte, wie ein Schutzschild ängstlich vor die Brust hielt, spürte sie, dass ich diese Fahrt durch den Nebel nicht so seelenruhig überstehen würde, wie sie hoffte und mit Recht für unerlässlich hielt für einen befriedigenden Verlauf der restlichen Nacht.

Also tat sie das, was in so einem Moment die einzig richtige Vorgehensweise war. Den Nebel konnte sie nicht lichten, aber sie konnte die rechte Hand während der Fahrt vom Steuer nehmen. Damit fasste sie mir dann liebevoll, kenntnisreich und ausführlich zwischen die Beine. Dass ihr Chauffieren mit der linken Hand bei dieser Witterung jetzt das Gefährlichste war, was sie tun konnte, beunruhigte mich aber fortan nicht mehr. Ich gab mich, für den Rest der Strecke, ganz ihrer Rechten hin.

Schließlich waren im dichten Nebel schwach die Umrisse von niedrigen, lang gestreckten Gebäuden zu sehen. Dass wir am Ziel unserer nächtlichen Reise, die übrigens statt einer halben Stunde über eineinhalb gedauert hatte, angekommen waren, konnte man zwar nicht genau sehen, aber umso deutlicher riechen. Die Bauern schienen auf den Feldern kräftig geodelt – hochdeutsch: Gülle ausgebracht – zu haben, obwohl das zu dieser Jahreszeit nicht unbedingt erlaubt war, und die umliegenden Gehöfte betrieben offenbar intensive Viehwirtschaft. Der markante, leicht säuerliche Geruch von Schweinen und der eher dumpfe, schwererdige Duft von Rindern und ihrer Ausscheidungen sagte unmissverständlich: »So, jetz samma da.«

Inzwischen war es gegen vier Uhr früh. Lili sah nicht mehr ganz so greta-marlene-mäßig geheimnisvoll aus wie Stunden zuvor im gnädigen Licht des »Leierkastens«. Das Ergebnis der Make-up-Orgie, die Bruder Frankie in dem Gesicht seiner Schwester veranstaltet hatte, hatte seine Halbwertszeit von etwa acht Stunden, Herstellung der Bemalung sowie Fahrzeit Moosinning–München–Moosinning mit eingerechnet, kaum überstanden. Vielleicht war auch durch die liebevoll ergebnisorientierte Massage, die Lili mir im Mercedes-Diesel einhändig hatte angedeihen lassen, der erste Druck schon aus mir heraus.

Ich war müde. Sie war auch müde. Sie parkte den Wagen vor einer Gastwirtschaft namens »Maier-Wirt«, die einen großen Biergarten, einen Kegelbahnanbau und einen langen Stall hatte. Irgendwo weiter hinten im Moos besaßen die Maiers auch noch eine Hühnerfarm. Wirtschaft und Hühnerfarm betrieb, wie sie mir dann erzählte, ihr zweiter Bruder Hansi, der insofern aus der Art geschlagen war, als er weder schwul wie sein Bruder Frankie war noch gesellschaftlich nach Höherem trachtete wie seine Schwester Lili, die eigentlich Magdalena hieß und innerhalb der dörflichen Grenzen von allen nur »Leni« genannt wurde.

Hansi sei halt einfach »ganz stinknormal«, sagte sie in etwas abschätzigem Tonfall und schloss leise die Tür zum Stall auf, der allerdings kein Stall mehr war und in dem eine Holztreppe in den ersten Stock zu einem großen Saal führte. In dem Saal, der mit hochwertigem Eichenparkett zu einem Tanzboden ausgebaut war, fanden Versammlungen und Feste aller Art statt. Besonders lustig, sagte Lili, ging es aber nicht, wie man als »Schtoderer« (Städter) vielleicht meinen könnte, im Fasching zu, sondern hauptsächlich nach Beerdigungen.

Hinter dem Saal führte ein Gang zu mehreren Zimmern. Ganz leise öffnete Lili eine Tür und blieb lauschend an der Schwelle zum Zimmer stehen. Aus dem Hintergrund hörte man ein unregelmäßiges Schnarchen und Schnauben. Wir lauschten eine Weile, dann schloss Lili leise die Tür. »D'Muatta schlaft, des hoaßt, dass' no lebt, Gottseidank«, flüsterte sie, ging zwei Türen weiter und sperrte dann ihr eigenes Zimmer mit einem Schlüssel auf, der mit zehn anderen Schlüsseln an einem schweren Kettenbund hing.

Glücklicherweise war ich schon zu müde, um nachhaltig enttäuscht zu sein von der Möblierung des Zimmers. Was sich da im grellen Licht einer Nachttischlampe, die Lili schnell mit einem roten Seidentuch verhängte, um unverzüglich die nötige Beischlafstimmung herbeizuzaubern, dem unvorbereiteten Besucher darbot, war reinster Moosinning-Stil der Vorkriegsjahre aus heimischem Holz von der geflammten Moorbirke. Vermutlich handelte es sich hier um das ehemalige Schlafzimmer des Ehepaars Maier, das Lenis Mutter nach dem Tod ihres Mannes an die Tochter weitergegeben hatte – »weil so was a sältene Raridäd is und wei ma heit so was garnimmer kriagt«, hatte die Mutter gesagt. Während ich mich schon in das Doppelbett legte, schminkte sich Lili noch ab, und mit jeder Schicht, die sie von ihrem Make-up wegwischte, verschwand die Greta-Marlene, machte langsam einer Lili Platz, um schließlich als eingecremte Leni zu enden. Als solche kuschelte sie sich dann im Bett an mich. Es hatte etwas sehr Anrührendes und erotisch Aufregendes. Denn die Tatsache, dass sie durch das komplette Abschminken wieder zu einer mir fremden jungen Frau wurde, einer blassen, naturbelassenen, aber real-rustikalen Dorfschönheit, machte es mir, trotz Müdigkeit und bereits genossener Zärtlichkeiten, leichter, die Erwartungen der jungen Frau nicht allzu sehr zu enttäuschen.

Wie der Rest dieser Nacht im Detail verlief, weiß ich nicht mehr genau. Ich kann mich nur daran erinnern, dass Lili im Bett ziemlich anspruchsvoll, d. h. unersättlich war. Von jemandem, der an einem Tag bereits zwei Zugfahrten von je fünfeinhalb Stunden hinter sich hatte, eine ergebnislose Suche nach dem Objekt seiner Begierde, eine schmerzvolle Desillusionierung mit darauffolgendem Albtraum, anschließend einen zweistündigen Aufenthalt in einer überfüllten Kneipe mit Garbo-Dietrich-Erlebnis sowie eine einein-halb Stunden dauernde, lebensgefährliche Schlitterfahrt über vereiste Straßen durch den dichtesten aller denkbaren Nebel, die ihren Höhepunkt darin fand, dass Greta-Marlene, die ohnehin so gut wie keine Übung in der Beherrschung ihres Wagens hatte, ihn die letzten Kilometer durch das Erdinger Moos schließlich auch noch einhändig steuerte, um ihrem Beifahrer den ersten sexuellen Höhepunkt zu verschaffen, war nach diesem anstrengenden Zwanzig-Stunden-Tag wahrlich keine Meisterleistung mehr im Bett aus geflammter Birke zu erwarten.

Als ich am Morgen aufstand und aus dem Fenster schaute, blickte ich auf eine Landschaft, die ich eher aus geografischen Beschreibungen der Ukraine oder Sibiriens kannte. Einsam standen hier und da kahle Birken herum. Wahrscheinlich hatten ihre Brüder und Schwestern früher das Holz für die Schlafzimmerraritäten hergegeben. Lili war verschwunden, sie hatte irgendwas gemurmelt wie: »JetzschaumamoiwasmazumFrühschtückhamaufjednFoimachijetz-unsamoizerschtanKafä«.

Nach einer halben Stunde kam sie mit einer wunderbaren Überraschung zurück, einem großen Serviertablett, wie ich es in dieser Dimension nur aus Gaststätten kannte, darauf: Kaffee, Milch, Orangensaft, Butter, Käse, Marmelade, Honig, schwarzes und weißes Brot und vor allem zwei große Teller mit einmal zwei und einmal sechs Spiegeleiern auf gebratenem Schinken. Wir frühstückten im Bett. Lili bestand vor allem darauf, dass ich die sechs Eier aß. »Du brauchst jetzat vui Eiweiß«, sagte sie. Ich wusste, was sie

146

meinte, sagte aber nichts und aß die sechs Eier. Sie schmeckten besonders gut, viel besser als die vier, für jeden Sonntag eins, die meine Mutter einmal im Monat im Supermarkt kaufte.

»Des kimmt nur davo, dass mir die Hendl erstens scho moi frei rumlaffa lassn, andre schperrns ei, mir ned, und zwoatns machma de Kärndl de's fressn, sälba auf unsere Fejda, vaschtehst mi, des is da ganze Untaschied und sonst nix, sagt da Hansi.« Was Bruder Hansi sagte, war, wie ich später erfuhr, nicht immer ganz identisch mit dem, was er tat, aber jedenfalls waren hier im Erdinger Moos schon gewisse Ansätze zur Bioagrarwirtschaft festzustellen, bevor sich deren Vorzüge dreißig Jahre später bei zunächst nur sehr wenigen Interessenten wie Geheimtipps herumsprachen.

Der Zufallstreffer Eier-Lili – ein treffender Spitzname, den der »Zwilling« Bernd erfunden hatte – entwickelte sich zu einer Beziehung, die sich nicht nur durch Harmonie, sondern auch durch wöchentliche Care-Pakete mit Eiern, Butter, Schinken, Würsten und selbst gebackenem, duftendem Schwarzbrot auszeichnete. Meine Mutter entwickelte große Sympathie für das hübsche Bauernmädel aus Moosinning. Das ging sogar so weit, dass sie mir tatsächlich erlaubte, Lili an Wochenenden in meinem Zimmer und meinem Bett übernachten zu lassen. Das Problem war jedoch, dass ich mich, nur durch eine Wand von meiner Mutter getrennt, unmöglich imstande sah, so etwas wie einen Geschlechtsakt mit der Eier-Lili auszuüben.

Das hatte zur Folge, dass das tüchtige Mädel aus dem Moos innerhalb einer Woche ein möbliertes Untermietzimmer in einer etwas heruntergekommenen Altbauwohnung am Nikolaiplatz ausfindig machte und sofort mietete. Wir hatten jetzt zwar eine Absteige mit einem Bett, geeignet zur Verrichtung sexueller Bedürfnisse, aber so richtig gemütlich war es in dem modrigen, leicht nach Mottenkugeln riechenden Raum nicht. Selbst bei Kerzenlicht und entsprechender Schmusemusik kam keine rechte Stimmung auf. Außerdem gab es in dieser Wohnung Wanzen. Auch die Studenten, die die anderen Zimmer gemietet hatten, wurden schon seit längerer Zeit von ihnen gequält. Die praktisch veranlagte Lili ließ auf ihre Kosten unverzüglich einen Kammerjäger kommen. Dieser Herr, etwas über achtzig Jahre alt und vermutlich ein Veteran des Ersten Weltkriegs, der als solcher über ausreichend Erfahrung im Einsatz tödlicher Gase verfügte, rückte den Tierchen mit einer solchen Giftwolkenorgie zu Leibe, dass die ganze Wohnung und speziell unser Zimmer über Wochen nicht bewohnbar war.

Die Studenten schliefen solange in Zelten im Englischen Garten, und die Eier-Lili und ich übten uns in dieser Zeit in Enthaltsamkeit. Manchmal, wenn der Drang auf beiden Seiten, vor allem am Wochenende, zu stark wurde, setzte ich mich auf mein Fahrrad und strampelte die knapp dreißig Kilometer nach Moosinning. Bei der Hinfahrt kam mir zugute, dass das Dorf im Moos etwa hundert Meter tiefer lag als die bayerische Landeshauptstadt. Bei der Heimfahrt war es spürbar umgekehrt. Nachdem der angenehmere Teil des Besuches bei der Eier-Lili vorbei war, ärgerte mich eigentlich alles: der schlechte, löchrige Belag auf der Landstraße, die höchst gefährlich als ein erhöhter, aufgeschütteter Damm konstruiert war und auf beiden Seiten mindestens einen Meter tief abfiel. Dann, dass in der Abenddämmerung rotzige Bauernburschen mit frisierten, donnernden Motorrädern lachend und johlend an mir vorbeirasten, dass ich mir den Schlauch meines Vorderreifens flicken musste, weil ich irgendeinen scharfen Gegenstand übersehen und daher überfahren hatte ... alles ärgerte mich.

Diese Wochenenden, verschönt durch kräftezehrenden Beischlaf und belastet durch etwa sechzig Kilometer Strampeln auf dem Rad, führten in den folgenden zwei Wochentagen regelmäßig zu heftigem Muskelkater und schlechter Laune. Ab Mittwoch wurde es dann wieder besser, und am nächsten Samstag saß ich schon wieder auf dem Rad und fuhr ins Moos. Außer dem Geschlechtsverkehr war das besonders Angenehme an den Landaufenthalten, dass es im Maier'schen Bauernhof keine Wanzen wie am Nikolaiplatz gab, sondern nur Mäuse, und die, sagte die Lili, »san ganz normal aufm Land, de Hausmais und dean dean de närmands nix, und am Menschn scho glei garned, manschmoi laffas übas Bett, aba da sag i dann *huschhusch* und *gschgsch* und weg sans und Foilln brauchma a koane wei des macha dann scho unsre Katzn«.

Als dann der Sommer schon zu riechen war und sich der Gasgeruch durch die geöffneten Fenster unserer Schwabinger Absteige allmählich verflüchtigt hatte, wurden meine Wochenendbesuche in Moosinning immer seltener. Die Eier-Lili kam samstags gegen elf mit dem Mercedes-Kombi in die Stadt und lieferte zuerst das wöchentliche Care-Paket bei meiner Mutter ab, wobei sich immer die gleiche Vorstellung abspielte:

»Also, des braucht's doch ned, Lili«, sagte die Mutter. – »Is doch gscheider, Mama …« – sie sagte Mama zu ihr – »dass *ihr* des essts, bevor mir des wegschmeiß'n.« – »Was? So was schmeißt's ihr weg, des is doch alles no ganz frisch«, sagte meine Mutter. – »Jetz schon no, aba in vierzehn Tag nimma«, sagte Lili. – »Ja dann nimm i's halt, bevor ihr des wegschmeißt's, tät's ihr des wirklich wegschmeiß'n …«, fragte meine Mutter. – »Freili«, antwortete Lili, »was moanst, wos da Hansi scho ois weggschmiß'n hat.« – »Ja … dann nimm ich's halt, bevor er die ganz'n guten Sach'n da wegschmeißt, schmeißt er des wirklich weg, weiß gar nicht was ich da jetzt sag'n soll, sag ich halt danke …«, sagte meine Mutter und schüttelte, wie verwundert, den Kopf. – »Da brauchs't jetz gar nix sag'n, Mama, und danke scho glei gar ned, wei da Hansi hört's ja doch ned, und wennas hörn dad, dads aa nix nutzen, wei da Hansi is ein schtura Hund, ein ganz ein schtura …!«

Nach diesem routinemäßigen Dialog zwischen einer älteren bedürftigen Frau und einer wohlhabenden jungen fuhren wir stumm zu unserem Liebeszimmer. Stumm deshalb, weil mir die Ausführungen der beiden Frauen anlässlich der wöchentlichen Care-Paket-Zeremonie unangenehm deutlich vor Augen führten, wie prekär die wirtschaftliche Situation von Mutter und Sohn war. Else

Dietl verdiente in der Spedition dreihundert Mark im Monat. Fünfzig Mark davon gingen an die Gläubiger des geschiedenen Ehegatten. Von den verbliebenen zweihundertfünfzig Mark sollten wir leben. Glücklicherweise hatten wir für die zwei Zimmer im Lagerhaus keine Miete zu bezahlen, sodass uns genau acht Mark und dreiunddreißg Pfennige pro Tag verblieben wären. Allerdings nur, wenn der Monat dreißig Tage hatte. Bei einunddreißig Tagen wären es pro Tag siebenundzwanzig Pfennige weniger, der günstigste Monat war der Februar mit achtundzwanzig Tagen, da hätten wir nämlich pro Tag acht Mark und dreiundneunzig Pfennige gehabt. Schon das wäre in den Sechzigerjahren sehr wenig für einen Zweipersonenhaushalt gewesen: Ein Ei kostete einundzwanzig Pfennige, ein Kilo Butter sechs Mark fünfzig, das Kilo Schweinefleisch sechs achtundvierzig, die *Bildzeitung* zehn Pfennige. Der Durchschnittsbruttolohn lag bei sechstausendeinhundert Mark im Jahr, im Monat also fünfhundertacht Mark und dreiunddreißig Pfennige. Hinzu kam nun aber: Der Grundfreibetrag bei der Steuer war auf eintausendsechshundertachtzig Mark festgelegt. Alles, was darüber hinausging, war im untersten Steuersatz mit zwanzig Prozent zu versteuern. Die Lohnsteuer, die meine Mutter, mit einem Lohn von dreitausendsechshundert Mark brutto im Jahr, zu zahlen hatte, betrug also etwa vierhundert Mark im Jahr, das heißt: dreiunddreißig Mark und dreiunddreißig Pfennige im Monat. Dazu kamen noch um die zweiunddreißig Mark monatliche Abzüge für die Sozialversicherung, die Arbeitslosenversicherung und die Krankenkasse. Die Rechnung musste also neu gemacht werden, runde fünfundsechzig Mark von den zweihundertfünfzig abgezogen und der Rest, die einhundertfünfundachtzig, durch die Anzahl der Tage geteilt werden. Das ergab schließlich um die sechs Mark pro Tag. Da die Rundfunkgebühr damals schon sieben Mark im Monat kostete, konnte man theoretisch zwar fast einen Monat Radio hören, aber nur um den Preis, dass man einen Tag lang nichts aß. Sollte man gar so verwegen sein und sich just in diesem Monat als Mann auch noch einen Anzug oder als Frau ein Kleid kaufen zu wollen, hatte man im Durchschnitt 180 Mark zu bezahlen. Dann kam man in den fragwürdigen Genuss, einen ganzen Monat lang im neuen Kleid oder Anzug zwar ständig Radio hören zu dürfen, allerdings nichts zu essen zu haben. Hinzu kam, dass man dadurch Schulden von zwei Mark gemacht hatte.

Die mussten im Budget des nächsten Monats berücksichtigt werden, eventuell durfte man dann zwanzig Tage lang keine *Bildzeitung* kaufen oder musste eine knappe Woche lang auf die *Süddeutsche* verzichten. Dann konnte man sich allerdings durchaus leisten, wieder etwas Nahrung zu sich zu nehmen. Siebzehn Gramm Rindfleisch für zwei Personen, gute achteinhalb für jeden, waren da pro Tag noch drin. Immerhin hatte die Mutter ein neues Kleid, enger machte sie es sich nach vier Wochen selbst, und mit Lilis regelmäßigen Care-Paketen sparten wir im Durchschnitt ca. dreißig Mark im Monat. Das entsprach knappen fünfzehn Prozent des Lohnes, den meine Mutter für uns beide zur Verfügung hatte.

Um einen Ausweg aus diesem bedrückenden wirtschaftlichen Verhältnis zu finden, beschlossen mein Schulfreund Hartmut und ich, eine solide Finanzperspektive zu entwickeln, die weit in die Zukunft reichen sollte. Eines späten Abends standen wir vor dem eisernen Eingangstor des Lagerhauses und berechneten das Einkommen, das wir in etwa zehn Jahren, im Alter von achtundzwanzig, erzielen müssten, damit es uns, unseren Familien und engeren Angehörigen gut gehen würde, wir frei wären von allen materiellen Sorgen. Nach etwa zwei Stunden, die Lichter waren in den umliegenden Wohnhäusern schon erloschen, hatten wir die endgültige monatliche Wunschsumme errechnet. Sie betrug D-Mark 3000 (dreitausend) und erschien uns astronomisch, da sie sich ja auf das ungefähr Fünffache des damaligen Durchschnittslohns belief. Wenn wir einmal dreitausend Mark im Monat verdienten, dann, da waren wir sicher, würden wir *reich* sein. Wir beschlossen daher, dieses hochfliegende Ziel vorerst geheim zu halten.

Ich liebte Eier-Lili gewiss nicht wegen der wöchentlichen Care-Pakete. Ich schlief gerne mit ihr, sei es im Moos oder in der Stadt, sie verstand meinen Humor, hatte einen ähnlichen Geschmack, wir lachten viel und unsere Gespräche waren nur selten langweilig. Woran es also lag, dass ich langsam ein Verblassen der überwältigenden Faszination spürte, die Greta-Marlene auf mich ausgeübt hatte, konnte ich nicht genau benennen. Vielleicht war ich noch zu jung für Liebesbeziehungen, die eine Dauer von ein paar Monaten überschritten. Vielleicht hatte ich ein Bild von ihr im Kopf, das sich in dieser Form und Wirkung in der Realität des ganz gewöhnlichen Alltags nicht mehr einstellte.

Lili konnte natürlich nicht jedes Wochenende von Bruder Frankie auf Garbo-Dietrich gestylt, geschminkt und von der schummrigen, von der Decke herabstrahlenden Beleuchtung des »Leierkastens« verschönt werden. Und selbst wenn, käme nie mehr die verwunschene Nacht von damals wieder, die vermutlich nur deshalb so einzigartig war, weil ich gerade von einer deprimierenden Reise nach Wien zurückgekommen war. Sollte ich deswegen vielleicht öfter euphorisch mit dem Zug nach Wien fahren und schlecht gelaunt wieder zurück? Wäre das eine Lösung? Unwahrscheinlich. Außerdem hätte ich mir das finanziell gar nicht leisten können.

Ich hatte den Fehler gemacht, Lili zu oft von der Côte d'Azur zu erzählen, vor allem von der weltberühmten Filmfestival-Stadt Cannes mit der weltberühmten Meerespromenade Croisette, die ich selbst nur von einem einmaligen Durchfahren kannte. Meine unermüdliche Begeisterung für diese Gegend muss ansteckend und verlockend gewesen sein, denn Lili wollte dieses »Paradies« unbedingt nicht nur sehen, sondern auch erleben. Zusammen mit mir natürlich. All diese Orte und Stellen, die ich offenbar so gut kannte, sollte ich ihr zeigen. Auf das blaue Meer hinaus sollte ich mit ihr fahren, in einem Schiff mit weißen Segeln. Sie würde mich zu dieser Reise einladen. Es würde himmlisch werden. Sie freue sich schon heute. Mein Stolz erlaubte mir nicht, dass ich mich von meiner Freundin einladen ließ, aber die Ferien an der Côte d'Azur, die in ihrer Fantasie von Tag zu Tag immer traumhafter und in ihren Träumen immer fantastischer wurden, deswegen abzusagen, konnte ich ihr auch nicht antun.

Sie deckte sich auch schon mit Stapeln von Reiseführern, Land-karten und entsprechender Sekundärliteratur ein und wusste bald ganz genau, wie weit Cannes von Juan-les-Pins, Vallauris vom Cap d'Antibes, Mougins von Valbonne und St. Tropez von St. Raphaël entfernt war, wie man diese Orte ganz leicht und billig mit öffent-lichen Verkehrsmitteln erreichte und was es dort an Sehenswürdig-keiten gab. In St. Tropez zum Beispiel, so las sie mir aus einem der Reiseführer vor, seien die größten, schönsten und teuersten Privat-jachten der Welt zu besichtigen. Die wolle sie auf jeden Fall sehen. Und in St.-Paul-de-Vence solle es ein weltberühmtes Hotel und Res-taurant geben, in dem der weltberühmte Maler Picasso sein tägliches Abendessen nicht mit Geld, sondern mit einem Gemälde bezahlte. Deswegen hingen jetzt dort lauter Originalbilder von Picasso an den Wänden.

»Du kannst doch gut Französisch, was heißt denn *Colombe d'Or?*«, wollte sie von mir wissen, wobei sie die zwei französischen Wörter eher wie *Zolombedor* aussprach, was eine Übersetzung des Begriffs ins Deutsche, die ich schon bei korrekter Aussprache nicht hätte lie-fern können, zusätzlich erschwerte. Ich rettete mein philologisches Ansehen, indem ich Lili erklärte, dass es sich um einen zusammen-gesetzten Namen aus der provenzalischen Sprache handle, die be-sonders im Hinterland der Küste von Einheimischen noch gerne gesprochen und nur von ihnen und sonst niemandem verstanden werde, mit Ausnahme der Katalanen von Katalonien, deren Regio-nalsprache ganz ähnlich sei. Wenn also ein alter Franzose aus Nizza einen alten Spanier aus Barcelona träfe, dann könnten sich die bei-den mühelos unterhalten.

Lili wusste zwar jetzt immer noch nicht, was *Zolombedor* auf Deutsch hieß, aber sie war sehr beeindruckt von meinen linguis-tischen Kenntnissen und küsste mich. Interessanterweise lösten bei mir, vielleicht auch bei Lili, meine aus dem Ärmel geschüttelte kleine Schwindelei, die sich auf Sprachkenntnisse stützte, die ich gar nicht hatte, und Lilis dankbare, fast ehrfürchtige Reaktion da-rauf eine Art neuer Erotikqualität aus. Es entstand so etwas wie ein

Lehrer-Schülerin-Verhältnis, das die erlöschende sexuelle Glut, wenigstens vorübergehend, zu neuen Flämmchen entfachte.

Nach diesem Gespräch war mir aber auch klar, dass ich, so schnell wie möglich, zwei Anstrengungen zu machen hatte. Erstens musste ich in den nächsten vier Monaten mein dürftiges Französisch auf ein Niveau bringen, das mich befähigte, einen vierzehntägigen Aufenthalt an der azurblauen Küste mit Anstand und ohne mich bei meiner Freundin zu blamieren, durchzustehen, wenn nicht gar zu genießen. Zweitens brauchte ich mindestens dreihundert Mark, um zumindest die Hälfte der anfallenden Urlaubskosten übernehmen zu können. Herr Professor Madl, unser Französisch-Lehrer, zeigte sich etwas überrascht von meinem plötzlichen Lerneifer, möglicherweise vermutete sein angeborener Argwohn sogar eine geheime, für ihn nicht durchschaubare Verschwörung. Jedenfalls gab er mir die Prüfungsaufgaben, die er neuerdings statt wie gewohnt mit der Note 3 mit der Note 1 bewerten musste, nicht mit dem zu erwartenden Lob zurück, sondern stumm und mit dem säuerlichen Gesichtsausdruck nebulösen Misstrauens.

Das zweite Problem löste ich dadurch, dass ich die für Anfang August geplante Lustreise um einen Monat verschob, damit ich in den Sommerferien vier Wochen Zeit hatte, Geld zu verdienen. Da die meisten lukrativen Ferienjobs leider schon langfristig vergeben waren, musste ich dankbar sein, in einem Car-Wash-Unternehmen sechs Tage die Woche fünfzehn Stunden täglich, inklusive Mittagspause, von jeweils sieben Uhr früh bis zehn Uhr abends Felgen, Scheinwerfer, Stoßstangen sowie schwer zugängliche Stellen an den Fahrzeugen von Schmutz zu befreien – mit einem Hochdruckreinigungsgerät, das ein besonderes chemisches Flüssigkeitsgemisch versprühte.

Wenn es mir gelang, dass ein Fahrzeug durch leidenschaftlich engagiertes Polieren ganz besonders glänzte, konnte es im günstigsten Fall sogar dazu kommen, dass mir der zufriedene Kunde zwanzig bis fünfzig Pfennige Trinkgeld zusteckte. Nicht so angenehm war, dass die zu versprühende Reinigungsflüssigkeit unerwartet starke allergische Reaktionen auf meiner Haut verursachte. Die Quaddeln der

Urtikaria breiteten sich, heftig juckend und unästhetisch anzusehen, nicht nur an Gesicht, Kopfhaut und Händen, sondern auch über große Teile meines Körpers aus.

»Samma halt a recht a empfindliches Sensibelchen?«, sagte, zynisch grinsend, Franz-Josef Bichler, mein Vorgesetzter, ein Spätheimkehrer, der in russischer Gefangenschaft jahrelang Asbest aus einem Bergwerk im Ural zu fördern hatte, sich ständig rauchend, hustend und biertrinkend durch den Tag schummelte und mir freundlicherweise die ganze Drecksarbeit in der Waschstraße überließ. Nur das Trinkgeld überließ er mir nicht. Ich musste es allabendlich bei ihm abliefern. Wenn es drei Mark nicht überschritt, wurde er rabiat, bezichtigte mich des Betrugs und versuchte mich mit einem Wasserschlauch zu schlagen, was ihm aber schon deswegen nie wirklich gelang, weil er spätestens um fünf Uhr nachmittags schon so betrunken war, dass ihm außer cholerischem Lallen russischer Wortfetzen und zittrigen Drohgebärden keine gefährlichen Ausfälle mehr zur Verfügung standen. Manchmal, wenn er besonders alkoholisiert war, glitt er auf dem glatten und feuchten Boden aus und fiel wie ohnmächtig um. Er tat mir leid. Ich ihm, begreiflicherweise, nicht.

An einem Dienstag, Anfang September, stiegen Lili und ich am Münchener Hauptbahnhof in den Zug nach Süden. Eine hitzige Reiselust, geradezu ein Reisefieber, hatte das bayerische Bauernmädel gepackt.

Damit Lili ihre erste Reise ins Ausland in der richtigen äußeren Verfassung antreten konnte, hatte Bruder Frankie wieder einmal seine Kunst des Make-ups und Stylings aufbieten müssen. Trotz gnadenloser Bahnhofsbeleuchtung sah Lili diesmal aus wie die junge Marilyn Monroe in Billy Wilders Jahrhundertwerk *Some like it hot*. Sie stöckelte auch genauso verführerisch auf ihren High Heels. Frankie war ein Genie im Masken- und Kostümbereich. Bei dem Stichwort Bahnhof fielen ihm offenbar sofort Bilder aus diesem Film ein, dessen deutsche Premiere ziemlich genau vor neun Jahren am 17. September 1959 stattgefunden hatte und der damals schon ein

Klassiker war. Auch meine Mutter war gekommen, um uns tränenreich zu verabschieden. Auf andere Reisende musste die Szenerie den Eindruck machen, als handle es sich um junge Herrschaften, die sich in einem Mittelmeerhafen auf einem Luxusliner zu einer Monate dauernden Weltumfahrung einschiffen wollten.

Die Wahrheit war jedoch, dass wir in dem Schnellzug, der alles war, bloß nicht schnell, nur Sitzplätze zweiter Klasse gebucht hatten, sodass wir bis zur italienischen Grenze unser Abteil mit sizilianischen Gastarbeitern zu teilen hatten, die zwar nett, aber sehr laut und in Bezug auf meine weibliche Begleitung äußerst aufdringlich waren. Als dann irgendwann in der Nacht und irgendwo in Italien unser Waggon von dem Zug ab- und an einen anderen angekoppelt wurde, der nach Südfrankreich weiterfuhr, verbesserten sich die Umstände unserer Reise erheblich. Wir waren nun in dem Abteil allein, im ganzen Waggon waren nur noch vier Personen. Wir konnten, ohne Einverständnis von Mitreisenden einholen zu müssen, die Fenster öffnen und schließen, wann wir wollten. Wir konnten sogar ein Schild »Do not disturb« auf den Gang hinaushängen, die Vorhänge vor den Abteiltüren zuziehen und durch lang ersehntes, allerdings etwas unbequemes Beisammen- und Ineinandersein auf den harten, verlängerten Sitzbänken zweiter Klasse den Druck des Reisefiebers und der damit verbundenen Erregungen auf ein sehr erträgliches, geradezu genussvolles Maß senken. Danach schliefen wir ein.

Als wir aufwachten und uns darauf freuten, durch die Fenster des Zuges endlich das blaue Meer zu sehen, mussten wir uns zunächst damit abfinden, auf braune Hügel und kahle Berge zu blicken. Wo wir an diesem sonnigen Dienstagmorgen um sieben Uhr früh waren, konnten wir nicht herausfinden, aber ganz sicher noch weit von unserem Ziel, dem Bahnhof von Cannes, entfernt. Der Broschüre, die in unserem Abteil auslag, entnahm ich, dass sich unsere Fahrt mit dem sogenannten Schnellzug noch bis in die Nachmittagsstunden hinziehen würde. Wir wären dann neunzehn Stunden unterwegs gewesen, und der schnelle Schnellzug hätte pro Stunde erstaunliche fünfzig Kilometer bewältigt.

Neunzehn Stunden hält auch das raffinierteste Make-up nicht aus, und der normale Mensch hat am Morgen das Bedürfnis nach Frühstück. Den in der Broschüre verlockend beschriebenen Speisewagen gab es nicht. Vielleicht war ein Streik der deutsch-italienisch-französischen Speisewagen-Stewards im Gange, von dem wir nichts wussten. Hätte die Eier-Lili aus Moosinning nicht sicherheitshalber ein halbes Kilo mageren Hinterschinkens von eigenen Schweinen, einen selbst gebackenen Laib Bauernbrot von eigenem Korn auf eigenen Feldern, sechs harte Eier von eigenen Hühnern und zwei Flaschen Saft von eigenen Äpfeln auf eigenen Bäumen dabeigehabt, wären wir mit leeren Mägen in Cannes angekommen.

Und dann kamen wir an. Eine Ankunft in einer fremden Stadt, auf die man sich monatelang gefreut hat, beschert Bilder, die man nie vorhergesehen hat und die man auch später nie wieder so sehen würde. Wir trugen unsere schweren Reisetaschen, deren Gewicht wir an diesem wunderbar warmen, sonnigen Nachmittag in Cannes nicht spürten, die Avenue des Serbes hinunter nach Süden, kreuzten die von Luxusboutiquen gesäumte Rue d'Antibes und erreichten schließlich das Meer und die Croisette. Dort setzten wir uns auf eine Bank unter Palmen und schauten hinaus auf die Jachten und die Fischerboote des alten Hafens. Etwas weiter im Osten der Bucht ankerte ein halbes Dutzend gewaltiger weißer Schiffe, die sich bei genauerer Betrachtung als Kriegsschiffe, Flugzeugträger und begleitende Kreuzer erwiesen. Als wir auf der Croisette auch noch kaugummikauende Matrosen in weißen Anzügen und weißen Käppis flanieren sahen und grölend laute englische Sprachfetzen zu uns herüberwehten, war uns klar, dass es sich hier um amerikanische Marineeinheiten handeln musste. Irgendwie, fand ich, passten diese vulgären Leute mit ihrer schlampigen Sprache und ihren mächtigen Pötten nicht ganz hierher. Dafür war die herrliche Bucht von Cannes weder gemacht noch gedacht. In der Ferne sahen wir auf dem Meer einen großen, tief liegenden Lastkahn auf den Flugzeugträger zusteuern und parallel anlegen.

Dass dieser Versorgungskahn, der auf der Reede von Cannes einen amerikanischen Flugzeugträger mit Trinkwasser, frischem Obst und Gemüse belieferte, zu den zahlreichen Schiffen, Pontons und Wasserplattformen des Eigentümers der »Entreprise Maritime« des Provenzalen Jean Cheyresy gehörte, dessen Tochter Denise ich gute zwanzig Jahre später in dritter Ehe heiraten und den alten Jean dadurch zwangsläufig zu meinem Schwiegervater machen würde, konnte ich in diesem Moment natürlich schon deswegen nicht ahnen, weil mir glücklicherweise der Blick in die Zukunft nicht gegeben war.

Hätte ich durch die Kristallkugel der Prophezeiungen schauen können, so hätte ich auch gesehen, dass die zwei Bars bzw. Striptease-Klubs in der schmalen Rue des Allées, die direkt gegenüber des kleinen Hotels lagen, in dem die Eier-Lili und ich für relativ wenig Geld in einem Rumpelkammer-Doppelzimmer logieren durften, einer gewissen Madame Irène Kahn gehörten, die sie ihrem Geliebten, dem berüchtigten korsischen Gangster Dominique Pocci zuliebe gekauft hatte, damit der sich auch in Cannes in einem vertrauten Milieu bewegen konnte. Und dass dieselbe Irène Kahn – Multimillionärin, *bevor* sie Pocci kennengelernt hatte, weil geschiedene Cheyresy, geschieden von dem oben erwähnten maritimen Entrepreneur und Mutter meiner Ehefrau in spe – meine Schwiegermutter geworden wäre, wenn sie nicht vorher schon aus unbekannter Ursache verstorben wäre.

So ging ich also, nicht ahnend, welche Zukunft für mich von den Göttern geplant war, mit Lili täglich von morgens bis abends an den Strand, wobei wir mit der Plage Public, dem öffentlichen Strand westlich des alten Hafens, vorliebnehmen mussten, denn der Zugang zu den Privatstränden vor der Croisette war fast doppelt so teuer wie eine Nacht in unserem Hotel. Cannes war schön, aber die Stadt ließ sich wie eine erstklassige Kurtisane ihre Schönheit bezahlen. Wir konnten wählen zwischen zwei Gläsern des Mineralwassers Badoit auf der Terrasse des »Carlton«-Hotels oder zwei Abendessen in einem Schnellrestaurant in der Nähe des Bahnhofs. Das eine war so teuer wie das andere. Das Mineralwasser auf der Terrasse des »Carlton« hatte den Vorteil, dass sich von unseren bequemen Rohrsesseln aus zwar ein herrlicher Panoramablick auf Palmen, Meer und glamouröse Exponenten der genießenden Klasse bot, aber den Nachteil, dass wir davon nicht satt wurden. Im Schnellrestaurant saß man auf Holzhockern, schaute gegen die Wand, verschlang eilig, was auf den Tellern war, denn hinter einem warteten schon neue Gäste auf den Tisch, aber man hatte nach dem Essen wenigstens das fettige Völlegefühl, das wir von unseren bayerischen Wirtshäusern her kannten. Lili nahm in diesem Urlaub vier Kilo ab, ich zweieinhalb.

Nach einer Woche waren wir braun gebrannt und gertenschlank. Und was ich befürchtete, hatte, blieb nicht aus: Lili war nicht besonders interessiert, irgendwelche Sehenswürdigkeiten zu besichtigen, auch die »Zolombedor« mitsamt Picasso war ihr nicht mehr so wichtig wie zuvor, aber eines wollte sie unbedingt: einmal in eine französische Diskothek zum Tanzen gehen. Nach Angaben unseres karibischen Zimmermädchens war das »Whisky-a-Go-Go«, eine Open-Air-Disco, »le dernier cri« in Cannes. Also mussten wir dahin. Wir gingen nachts die Croisette entlang in Richtung Osten und kamen nach etwa zwei Kilometern, die sich besonders für Lilis hochhackige Pumps hinzogen, schließlich am Ende des Boulevards beim Kasino »Palm Beach« an, in dessen Nähe sich die Disco befinden sollte. Aber wo? Und wen sollte man fragen?

Ich hätte ohne Probleme in flüssigem Französisch jede Frage stellen können, die in diesem Moment gepasst hätte, und sogar jede Antwort verstehen können, aber leider war kein Mensch zu sehen. Dann aber, nach einer Weile, die wir, unschlüssig und kurz vor einem Anfall schlechter Laune, herumstanden, Lili barfuß und mit ihren Pumps in der Hand, kam eine Gruppe beschwingter und unternehmungslustiger amerikanischer Matrosen vorbei, die ganz einfach sagten: »Follow the music, kids!« Und richtig, wenn man genau hinhörte, kamen aus nordöstlicher Richtung Töne, die eindeutig als Disco-Musik zu identifizieren waren.

Der Eintritt ins »Whisky-a-Go-Go« kostete umgerechnet die stolze Summe von circa vierundzwanzig Mark für uns beide. Ein

Drink nach Wahl war jedoch in diesem Preis inbegriffen. Sowohl an der Musik als auch am Publikum konnte man keine großen Unterschiede zu In-Discos in München feststellen. Allerdings fehlte in der bayerischen Hauptstadt der dunkelblaue sternfunkelnde Nachthimmel, der Sandstrand und das Blick auf das nächtliche Meer.

Lili tanzte. Ich nicht, ich war kein guter Tänzer. Lili tanzte mit den amerikanischen Matrosen, die anscheinend schon als Discotänzer auf die Welt gekommen waren. Ich versuchte Respekt vor den kunstvollen, geschmeidigen und rhythmisch präzisen Bewegungen der jungen Amerikaner zu entwickeln, aber das wollte mir nicht so recht gelingen. Meine Eifersucht war zu stark, auch mein Neid auf diese selbstverständliche, elegante, aber nie blasierte Art, mit der sich die Burschen auf der spiegelnden Tanzfläche präsentierten, stand jeder fairen Anerkennung im Wege. Mein Frust, der angesichts des deutlich sichtbaren Vergnügens, das meine Eier-Lili mit ihren hochtalentierten Tanzpartnern hatte, mit jeder neuen Musiknummer wie im Quadrat wuchs, führte schließlich dazu, dass ich das Etablissement abrupt und ohne Verabschiedung verließ.

Ich ging ins Hotel zurück, war kurz versucht, einen der gegenüberliegenden Striptease-Klubs zu besuchen, vor dem sich um diese Uhrzeit Trauben alkoholisierter US-Matrosen gebildet hatten, entschloss mich dann aber, meinen Ärger allein auf meinem Zimmer zu verarbeiten. Das war gar nicht so einfach, denn ich ärgerte mich hauptsächlich über mich selbst. Was hatte ich dagegen, dass Lili mit anderen tanzte, wenn ich mich ihr verweigerte.

Und wenn ich was dagegen hatte, warum ging ich nicht hin, holte sie von der Tanzfläche und streckte, wie ich es oft in Filmen gesehen hatte, den unerwünschten Tanzpartner mit einem Faustschlag nieder. Ein Feigling war ich, unsouverän und unmännlich. Ich verabscheute *mich* etwa eine halbe Stunde lang. Anschließend verabscheute ich *sie*. Wieso tat sie mir das an? Wieso wollte sie in eine Disco tanzen gehen, wenn sie doch wusste, dass ich kein guter Tänzer war. Wollte sie mich bloßstellen? Wollte sie mir zeigen, wie sich andere Männer um sie rissen, dass sie jeden haben konnte, wenn sie nur wollte?

Da es für mich jedoch wesentlich befriedigender war, mich selbst zu verabscheuen, kehrte ich kurz vor Sonnenaufgang zu dieser Art von Verarbeitung zurück. Wie kam ich überhaupt dazu, diese Reise zu machen? Wie rücksichtslos und egoistisch war es von mir, an die sonnendurchflutete französische Riviera zu reisen, während meine arme Mutter in den dunklen Zimmern eines Lagerhauses dahinvegetieren musste und nicht mehr als sechs Mark am Tag und ein demütigendes Care-Paket zur Verfügung hatte? Sechs Mark am Tag für meine Mutter, und ich gab das Doppelte für einen Discobesuch aus, den ich überdies nach einer halben Stunde aus einer Laune heraus abgebrochen hatte, und das noch unter großzügiger Hinterlassung eines nur halb ausgetrunkenen Glases Gin Tonic. Was hatte ich in dieser Stadt des obszönen Luxus zu suchen, in der ein Glas Mineralwasser auf der Terrasse eines Fünf-Sterne-Hotels fast mehr kostete als ein durchaus genießbares Abendessen am Bahnhof? Wieso musste ich mich über vier Wochen mit Fronarbeit in einer Autowäscherei abrackern, die mir einen stark juckenden Hautausschlag beschert hatte, damit ich dann vierzehn Tage lang in einer südfranzösischen Mittelmeerbucht einen Flugzeugträger der 6. US-Flotte bewundern durfte? Nein, nie wieder Côte d'Azur, nie wieder Cannes, das schwor ich mir und packte schon mal meine Reisetasche.

Mit dem ersten Morgensonnenstrahl kam auch Lili in das Hotel zurück und fiel mir um den Hals. Sie sah verheult aus. Dass ich plötzlich die Disco verlassen hatte, hätte sie gar nicht gleich bemerkt, sie hatte gedacht, ich sei vielleicht auf der Toilette. Erst als ich nach längerer Zeit nicht mehr wiedergekommen sei, habe sie Angst um mich bekommen. Die halbe Nacht, sagte sie, hätten sie und die freundlichen, hilfsbereiten amerikanischen Matrosen mich vergeblich überall in der ganzen Stadt gesucht, völlig panisch sei sie geworden … Warum, warum nur hätte ich ihr so etwas angetan?

Ich überlegte für den Bruchteil einer Sekunde, ob ich ihr die etwas komplexe Wahrheit sagen sollte, entschied mich dann aber in beiderseitigem Interesse für eine schonende Notlüge. Mir sei ganz plötzlich furchtbar schlecht geworden, vermutlich von dem Gin im

Tonic, ich sei so schnell ich konnte hinaus auf die Straße gelaufen, um nicht in die Disco kotzen zu müssen, und beim Kotzen auf die Straße hätte ich mir Hemd und Hose so sehr beschmutzt, dass ich in diesem Zustand nicht wieder in die Disco zurückkehren wollte. Allerdings hätte ich den Türsteher am Eingang auf Französisch ausführlich gebeten, er möge sie davon informieren, dass ich in unser Hotel gehen und dort auf sie warten würde.

»Das hat er aber nicht getan«, sagte sie, erneut weinend. »Tja, versteh ich nicht«, sagte ich, »wortwörtlich und deutlich habe ich gesagt: Dites à mon épouse, une très belle blonde, qui danse comme un ange avec ces marins americains, que je me sens pas bien et que je l'attends dans notre hôtel, das hab ich gesagt.« – »Und was heißt das?«, wollte sie wissen. »Bitte sagen Sie meiner Gemahlin, einer wunderschönen Blonden, die wie ein Engel mit diesen amerikanischen Matrosen tanzt, dass ich mich nicht ganz wohlfühle und in unserem Hotel auf sie warte.« – »Gemahlin, hast du gesagt? Gemahlin?«, fragte sie, glücklich unter Tränen lächelnd. »Ja, das hab ich gesagt«, sagte ich, »épouse heißt auf Französisch Gemahlin, hätte ich was anderes sagen sollen?«

Lili lud mich am Abend desselben Tages zu einem richtigen Diner mit mehreren Gängen ein. Wir gingen in ein im Reiseführer als typisch französisch bezeichnetes Restaurant der gehobenen Klasse. »Gaston et Gastounette« hatte zwar keine Michelin-Sterne, dafür aber mehrere Hauben, Löffel und Mützen, die darauf hinwiesen, dass man in diesem Etablissement sehr gut originalfranzösisch essen konnte. Es befand sich am Quai St. Pierre, der den alten Hafen vom Hügel der Suquet, der Altstadt von Cannes, abgrenzte. An dieser pittoresken Uferstraße gab es einige sehr gute Restaurants, exquisite Geschäfte für Schiffsbedarf und schöne alte Wohnhäuser. In einem dieser Häuser sollte ich Jahrzehnte später mit meiner französischen Frau wohnen.

Der erste Fehler, den Lili und ich machten, war, dass wir bereits um 19 Uhr essen gingen. Um diese Zeit machte man in Südfrankreich vielleicht alles Mögliche, aber ganz bestimmt aß man nicht zu Abend. Wir waren zunächst die einzigen Gästen bei »Gaston et Gastounette«, die Kellner setzten ein gequältes Lächeln auf, und einer von ihnen brachte gleich freundlichst die deutschsprachige Version der Speisekarte, obwohl wir außer »Bonsoir« noch nichts gesagt hatten, was unsere Nationalität verraten hätte. Der *Garçon,* der uns die deutsche Karte gebracht hatte, war ein Italiener, sprach uns aber gleich auf Deutsch an und versicherte uns, dass er jetzt noch jede Menge Zeit hätte, sich ausschließlich um uns zu kümmern, außerdem hieße er Sebastiano. Als Vorspeise empfahl er Schnecken in Knoblauchsoße, danach ein Chateaubriand, »Filetschtücke finfhundert Gramme von feine Mittelschtücke von Rinde, wahlaweisa eine Seewolf mit Fentschel, issa frischa Fischa von unsare private Fischamann, danach Kesepladde und Sissigkeit, dazu feine, rote Wein, wenn Rinde, vielleichta Bourgogne, oder weiße, trocken Wein, vielleichta Blang de Blang, wenn Loup de Mer, okay!« Als wir uns zu seinem Vorschlag äußern wollten, war Sebastiano schon weg, um die Bestellung aufzugeben.

Das Essen kam zwar erst eine Stunde später, aber es war dann tatsächlich sehr gut. Weitere zwei Stunden später, das Lokal war inzwischen bis auf den letzten Platz besetzt, durften wir zur Kenntnis nehmen, dass man hier nicht nur sehr gut aß, sondern auch sehr teuer. Ich hatte noch nie ein Stück Fleisch gegessen, das schon allein umgerechnet über dreißig Mark kostete, von Vor- und Nachspeisen und dem Wein gar nicht zu reden. Während der Schlemmerei hatte ich noch eine gewisse Mühe, meiner Eier-Lili klarzumachen, dass diese »épouse-Angelegenheit« nicht zwangsläufig bedeuten sollte, dass ich ihr damit einen Heiratsantrag gemacht hätte, aber ich schaffte es, mithilfe des »feinen« Burgunders, dass wir schließlich, beide in bester Laune, der »épouse« statt einer realen eine mehr symbolische Bedeutung verliehen. Die folgende Nacht war die schönste unserer Beziehung … aber auch die letzte.

Die Rückreise nach München war mehr als ruhig, sie verlief weitgehend stumm, aber friedlich. So friedlich, dass es beängstigend war.

Wir unterhielten uns, wenn überhaupt, aber dann sehr freundlich, nur über Unwichtiges, über geografische und klimatische Unterschiede zwischen Nord- und Südeuropa, über die Qualität des Rindfleisches aus dem Landkreis Erding etc. und über die Kosten einer Reise an die Côte d'Azur, verglichen mit den Kosten, die bei einem ebenso langen Aufenthalt in einer Almhütte in den bayerischen Bergen anfallen würden. Dabei waren wir uns über die ganze Zugfahrt, sechzehn Stunden lang, immer wieder einig, dass es besonders schön war. Was genau so schön war, sagten weder sie noch ich. Wir beließen es im Allgemeinen. Wir wussten beide, dass es aus war zwischen uns, aber keiner getraute sich, es dem andern zu sagen. Vor allem wollte keiner der Erste sein. Es war peinigend, sowohl für sie als auch für mich.

»Was machen wir denn mit dem Zimmer?«, fragte Lili auf Hochdeutsch, gleich nach der Ankunft unseres Zuges auf dem Münchener Hauptbahnhof. »Brauchen wir das denn noch … oder brauchen wir das nicht mehr? Weil wenn wir das nicht mehr brauchen, dann tät ich es jetzt kündigen, oder was meinst du?« Damit war all das gesagt, was keiner dem andern sagen wollte. Diplomatischer und gleichzeitig unmissverständlicher konnte man die Trennung nicht einleiten.

Als wir später unsere persönlichen Habseligkeiten aus der Absteige zusammensuchten und packten, sagte mir Lili, so ganz nebenbei, dass sie mir die Notlüge »épouse« sowieso nie geglaubt habe und dass sie schon wisse, warum ich so plötzlich und wortlos aus der Disco in Cannes weggelaufen sei. Ich sei eben ein schlechter Tänzer, und dass andere besser tanzen, könne ich nicht ertragen. Und das sei auch der wahre Grund, warum ich nicht wolle, dass *sie* tanzen gehe. Aber das spiele ja jetzt keine Rolle mehr, und meine Ausrede »Gemahlin« sei einfach so »süß« gewesen. Im Übrigen habe sie mich in der Nacht noch, und zwar aus Wut über meinen plötzlichen Abgang, mit einem der amerikanischen Matrosen betrogen. Aber auch der sei »sehr süß« gewesen.

11

Ich übte mich doch wieder einmal im Schreiben von Gedichten. Ob mich die Trennung von Lili in die poetische Stimmung versetzte, ob es die allmählich erfolgte Verdauung des Urteils lyrischer Insuffizienz war, das Fritz vor einem Jahr so vernichtend über meine Verse gefällt hatte, oder ob einfach nur der beginnende Herbst die kreative Melancholie herausforderte, ich schrieb so schwermütige Zeilen wie:

Ein Stuhl vor dem Café

Kein Gebrauch
Für den Stuhl
Den letzten Stuhl
Er steht und lauscht
Auf den letzten Ton
Des Sommers

Solche und ähnliche herbstliche Stimmungsbilder übergab ich kommentarlos meinem Schulfreund, dem angehenden Maler Ugo Dossi, der dazu passende Kohlezeichnungen wie zum Beispiel zu *Ein Stuhl vor dem Café* oder kleine Aquarelle zu meinem Gedicht: *Auf der Bank ein Mensch, Grüne Bank, grauer Mensch* anfertigte. Neben Ugo, der in der Schwabinger Türkenstraße ein nach Norden ausgerichtetes Hinterzimmer der Metallwarenhandlung seines Vaters, des Stahlwarenhändlers Elias Dossi, als Atelier benutzen durfte, saß ein Mädchen von vielleicht siebzehn Jahren auf einem Hocker. Sie hatte lange dunkle Haare, dunkelbraune Augen, volle Lippen und, unter ihrer hochgeschlossenen blauen Seidenbluse, beachtenswert große Brüste. Da sie nicht sprach, mich nur mit einem geheimnisvollen Mona-Lisa-Lächeln zur Kenntnis nahm, vermutete ich, dass es sich bei dem stolzen, schönen, sehr weiblich-rassigen Geschöpf um eine Süditalienerin, eventuell sogar eine entfernte Verwandte der Familie Dossi, handelte. Vielleicht war sie aber auch nur das Modell, das brav zu warten hatte, bis der Meister die Zeit fände, sich ihr zu widmen.

Ugos Kohlezeichnung zu *Ein Stuhl vor dem Café* war insofern beeindruckend, als wirklich nur ein Stuhl und sonst nichts vor einem Schriftzug im Hintergrund zu sehen war, und dieser lautete »Café«. Ich muss zugeben, dass ich mir die Illustration meines kleinen Gedichtes etwas opulenter vorgestellt hatte, aber da die rassige Süditalienerin Ugos Zeichnung mit einem begeisterten »Bravo« huldigte – übrigens der erste Laut, den sie seit meiner Anwesenheit von sich gab –, blieb mir nichts anderes übrig, als kritiklos in ihren Beifall mit einzustimmen. »Sie heißt Dorothea«, sagte Ugo, obwohl ich ihn nicht nach dem Namen der dunklen Schönheit gefragt hatte. »Dieser Name kommt aus dem Altgriechischen und bedeutet *Gottesgeschenk* oder auch *Gottesgabe*«, erklärte Ugo, lächelte seine Gottesgabe verliebt an und legte den Arm um sie. Auch die Gottesgabe lächelte, aber, wie mir schien, mehr in meine Richtung als in seine. Ich erschrak ein wenig und schaute schnell weg. Ugo hatte entweder nichts davon bemerkt oder wollte es nicht. Lange hielt ich es nicht aus, ich musste meinen Blick heimlich, hinter Ugos Rücken, wieder auf sie richten, und wieder lächelte sie mich an. »Ich muss jetzt gehen«, sagte ich zu Ugo. »Ich auch«, sagte das Gottesgeschenk. Jetzt erschrak ich nochmals und stärker als zuvor. »Du kannst mich ja bis zur Straßenbahn ein Stück begleiten«, sagte die Süditalienerin, die ganz deutlich keine war, sondern eher eine Upper-class-Münchnerin. »Jaja«, sagte Ugo »jetzt im Herbst wird's sowieso langsam ein bissel früher dunkel.« Wieso es Anfang Oktober nachmittags gegen vier Uhr schon dunkel werden sollte, erschloss sich mir nicht. Und selbst wenn, was sollte das heißen? Dorothea war ja kein kleines Kind mehr, das man abends nicht alleine auf die Straße lassen durfte. Mir war nicht ganz klar, warum Ugo so passiv reagierte, so als nähme er das Verhalten seiner Gottesgabe ganz gelassen, fast gleichgültig hin.

Auf dem Weg zur Straßenbahn klärte mich Dorothea zunächst sehr sachlich über die Grundzüge des Verhaltens italienischer Männer gegenüber Frauen auf: Die Frau, wer immer sie auch sei, solle sich niemals einbilden, dass sie von großer Bedeutung für den Mann sei. Solche wie sie könne der Mann nämlich jederzeit und an jeder Straßenecke haben. Das müsse man die Frau immer ganz deutlich spüren lassen, denn nur so binde man sie an sich. Als die Rassige, die Stolze, bei der Schilderung dieser italienischen Gebräuche immer emotionaler, fast klagender wurde, wuchs bei mir zunehmend der Verdacht, dass ich von Dorothea – »du kannst Dorle zu mir sagen« – als lebende Bande missbraucht wurde, um die Kugel auf Ugo zu lenken. Er sollte eifersüchtig werden, indem ihm Dorle zeigte, dass auch ihr, jederzeit und an jedem Ort, keiner, den sie haben wollte, widerstehen könne.

Ich sagte ihr, dass sie in der Tat unwiderstehlich, aber Ugo mein Freund sei. In Angelegenheiten der Erotik, meinte sie durchaus ernsthaft, höre die Freundschaft auf, und wollte, dass ich sie, an diesem Nachmittag noch, zu einem Kaffee einlade. Ich gestand ihr, dass ich momentan nicht ausreichend Geld bei mir habe. Ich verfügte zu diesem Zeitpunkt überhaupt nur über eine Mark zwanzig, die für zwei Kaffees auf der Leopoldstraße nicht ganz ausgereicht hätten. »Macht nix«, sagte das Gottesgeschenk, »dann lade halt *ich* dich ein.«

Um im Freien zu sitzen, war es an diesem Herbsttag schon zu kühl. Wir setzten uns in die hinterste Ecke des »Cadore«, eines im Sommer ständig überfüllten italienischen Eiscafés. Jetzt war es leer, bis auf ein paar Tische, an denen Liebespaare saßen. Dorle fragte mich aus, ich musste ihr meinen ganzen bisherigen Lebenslauf schildern. Das Verhör diente eindeutig dem Zweck, herauszufinden, ob ich eventuell eine Alternative zu Ugo sein könnte, für den Fall, dass ihre Eifersuchtsstrategie bei ihm nicht zum gewünschten Erfolg führen sollte. Ich roch diesen Braten, aber meine Sinne waren inzwischen schon so verwirrt, ich stand bereits so willenlos unter der vielstrahligen Dusche des Phenylethylamin-Hormons, dass ich, unter Aufgabe von Stolz, Eitelkeit, Freundesloyalität und weiteren hemmenden und hindernden Vorbehalten, zu allen Aussagen bereit war, die meinem Ziel, diese Gottesgabe sofort und mit sämtlichen Konsequenzen an mich zu reißen, dienlich waren.

Zu Konsequenzen kam es jedoch an diesem herbstlichen Nachmittag nicht. Das lag, wie Dorle sagte, auf keinen Fall daran, dass sie nicht wolle. Sie habe nämlich gerade das bekommen, was Frauen alle achtundzwanzig Tage beschert werde. Ich war enttäuscht. Doch Dorle machte mir einen Vorschlag: »Wie wär's nächsten Dienstag? Bis dahin hätten wir fast fünf Tage, in denen wir uns näher kennenlernen könnten. Wir wissen ja gar nichts voneinander.«

Dass sie nichts von *mir* wusste, konnte man nach dem Verhör nicht gut behaupten, aber eines stimmte: Ich wusste nichts von *ihr*.

Am Tag darauf eröffnete mir mein Freund Ugo, dass er sich von seinem Gottesgeschenk aus verschiedenen Gründen getrennt habe, mit mir habe das allerdings nichts, aber auch gar nichts zu tun. Dass er dabei das »gar nichts« besonders stark betonte, wies deutlich darauf hin, dass das Gegenteil von dem, was er sagte, der Fall gewesen sein dürfte.

Und was die Illustration meiner Gedichte betreffe, müsse er mir mitteilen, dass er neuerdings einen unwiderstehlichen Drang, quasi eine fordernde Stimme, in sich spüre, sich in Zukunft künstlerisch mehr der bildlichen Darstellung okkulter Zusammenhänge zuzuwenden, und dazu seien meine eher der sogenannten Realität verpflichteten Verse nicht geeignet. Ich versuchte, ihn noch zu überzeugen, dass gerade sein genialer Minimalismus in der Kohlezeichnung zu *Ein Stuhl vor dem Café* verhindert habe, dass ein Realismus, den man vielleicht noch in den Worten des Gedichtes finden konnte …

bla … bla … bla …, allein durch die Schrift »Café« sowie durch die Tatsache, dass aber trotzdem weit und breit kein Café im Sinne eines Gebäudes zu sehen war … bla … bla … bla … aufgehoben wurde, und deshalb … bla … bla … bla …

Ich konnte ihm schmeicheln, wie ich wollte, Ugo blieb stur. Als Beweis, dass seine Hinwendung zum Okkultismus keine Ausrede war, zeigte er mir dann vertraulich ein altes, in lateinischer Sprache verfasstes Buch, in dem Praktiken und Symbole von Magie, Hexerei, Astrologie und Kabbalistik beschrieben und bebildert waren.

Er hat dann in der Tat keine Gedichte mehr illustriert, weder von mir noch von anderen Möchtegern-Lyrikern, sondern sich sehr selbstständig als Künstler in dieser okkulten Richtung entwickelt. Ich besitze noch heute den Probedruck eines seiner Werke aus dem Jahr 1971 mit dem Titel *Kamel und Nadelöhr*. Auf dem Bild befindet sich vom Auge des Betrachters aus gesehen rechts ein Kamel in Schwarz-Weiß, in der Mitte ein Nadelöhr und links, ebenfalls in Schwarz-Weiß, ein Kreis, in dem nach Leonardo-da-Vinci-Manier ein muskulöser nackter Mann mit gespreizten Beinen und seitlich ausgestreckten Armen auf dem Kopf steht. Kamel und Mann sind durch mehrere Linien verbunden, die durch das Nadelöhr wie gespannte Fäden führen. Den Hintergrund, vor dem sich die beiden Figuren abheben, bildet eine gelb-schwarze Struktur von ineinanderfließenden, orientalisch wirkenden Ornamenten.

Die Gottesgabe und ich waren uns einig, dass es sich bei Ugo Dossi um ein einmaliges Genie handelte und rare Künstlerexemplare dieser Art eben nicht mit normalen Maßstäben zu messen seien. Außerdem, sagte Dorle, lege sie auf Künstler oder Leute, die glauben, es zu sein, nicht den geringsten Wert, denn launisch sei sie selbst.

Es sei schon schlimm genug, dass ihre Mutter, so eine Art Kleinkünstlerin, sich allen Familienangehörigen und Mitmenschen gegenüber als eine Ausnahmeerscheinung darstelle und sich ihnen gegenüber, je nach Stimmung, mal als die Über-, mal als die Unterlegene präsentiere. Wer denn ihre Mutter sei, fragte ich im Zuge des zwischen uns vereinbarten »Näher-Kennenlernens«, das ich noch mindestens zwei Tage lang aushalten musste. Es sei die Schauspielerin Elfie Pertramer – »aber die kennst du sowieso nicht«, antwortete sie.

Und ob ich sie kannte, jeder im blau-weißen Freistaat kannte sie. Sie hatte eine äußerst populäre, regelmäßige Sendung im Bayerischen Fernsehen: *S' Fensterl zum Hof.* Sie schrieb die Drehbücher, führte Regie und spielte die Hauptrolle. Die Serie lief sehr erfolgreich über mehrere Jahre, immer einmal im Monat. Im Internet kann man nachlesen: »Sie bot dem Zuschauer Einblick in den Lebensraum bayerischer Bürger in einem Hinterhof«, und: »In diesem Mikrokosmos spielten sich die kuriosesten, aber auch ernste und nachdenkliche Szenen ab.« Ferner: »Immer mit dabei Elfie Pertramer, die nicht selten in mehrere Rollen gleichzeitig schlüpfte.«

Inkompetenter und einfältiger als in dem zitierten Internetportal kann man allerdings kaum Filme beschreiben, die sich durch ihre einsam herausragende Qualität von der damals allerorten gepflegten bayerischen Lederhosen-, Schuhplattler- und Bauerntheater-Folklore so grundlegend unterschieden. Die Pertramer, bürgerlich Elfriede Bernreuther, gelegentlich unterstützt von einem damals noch unbekannten Schauspieler und Autor namens Walter Sedlmayr, der lange Zeit ihr treuer, weil an Frauen nicht sexuell interessierter Freund und Ratgeber war, nahm in der inzestuös verspelzten Clique der bayerischen Volksschauspieler, Regisseure und Autoren, die eifersüchtig darüber wachte, dass in ihre perfektionierte Kunst der falschen Töne nur ja kein echter eindrang, die angefeindete Position einer Ausnahmeerscheinung ein. Als solche wurde sie schwer verleumdet und bisweilen auch attackiert. Sie war emanzipiert, und das zu einer Zeit, in der von Gleichberechtigung der Frau in Deutschland kaum die Rede war, weder in der Politik noch in der Wirtschaft und Industrie und schon gar nicht im Bereich der darstellenden Künste, und das mit besonderem Schwerpunkt Bayern. Der Mann herrschte hier, er spielte die Hauptrolle auf der Bühne, im Film und im realen wie auch im fiktiven Komödienstadel.

Das Weib war entweder rechtlose Magd, ehebrecherische Schlampe, außereheliche Geliebte, Trösterin des einsamen Witwers oder, wenn es hoch kam, die langweilige, gehorsam dienende Ehefrau und Mutter, die ihre Zeit zu Hause zwischen Herd, Waschküche und Windeln verbrachte. Nur am Sonntag, da durfte sie raus, da durfte sie in die Kirche gehen und zur heiligen Kommunion, allerdings nur, wenn sie vorher gebeichtet hatte.

Eine selbstständige, attraktive Frau wie Elfie, die zahlreiche Liebesaffären hatte und zwei uneheliche Kinder, die ihren künstlerischen Aufstieg weitgehend allein, cliquenfern und, soweit möglich, unopportunistisch bewältigen wollte, musste stets damit rechnen, dass irgendein männliches Alpha-Tier, das sie vielleicht vorsätzlich oder versehentlich verschmäht hatte oder vor seiner Autorität sie auch nur nicht tief genug in die Knie gegangen war, ihr genüsslich zeigte, wer die Macht besaß und auch nicht zögerte, diese bei Bedarf auszuüben. Es war also durchaus verständlich, dass die Kinder und Familie einer Frau, die so sehr unter Druck stand, heftige Stimmungsschwankungen zu ertragen hatten und nicht die liebevolle Geduld und Aufmerksamkeit erwarten konnten, die sie sich wünschten.

Ihre Mutter – wie ich es damals tat – in Schutz zu nehmen, Verständnis für sie zu zeigen, das konnte für Dorle nur jemand tun, der ihre Mutter nicht persönlich kannte, der, um es genau zu sagen, »nicht die geringste Ahnung von nichts, und zwar gar nichts und überhaupt nichts von nichts« hatte. Es war sehr ungeschickt von mir gewesen, Dorle ausgerechnet am vorletzten Tag ihrer Frauenbeschwerden mit meinen Kommentaren zu ihrer Mutter zu konfrontieren. Dass ich damit bei ihr allerdings geradezu waidwunderuptive Reaktionen auslösen würde, hatte ich nicht vermutet. An welchem Ort wir uns bei diesem Gespräch befanden, weiß ich nicht mehr, aber ich kann mich sehr gut daran erinnern, dass sie wütend aufstand – demnach muss sie irgendwo gesessen sein –, ich noch zu ihr aufblickte und sie dann, ohne ein weiteres Wort zu verlieren, rasch wegging. Ich hatte in »Sachen Mutter« offenbar in ein Wespennest gestochen, worauf sich die Wartezeit, die ursprünglich nur fünf Tage betragen sollte, um weitere drei Tage verlängerte.

Als wir uns dann endlich wiedersahen, gestand mir die Gottesgabe mit gesenktem, wie um Verzeihung bittendem Blick, sie habe schon am Abend des Tages, der ihrem Ausbruch folgte, eine solche Sehnsucht nach mir gehabt, dass sie mehrere Stunden lang vor dem Tor des Lagerhauses in der Römerstraße Nummer 14 gestanden und gewartet habe, in der Hoffnung, dass ich vielleicht aus dem Haus heraus- oder hineingehe. Sie hätte mich auch gerne angerufen, aber leider hätte ich ihr ja meine Telefonnummer nicht gegeben.

Meine Telefonnummer hatte ich ihr tatsächlich nicht gegeben. Der Grund war einfach: Wir hatten kein Telefon. Das habe ich natürlich nicht zugegeben, weil ich mich schämte. Ich sagte in solchen Fällen immer im Flüsterton, dass meine Mutter und ich aus Gründen, die so schwerwiegend seien, dass sie niemand wissen dürfe, geschworen hätten, unsere geheime Nummer niemals und an niemanden weiterzugeben. Daher seien wir auch im Telefonbuch nicht verzeichnet.

Ich wollte sie nicht so direkt fragen, ob ihre empfindlichen Tage jetzt wirklich zu Ende seien, und rang nach Worten, die eine möglichst elegante Umschreibung der Menstruationsproblematik darstellen sollten, als sie meine ausufernde verbale Hilflosigkeit mit der schlichtesten, aber wirkungsvollsten aller Fragen unterbrach: »Gehen wir jetzt zu dir oder zu mir?« Zwangsläufig kam dadurch wieder die Rede auf die Mütter. Zu mir konnten wir nicht gehen, weil meine Mutter Dorle noch nicht kannte und immer noch große Sympathie für Lili hegte. Mutter Elfie war wahrscheinlich nicht zu Hause, vermutlich würde sie erst spät nachts von einer One-Lady-Show bei der Bayerischen Versicherungskammer zurückkehren. Würde sie jedoch früher kommen, sei bei ihr – so Dorle – zumindest mit einer gewissen Irritation zu rechnen, denn die Neununddreißigjährige sei erst vor einigen Monaten von ihrer großen Liebe, einem vierzehn Jahre jüngeren Mann, verlassen worden, der sich in eine zweiundzwanzigjährige, besonders schöne Wiener Schauspielerin verliebt habe, die er demnächst sogar heiraten würde. Es handle sich um einen gewissen Michael Verhoeven und ein Fräulein namens Senta Berger. Da mir beide Namen nichts sagten, war mir nicht ganz klar, wieso es durch diesen Sachverhalt bei Frau Pertramer zu Irritationen kommen könnte, wenn diese auf uns träfe. »Weil du dem Michi ähnlich bist, auf jeden Fall vom Typ her«, sagte Dorle, »und ich mag mich nicht schon wieder mit meiner Mutter um einen Mann streiten.«

Schon wieder?! Als ich darüber Näheres wissen wollte, erhielt ich nur ausweichende Antworten und die Aufforderung, jetzt um halb neun Uhr abends keine Zeit mehr mit unnötigen Gesprächen zu verlieren.

Wir nahmen die Straßenbahn vom Kurfürstenplatz in Schwabing, stiegen am Rotkreuzplatz in eine andere Bahnlinie um und fuhren bis zum Romanplatz im südlichen Nymphenburg. Am nordwestlichen Rand des nahe gelegenen Hirschparks, einer riesigen Grünanlage, die im späten 18. Jahrhundert als Jagdrevier für den Adel angelegt, mit Bäumen bepflanzt, eingezäunt und mit über hundert Dam- und Edelhirschen besetzt worden war, befand sich eine idyllische Siedlung von hübschen zwei- bis dreistöckigen Reihenhäusern, die sowohl kleine Vorgärten als auch etwas größere rückwärtige Gärten besaßen. In einem dieser Häuser in der Mechthildenstraße wohnten Mutter Elfie, Tochter Dorle und Sohn Wolfi.

In ihrem überaus gepflegten Vorgärtchen war an diesem frühherbstlichen Abend ein Mann damit beschäftigt, große, farbige Glaskugeln von dünnen, in die Erde getriebenen Holzstäben abzunehmen und sie dann in einen Karton mit Holzwolle zu packen. »Warum noch keina die wintafeste Rosenkugl erfundn hat, des is mir auch ein Rätsl, ois erfindens, bloß ned des wasma dringend brauchn tät«, grummelte er statt eines Grußes in Richtung Dorle. »Walter, das ist der Helmut, Helmut das ist der Walter.« So wurde ich einem Herrn Sedlmayr vorgestellt. »Der Walter ist ein Freund von der Mami … und tut gern im Garten arbeiten. Bei sich zu Haus hat er den schönsten Garten, den man sich vorstellen kann … ein Garten-paradies … einen Paradiesgarten, gell Walti.« Walti deutet auf mich: »Wo hast'n den wieder her?« – Dorle: »Gfund'n Walti … auf der Straß', is'd Mama da?« – Walter: »D'Mama is schon bei der BVK.« – Dorle: »Wann kommts'n heim?« – Walter: »Hat's nicht g'sagt.«

Als wir in Dorles Zimmer schon im Bett lagen, versuchte jemand die Tür zu öffnen. Da die Tür jedoch von innen versperrt war, war dieser Versuch nicht erfolgreich. Nachdem die Türklinke mehrmals vergebens runtergedrückt worden war und Dorle mir, mit dem Finger vor den Lippen, bedeutet hatte zu schweigen, wurden lautstärkere Töne angeschlagen. Zuerst hörten wir ein normales Klopfen an der Tür, dann steigerte sich das Klopfen zu einem Schlagen und Trommeln mit Fäusten und ebbte schließlich ab. Wir hörten Schritte, die sich entfernten. Ich fragte Dorle leise, wer das war. »Mein Bruder, der Wolfi«, sagte sie und sah dabei traurig aus. »Macht der das immer so?«, fragte ich. »Nur wenn er besoffen ist, aber besoffen ist er oft, kömma jetzt von was anders reden?«, sagte sie und begann zu weinen. Ich nahm sie in die Arme.

Wenn ich bis zu diesem Zeitpunkt Louise für die große Liebe meines knapp zwanzigjährigen Lebens gehalten hatte, musste ich nach dieser Nacht mit einer Mischung aus Wehmut und Euphorie Abschied vom unvergleichlich-wienerisch-erotischen Gestern nehmen. Rein körperlich war nichts anderes geschehen als in den Nächten mit Louise und Lili. Wenn es in dieser Hinsicht zwischen den Mädchen überhaupt einen Unterschied gab, dann war es höchstens Dorles größerer Busen – aber daran allein konnte es nicht gelegen haben. Ein sehr lange dauerndes Werben um sie, von dem manche Frauen glauben, dass es sie umso kostbarer erscheinen lässt, je länger dieses dauert, schied als Erklärung aus, da ich weder damals noch später ein Freund weiblicher Verzögerungstaktiken war. War es vielleicht ihre warmherzige Zärtlichkeit? Aber zärtlich und warmherzig waren ihre beiden Vorgängerinnen auch. Hinzu kam, dass Louise sehr schön war und Lili noch schöner, wenn sie von

Frankie geschminkt war. Doch Dorle war – ganz objektiv, wie ich glaubte – auf besondere Weise noch viel schöner als beide zusammen. Was also machte sie schöner als die anderen Schönen? »Die Schönheit liegt im Auge des Betrachters«, ließ der griechische Historiker Thukydides angeblich schon um vierhundert vor Christus seine Schüler wissen, und um die Mitte des 18. Jahrhunderts plagiierte ihn dann noch fast wortwörtlich der schottische Philosoph David Hume. Da sich also über zweitausendzweihundert Jahre an der Sachlage nichts geändert zu haben schien, lag es für mich nahe, mir das Phänomen Dorle in eben diesem philosophischen Sinne zu erklären: Ich liebte sie. So schlicht und einfach war das. Die Frage nach dem Warum stellte sich nicht mehr, und es bedurfte keiner weiteren Erklärungen …

Die Gefühle, die ich für Dorle entwickelte oder, genauer gesagt, die *sich in mir für sie entwickelten*, waren neu für mich, und ich musste mich erst daran gewöhnen. Ich glaubte allen Ernstes, ohne Dorle nicht leben zu können. Jeden Tag musste ich bei ihr sein, und wenn es nur ein paar Minuten waren. Das war nicht ganz einfach, denn ich stand kurz vor dem Abitur und unter dem Druck, die Prüfungen um jeden Preis zu bestehen.

Es ging mir dabei nicht so sehr um mich als um meine Mutter. Jahrelang hatte sie ihre eigenen Bedürfnisse zurückgestellt, hatte auf vieles verzichtet, nur um ihrem Sohn den Besuch der höheren Schule zu ermöglichen. Es dürfte in ihrer Familie noch nie jemand gegeben haben, der ein Gymnasium auch nur von außen gesehen hatte: Ihr Vater war, wie erwähnt, ein wortkarger, kleiner kommunistischer Schneider gewesen, ihre Mutter eine erzkatholische, notorisch frömmelnde Näherin. Ihr Bruder war lebenslang ein melancholisch-cholerischer Monteur in der Münchener Fabrik des Messgeräteherstellers Rohde und Schwarz. Erschwerend kam hinzu, dass die Ehe meiner Mutter mit meinem Vater, dem Alkoholiker und notorischen Seitenspringer, von Anfang an zum Scheitern verurteilt war. Die Scheidung nach fünfzehn unglücklichen Jahren erfolgte eineinhalb Jahrzehnte zu spät.

Solche und ähnliche Gedanken stolperten in meinem Kopf herum, während ich, mindestens dreimal wöchentlich, nach der Schule in einer Straßenbahn weit nach Westen zum Romanplatz saß. An dieser Haltestelle stieg ich aus und ging in die Mechthildenstraße 26. Dort stand ich eine Weile laut- und regungslos vor dem Haus meiner Geliebten und schaute zum rechten Fenster des ersten Stockes hinauf, jedoch niemals in der Hoffnung, das Fenster möge sich öffnen und meine Gottesgabe herausschauen – Dorle war zu dieser Tageszeit noch in ihrer Sprachenschule, ich wollte ihr nur spirituell nahe sein. Danach ging ich wieder zum Romanplatz und fuhr mit der Straßenbahn zurück nach Schwabing. Bei der Rückfahrt vertiefte ich mich ganz entspannt in mein Lehrbuch der lateinischen Grammatik. Das war ich meiner Mutter schuldig: mich in der Straßenbahn auf die Abiturprüfung zum Großen Latinum vorzubereiten.

Auch Dorle erfuhr nichts von meiner Obsession. Sie hätte mein Verhalten sonst für eine seltsame, möglicherweise sogar etwas beunruhigende Störung meines Geisteszustandes gehalten, die sie in dieser Liebesangelegenheit auch tatsächlich war. Nur einmal wären meine neurotischen Unternehmungen fast aufgeflogen, als nämlich Dorle zufällig mit derselben Straßenbahn fuhr wie ich, allerdings sie im Triebwagen, ich im ersten Anhänger. Ich stieg am Kurfürstenplatz in Schwabing wie immer ein und bemerkte erst nach der dritten Haltestelle, dass sie im vorderen Wagon saß, neben einer Person, die die *Bildzeitung* las, und zwar so, dass sie, zweiseitig aufgeschlagen, den Leser ganz und Dorle immer wieder zum Teil verdeckte, besonders dann, wenn die Bahn um eine Kurve fuhr. Ich drehte mich seitwärts auf meinem Platz, damit sie nur einen Teil von mir sehen konnte, und überlegte mir eine Ausrede für den Fall, dass sie mich trotzdem erkennen würde.

Wäre ich an irgendeiner Haltestelle vor ihr ausgestiegen und sie hätte mich gesehen, müsste ich eine plausible Erklärung dafür haben. Dasselbe galt für den Fall, dass ich nach ihr ausgestiegen wäre, aber vor allem für die dritte Möglichkeit, gleichzeitig mit ihr auszusteigen und so zu tun, als sei die Begegnung nichts anderes als der pure Zufall. Inspiriert von einer Stunde des Geschichtsunterrichts, in dem wir Näheres über die bayerische Linie des uralten Adelsgeschlechts der Wittelsbacher erfahren hatten, entschied ich mich für die dritte Möglichkeit, stieg wie Dorle am Romanplatz aus und erzählte meiner überraschten Geliebten, dass ich in der mündlichen Geschichtsprüfung vermutlich den äußeren Pavillon des Schlosses Nymphenburg mit dem Geburtszimmer des bayerischen Königs Ludwig II. mit allen Details zu beschreiben und daher diesen Teil des nahe gelegenen Schlosses genauestens zu besichtigen hätte. Dorle war begeistert von meinem Vorhaben und bestand darauf, die paar Hundert Meter zum Schloss mitzugehen und an der Besichtigung teilzunehmen. Leider hatte ich nicht bedacht, dass dafür Eintritt zu bezahlen war. Meine letzten paar Mark, mit denen ich, unter anderem, meine geheimen Straßenbahnfahrten vom Schwabinger Kurfürsten- bis zum Nymphenburger Romanplatz zu finanzieren gedachte, gingen so für das Geburtszimmer Ludwig II. drauf. Für den Fußweg vom Schloss der Wittelsbacher zurück bis zum Lagerhaus der Spedition Heimerl brauchte ich dann gute zwei Stunden. Dieser Langlauf hatte zur Konsequenz, dass ich in Zukunft die physische Nähe meiner Geliebten der spirituellen vorzog.

Dies und das Entgegenkommen meiner Mutter, die Dorle sofort sehr sympathisch fand und daher mein Gottesgeschenk jederzeit bei uns übernachten ließ, führte nach kurzer Zeit zu einem sehr unerfreulichen Ereignis. Eines Montags informierte mich Dorle, nachdem wir wie immer das Wochenende zusammen verbracht hatten, ganz nebenbei, dass ihre Mutter mit ihr eine kleine Autoreise vorhätte, die schon morgen beginnen und möglicherweise ein paar Tage oder auch länger dauern könnte. Als ich sie etwas irritiert nach Ziel und Zweck der Reise fragte, brach sie unvermittelt so heftig in Tränen aus, als hätte sie diese längere Zeit zurückgedrängt und nur darauf gewartet, ihnen endlich freien Lauf zu lassen. Dann drehte sie sich um und ging davon, ohne weitere Fragen zu beantworten.

Dummerweise ereignete sich dieser Vorfall genau zu Anfang der Woche, in der die ersten schriftlichen Prüfungen für das Abitur stattfanden. Als ich am Abend mit meiner Mutter beim Essen saß, muss ich einen ziemlich abwesenden Eindruck gemacht haben. Irgendwann fragte meine Mutter: »Is' irgendwas?« – »Nein«, sagte ich. – »Doch«, sagte sie, »ich seh's doch.« – »Da gibt's nix zum Sehen, Mama, weil nix is.« – »Doch«, sagte sie, »es is' was ... schwanger is'!«

Die nächsten Tage waren schwierig. Ich fand nur wenig Schlaf und fürchtete mich vor den Abiturprüfungen, da ich ahnte, dass diese nur mit höchster Konzentration zu bewältigen waren. »Das kannst du, mein Bub, wirst' seh'n, das machst du schon«, sagte meine Mutter und schenkte mir noch eine dritte Tasse starken schwarzen Kaffees ein. Den Kaffee hätte ich gar nicht gebraucht, die gnadenlose Zuversicht meiner Mutter reichte mir. Mit dem Mut der Verzweiflung ging ich die Prüfungsaufgaben an. Im Fach Kunsterziehung gelang mir dann etwas Unerwartetes – sowohl für den zuständigen Lehrer Manzinger als auch für mich selbst. Wie schon erwähnt, beschrieb ich das Gemälde *Der Schrei* des berühmten norwegischen Expressionisten Edvard Munch – und plötzlich sah ich in der schreienden Figur auf der Brücke meine geliebte Dorle. Die weitere Interpretation des Kunstwerkes war von der Sorge um sie beeinflusst und muss von starker emotionaler Wirkung gewesen sein. Ich weiß nicht, was ich da genau geschrieben habe, weder damals noch heute, aber ich weiß, dass ich im Abiturzeugnis die Note eins im Fach Kunsterziehung erhielt. Prof. Manzinger war tief gerührt und sehr stolz auf mich – ich auch.

Dorle und ihre Mutter waren über eine Woche lang nicht zu erreichen. Eines Abends jedoch, gegen halb acht Uhr, es war Frühsommer, leichte Dämmerung, und die Balkontüren standen offen, hörte ich von unten, aus dem Hinterhof der Ainmillerstraße, ein leises, unbeholfenes wiederholtes Pfeifen, wie von jemandem, der diese Art von Signal selten oder nie gebrauchte. Ich lief auf den Balkon. Unten stand Dorle.

Sie sah sehr blass aus, hatte auch ein bisschen abgenommen. Meine Mutter umarmte und streichelte sie mit einer Innigkeit, als wäre Dorle ihre eigene Tochter. »Ich weiß wie … schlimm das ist … aber es ist … besser so … viel besser für dich und … für alle«, flüsterte meine Mutter mit seltsam brüchiger Stimme. In dem Moment verstand ich, warum sie hin und wieder sagte, ich hätte mich bestimmt gut mit einer jüngeren Schwester vertragen …

Bezeichnend für diese Zeit – immerhin das Jahr 1964 – war, dass keiner von uns das Wort *Abtreibung* auch nur aussprach. Wenn überhaupt, dann wurde von *der Sache* geredet. Zu dieser Zeit galt in Deutschland noch der alte Paragraf 218 des Strafgesetzbuches, der sowohl für die betroffenen Frauen als auch für die beteiligten Ärzte erhebliche Geld- oder sogar Haftstrafen vorsah. Vehemente Befürworter dieser Rechtsauffassung waren die christlichen Kirchen, unter denen sich die römisch-katholische besonders politisch-aktiv hervortat. Die Folge dieser Gesetzgebung war, dass diejenigen, die es sich materiell leisten konnten, ins benachbarte Ausland reisten – Österreich, Schweiz und die Niederlande boten sich für diese Fälle an –, um dort still, heimlich und ziemlich teuer, aber weitgehend risikolos, *die Sache* erledigen zu lassen. Wie es denen erging, die zu solchen Ausflügen nicht die nötigen Mittel hatten, zeigt eine Statistik von damals. Die Dunkelziffer lag bei über sechshundert Todesfällen pro Jahr. Dazu wiederum gab es von den christlichen Kirchen keinen Kommentar. Man wäre versucht zu glauben, dass sie in diesen missglückten Abtreibungsfällen gerne des lieben Gottes gerechte Strafe sehen wollten.

Ich versuchte sehr vorsichtig und umständlich die Sprache darauf zu bringen, wie wir denn in Zukunft miteinander umgehen wollten: »dass wir, beziehungsweise einer oder eine von uns, nicht mehr in solche ›anderen Umstände‹ geraten, die sich natürlich jederzeit wieder einstellen können, wenn wir nicht Maßnahmen ergreifen, die einerseits nicht die Lust an der Lust beschädigen, aber andererseits geeignet sind, eine gewisse, wenn auch vielleicht nicht absolut hundertprozentige Sicherheit, wobei der Gebrauch von gummiartigen Artikeln auch nicht unbedingt ... – hier unterbrach Dorle meinen nicht enden wollenden Sermon mit einer an Kürze und Deutlichkeit nicht zu überbietenden Aussage: »Pariser nehmen wir überhaupt nicht und früher rausziehen tun wir ihn auch nicht, sondern eine Pille nehmen wir.«

Während ich noch kurz darüber nachgrübelte, *wer was* nimmt oder nicht, hatte Dorle schon ihre Handtasche geöffnet und eine Packung mit einem Medikament herausgeholt. »Anovlar« las ich und sah viele kleine grüne Pillen. Auch ein sogenannter »Waschzettel« lag der Packung bei, der genau vorschrieb, wie und wann die Pillen zu nehmen waren und auch auf die möglichen Nebenwirkungen hinwies. Von Übelkeit und Gewichtszunahme war da die Rede, von einem Spannungsgefühl in den Brüsten und dem Anschwellen von Fingern und Beinen, von Bluthochdruck, Störungen der Leberfunktion und Thrombose, auch von Durchfall und Migräne während der Blutung. Der Hersteller, die Schering AG, empfahl außerdem Ärzten, das Verhütungsmittel Anovlar nur »verheirateten Frauen mit mindestens zwei Kindern« zu verschreiben, ein Rat, der so spießig klang, dass er vermutlich zurückzuführen war auf einen streng vertraulichen Kompromiss zwischen Vertretern der christlichen Kirchen, der konservativen Parteien und den Lobbyisten der Pharmaindustrie, die sich in einem gemeinsamen Kampf gegen die Unzucht auf eine im Beipackzettel ebenfalls erwähnte Nebenwirkung der kleinen grünen Pille hinausreden konnten: »die mögliche sexuelle Unlust«.

So ganz unrecht hatte das Trio infernale aus Kirche, Partei und Interessenvertreter nicht. Wer den Beipackzettel las, dem verging erst mal jede Lust auf Sex. »Was musst'n auch so was lesen ... *du* nimmst doch die Pille nicht, sondern *ich*!«, warf mir Dorle mit einem gewissen Recht vor, als ich mich vergeblich bemühte, im Bett meinen Mann zu stehen. »Tut mir leid«, antwortete ich. »Aber wenn ich mir Thrombose, Leberschäden und Durchfall vorstelle, dann ...« – »Kannst du dir vielleicht jetzt mal was anderes vorstellen?« – »Übelkeit, Bluthochdruck und Migräne, oder was?« – »Ich sag' dir jetzt ganz genau, was du dir vorstellen sollst, und dann schau'n wir mal, ob's dann *geht* ... aber ich sag's leise.« Sie rutschte nahe an mich heran, griff mir zwischen die Beine und begann mir etwas ins Ohr zu flüstern. Es dauerte keine fünf Sekunden – und dann *ging's*. Eine weitere Bestätigung meiner wachsenden Überzeugung, dass Sex zuerst im Hirn stattfindet und erst dann an den dafür vorgesehenen Stellen des Körpers.

Ich erfuhr keine Einzelheiten der Abtreibung, nicht wann und nicht wo sie vorgenommen worden war. Mehrere Indizien sprachen für einen Arzt in Österreich, vermutlich in Salzburg. Auch zu welchem Zeitpunkt der Schwangerschaft der Abbruch erfolgte, sagte man mir nicht. Später noch grübelte ich häufig über der Frage, ob ich der Vater eines männlichen oder weiblichen Nachkommens geworden wäre.

Jahre danach, als sich Dorle und ich längst getrennt hatten, stellte mir ein enger Freund, dem ich von der Angelegenheit erzählt hatte, ganz nebenbei eine Frage, die ich mir selbst bis zu diesem Moment nie gestellt hatte: »Bist du ganz sicher, dass du überhaupt der Vater gewesen wärst?« Alles hätte er mich fragen können, nur das nicht, denn von diesem Tag an war schlagartig meine Beziehung zum anderen Geschlecht von einem generellen Misstrauen belastet, das ich jahrzehntelang nicht abschütteln konnte. »Mater semper certa est«, heißt es im Lateinischen – die Mutter ist immer sicher, dass sie die Mutter ist. So fragte ich schließlich meine Mutter, ob sie meinen Vater jemals betrogen habe. »Ja«, sagte sie, »aber da war er noch nicht dein Vater.« – »Bist du ganz sicher, dass mein Vater auch wirklich mein Vater war?« – »Nein«, antwortete sie ebenso lakonisch wie vorher, als sei es etwas ganz Normales, dass eine Frau nicht genau weiß, wer der Vater ihres Kindes ist. Meine nächste Frage, wer denn sonst als mein Vater infrage komme, beantwortete sie etwas verworren. Von irgendjemandem, der auf der Flucht vor irgendwem und irgendwas und kein Deutscher, vielleicht ein Italiener gewesen sei, erzählte sie, so genau habe sie es nicht gewusst, von jemandem, den sie ein paar Tage im Spätsommer 1943 versteckt habe und danach nie wiedergesehen. Er sei aber sehr gut aussehend, anständig, höflich und überhaupt nicht aufdringlich gewesen. Dass sie mit ihm geschlafen habe, habe hauptsächlich daran gelegen, dass der Ausländer wirklich sehr nett gewesen sei und sie von ihrem Heinz, der mit seiner Mutter in Kiew beim Fronttheater war, ja schon seit längerer Zeit nichts mehr gehört habe.

Bei diesem Gespräch mit meiner Mutter erfuhr ich zum ersten Mal, dass der Mann, den ich bislang zweifelsfrei für meinen Vater gehalten hatte, nicht als Soldat im Krieg, sondern mit seiner Mutter, der Greiner-Oma, beim »Fronttheater« gewesen war. Das erklärte zumindest teilweise die Rolle, die er nach dem Krieg beim Special Service der amerikanischen Besatzungsarmee gespielt hatte. So wie im Laufe der Zeit der Verdacht in mir immer mehr nagte, dass mich mein Gottesgeschenk vielleicht doch betrogen hatte, vielleicht sogar in einer sentimentalen Stunde mit Ugo Dossi, ihrem Verflossenen, war ich mir jahrzehntelang meiner väterlichen Abstammung nicht mehr sicher, und ich fand nach und nach immer mehr Indizien, warum ich »Henry Greiner« nicht als meinen leiblichen Vater ansehen konnte.

Beide Vermutungen, sowohl die, die Dorle betraf, als auch die, die meinen Vater betraf, versetzten mich in einen anhaltend unerfreulichen Zustand der seelischen Unruhe. Nicht nur, dass ich damals selbst kein Vater war, ich hatte auch keinen, und schlimmer noch: Selbst dieser Fragwürdigkeiten war ich nicht sicher …

Nach einem glücklich bestandenen Abitur mit der Durchschnittsnote »gut«, das meiner Mutter nach all den Jahren zu einem erleichterten Ausatmen verhalf und mir das ebenso erleichternde Gefühl bescherte, einen Großteil meiner Schuldigkeit ihr gegenüber getan zu haben, wollte ich wieder etwas mehr Zeit für das Schreiben von Gedichten aufwenden. Die letzten vier Jahre im Alten Realgymnasium in Schwabing bewertete ich als *Die schönste Zeit meines Lebens* und verfasste unter diesem Titel das erste Gedicht eines Zyklus, der vage den Abschied von der Jugend und den Eintritt in einen neuen Lebensabschnitt thematisierte.

Aber über die zwei Strophen des nächsten Gedichts mit dem Titel *Enttäuschung* kam ich nicht hinaus. Eine sehr sachliche Benachrichtigung des Münchener Kreiswehrersatzamts brachte die Quellen meiner lyrisch-romantisch-melancholischen Ergüsse unverzüglich zum Versiegen. In dem Schreiben wurde ich unter Androhung von Strafe bei Nichtausführung angewiesen, mich am 1.10.1964 zum Wehrdienst bei der Ausbildungskompanie 10/12 des FschPzJgKp 260 in der Prinz-Eugen-Kaserne in Külsheim, Nordbaden, einzufinden. Ich war wie paralysiert.

Knapp zwei Jahre zuvor hatte mich dieselbe Behörde schon einmal schriftlich aufgefordert, zu einer Musterung zu erscheinen, die der Prüfung der gesundheitlichen und geistigen Tauglichkeit für den Wehrdienst dienen sollte. Man vermaß mich, wie alle anderen meines Jahrgangs auch, und kam zu dem Ergebnis, dass die von mir angegebene Körperlänge von hundertzweiundachtzig Zentimetern tatsächlich zutraf. Ähnlich war es beim Gewicht, wobei meine vierundsechzig Kilo als Idealgewicht eingestuft wurden. Gleichgewicht und Beweglichkeit, Augen und Ohren wurden geprüft, nach Geschlechtskrankheiten wurde gefragt, ebenso nach angeborenen, vererbten oder erworbenen Defekten. Es gab kaum einen Teil des Körpers, der nicht auf seine unbedingte Wehrdiensttauglichkeit überprüft wurde. Sogar die geistigen Kräfte kamen nicht zu kurz. Ob man lesen, schreiben und rechnen könne, lautete dazu die Frage eines Stabsarztes. Schneidig war sie von hundert Prozent der Wehrpflichtigen in spe mit »Jawoll« beantwortet worden. Damit waren nach dem Grundsatz »mens sana in corpore sano« die geistigen Fähigkeiten der Prüflinge überzeugend nachgewiesen.

Wenn man die Klassifizierungsnote Eins erhielt, durfte man sich wünschen, bei welcher Waffengattung man dienen wollte. Ich war stolz auf diese Note Eins – in der Schule nämlich brachte ich es im Fach Leibeserziehung nur zu einem »Befriedigend« – und antwortete dem Herrn Oberstabsarzt sogleich: »Fallschirmjäger!« Die in der Warteschlange hinter mir stehenden Kameraden brachen darüber in lautes, beifälliges Johlen und Klatschen aus. Mit geschwellter Brust hatte ich das Gebäude verlassen, die ganze Prozedur für ein eher lächerliches Ritual gehalten und dann meinen Ausflug in das Kreiswehrersatzamt, Abteilung Musterung, vergessen.

Es war Sommer und kurz vor meinem Geburtstag, den ich wie immer nicht feiern wollte. Meine Mutter war der unwiderlegbaren Meinung, dass man nur einmal im Leben zwanzig wird. Dieser Überzeugung schlossen sich auch Dorle sowie einige meiner Freunde an. Wie sollte ich also um die unvermeidliche Geburtstagsparty herumkommen? In knapp vier Monaten musste ich bei der FschPzJgKp in Külsheim erscheinen, allein der Gedanke daran verursachte mir Kotzübelkeit, aber er brachte mich auch auf eine Idee. Um meiner Mutter keine unnötigen Kosten zu verursachen, begann ich schon ein paar Tage vor der Festlichkeit über kommendes und gehendes, unerklärliches Unwohlsein zu klagen, ging nicht zur Schule und verlängerte sukzessive meine Aufenthalte im Bett. Vierundzwanzig Stunden vor dem Tag, an dem man mir gratulieren wollte, bekam ich zu meinem eigenen Erstaunen tatsächlich eine Störung des Magen-Darm-Traktes, die sich in einem aggressiven Brechdurchfall äußerte und eine Teilnahme an Festlichkeiten unmöglich machte. Ich erklärte meiner Mutter und auch meiner Gottesgabe, dass dieser Infekt möglicherweise durch allzu intensives Denken an den unbekannten Ort Külsheim und die geheimnisvolle militärische Einheit, genannt FschPzJgKp, quasi provoziert wurde. Külsheim, sagte Dorle, sei ein kleiner Ort im Odenwald in Nordbaden mit ungefähr dreitausend Einwohnern und der Garnisonskaserne »Prinz Eugen«. Von München nach Külsheim seien es circa dreihundertfünfzig Kilometer, man fahre mit dem Zug nach Würzburg, dort steige man um nach Tauberbischofsheim, und da steige man dann noch mal um und fahre schließlich bis Külsheim. Die Bahnfahrt dauere, mit Umsteigen, etwa fünfeinhalb bis sechs Stunden, wenn man jedoch mit dem Auto fahre, sei man in guten vier Stunden am Ziel.

»Ich hab' kein Auto«, sagte ich. – »Aber ich hab' eins, mindestens«, sagte Dorle, »entweder den Lancia von meiner Mama oder den alten Peugeot vom Bob Ausböck, den muss er mir auf jeden Fall leih'n, weil seit ihn die Mama g'heiratet hat, den Bob, fahrt sowieso nur noch er mit ihrem Lancia Cabrio, und d'rum kauft sie ihm jetzt ein 250er Mercedes SL Cabrio in Rot, weil er das immer schon haben wollt'. Und dann hab'n wir nämlich drei Autos, und mit einem von die drei b'such ich dich dann.« – »Aha«, sagte ich und stellte mir den leicht angefetteten Bob mit dem roten Säuferschädel im roten Mercedes Cabrio vor. Darauf begann es mich gleich wieder zu würgen, und mein »Gottesgeschenk« hielt mir schnell den Eimer hin, der nahe am Bett stand. Ich wollte mich mit dem Handtuch säubern, aber sie kam mir mit ein paar Blatt Kleenex zuvor. »Danke«, sagte ich, »und was heißt FschPzJgKp, wenn du schon so g'scheit bist und weißt, wo Külsheim ist?« – »Das weiß' ich auch, und zwar ganz genau«, erwiderte sie leicht beleidigt. »Hätt'st dich ja auch selber erkundigen können, ich muss ja ned zum Militär, sondern du.« – »Ich muss auch nicht, wirst schon seh'n«, gab ich trotzig zurück. »Es steht nämlich jetzt eindeutig fest, dass meine Gastroenteritis rein psychosomatischer Natur ist, hervorgerufen durch eine wahrscheinlich chronische Allergie gegen alles, was generell mit Militär und Wehrdienst zu tun hat. Ich werde mir ein entsprechendes medizinisches Attest besorgen und den Herren Oberstabsärzten vorlegen, und dann is nix mehr mit Note Eins, sondern dann bin ich untauglich … wehrdienst-untauglich, und dann fahr'n wir mit dem Mercedes nicht nach Külsheim, sondern an die Adria, verstehst' mich?« – »Mit dem Mercedes fahr'n wir sowieso nicht, erstens, zweitens nicht an die Adria und drittens meldest du dich am 1. Oktober bei der Ausbildungskompanie 10/12 der *Fallschirm-Panzerjäger-Kompanie 260* in Külsheim, weil du nämlich sonst ein Fahnenflüchtiger bist und darauf steht Gefängnis, verstehst' mich?«

Dorles brüske Ausführungen, vor allem die schwer verdaulichen Worte *Fahnenflüchtiger* und *Gefängnis,* verursachten mir, kurz nach der Revolte des Magens, das Darm-Pendant. Schnell sprang ich aus dem Bett und schaffte es glücklicherweise noch bis zur Toilette.

Obwohl ich überzeugt war, dass ich eindeutig eine psychosomatische Allergie hatte, gelang es mir nicht, ein entsprechendes ärztliches Attest zu erhalten. Meine Mutter schickte mich dann zu einer Freundin aus Kinder- und Volksschultagen, inzwischen Gynäkologin von Beruf. Doch diese erklärte sich, wie ich mir hätte denken können, für nicht zuständig und empfahl mir nach längerem Nachdenken, heftigem Runzeln der Stirnfalten und mehrmaligem Verziehen der Mundwinkel einen befreundeten Internisten, mit dem sie als Jugendliche aufs Gymnasium gegangen war. Dieser sehr freundliche Dr. med. Dr. phil. Kleiwitz, dessen Spezialgebiet Infektiologie sowie Tropenmedizin war, interessierte sich mehr für meine literarischen Ambitionen, zum Beispiel den Einfluss von Gottfried Benn und Bertolt Brecht auf meine Lyrik, da er diese Dichter immer schon höher geschätzt habe als beispielsweise Else Lasker-Schüler oder gar Jakob van Hoddis. Ich konnte nur wenig dazu sagen, da ich die beiden Ersteren zwar auch verehrte, aber die beiden Letzteren überhaupt nicht kannte. Immer wieder machte ich Versuche, auf den Hauptzweck meines Besuches zurückzukommen, scheiterte aber an der unüberwindlichen literarischen Leidenschaft des zweifachen Doktors. Nach einem durchaus interessanten, etwa eineinhalbstündigen Gespräch ging ich an ungefähr dreißig ungeduldig wartenden Patienten vorbei und verließ die Praxis des Infektiologen. In den Händen hatte ich einen mit Widmung versehenen Privatdruck der Gedichte des Herrn Doktordoktor sowie eine Seite eines Rezeptblockes, auf dem keine verschreibungspflichtigen Medikamente aufgeführt waren, sondern Name, Adresse und

Telefonnummer eines ehemaligen Oberstabsarztes der deutschen Wehrmacht.

Besagter Oberstabsarzt a. D. Hermann Rudolf Querling war, wie sich herausstellte, ein älterer Cousin des Herrn Kleiwitz, hatte beide Unterschenkel an der Ostfront verloren, trug daher entweder Prothesen oder fuhr im Rollstuhl und hatte keine Praxis, sondern eine einfache Zweizimmerwohnung in einem heruntergekommenen, aber von den Bomben verschonten Altbau in der östlichen Münchner Balanstraße. Sie war benannt nach einem Ort in den französischen Ardennen, in dessen Nähe im September 1870 die Schlacht von Sedan zwischen Franzosen und einer Allianz aus Preußen, Bayern und anderen süddeutschen Staaten auf die blutigste und grausamste Weise getobt hatte, bis Kaiser Napoleon der Dritte gefangen genommen wurde und die Deutschen unter schweren Verlusten siegten. Im Rahmen des Heimatkundeunterrichts in der dritten Klasse der Oberrealschule Pasing wurden wir von einem etwa sechzigjährigen Lehrer, dessen Gesicht von den Narben burschenschaftlicher Säbelhiebe verunstaltet war, besonders detailliert über Schlachten aller Art in Kenntnis gesetzt, vor allem über jene, die für den Gegner besonders verlustreich waren und für die Deutschen siegreich.

An erster Stelle in der Skala seiner Lieblingsschlachten stand daher die von Sedan. Danach kam erst mal lange nichts, und dann folgten die Schlachten in und um Verdun von Februar bis Dezember 1916. Hier hatten zum ersten Mal in der Kriegsgeschichte ungeheure Materialschlachten im großen Stil stattgefunden, auch Giftgas kam als neuestes Kampfmittel in großen Mengen und sehr erfolgreich zum Einsatz. Die Schlachten von Verdun hätten in der Beliebtheitsskala unseres Heimatkundelehrers eigentlich vor der Schlacht von Sedan rangieren müssen, immerhin konnte Verdun mit circa achthunderttausend Toten und einer halben Million Verwundeten renommieren, Sedan dagegen nur mit knapp einem Zehntel. Wahrscheinlich mochte unser Lehrer Verdun deswegen nicht so gerne, weil bei Beendigung der Schlachten nach fast einem Jahr aufgrund von Ermüdungserscheinung auf beiden Seiten immer noch nicht zweifelsfrei feststand, wer letztlich der Sieger war. Sowohl die Deutschen als auch die Franzosen nämlich waren und sind wohl bis heute überzeugt, dass nur sie es sein konnten.

Solche längst verschüttet geglaubten, bruchstückhaften Erinnerungen an Schulstunden über Schlachten und Kriege in der sogenannten Heimatkunde quälten meine Seele, als ich die abgetretene Treppe zum vierten Stockwerk in dem verwahrlosten Haus in der Balanstraße zu dem ehemaligen Oberstabsarzt der deutschen Wehrmacht hinaufstieg. Da der Eingang zum Gebäude offen stand, klingelte ich nicht unten, sondern erst oben an der Wohnungstüre von Herrn Querling. Nach dem ersten Klingeln geschah gar nichts. Ich wartete eine Weile, dann drückte ich erneut auf die Klingel. Auch jetzt geschah nichts, aber es drangen Geräusche aus dem Inneren der Wohnung. Schließlich öffnete sich die Tür, so weit es die Sperrkette zuließ, und ich schaute hinunter in das durch alte Brandwunden und schlecht transplantierte Eigenhaut entstellte Gesicht eines älteren Mannes. »Kannst du ned wart'n bis i an der Tür bin? Wer bist'n du? Was willst'n du überhaupt, du?«

Ich entschuldigte mich, dass ich mehrmals geklingelt hatte, und erklärte, dass es keine Absicht gewesen sei, sondern eine angeborene Ungeduld, gegen die ich schon seit Jahren vergebens kämpfte. Dann sagte ich ihm, dass ich auf Empfehlung von Dr. med. Dr. phil. Kleiwitz komme, worauf er irgendetwas kaum Verständliches vor sich hin murmelte, das auf eine gespannte Beziehung zwischen ihm und dem Infektiologen schließen ließ. Dann hängte er aber doch die Sperrkette aus und öffnete mir die Tür. Jetzt erst sah ich, warum ich auf den Herrn Oberstabsarzt a. D. herabblicken musste. Herr Querling saß in einem Rollstuhl, und seine Beine reichten nur bis zum Knie.

So makaber sich auch zunächst die Situation und das Umfeld präsentierten, so mitleiderregend und letztlich sympathisch war der alte Kriegsinvalide. Ich durfte in seinem Wohn- und Esszimmer, das durch seine katastrophale Unordnung darauf schließen ließ, dass er hier ganz alleine lebte, eine Tasse Kaffee trinken, erfuhr, dass seine Frau an Lungenschwindsucht gestorben und beide Söhne, Zwillinge, noch in den letzten Tagen des Krieges, im Alter von fünfzehn Jahren, gefallen seien. Er lebte von einer bescheidenen Rente und besserte sie dadurch auf, dass er jungen Männern, die nicht zur Bundeswehr gehen wollten, mit medizinischem Rat und pharmazeutischer Tat behilflich war. Die entsprechenden Rezepte für die streng verschreibungspflichtigen Medikamente stellte sein jüngerer Cousin Kleiwitz aus, dessen Spezialisierungen vor allem aus der Tropenmedizin über jeden etwaigen Verdacht der Apotheken erhaben waren. Querling hörte sich geduldig die Schilderungen der Genesis und des Verlaufs meiner »psychosomatisch-allergischen Gastroenteritis« an, schüttelte aber pessimistisch den Kopf, als er erfuhr, dass ich nicht nur die Musterung bereits hinter mir, sondern sie auch noch mit der Note Eins abgeschlossen hatte. »Wenns'd vor der Musterung zu mir kommen wärst, Bub, dann hätt'ma bestimmt was machen können, aber jetzt … und noch dazu an Einser … naa, da geht nix mehr wenn'd Musterung scho gwes'n is, gar nix … leider. Ich hätt's sogar umsonst g'macht, manchmal mach ich des … *weil mir jeder junge Mensch leidtut, der zu dem hurenbarrasdemvarreckten bluatigen Mörderund Dodschlägerverein muass, schau mi do an wia i ausschaug … samma wieder soweit, sammaschowieder soweitkreizkruzefixnoamoi … und da HerrgottdaliabeGottdaliabe … da Herrgott der schaut zua, als wia wenn's ihn nix angeh'n dat!!«*

Mit tränenfeuchten Augen zeigte mir der Oberstabsarzt der Wehrmacht ein Foto seiner beiden freundlich lächelnden, hübschen blonden Söhne in Hitlerjugend-Uniform, die, als alles längst schon verloren war, noch gezwungen worden waren, das Dritte Reich mit der Waffe zu verteidigen, und dabei starben.

So scheiterten also meine Versuche, mich durch eingebildete Krankheiten dem Militärdienst zu entziehen, daran, dass ich viel zu spät mit der psychosomatischen Nummer aufwarten wollte, und es blieb bei der Einser-Tauglichkeit und der Fallschirmpanzerjägerkompanie in Külsheim, Nordbaden.

In den zwei Monaten davor wollte ich aber noch einmal Ferien machen. Der Chef und Besitzer des Car-Wash-Unternehmens, in dem ich schon einmal tätig gewesen war, hatte offenbar die besten Einnerungen an mich, begrüßte mich herzlich wie einen alten Freund und bot mir an, für sechs Wochen den Verkauf der Zeitungen, Süßwaren und Zigaretten sowie den Kassendienst zu übernehmen. Vom Spätheimkehrer Franz-Josef Bichler, der mich damals so schikaniert hatte, habe er sich übrigens getrennt, weil der mit seiner Asbestlunge und seiner ordinären Husterei die Kundschaft vergrault habe. Inzwischen sei der Bichler an seiner Krankheit sowieso gestorben. »Der Bichler tut mir trotz allem leid«, sagte ich. »Mir nicht«, sagte Herr Prosinezki.

Nicht mehr in der Waschstraße arbeiten zu müssen, war mir mehr als recht, und als er mir dann noch den Lohn nannte, den er mir für sechs Wochen zahlen würde, wäre ich ihm vor Dankbarkeit fast um den Hals gefallen. Zweihundert Mark die Woche, also zwölfhundert für die ganze Zeit. Irgendeinen Pferdefuß musste das großzügige Angebot haben, dachte ich mir.

Und es hatte auch einen. Am Tag vor dem Arbeitsbeginn sagte mir der Chef, Herr Prosinezki, dass er nächste Woche mit Frau und Kind, das bereits in die zweite Klasse Volksschule gehe und große Ferien habe, nach Rijeka an die jugoslawische Adria fahren werde, um endlich einmal die Familie seiner jungen Frau kennenzulernen. In dieser Zeit sei ich dann so etwas wie der Geschäftsführer. Um sieben Uhr früh habe ich den Betrieb zu öffnen und um zehn Uhr abends zu schließen. Alle weiteren Aufgaben, Rechte und Pflichten seien der Liste zu entnehmen, die er mir jetzt aushändige.

Anschließend führte er mich durch die an die Waschstraße angrenzenden Räume, stellte mir die Buchhalterin Frau Petrovic vor, an die die täglichen Kasseneinnahmen gegen Quittung auszuhändigen seien, sowie die beiden Wäscher der ersten Schicht, die von 7 bis 14.30 Uhr dauerte. Die zweite mit ebenfalls zwei Wäschern lief von

190

14.30 bis um 22 Uhr. Immerhin gab es jetzt zwei Schichten. Außer am Sonntag sei die Waschstraße, wie auch früher, täglich fünfzehn Stunden in Betrieb. Nach 22 Uhr könne die eine oder andere Aufräumtätigkeit für mich anfallen, spätestens um 23 Uhr seien alle Türen des Betriebs abzuschließen. Er wisse, sagte Herr Prosinezki pathetisch, dass die mir übertragenen Aufgaben sehr verantwortungsvoll seien, aber sein Bauchgefühl sage ihm, dass er sich hundertfünfzigprozentig auf mich verlassen könne und dass er sich in mir nicht, aber ganz bestimmt nicht, täusche. »Machen Sie es gut, mein junger Freund, ich werde Sie zu Ihrer Beruhigung für alle Fälle zweimal am Tag im Betrieb anrufen, um sechs Uhr fünfundvierzig und um 22 Uhr dreißig.«

Als ich die sechs Werktage mit den sechs Wochen multiplizierte und diese sechsunddreißig Tage mit den fünfzehndreiviertel, also knapp sechzehn Stunden, ergaben sich fünfhundertsechsundsiebzig Stunden. Wenn ich dann tausendzweihundert Mark für sechs Wochen durch die Anzahl der Arbeitsstunden teilte, kam ich auf einen Stundenlohn von zwei Mark und acht Pfennigen. Frau Petrovic, die meine Berechnung sorgfältig überprüft hatte, kam jedoch zu einem abweichenden Ergebnis: In den sechzehn Stunden täglich seien eine Stunde Mittagspause und eine Dreiviertelstunde Betriebspflege enthalten, die als Pflichten eines stellvertretenden Geschäftsführers selbstverständlich seien und deshalb auch nicht extra honoriert werden könnten. Ziehe man diese Zeit ab, was man ja müsse, so käme ich nur auf vierzehn einviertel Stunden täglich, also insgesamt fünfhundertdreizehn, und tausendzweihundert durch fünfhundertdreizehn mache zweihundertneunundreißig Mark, aufgerundet also zwei Mark vierunddreißig in der Stunde statt zwei Mark und acht Pfennige, immerhin sechsundzwanzig Pfennige mehr. Außerdem, Stunden hin oder her, bekäme ich schließlich achthundert Mark im Monat, das seien an die dreihundert Mark mehr als der deutsche Durchschnittslohn. Gar nicht zu reden davon, dass ich, trotz Abitur, eine ungelernte Hilfskraft sei, der eigentlich nur höchstens zwei Drittel des Durchschnittslohns zuständen, also nicht mehr

191

als, großzügig gerechnet, eine Mark sechzig die Stunde, und daher gebe es keinen Grund sich zu beschweren – was ich gar nicht tat –, sondern sich wenigstens bei Herrn Prosinezki für seine Großzügigkeit zu bedanken – was ich Frau Petrovic versprechen sollte. Aber leider kam ich weder dazu, mich beim Chef zu beschweren, noch zu bedanken. Er rief nämlich weder am frühen Morgen an, wie er es mir angekündigt hatte, noch am späten Abend. Prosinezki rief überhaupt nicht an. Wir konnten ihn nicht anrufen, weil er uns keine Adresse und auch keine Telefonnummer hinterlassen hatte. Ich sage deswegen *wir*, weil auch seine enge Vertraute Frau Petrovic, die sonst alles wusste, ihn angeblich nicht erreichen konnte.

»Da hab' ich doch ein schlächtes Gefihl«, sagte sie nach einer Woche. Nach der zweiten Woche, in der ich um hundert Mark Vorschuss bat, nachdem ich bereits für das Doppelte gearbeitet hatte, sie mir aber nur zwanzig Mark geben konnte oder wollte, sagte sie: »Da hab ich doch jätzt ein ganz schlächtes Gefihl, ein ganz schlächtes!« Zu Beginn der dritten Woche kam Frau Petrovic gar nicht mehr, auch die Wäscher kamen nicht mehr. Die Einzigen, die kamen, waren ich, die Kriminalpolizei und die Steuerfahndung. Ich schloss ihnen alle Räume und auch die Waschstraße auf und sagte ihnen, was ich wusste. Zu Frau Petrovic konnte ich nur sagen, dass sie als Buchhalterin wohl die Vertrauensperson des Chefs war, wo sie wohnte, wusste ich nicht, wusste aber, warum sie plötzlich nicht mehr zur Arbeit kam: Weil sie ein *schlächtes Gefihl* hatte, offenbar ein *ganz schlächtes*.

Das »Leben nach der Schule« fing mit dem betrügerischen Bankrott des Car-Wash-Unternehmens und der Aussicht auf achtzehn Monate Wehrdienst schon sehr vielversprechend an. Von den zwanzig Mark Vorschuss hatte ich noch drei übrig. Dass diese nicht einmal für einen Tag Urlaub reichen würden, machte mich so wütend, dass ich sie dem nächsten Bettler auf der Leopoldstraße zornig in seinen verdreckten Hut warf. Der Bettler war überrascht, denn so viel auf einmal zu bekommen, war ihm neu – auch die Art und Weise, wie einer sein Geld so cholerisch hinschmiss, statt, wie üblich, die Gabe mit einem schmallippigen und salbungsvollen Lächeln zu begleiten, schien ihn eher zu verängstigen, als glücklich zu machen. Als ich in seine verstörten Augen blickte, blieb mir nichts anderes übrig, als mich zu entschuldigen. »Entschuldigen Sie bitte, ich hab's nicht gern getan«, sagte ich und merkte, dass ich schon wieder einen Fehler gemacht hatte, denn der Bettler verstand mich falsch und meinte, dass ich ihm das Geld nicht *gern* gegeben hätte. Er griff nach den drei Mark in seinem Hut und wollte sie mir zurückgeben. Ich schüttelte den Kopf, wedelte, um dieser ablehnenden Bewegung Nachdruck zu verleihen, auch noch abwehrend mit den Händen und konnte schließlich trotzdem nicht umhin, mich mit jenem salbungsvollen Lächeln von ihm zu verabschieden, das er von seinen gelegentlichen Spendern, insbesondere gehbehinderten älteren Frauen, gewohnt war. Damit war er aber dann zufrieden und ich auch.

Leicht und schicksalsergeben wie nie zuvor fühlte ich mich, als ich, ohne einen Pfennig Geld in der Tasche, in der abendlichen Sommersonne die Hohenzollernstraße entlangschlenderte und dann nach links in die Römerstraße einbog und nach Hause ging. Unterwegs überlegte ich, wie ich Dorle behutsam sagen könnte, dass aus den gemeinsamen Ferien am Meer leider nichts würde. Stattdessen herrlich-romantische Spaziergänge im Englischen Garten mit prickelnd-erfrischendem Badespaß in den Wellen des durch den Park fließenden Eisbaches, alles Vergnügen, die viel Freude machten, aber nichts kosteten. Meine Gottesgabe, die mich oben zusammen mit meiner Mutter schon erwartete, schaute mich mit großen Augen an, als ich meine Werbesprüche für den kostenlosen Heimaturlaub losließ. Auch meine Mutter neigte ihren Kopf etwas zur Seite und ließ ihren leicht irritierten Blick zwischen Dorle und mir hin und her wandern.

Kaum hatte ich meinen Sermon beendet und wollte durch wiederholtes, aufmunterndes Kopfnicken gute Laune und Zustimmung zu meinen Vorschlägen provozieren, da bekam ich von Dorle schon die Antwort in Form eines hochglanzbebilderten Kataloges von Urlaubsreisen und Zielen auf den Küchentisch gelegt. Statt auch nur im Geringsten auf mein Englischer-Garten-Eisbach-Idyll einzugehen, schlug sie eine vorgemerkte Seite auf und zeigte mir eine teils tiefblaue, teils smaragdgrüne Mittelmeerbucht, deren Sandstrand von einem Palmenhain und einer Reihe mit Schilfstroh gedeckten Holzhütten begrenzt war. »Was sagst jetzt?«, fragte Dorle mit einem feinen, überlegenen Lächeln. »Das is ja wie in der Südsee ... is das die Südsee?«, fragte meine Mutter. »Nein«, antwortete Dorle, »des is in Spanien, in der Näh' von der da.« Sie blätterte um, auf der nächsten Seite war die Kathedrale de Santa María in Tarragona zu sehen, ein weltberühmtes Bauwerk aus dem 12. Jahrhundert. »Das is Salou«, sie deutete auf das Foto von dem Strand, »und da wohnen wir«, sie deutete auf eine der Hütten, »und nach Tarragona bis zur Kathedrale sind's höchstens fünfzehn Kilometer.« – »Ja, und ...«, wollte ich sagen. – »Ja, und nix«, sagte sie, »hab' ich alles schon gebucht, fahren tun wir mit dem Peugeot vom Bob.« – »Ja, aber das kost' doch ...« – »Gar nix kost das, gar nix, und jetzt redn wir nimmer d'rüber, was was kost'!« Sie schaute mir tief in die Augen und sagte ganz langsam, leise und mit deutlich erotischem Unterton: »En la ... catedral ... entra la ...« Ich schüttelte den Kopf: »Por un ventanal entró ... la lechuza en la catedral ... etcetera.« – »Was heißt das auf Deutsch?«, fragte meine Mutter. »Durch ein Fenster ... drang die Schleiereule in die ... Kathedrale ein«, übersetzte ich. »Er weiß immer alles besser ... entró oder entra ... als wie wenn's da drauf ankäm'!«, sagte verärgert Dorle. Meine Mutter fragte daraufhin etwas misstrauisch: »Und was is' eine Schleiereule?«

Ich hatte mich mit meiner verfluchten Besserwisserei verheddert. Erstens hatte ich ohne zu überlegen reflexartig »entra«, die von Dorle benutzte dritte Person Gegenwart des spanischen Wortes »entrar«, korrigiert, da die Verszeile meines Wissens in der dritten Person Vergangenheit geschrieben war und »entró« hieß. Dabei hatte ich, in meiner Oberlehrerart, völlig außer Acht gelassen, dass mir diese Zeilen des Gedichtes des berühmten spanischen Lyrikers Antonio Machado vor noch nicht allzu langer Zeit bei einem Liebesspiel mit meiner Gottesgabe sehr hilfreich gewesen waren. In einer plötzlichen, verwegenen Interpretation hatte ich nämlich ihren Körper als Kathedrale bezeichnet, die eine Öffnung hatte, die Scheide, die das »ventanal« war, durch die dann die »Schleiereule«, der Phallus, in sie eindrang. Dorle war sehr beeindruckt, begeistert, geradezu süchtig nach den spanischen Versen gewesen.

Was sollte ich also meiner Mutter auf die Frage »Was is' eine Schleiereule« antworten? Unter den verachtenden Blicken von Dorle gab ich, so gut ich konnte, unter Stottern eine zoologische Auskunft: »Eine Schleiereule, Mama, ist, wie der Name ja schon sagt … eine Eule aus der Familie der Schleiereulen … sie ist nachtaktiv … das heißt also, hauptsächlich tätig, wenn es schon dunkel ist … und … und …« Dorle begann zu kichern, meine Mutter nickte nur mit dem Kopf. »Ja lass nur, Bub, is' schon gut so, ihr werd's schon wiss'n was des für ein Viech' is'.«

Mit Bobs altem Peugeot 403 war die circa eintausendsechshundert Kilometer lange Reise nach Spanien über Zürich, Genf, Avignon, Perpignan und Barcelona nach Salou bei Tarragona nicht das reine Vergnügen. In Hotels zu übernachten, wollten wir uns nicht leisten, weil wir vorhatten, das Geld lieber am Ferienort auszugeben. Also schliefen wir – kurz und schlecht – auf den zurückgeklappten Autositzen, und wer gerade wach war, fuhr weiter. Ein gewisses Risiko gingen wir insofern ein, als nur Dorle einen Führerschein hatte, ich nicht. Um nicht in eine polizeiliche Kontrolle zu geraten, hielt ich mich immer brav an das vorgeschriebene Tempo, während Dorle unter Missachtung aller Verkehrszeichen dahinraste, immer mit der höchsten Geschwindigkeit, die der alte, schon über zweihunderttausend Kilometer gequälte Motor noch hergab. Für Dorle war es, hauptsächlich in Südfrankreich, geradezu ein Vergnügen, langsamer fahrende Autos links oder auch rechts zu überholen. Sobald aber hinter ihr einer mit Blendlicht oder Hupe dahergeschossen kam, um *sie* zu überholen, stieß sie gegen diesen Flüche und Beleidigungen auf Sprachschulfranzösisch aus, die jedem Marseiller Camioneur auf der Stelle Respekt verschafft hätten. Wenn es mir als Beifahrer schließlich zu gefährlich zu werden drohte, weil sie partout die linke Spur nicht freigeben wollte und ich sie mehrmals vergeblich aufforderte, den Hintermann endlich überholen zu lassen, fertigte sie mich mit einer Begründung ab, deren eigenwillige Logik ich bis heute nicht verstanden habe: »Warum soll i den Angeber da vorbeilass'n? Des muss er doch seh'n, dass i mit meiner alten Kist'n ned schneller fahren kann.«

Nach solchen Vorkommnissen pflegten wir meistens einen kurzen Halt zu machen, streckten unsere vom unbequemen Schlaf schmerzenden Glieder und umarmten uns, damit sich unsere Liebe, bedroht von gelegentlichen Meinungsverschiedenheiten, den Straßenverkehr betreffend, nicht heimlich davonmachte. Damit dann alles wieder in Ordnung kam, übernahm ich das Steuer, was meine Beifahrerin, wenn sie nicht gerade schlief, veranlasste, sich mindestens alle zwei Minuten nervös umzudrehen, um durch die Heckscheibe des Wagens nach eventuell uns verfolgenden Polizeifahrzeugen Ausschau zu halten. Dass sie sich nervös umdrehte, machte auch mich nervös. Ich: »Ich fahre höchstens hundertzwanzig und erlaubt ist hundertzwanzig, also warum ...« Sie: »Weil du dich damit verdächtig machst.« Ich: »Wieso?« Sie (leicht gereizt): »Weil hier jeder schneller fährt, wir sind im tiefsten Süden von Südfrankreich, hinter Perpignan oder was weiß ich, und nicht ... in ... in ... Bad Godesberg.« Ich (argwöhnisch): »Wieso *Bad Godesberg*, wie kommst du auf *Bad Godesberg*?« Sie (unschuldig tuend): »Nur so, ich könnt' auch was anderes sagen, was weiß ich ... äh ... äh ...« Ich (auch schon leicht gereizt): »Vielleicht ... *Regensburg*?« Sie (ebenso argwöhnisch wie ich): »Wieso *Regensburg*?« Ich: (noch mehr gereizt): »Wieso nicht, ich könnt' genau wie du auch was ander's sagen, zum Beispiel ...« Sie (unterbricht verärgert): »Naanaa, sag nur *Regensburg!* Das wird' schon seinen Grund haben ...« Ich (mindestens so verärgert wie sie): »Hat's gar nicht, und zwar so was von überhaupt nicht!« Sie (sehr laut): »Man sagt doch nicht *Regensburg*, wenn man keinen Grund dazu hat.« Ich (sehr gelassen und überlegen tuend): »Das könnt' ich von *Bad Godesberg* auch behaupten ...«

Als genau zwischen *Regensburg* und *Bad Godesberg* unsere Liebesbeziehung ernsthaften Schaden zu nehmen drohte, kam uns ein plötzlicher, glücklicher Vorfall zu Hilfe: Der linke Vorderreifen platzte …

Dorle schrie erschreckt auf, der Wagen zog nach links, ich kuppelte schnell aus und hielt das Steuer ganz fest in beiden Händen, lenkte leicht gegen die Seite des beschädigten Reifens, senkte sanft und langsam die ohnehin gemäßigte Geschwindigkeit des Fahrzeugs, rollte auf den rechten Seitenstreifen und brachte dort unseren alten Peugeot allmählich zum Stehen. Dorle schaute mich bewundernd an, umarmte und küsste mich. »Wenn *ich* jetzt g'fahr'n wär … mit meiner blöden Raserei da … ich glaub', wir wär'n tot … dass du das so … so toll g'macht hast … das hätt' ich nie können … wo hast'n das gelernt, du hast doch gar kein Führerschein!?«

Bevor ich ihr antworten konnte, dass ich nicht überlegt, sondern rein intuitiv gehandelt hatte, überholte uns ein Polizeiauto und hielt direkt vor uns auf dem Seitenstreifen. Der Schock, den der geplatzte Reifen bei uns verursacht hatte, wäre schon genug gewesen. Dass jetzt auch noch die französische Polizei auftauchte, die für ihre Unfreundlichkeit und ihre Vorliebe für rüde Verhaftungsmethoden berüchtigt war, gab uns den Rest. Für ein Tauschen der Sitzpositionen war es zu spät, denn die zwei Gendarmen kamen bereits mit breiten Schritten auf uns zu. Ich überlegte noch schnell, was ich antworten könnte, wenn man mich nach meinem Führerschein fragte, da stand schon einer der beiden vor meinem Seitenfenster und klopfte mit dem Knöchel seines linken Zeigefingers an die Scheibe, die rechte Hand hatte er gefährlich nahe an der Pistole, die in seinem Waffengurt steckte. Ich kurbelte zitternd die Scheibe herunter und sagte stotternd: »Bon…bonjour … Monsieur, äh … äh … le p…pneu … äh … k…kaputt …!« Der Polizist fragte besorgt: »J'espère que vous n'êtes pas blessés … vous allez bien, Mademoiselle?« – »Oui … oui«, stammelte Dorle. »Vous aussi, Monsieur?« – »Oui … oui, tout va bien … tout.« Da geschah das Wunder. Der Polizist lächelte freundlich, auch sein Kollege lächelte wie erleichtert, keine Frage nach irgendwelchen Papieren. Ich stieg aus und wollte aus dem Kofferraum den Ersatzreifen holen. Es gab keinen, und es gab auch keinen Wagenheber. Die Polizisten schauten sich kurz an, dann sagte der eine von ihnen, wir sollten hier auf sie warten, sie würden in höchstens einer halben Stunde wiederkommen. Sie stiegen in ihren Wagen, schalteten Blaulicht und Sirene ein und rasten davon. Wir schauten ihnen stumm nach.

Nach einer Weile fragte Dorle: »Was machen die jetzt?« – »Keine Ahnung ... vielleicht rufen sie in irgendeiner Zentrale an, um unser Autokennzeichen ... zu überprüfen«, sagte ich etwas ratlos. »Dann hätten sie auch nach unseren Ausweisen gefragt«, sagte sie. »Ja ... schon«, sagte ich, »haben sie aber nicht ... warum eigentlich nicht?« – »Weiß ich nicht, aber du kannst sie ja fragen, wenn sie wiederkommen!«, antwortete sie mit einem Anflug von Spott in der Stimme. »Geht's jetzt wieder los mit *Regensburg* und *Godesberg* und ...?« – »Nein, mein Liebling, du bist doch mein Held, der Held aller Autofahrer, ich liebe dich so sehr wie ich noch nie ...« Ich unterbrach sie: »Wie du noch nie einen Autofahrer ohne Führerschein geliebt hast!« Sie umarmte mich und schaute dann auf die Uhr. Bevor sie fragen konnte, wie lange wir noch warten müssten, hörten wir schon von Ferne eine Sirene, dann sahen wir das Blaulicht.

Der Polizeiwagen bremste hinter uns, die zwei Beamten sprangen heraus, öffneten den Kofferraum, holten einen Reifen und einen Wagenheber heraus, bockten in Windeseile die linke vordere Seite unseres Peugeots auf, zogen den geplatzten Reifen herunter und montierten den Reifen auf, den sie mitgebracht hatten. Der ganze Vorgang dauerte nicht länger als gute fünf Minuten, und schon war alles erledigt. Als ich für Reifen und Hilfe bezahlen wollte, winkten sie nur lächelnd ab, wünschten uns »Bon Voyage« und rasten wieder davon, diesmal ohne Sirene und ohne Blaulicht. »Je n'ai pas de permis de conduire!«, schrie ich ihnen nach und winkte. Der Beifahrer drehte sich um und winkte lachend zurück.

Die aus groben Holzplanken zusammengenagelten Hütten am Strand von Salou waren einfach und quadratisch, hatten ein Bett, einen Tisch und zwei Hocker. Sie gaben uns das Gefühl von Abenteuer, weiter Entfernung von der Zivilisation und unmittelbarer Nähe zum Paradies. Allerdings nur, wenn man nach vorne auf das azurblaue und smaragdgrüne Meer schaute oder steil nach oben in die schaukelnden Wipfel der Palmen. Auch das Geräusch der sanft an den Strand schlagenden und abends im Wind rauschenden Wellen war beruhigend und angenehm. Nach hinten hörte und schaute man allerdings lieber nicht. Denn dort breitete sich ein Campingplatz mit Zelten, Wohnwagen und sonnenverbrannten holländischen und deutschen Familien aus, die, wie uns schien, ausschließlich schreiende Kleinkinder dabeihatten.

Auf dem hochglänzenden Foto im Prospekt des Reisebüros hatte man das »CAMPOTEL« nicht sehen können, da der Fotograf mit seiner Kamera schräg vom Vordergrund des Meeres her nach oben in die Palmen gezielt hatte. Der Campingplatz, der etwas tiefer in einer mehrere Hektar großen Mulde hinter unseren Hütten lag, hatte daher, aus dieser Perspektive, keine Chance, störend ins Bild zu kommen. Glücklicherweise wehte der Wind meistens vom Meer her, sodass wir höchstens zweimal am Tag in den zweifelhaften Genuss des ohrenbetäubenden und nach verbranntem Grillfleisch riechenden Brueghel'schen Erholungscampus kamen. Das erste Mal war morgens, wenn wir uns einreihen mussten in die Schlange derer, die mit einer Tageszeitung, einer Illustrierten oder einem Buch unter dem einen und einer Klopapierrolle unter dem anderen Arm schon darauf warteten, in das Longhouse vorzurücken, das für körperliche Erleichterungen kleinerer und größerer Art vorgesehen war. Es gab ein Pissoir mit zwölf Becken sowie zwölf verschließbare Toilettenkabinen, ferner einen breiten Gang mit zwölf Waschbecken an der einen Seite der Wand und zwölf Duschen an der anderen. Dass es von jeder Installation zwölf Exemplare gab, nicht mehr und nicht weniger, ließ darauf schließen, dass der zuständige Architekt wohl ein Engländer gewesen war, der das Dezimalsystem verachtete. Diese Eigenart jedoch störte weniger als die Entdeckung, dass das Bewässerungssystem des Hauses ausgesprochen spontanen Charakter hatte. Mal kam aus den Duschen nur sehr heißes Salzwasser, mal kaltes Süßwasser. Stellte man die Dusche kurz ab, zum Beispiel um sich einzuseifen, dabei aber kein Wasser zu verschwenden, und dann wieder an, um die Seife abzuspülen, spendete dieselbe Dusche, aus der zuvor kaltes Süßwasser gekommen war, wie durch Zauberei siedend heißes Salzwasser. Auf die nicht funktionierende Wasserspülung in einigen Toiletten und die unvermeidbaren Folgen will ich nicht näher eingehen.

Allerdings muss man sagen, dass sich das Personal und die Leitung des CAMPOTELS sehr lobenswert und unverdrossen bemühten, dieser kleinen Unannehmlichkeiten Herr zu werden. Dass es ihnen trotz aller Anstrengungen und finanzieller Investitionen wie zum Beispiel dem Einsatz einer Putzfrau und eines angeblich professionellen Klempners, der sich jedoch als ein in seinen Semesterferien jobbender Student der Theologie herausstellte, nicht gelang, die sanitären Defizite und den damit verbundenen Mangel an primitivsten hygienischen Maßnahmen zu beheben, der zur Folge hatte, dass an manchen Vormittagen Duftwolken wie von Saurübenfeldern zur Düngungszeit über der Ferienkolonie schwebten, lag nicht am fehlenden Willen des Besitzers und Chefs, sondern daran, dass dieser, der liebenswürdige alte Professor Don Cristóbal Vicente de Villafranca y Laffón, kein gelernter Tourismusexperte war, sich dafür aber in seinem akademischen Spezialgebiet »Kunst- und Kulturgeschichte Kataloniens 2« weitaus besser auskannte als in allen Fragen der Latrinenpflege.

Don Cristóbal, der sehr gut deutsch sprach, war fast zu Tränen gerührt, als er von meinem Interesse für die Kathedrale der heiligen Maria von Tarragona und meiner Kenntnis diverser Verse von Antonio Machado erfuhr. Machado war zwar kein Katalane, sondern Andalusier aus Sevilla, aber der Don liebte seine Gedichte über alles. Er besuchte uns nicht nur täglich in unserer Strandhütte, brachte eigenen Wein und eigene Oliven mit und unterrichtete mich in der vieltausendjährigen bewegten Historie Kataloniens, das mit Spanien laut seiner peniblen Forschungen und der daraus resultierenden intimen Kenntnis nicht das Geringste zu tun hatte. Die Geschichtsstunden, die er mir gab, dauerten in der Regel eineinhalb bis zwei Stunden, während derer Dorle im Meer schwamm, in der Sonne lag oder für fremde Kleinstkinder geduldig und hingebungsvoll Sandburgen am Strand baute.

Das Problem mit Don Cristóbal war, so interessant sich seine historischen Ausführungen auch anhörten, dass er das, was er mir erzählt hatte, am nächsten Tag genauestens abfragte, wie ein Lehrer in der Schule. Da er es sicher als grobe Unhöflichkeit empfunden hätte, wenn ich die täglichen Prüfungen abgelehnt oder mich dagegen gewehrt hätte, blieb mir nichts anderes übrig, als wesentliche Informationen wie Zahlen und Namen schriftlich festzuhalten. Innerhalb einer Woche wusste ich über Katalonien mehr als über Oberbayern. Ich konnte Katalanisch von Aranesisch und Spanisch unterscheiden und konnte in Gesprächen mit Dorle jederzeit mühelos und wie selbstverständlich bemerken, dass zwar um das Jahr 1000 vor Christus die Iberer die Pyrenäenhalbinsel besiedelten, die Region Katalonien aber schon längst von Neandertalern bewohnt war, wie Funde in der Höhle *Cova Gran de Santa Lynia* einwandfrei belegten.

Auch die Vereinigung der Grafschaften *Urgell, Cerdanya, Barcelona, Girona* und *Besalú* unter der Herrschaft von Graf *Wilfried dem Haarigen*, auf Katalanisch *Guifré el Pilós*, auf Spanisch *Wifredo el Velloso*, der am 11. August 897 an einer im Gefecht erlittenen Wunde starb, vorher aber noch schnell mit den neun Kindern, die ihm seine Ehefrau Guinidilda schenkte, die Dynastie der *Grafen von Barcelona* begründete, war ein zwar weit zurückliegendes Ereignis, aber offenbar so eindrucksvoll, dass Dorle stumm zuhörte, während sie sich mit gutem Appetit an den Delikatessen delektierte, die uns Don Cristóbal von seinem nahe gelegenen Landgut mitgebracht hatte. Nicht nur Wein und Oliven gab es, auch Käse von seinen Schafen und Ziegen, Trauben von seinen Weinfeldern, Fladenbrot, gebacken von seinen Mägden, luftgetrockneten Schinken von seinen Schweinen und dazu noch einen guten, vertraulichen Rat: Kleinere

Geschäfte sollten wir entweder gleich im Meer oder in direkter Nähe zu den mannshohen Ginsterbüschen nahe der Felsen südlich des Palmenhains erledigen. Für größere Angelegenheiten stünden uns natürlich die Toiletten seiner Finca jederzeit zur Verfügung, aber wenn uns der Weg dahin zu weit sei, empfehle er unter Mitnahme geeigneten Papiers ebenfalls den Raum zwischen den Ginsterbüschen. Für den Boden sei das eine willkommene natürliche Düngung, und es gebe nichts Schöneres, als sich in der frischen Luft mit Blick auf das Meer zu erleichtern. Als Kinder hätten sie das immer so gemacht, und genau dort, wo sie das alles gemacht hätten, seien danach, wie durch ein Wunder, die schönsten Blumen und die heilkräftigsten Kräuter gewachsen. Allerdings empfehle es sich, einen Stock oder ein abgebrochenes Aststück mitzunehmen und mit diesem Holz ein paar mal kräftig sowohl auf die vorgesehene Stelle als auch auf die umliegenden Macchia-Büsche in einem Radius von etwa zwei Metern zu schlagen, damit sich eventuell darin versteckte Schlangen entweder sofort entfernten oder sich vor lauter Angst nicht heraus trauten. Zu unserer Beruhigung könne er aber versichern, dass er in seiner Finca über genug in einem großen amerikanischen Kühlschrank gelagertes Serum verfüge, um jeden Schlangenbiss, und sei er noch so giftig, sofort und wirksam zu bekämpfen. Besonders für letztere Information waren wir Don Cristóbal sehr dankbar, da sie uns den täglichen Besuch der übel riechenden Camping-Latrine als das kleinere Übel erscheinen ließ.

Nach der ersten Ferienwoche, die wir hauptsächlich damit verbrachten, uns von der anstrengenden Reise zu erholen, Dorle planschend im Meer und hingegossen am Strand in der Sonne, ich mindestens zwei Stunden am Tag in der Hütte, mit Don Cristóbal, Geschicke und Geschichte Kataloniens geistig durchwandernd, wollte ich endlich die berühmte Kathedrale von Tarragona sehen. Nachdem ich mich, angeregt von den Versen des Machado-Gedichtes, zuerst und hauptsächlich für die darin vorkommende »lechuza«, die Schleiereule, interessiert hatte und überzeugt war, bei einem Besuch der Kathedrale diesem geheimnisvollen Vogel zu begegnen, der mir und Dorle als sexuelle Fantasie gedient hatte, wurde durch den Unterricht des gelehrten Don auch das alte Kirchengebäude selbst zu einem Faszinosum. Erbaut in den Jahren 1170 bis 1331 galt es als architektonisches Musterbeispiel der Transition vom romanischen in den gotischen Stil. Unbedingt besichtigen sollten wir auch das Grab von Erzbischof Juan de Aragón y Anjou aus dem Jahr 1334, dem Sohn von Jaime II., dem Gerechten, König von Aragón y Valencia, Graf von Barcelona und König von Sizilien, der 1327 im Alter von sechzig Jahren verstarb. Ob ich sechshundert Jahre alte Sarkophage besucht hätte, in denen der Erzbischof Hans statt Juan ruht, und König Jakob anstatt Rey Jaime Segundo, el Justo, Aragón vielleicht Aargau geheißen hätte, Anjou möglicherweise Ansbach und Barcelona Baggertshausen, weiß ich nicht. Der Klang dieser spanischen Namen war verführerisch. Für mich verbarg sich hinter ihnen etwas Großartiges, Glanzvolles, Ritterliches, Temperamentvolles, Feuriges, Edles, Reiches, Männliches. Sie hatten Sexappeal, diese Namen …

Die Catedral Basílica Metropoletana y Primada de Santa María de Tarragona, erbaut auf den Überresten eines römischen Tempels, lag auf einem Hügel, dem höchsten Punkt der Altstadt. Sie war, wie auch schon das Foto in Dorles Reiseprospekt vermuten ließ, ein sehr eindrucksvolles, wuchtiges Bauwerk an einem erhabenen Ort. Von ihrem schattigen Vorplatz aus konnte man über die Dächer der Häuser bis hin zum in der Abendsonne glitzernden Meer sehen. Was mich jedoch am meisten faszinierte, waren zwei lange, schlitzartige Öffnungen auf halber Höhe im Mauerwerk zu beiden Seiten der Kathedrale. Ob eine davon das »Ventanal« war, durch die eine »Lechuza« in die Kathedrale eindrang?

Machado, der nicht aus Katalonien, sondern aus Andalusien stammte, hatte beim Verfassen des Gedichtes wahrscheinlich nicht an Santa María de Tarragona, sondern an Santa María de la Sede gedacht, die große, prächtige, weltberühmte, gotische Kathedrale seines Geburtsortes Sevilla. Aber eine Schleiereule, den scheuen

Vogel, beim Schlüpfen durch ein Ventanal beobachten zu können, war als Plan in der vergleichsweise kleinen Stadt Tarragona, auf dem abendlich ruhigen Platz vor der Kirche, realistischer als in der lärmenden Großstadt Sevilla. Links auf dem Platz lag ein Tapas-Restaurant, von dessen Terrasse man einen hervoragenden Blick auf die Vorderseite der Kathedrale mit ihren beiden Ventanalen hatte. Dorle hatte auf meine Bitte heimlich das Opernglas ihrer Mutter auf die Reise mitgenommen, das ich zum sicht- und spürbaren Befremden der anderen Restaurantgäste alle paar Sekunden auf die beiden Schlitze links und rechts in der Fassade der Kirche richtete. Dorle, der die ganze Schleiereulen-Angelegenheit angesichts des wachsenden Argwohns sowohl der Touristen als auch der Einheimischen, die sich das seltsame Verhalten des jungen Mannes mit dem Opernglas nicht erklären konnten, allmählich peinlich wurde, machte mich darauf aufmerksam, dass der Wirt an der Theke ein Telefonat führte und dabei immer zu uns herschaute. Als ich ihr daraufhin etwas umständlich erklären wollte, dass man in den animistischen Kulturen Afrikas sagte: »Wenn dir eine Schleiereule noch vor Einbruch der Dunkelheit begegnet, dann beobachten dich deine Vorfahren und beschützen dich«, standen plötzlich drei spanische Polizisten vor uns, einer davon im Abstand von höchstens einem Meter, die beiden anderen etwas weiter hinter ihm. In einem strengen, amtlichen, verhörenden und belehrenden Ton, den Zeigefinger der linken Hand erhoben und damit mal auf mich, dann auf das Opernglas und immer wieder auf die Kathedrale zeigend, ließ er eine Suada unverständlicher, harter spanischer Sätze auf mich herunterprasseln, die mich zunächst zum Aufstehen von meinem Stuhl bewogen, um dann im Stand, stumm, mit an den Hosennähten angelegten Händen, eine Art militärische Haltung anzunehmen. Das gefiel ihm offenbar sehr, denn seine Stimme wurde allmählich weicher, und als ich ihm mit »Por favor, señor comandante« das Opernglas reichte und auf die Ventanals zu beiden Seiten der Fassade deutete, hielt er das Fernglas tatsächlich an seine Augen und schaute zur Kirche hinüber.

Leise und melodisch rezitierte ich, während der Comandante mit dem Opernglas etwas ratlos die Mauern der Kathedrale absuchte, in einem Spanisch, das ich für so perfekt akzentfrei hielt, dass ich selbst davon zu Tränen gerührt war, die Verse des großen Machado:

> *»Campo, campo, campo*
> *Entre los olivos*
> *Los cortijos blancos*
> *Por un ventanal*
> *Entró la lechuza*
> *En la catedral«*

Der Comandante ließ das Glas sinken, schaute mir ernst und tief in die Augen, umarmte mich wie seinen besten Freund und entschuldigte sich dann wieder mit einem Wortschwall, den ich nicht verstand. Anschließend ging er in Begleitung seiner beiden Kollegen zum Wirt und informierte ihn offenbar über mich. Der Wirt schaute daraufhin freundlich lächelnd und sich verbeugend zu uns herüber. Es dauerte nur ein paar Minuten, dann brachte er uns zwei dickbauchige Gläser mit einer tiefroten Flüssigkeit, klirrenden Eiswürfeln und einer halben Scheibe Limone, die am Rand der Gläser steckte. »Salud!«, sagte er, wir hoben die Gläser, sagten ebenfalls »Salud!« und nahmen einen vorsichtigen, kleinen Schluck von dem rot glänzenden Cocktail. Aus welchen einzelnen Bestandteilen er bestand, war aus dem Wirt, der sich sehr höflich als Diego Quevedo vorstellte, nicht herauszulocken. »La receta … está secreto«, sagte er, und ich wusste endlich, warum ich neun Jahre Latein gelernt hatte: um zu verstehen, was Diego Quevedo über seinen Cocktail sagen wollte.

Der »Matador«, so hieß das Getränk, war vorzüglich, bestand aus einem starken Grundton von Alkohol und einer Mischung mehrerer Fruchtsäfte. Mit dem zweiten Schluck waren die Gläser leer, und Diego ging rasch in seine Kneipe, um Nachschub zu holen. Diesmal brachte er drei Gläser voll mit »Matadores«, setzte sich zu uns an den

Tisch, prostete uns zu, griff dann nach dem Opernglas und richtete es auf die »ventanales«. Dazu erzählte er eine Geschichte, ungeachtet des Problems, dass wir nur wenige Worte Spanisch sprachen und verstanden. Es folgten noch weitere »Matadores«. Die Sonne ging unter. Es wurde Nacht, und mein Spanisch wurde nach dem fünften »Matador« immer mutiger.

Beängstigend fließend unterhielt ich mich mit Diego in einer Mixtur aus französischen, italienischen, lateinischen und spanischen Brocken, indem ich jedes Wort mit einem la, lo, da, do, les, las, mi, ma etc. beginnen und es dann genauso oder ähnlich enden ließ, häufig mit einem Vokal, aber auch mit scharfen Konsonanten. Während wir erregt über den spanischen Bürgerkrieg diskutierten, den Diego noch mit allen Gräueln als Halbwüchsiger in Málaga erlebt hatte, oder über den Zauber und das tödliche Drama des Stierkampfes, der in einem berühmten Gedicht von Federico García Lorca *La cogida y la muerte* mit der ständig wiederkehrenden Zeile »A las cinco de la tarde« so eindrucksvoll besungen wurde, richtete Dorle, die jetzt schon etwas angetrunken war, alle paar Augenblicke das Opernglas auf die Kirche, in der vagen Hoffnung, vielleicht doch nachts den Anflug der tagscheuen Schleiereule beobachten zu können. Als mir, dem Ausländer, dann plötzlich und überraschend auch noch ein paar Fetzen von Versen aus Lorcas Corrida-Gedicht einfielen, kannten Diego Quevedos Hochachtung und Sympathie für mich keine Grenzen mehr:

... a las cinco de la tarde
En las esquinas grupos de silencio
... a las cinco de la tarde
Y el toro solo corazón arriba!
... a las cinco de la tarde.

In dem Moment, als er mir vor Begeisterung und Rührung besoffen um den Hals fiel, sprang Dorle von ihrem Stuhl auf und schrie laut: »La lechuza, la lechuza!!! Zwei, zwei, dos!!!« Die paar Gäste, die noch im Café saßen, sprangen ebenfalls auf und starrten auf die Fassade der Kathedrale. Bevor ich reagieren konnte, riss Diego Dorle das Opernglas aus den Händen und richtete es auf die Ventanales. Dort oben, an der von uns aus linken Seite der Kirche waren tatsächlich zwei vogelartige Tiere zu sehen, die in den Mauerspalt drängten. Ich war völlig perplex, dass wir tatsächlich zwei »lechuzas«, die seltenen Schleiereulen, genau so erlebten, wie es in dem Gedicht beschrieben war – aber nur, bis Diego enttäuscht das Fernglas sinken ließ und es Dorle zurückgab. »Palomas!«, sagte er mit Verachtung in der Stimme, »dos palomas … oscuras … *la una era la otra y los dos eran ninguna*, también un poema de Lorca …«

Mit diesen Worten schlurfte er zurück in seine Kneipe, um die nächsten »Matadores« zu mixen. Ich schaute auf die Tauben, die tatsächlich die dunkle Färbung hatten, die ich von meiner Heimatstadt München her kannte. Noch etwas anderes kannte ich von diesen Tauben auch: Die Vögel benützten die Öffnung in der Mauer, um ihre größeren Geschäfte darin zu verrichten, dann putzten sie ihr Gefieder, gaben einige ihrer typischen, gutturalen Laute von sich und flogen wieder davon. Die Tauben flogen davon, die wenigen Gäste, die um diese Zeit noch da waren, setzten sich wieder, zahlten allmählich ihre Rechnungen, und Diego kam mit den nächsten drei Gläsern »Matador« zu uns. Seine Enttäuschung, anstatt der »lechuzas« nur »palomas« gesehen zu haben, war mindestens so groß wie meine. Auch Dorle fühlte sich um ein »aufregendes Erlebnis« geprellt. Diego verfiel einer anhaltenden, aggressiven Verurteilung der »Taube« an sich, weil er sie nicht nur für die Verbreitung von Krankheiten und Seuchen verantwortlich machte, sondern wegen der chemischen Zusammensetzung ihres ätzenden Kots auch für Schäden an den Mauern vor allem älterer Bauwerke wie beispielsweise die vor uns aufragende Catedral de Santa María de Tarrogona.

Ich saß zwischen den beiden, trank stumm meinen achten »Matador« und überlegte, wo wir in der Nähe schlafen könnten, denn an Autofahren war in diesem schwer alkoholisierten Zustand nicht mehr zu denken. Allerdings erinnerte Dorle hartnäckig daran, dass sie Alkohol schon immer besser vertragen habe als ich und daher jederzeit mindestens so fahrtüchtig sei, dass sie uns beide sicher und gefahrlos die paar Kilometer bis zu unserem Holzhäuschen am Strand von Salou chauffieren könne. Da ich nicht mehr in der Lage war, eine gegenteilige Meinung zu begründen oder gar durchzusetzen, fügte ich mich widerspruchslos in mein Schicksal, verabschiedete mich von Diego Quevedo unter Umarmungen, Küssen und wiederholten gegenseitigen Beteuerungen, dass man sich entweder in Tarragona oder München wiedersehen werde. Auch Dorle bestätigte unserem neuen Freund dieses Versprechen, in einem Upper-class-Englisch, das Diego vermutlich inhaltlich nicht wirklich verstand, aber rein onomatopoetisch den Sinn der Sätze wahrnahm.

Als der Morgen dämmerte, wusste ich zuerst nicht, wo ich war. Dann realisierte ich aufgrund meines schmerzenden Rückens, dass ich auf dem nach hinten gekippten Beifahrersitz unseres Peugeots lag. Ich war allein in dem Wagen, von Dorle keine Spur. Angst um sie ergriff mich. Ich rappelte mich aus dem Sitz auf und schaute aus den Fenstern. Das Auto stand schräg am Rand eines Feldwegs, der zu einem Sandstrand führte. Ich kroch aus dem Wagen, ging gebückt ein paar Schritte zum Strand und rief mehrmals, so laut ich nur konnte, nach meiner verschwundenen Freundin. Ich hätte allerdings gar nicht so schreien müssen, denn schräg vor mir, in einer Entfernung von vielleicht dreißig Metern, entstieg den leise an den Strand klatschenden Wellen eine nackte, dunkelhaarige, schöne junge Frau, die auf mich zuging und mich klatschnass und lächelnd umarmte. Es stellte sich heraus, dass Dorle während der Heimfahrt doch noch Angst vor ihrer eigenen Courage bekommen und nach ein paar Schlangenlinien kurz entschlossen den Peugeot auf dem schmalen Feldweg geparkt hatte, der von der Hauptstraße zum Meer führte. Zu diesem Zeitpunkt hatte mich aber ein Dutzend »Matadores« bereits so überwältigt, dass ich fest eingeschlafen war. Erleichtert über den glücklichen Ausgang des nächtlichen Saufgelages bei Diego Quevedo zog auch

ich mich aus und schwamm so lange mit meiner nackten Gottesgabe bei Sonnenaufgang im herrlichen morgendlich kühlen Wasser,
bis sich die Katerversammlung in meinem Kopf und in den Glie-
dern aufgelöst hatte.

Nachträglich betrachtet, und zwar schon wenige Stunden nach
der Abreise, waren unsere drei Ferienwochen in Katalonien trotz
unbefriedigender Sanitärverhältnisse und einer Kathedrale in Tarragona, die ihre Lüftungsschlitze nicht geheimnisvollen Schleiereulen
zum Schlüpfen in das Gotteshaus darbot, sondern von der Notdurft
ordinärer Grautauben verunreinigen ließ, eine wunderbare Zeit der
rotgoldenen Sonnenaufgänge am Horizont über grünblauem Meer,
der Lust und der nicht nur erträglichen, sondern willkommenen
Leichtigkeit des Seins. Ein nobler, geschichtsgelehrter Großgrund-
professor, ein unerwartet literatursensibler Capitán der Guardia Ci-
vil und ein von »Matador« zu »Matador« immer wehmütiger und
sentimentaler werdender Kneipenwirt, Bürgerkriegsüberlebender
und Lorca-Fan hatten dazu beigetragen.

Je weiter wir uns von Spanien entfernten, desto schöner wurden
die vergangenen Tage. In Bezug auf Schönheit kaum mehr auszu-
halten war dann noch die Nacht, als wir an einem kleinen Rastplatz
zwischen Valence und Lyon hielten, ausstiegen und unsere steifen
Knochen nach zehn Stunden ununterbrochener Fahrt bewegten. Als
ich tief durchatmete und dabei nach oben schaute, sah ich etwas, das
ich nie zuvor und auch nicht danach je gesehen hatte: Der dunkelblaue Nachthimmel war übersät, geradezu überschwemmt von Sternen. Zwischen den einzelnen Himmelskörpern schien kaum noch
Platz zu sein, so eng drängten sie sich aneinander, als hätte der Himmel einen Teppich von Milliarden Sternen gewoben, die um das
brillanteste Funkeln wetteiferten.

Zwei Tage vor meinem Einzug in die Fallschirmpanzerjägerkompanie 260 in Külsheim musste ich mich diesem einzigartigen Milch-
straßenschauspiel aussetzen, das mir den bevorstehenden achtzehn-
monatigen Dienst beim Militär in einer Art und Weise unnötig,
überflüssig und lächerlich erscheinen ließ, dass ich drauf und dran

war, sofort umzukehren, um in Zukunft lieber in Südkatalonien bei Professor Don Cristóbal Vicente de Villafranca y Laffón Latrinen zu reinigen, als mich mit einem deutschen Stahlhelm in Nordbaden zu präsentieren.

Das alte Real-Gymnasium in Schwabing,
heute Oscar-von-Miller-Gymnasium

Der alte Südfriedhof

München in den 1950er-Jahren

Schwabinger Straßen

Die Leopoldstraße in Schwabing mit dem 1964 erbauten
»Hertie«-Hochhaus

12

Abgeschmiert aus 100 Metern
Aus der alten Tante JU
Mit geschloss'nem Schirm zur Erde
Fand ein Fallschirmjäger seine Ruh'

Seine Knochen sind gebrochen
Und der Schirm liegt oben drauf
Kommt ein Sani angekrochen
Sammelt seine Überreste auf

Im Walhalla angekommen
Steht der Odin vor der Tür
Bist du auch ein Fallschirmjäger
Komm herein, wir haben Frau'n und Bier

Die Umstellung von der spanischen Lyrik auf die deutschnationalso-
zialistische war gewöhnungsbedürftig. Ich brauchte dazu nicht nur
die achtzehn Monate der Dienstzeit, sondern es fällt mir heute noch
schwer zu glauben, dass wir solche Lieder singen mussten. Diese
Verse, eindeutig aus der NS-Zeit stammend, waren tatsächlich das
Erste, was uns der Unteroffizier unseres Zuges beibrachte, zwei Tage
nach Ankunft in der Kaserne. Wir sollten den ganzen Text, von dem
hier nur drei Strophen zitiert sind, auswendig lernen. Franz Josef
Strauß, dem wir zusammen mit Konrad Adenauer ganz wesentlich
die Rekonstitution des deutschen Militärs verdanken, obwohl der

Bayer sechs Jahre zuvor noch öffentlich hatte verlauten lassen: »Wer einmal noch ein Gewehr in die Hand nehmen will, dem soll die Hand abfallen«, dieser Franz Josef Strauß hatte leider im Rausch des Wiederaufbaus vergessen, die Gesangbücher der deutschen Bundeswehr von der martialischen Verskunst der Nazis säubern zu lassen. Möglicherweise war er aber als ehemaliger Oberleutnant der Wehrmacht – und ab November 1943 sogenannter Nationalsozialistischer Führungsoffizier sowie ab Mitte 1944 Chef der Stabsbatterie und der wehrgeistigen Führung an der Flak-Artillerieschule Altenstadt – gar nicht für Liedtexte zuständig. 1964, neunzehn Jahre nach Ende des Zweiten Weltkriegs, gab es bei der Bundeswehr wie auch in der Beamtenschaft und in Politikerkreisen noch nicht wirklich die Gnade der späten Geburt. Wenn ein hoher deutscher Offizier, ein Oberst oder General, aber auch ein Hauptfeldwebel zu dieser Zeit über Mitte vierzig war, dann konnte man davon ausgehen, dass er sein Handwerk zwischen 1939 und 1945 nicht nur gelernt, sondern auch ausgeübt hatte. Ähnliches galt für gleichaltrige oder ältere Staatsanwälte und Richter, für Landräte und Bürgermeister, auch für Ärzte, Wissenschaftler und Ingenieure sowie für Hunderte von ehemaligen Parteimitgliedern oder Angehörigen der SS, die, legal vom Volk gewählt, als Abgeordnete in die einzelnen Landtage der Bundesländer oder in den Deutschen Bundestag einzogen, zu Ministern und Ministerpräsidenten des Bundes und der Länder aufstiegen, im Falle Kiesingers sogar zum deutschen Bundeskanzler.

Bei Strauß erinnerte man sich offenbar in politisch konservativen Kreisen an die Führungsqualitäten des Bayern bei der Wehrmacht und gab ihm, wohl als Dank für seine unleugbar pazifistische Haltung, von 1956 bis 1962 das neu gegründete Verteidigungsministerium. Augenzeugen berichteten, dass man – zum Beispiel bei Jagdwochenenden in den Wäldern des Friedrich Karl Flick, milliardenschwerer Sohn des in den Nürnberger Prozessen von den Alliierten als Kriegsverbrecher verurteilten Großindustriellen und Kriegswaffenfabrikanten Friedrich Flick – nie ein anderes Gewehr in der Hand des Franz Josef Strauß gesehen habe als höchstens eine harmlose Jagdwaffe vom Typ Gladius Bockdoppelflinte mit silbergrauer Basküle. Es gab außerdem Jagdteilnehmer, die bemerkt haben wollen, dass er das Gewehr nur widerwillig und höchstens einige Sekunden für den Zeitpunkt des Wildabschusses in den Händen hielt, um es gleich danach wieder, mit allen Zeichen des Abscheus, seinem Jagdgehilfen zu übergeben. Andere wollen sogar Zeuge gewesen sein, dass sich der Verteidigungsminister nach jedem Blattschuss auf ein Reh oder Wildschwein die Hände mit echt Gerolsteiner Mineralwasser aus der Flasche wusch. Dieser Sprudel soll angeblich auch das Lieblingsgetränk des Antialkoholikers Adolf Hitler gewesen sein, der das Produkt der 1881 gegründeten Sprudel GmbH besonders deshalb so schätzte, weil es einen hohen Gehalt an natürlicher deutscher Kohlensäure aufwies.

Wenn man diese Zustände im Jahr 1964 als normal hinnahm, war es auch kein Wunder, dass Wehrpflichtige der Bundeswehr Lieder der ehemaligen deutschen Wehrmacht auswendig lernen mussten.

Besonders beliebt bei Offizieren und Unteroffizieren war das folgende Lied, das die Rekruten mit Begeisterung bei Gewaltmärschen zu singen hatten, wenn sie bereits so erschöpft waren, dass sie nur noch vor sich hin stolperten:

> *Hinter den Bergen strahlet die Sonne,*
> *glühen die Gipfel so rot,*
> *Stehen Maschinen, die woll'n mit uns fliegen,*
> *fliegen in Sieg oder Tod.*
> *Hurra, wir starten, hurra, wir starten,*
> *wenn die erste Morgensonne scheint,*
> *Fallschirmjäger, Fallschirmjäger*
> *gehen ran an den Feind!*
>
> *Narvik, Rotterdam, Korinth*
> *und das heiße Kreta sind*
> *Stätten unserer Siege!*

Ja, wir greifen immer an,
Fallschirmjäger gehen ran,
Sind bereit zu sterben!

Hoch aus den Wolken stürzen wir nieder,
tief in die feindlichen Reih'n.
Gegner, wir kommen, habt ihr's vernommen,
bald wird der Sieg unser sein ...

Auf den Sieg beziehungsweise auf den unmittelbar bevorstehenden Krieg mit »*dem* Russen« wurden wir täglich vorbereitet. Als ich mir die Frage erlaubte: »Bitte, Herr Hauptfeldwebel, wenn unser Feind tatsächlich nur *ein einziger Russe* ist und unsere Kompanie allein schon mehr als hundert Mann hat, dann weiß ich nicht, warum wir hier alle ...« Weiter kam ich nicht, meine Kameraden brachen in lautes Gelächter aus, und ich bekam »wegen abschätzigem Lächerlichmachen der Wehrkraft« zwei Tage *Bau*. Ferner erhielt ich einen entsprechenden Eintrag in mein Führungszeugnis, der daran schuld war, dass ich nach eineinhalb Jahren Wehrdienst nicht wie üblich vom Gefreiten zum Obergefreiten befördert wurde. Im *Bau*, dem kleinen Kasernengefängnis, gab es achtundvierzig Stunden lang trockenes Kommissbrot aus der Dose und dazu, man glaubt es kaum, Gerolsteiner Mineralwasser mit besonders hohem Gehalt an natürlicher Kohlensäure. Da ich immer schon einen empfindlichen Magen gehabt hatte, reagierte ich darauf mit starkem Sodbrennen und Refluxösophagitis. Als ich mich dann, meines Erachtens zu Recht, krank meldete, wurde ein Arzt aus Külsheim gerufen, der meinen Angaben nur flüchtig zuhörte und nach kurzer Untersuchung, die sich auf ein Abtasten des Oberbauches beschränkte, in meinem Beisein dem zuständigen Feldwebel der Wache erklärte, dass es sich bei dem angeblich kranken Patienten zweifelsfrei um einen Simulanten handle, der sich nur wichtig machen wolle und ansonsten kerngesund sei. Ich bekam dann noch mal achtundvierzig Stunden Bau und einen weiteren Eintrag ins Führungszeugnis: »wegen Simulantentums«.

Dieser Eintrag wurde später jedoch für nichtig erklärt, da eine gastroenterologische Untersuchung im Würzburger Klinikum ergab, dass meine laienhafte Diagnose zweifelsfrei richtig gewesen war. Niemand entschuldigte sich, weder für die zusätzlichen achtundvierzig Stunden Bau noch für die fehlerhafte Einschätzung des Landarztes. Auch der Diätplan, den ich in der Kantine des Bataillons vorlegte, konnte dem Koch nur ein stummes Nicken entlocken. Er nahm das DIN-A4-Blatt an sich, verschwand in seiner Großküche und ließ nie wieder etwas von sich hören. Das Essen, das ich ab diesem Tag bekam, unterschied sich in keinster Weise von dem von vorher und dem der Kameraden. Auf mein vorsichtiges Nachfragen bei unserem Hauptfeldwebel Malutke bekam ich eine militärische Antwort: »Kommen'Se mir ja nich mit Diät, Jäjer Dittl … was glauben Se, Jäjer Dittl, was Se zu fressen kriejen, wenn Se der Russe jefangen hat? Rinde von de Birken, und faulije Wassersuppe mit Kartoffelschalen, wenn Se Jlück haben. Ick war im Ural, wo de Kameraden im Bergwerklajer vor lauter Hunger Braunkohle jefressen haben und daran varreckt sin, also kommen'Se mir nich mit Diät!«

Tagtäglich wurden wir vor *dem Russen* gewarnt, jeden Tag warnte man uns, der Dritte Weltkrieg, angezettelt von *dem Russen*, stünde unmittelbar bevor, und zwar so unmittelbar, dass er jeden Tag ausbrechen könnte. Diese ständige Beschwörung der drohenden Gefahr eines womöglich nuklearen Kriegsausbruches wurde allmählich zu einer Psychose, der wir ahnungslose Rekruten nichts entgegenzusetzen wussten. Als ich am sechsten Wochenende meiner Grundausbildung zu einem Kurzbesuch zu meiner Mutter nach München fuhr, war ich erstaunt darüber, dass die Leute dort ein ganz normales Leben zu führen schienen, dass sie scherzten, lachten und plauderten, offenbar keine Ahnung davon hatten, dass über ihren Köpfen bereits der Weltuntergang vorbereitet wurde. Sowohl meine Mutter als auch Dorle glaubten mir nicht, dass *der Russe* schon an der Grenze stünde und mit tatkräftiger Hilfe der Deutschen Demokratischen Republik längst ein Szenario der totalen Vernichtung der

Bundesrepublik und weiterer nicht kommunistischer, westeuropäischer Länder entwickelt hätte. Ich erinnere mich genau an die überraschten Gesichter meiner Mutter, meiner Dorle und meiner Freunde. Vermutlich hielten sie mich für leicht geistig gestört durch die Überanstrengung im Militärdienst.

Von Halluzinationen war aber bei mir, dessen war ich sicher, keine Spur, sondern ich verfügte eben als Angehöriger der deutschen Bundeswehr über Informationen, die vor der Zivilbevölkerung nur deshalb geheim gehalten wurden, weil sonst damit zu rechnen war, dass »eine größere, unkontrollierbare Panik bei Otto Normalverbraucher entsteht«. Ende des Zitats von Hauptfeldwebel Malutke, der die unvergessliche Gewohnheit hatte, sich immer im Singular auszudrücken.

An einem grauen kalten Sonntagnachmittag im November musste ich dann die Eisenbahn zurück zu den Fallschirmpanzerjägern nehmen. Als ich zum Abschied aus dem halb geöffneten Fenster des Zuges winkte, blickte ich in die ratlosen Gesichter und feuchten Augen von Dorle und meiner Mutter. Ich war sicher, dass in den kommenden Wochen der Dritte Weltkrieg ausbrechen und ich die beiden Frauen nie mehr wiedersehen würde.

Auch mein Stubenkamerad Alfi Wackersberger, Sohn eines Münchner Großbäckers, der mir in dem Abteil gegenübersaß, berichtete von ähnlichen Erfahrungen an diesem Heimatwochenende. Sein Vater hatte nur gesagt: »Du spinnst ja, Bua«, und seine Mutter hatte ihn in die Arme genommen und mit den Worten: »Wird alles wieda guat, Bua … alles wieder guat … i hab dir extra an Schweinsbratn mit rohe Kartoffeknedl gmacht … den magst ja doch du so gern, werst scho seh'n, s'wird alles wieda guat …« getröstet. Sonntag früh war dann unangemeldet der Freund seines Vaters, Dr. med. Grömminger, vorbeigekommen, mit dem er jeden Mittwoch an einer Schafkopfrunde teilnahm. Grömminger war zu Alfi noch freundlicher, als er ohnehin schon immer war, stellte über eine Stunde lang Fragen, die auch ein Kleinkind hätte beantworten können, und ging dann mit seinem Vater und einem konspirativ besorgten Gesichtsausdruck ins Nebenzimmer, das sein Vater daraufhin gleich von innen verschloss. Alfi erfuhr nicht, was Dr. Grömminger seinem Vater gesagt hatte, aber anschließend sprachen sowohl Vater wie Mutter mit leiser, sanfter Stimme zu ihm und behandelten ihn so liebevoll, wie er es nie zuvor erlebt hatte.

Das habe ihm zu denken gegeben, sagte Alfi: »Diese Ahnungslosigkeit im Volk! So wie's jetzt ausschaut, wer'n wahrscheinlich alle Deutschen im Krieg umkommen, und mir wer'n zuerst fallen. Des find' ich, ehrlich g'sagt, a bissel früh mit zwanzig, wo man doch noch gar nix erlebt hat. Aber mir is des jetzt wurscht, jetzt leb i erst amoi!« Um mir zu erzählen, was er darunter verstand, beugte er sich in seinem Sitz vor und flüsterte: »Heit auf'd nacht no geh i ganz leise zum Kellberg in sei Stub'n und dann soll's meinertweg'n endli passiern … bevor da Kriag kummt.« – »Passiern … aha!«, sagte ich und hatte nicht die geringste Ahnung, was Alfi Wackersberger damit meinte. »Ja mei«, sagte er, »der Kellberg is ein richtiger Kerl und an gscheid'n … ah … Dings hat er wahrscheinli aa … moanst ned?«

Hauptmann Kellberg war das Musterexemplar des deutschen Fallschirmjägers. Etwas über eins neunzig groß, lange Beine, starke Oberschenkel, schmale Hüften, mächtiger Brustkorb und breite Schultern. Ein ausgeprägtes, betontes Kinn, stahlblaue Augen und ein gepflegter blonder Kurzhaarschnitt vervollständigten das Bild des germanischen Paradeoffiziers. Und dieser Man sollte …? »Freili«, sagte Alfi, »hast du des ned gwusst?« – »Nein«, sagte ich. »Bei de Fallschirmjäger san fast alle schwul, hast du no nia was von de PARAS g'hört, von de französischen Fallschirmjäger, des san de Oberschwulen, da is koa einziga Hetero dabei, der derf gar ned dabei sei!« – »Und der Kellberg, der …?«, fragte ich noch mal zögernd. »Der war ja scho von Anfang hinter mir her, und wenn i mit eahm zammgeh' hat er g'sagt, dann brauch i ned mehr bei euch in der Stub'n schlaffa, dann krieg ich ein Einzelzimmer, und außerdem tut er mich in de Schreibstub'n, dann brauch i ned dauernd de Nachtübungen mit der Kompanie mitmachen, weil de Nachtübungen, de mach i dann mit ihm … und weißt was lustig is, des sag ich dir aber nur wennstas ned weitersagst, schwörst des?« – »Ich schwöre«, sagte ich. »Er …«, Alfi kicherte, »… er is …«, wieder kicherte Alfi, »er is ned der *er*, sondern er is die *sie* …« Alfi hörte gar nicht mehr auf zu kichern. »Kannst dir des vorstelln … bei so am Trumm von am Kerl?«

Den mutmaßlich bevorstehenden Untergang des Abendlandes mit Schicksalsergebenheit abzuwarten, war unangenehm genug, aber zur Kenntnis zu nehmen, dass vermutlich die Mehrheit der Berufssoldaten unserer Kompanie schwul war, erforderte sehr starke Nerven. Das Bekenntnis von Alfi und seine Behauptung, dass Fallschirmjäger grundsätzlich eher dem eigenen Geschlecht als dem anderen zugetan waren, erinnerte mich an eine etwas irritierende flüchtige Beobachtung, die ich vor Jahren während der Musterung gemacht und fast vergessen hatte. Als man mich gefragt hatte, bei welcher Waffengattung ich dienen wollte, und ich mit »Fallschirmjäger« antwortete, hatte mir der Schreiber hinter dem Arzt nicht nur mit kokettem Gesichtsausdruck zugeblinzelt, sondern auch die Lippen wie zu einem schnellen Kuss gespitzt.

»Ja, bist'n du nicht schwul?«, fragte Alfi. »Nein«, sagte ich. »Auch ned a bissel?« – »Nein«, sagte ich, »nicht einmal ein kleins biss'l!« – »Ja, dann hättst doch ned zu de Fallschirmjäger geh'n dürf'n!« – »Sondern?«, fragte ich. »Ja mei, des weiß ich jetzt auch ned so genau, Sanitäter vielleicht … naa, bei de Sanitäter gibt's aa Schwule, bei da Luftwaffe aa a paar, bei da Marine weniger, aber de allerwenigsten san bei de Fernmelder, glaub i, i glaub sogar da san überhaupt koane, weil i hab an Freind, der is dort bei de Fernmelder auf'm Oberwiesenfeld, der hat er sich zer'st g'freit, dass er in München bleib'n kann, aba dann war er ganz vazweifat, weil's bei dene Fernmelder überhaupts koane Schwulen gibt, sondern nur Normalos … ganz vazweifat isa, dabei isa so nett, der Gerhard, so a liaba.«

Es dauerte keine Woche, dann wurde Jäger Alfons Wackersberger tatsächlich in das Geschäftszimmer der Kompanie versetzt, musste unsere Stube verlassen und erhielt ein sonst nur höheren Dienstgraden vorbehaltenes Einzelzimmer, da er, wie es hieß, stets wichtige

Dokumente mit sich trug und für deren absolute Vertraulichkeit verantwortlich war. Aus ähnlichen Gründen durfte er auch nicht mehr an Nachtübungen der Kompanie teilnehmen, sogar dann nicht, wenn Alarm gepfiffen wurde und alle Mann mit Sturmgepäck, Stahlhelm und ABC-Maske im Kasernenhof anzutreten hatten. Es war schade, dass Alfi ging, zumal er neben mir nicht nur der einzige Münchner in unserer Stube war, sondern sogar Abiturient eines humanistischen Gymnasiums und damit im Besitz des großen Graecums, wenngleich man das seinem schwer dialektbeladenen Giesinger-Bayerisch nicht anhörte. Die vier anderen Kameraden, mit denen ich das Zimmer teilte, kamen aus dem hessischen, schwäbischen und nordrhein-westfälischen Raum. Zwei von ihnen waren Handwerksgesellen, einer war Friseurlehrling und der andere Kaufmannsgehilfe.

Eine solche Gesellschaft war für mich nicht ganz uninteressant, weil ich bisher, wohnhaft in Schwabing und ebenfalls Absolvent eines angesehenen Gymnasiums, weder Gesellen noch Lehrlinge oder Gehilfen kannte. Ich saß auf dem hohen Ross des Schwabinger Möchtegern-Bohemiens, schrieb Gedichte, war befreundet mit Verlagsleitern und Modedesignern, hatte Erfolg bei den Frauen, die Mutter meiner Freundin war eine populäre Schauspielerin, ganz zu schweigen von meinem Großvater, der ein berühmter Stummfilmstar gewesen war.

Reisen hatte ich unternommen nach Paris, nach Wien, nach Venedig, an die französische Côte d'Azur und an die spanische Costa Brava, in drei Sprachen konnte ich mir Essen im Restaurant bestellen, Spaghetti aglio olio in Italien, omelette au jambon in Frankreich, pollo con arroz in Spanien und mein Bett zu Hause wurde stets von meiner Mutter gemacht. Es gab nur zwei Schönheitsfehler in meiner bisherigen Daseinsbilanz: Ich hatte kein Geld und wohnte seit Jahren in einem alten Lagerhaus, dessen Ölofen im Winter immer stärker zu stinken begann.

Ich hätte gern mehr erfahren über Leben und Arbeit meiner Stubenkameraden, aber sie redeten kaum mit mir, was vielleicht daran lag, dass ich auch mit ihnen kaum redete. Gespräche kamen höchstens am Abend zustande, wenn kräftig getrunken wurde und es immer wieder darum ging, was besser sei: Bier aus der Flasche oder aus der Dose. Immerhin lernte ich dabei, dass ein und dasselbe Bier in der Dose anders schmecke als aus der Flasche, und das Bier X zwar in der Flasche besser schmecke als in der Dose, aber bei dem Bier Y gelte das Gegenteil. Unabhängig davon käme es beim Bier hauptsächlich darauf an, dass es gut gekühlt sei, und im Übrigen sei das einzige Bier, bei dem die Trinktemperatur so sei, wie sie sein müsse, sowieso das Bier vom Fass im Wirtshaus. Hier allerdings sei es von maßgeblicher Bedeutung, ob es aus einem Holz- oder aus einem Metallfass käme. Der Unterschied sei ähnlich wie der zwischen Bier aus der Dose oder Bier aus der Flasche. Ferner gebe es natürlich enorme »charakterliche« Unterschiede zwischen Bieren aus verschiedenen Brauereien in verschiedenen deutschen Bundesländern, auch zwischen hell oder dunkel oder, ob es wie das Kölsch aus dem Westen käme oder wie das Pils aus dem Norden oder gar wie die bayerischen Biere aus dem Süden. Überhaupt, lallten die Kameraden einstimmig, glauben die arroganten Bayern, sie allein hätten das Brauen erfunden. Fehlte nur noch, dass die Bayern irgendwann ein Patent für ihr Bier anmelden und dass es dann bald überhaupt kein anderes mehr gibt. Am schlimmsten, meinten sie, seien die protzigen Münchner Brauereien, weil die so groß und mächtig sind, dass sie den Markt überschwemmen und die Preise diktierten, so meine Stubenkameraden, und dabei hatten sie bis kurz vor der Sperrstunde um zweiundzwanzig Uhr den Inhalt von mindestens zwei Dutzend Flaschen und ebenso vielen Dosen geschluckt. Auf den leeren Flaschen klebten weiß-blaue Etiketten mit dem Namen PAULANER und auf den Dosen LÖWENBRÄU.

Wenn ich die angetrunkenen Kameraden jetzt auf die Widersprüchlichkeit zwischen Argumentation und Praxis hingewiesen hätte, wäre ich in Gefahr geraten, eine heftige, möglicherweise körperliche Auseinandersetzung mit ihnen zu riskieren, also legte ich mich lieber ins Bett. Schlafen konnte ich leider nicht. Alles nur Mögliche schwirrte mir ungeordnet durch den Kopf: Der amerikanische Präsident Johnson hatte die Vollmacht zur amerikanischen Beteiligung am Vietnamkrieg bekommen. Bis die ersten Bomben auf den Norden des Landes fallen, wird es also nicht mehr lange dauern. Dorle will sich trotz meiner Einwände einer Busenoperation unterziehen, was in Wirklichkeit nichts anderes bedeutet als eine Verkleinerung ihrer Brüste. Soll ich mir das so kurz vor einem eventuellen Dritten Weltkrieg gefallen lassen? Nikita Chruschtschow, der gerade noch einen Beistandspakt mit der DDR geschlossen hatte, wird als Partei- und Regierungschef entlassen. Was bedeutet das? Seine Nachfolger sind ein gewisser Kossygin und ein gewisser Breschnew. Und wie verhalte ich mich, wenn mir einer von den schwulen Fallschirmjägern einen unsittlichen Antrag macht? Soll ich ihm gleich mit einer Anzeige drohen? Vielleicht sollte meine Mutter mal mit Dorle über die Busenoperation reden. Inzwischen macht China trotz weltweiter Proteste den ersten unterirdischen Atombombenversuch. Es wird auch da nicht mehr lange dauern, dann haben sie die Bombe, wieso haben eigentlich wir keine? Dumm wäre nur, wenn mich Dorle genau an dem Wochenende besuchen wollte, an dem ich zum Wacheschieben eingeteilt bin. Wenn sich aber der Zeitpunkt ihres Besuches weiter verzögert, dann könnte es sein, dass sie bereits operiert ist, und dann hätte sie vielleicht zwei frische Wunden unter einem dicken Mullverband. Jedenfalls dürfte es kein Zufall sein, wenn Chruschtschow ausgerechnet dann abgesetzt wird, wenn China die Atombombe testet und Präsident Johnson Nordvietnam angreifen will … irgendetwas stimmt da nicht, aber was? Am besten wäre es, wenn es mir gelänge, mich, sobald wie möglich, zu den Fernmeldeheteros am Münchner Oberwiesenfeld versetzen zu lassen.

Aber wie mach' ich das?

Ich wusste nicht wie, aber meine Mutter wusste es. Beunruhigt durch die neurotische Kriegsparanoia ihres Sohnes, hatte sie bereits, ohne zunächst darüber zu reden, den Plan gefasst, ihren psychisch gefährdeten Jungen um jeden Preis aus dem dreihundert Kilometer entfernten Nordbaden zurück nach München in ihre Nähe zu holen. Eine Kundin der Spedition, bei der meine Mutter arbeitete, kannte den Münchner Wehrbereichskommandanten und verschaffte ihr einen Termin zu einem Gespräch. Was sie dem Herrn Oberst alles erzählte, sagte sie mir nicht. Aber eines Tages, Ende November, berichtete mir Alfi unter dem Siegel der absoluten Verschwiegenheit, dass in der Schreibstube der Kompanie eine Benachrichtigung eingegangen sei, dass der Jäger Dietl Helmut nach Ablauf der Grundausbildung mit Wirkung zum 16.02.1965, in knappen drei Monaten also, zum Fernmeldelehrbataillon 776 in München versetzt werde. Als Grund wurde angegeben: »Gesundheitszustand der Mutter«.

»Is recht schwer krank, dei Mama?« – »Äh ... jaja ... ziemlich ... äh, schwer«, antwortete ich nach einer kurzen Denkpause, die ich brauchte, um die Neuigkeit zu verdauen und die darin verborgene Strategie meiner Mutter zu begreifen. »Was hat's denn, wemma frag'n derf?« Ich machte ein trauriges Gesicht und sagte dann leise: »Frag'n darf man schon, Alfi ... aber sag'n darf ich's nicht ... des hab' ich ihr hoch und heilig versprech'n müss'n, verstehst? – »Vaschteh i scho ... jaja ... dann kimmst du halt jetzt zu de Normalos ... aber um di is schad ... ewig schad.«

Ewig schad war es auch um den herrlichen, vollen Busen meiner Gottesgabe, der trotz meiner heftigen Proteste von einem gewissenlosen Schönheitschirurgen um über fünfzig Prozent kleiner gemacht wurde. Dorle schrieb mir, sie werde mich erst dann in Külsheim besuchen, wenn alles »wieder in Ordnung« sei, dann würde ich nämlich staunen, wie gut ihr die halbe Menge Busen stünde, die auch noch mehr als genug sei. Der Chirurg sei ein Genie, und man müsse die entsprechenden Stellen an ihrer Brust schon mit einem Mikroskop untersuchen, um Schnittnarben zu entdecken. Ein paar Monate später würden selbst die nicht mehr zu sehen sein, weil der geniale und übrigens sehr, sehr nette Doktor mit einer ganz neuen Technik gearbeitet habe, die bisher nur bei Hollywood-Stars angewendet würde. Was sie mit »der sehr, sehr nette Doktor« sagen wollte, versuchte ich mir nicht auszumalen, aber eifersüchtig war ich schon. Sogar sehr, sehr eifersüchtig.

Hinzu kam der Ärger, dass Dorle ihren Busen offenbar nach den Vorstellungen des »netten Herrn Doktors« gestalten ließ, ohne mich zu fragen, wie ich ihn vielleicht gerne hätte. Wie Hollywood-Stars ihre Büsten designen ließen, das wusste ich schon, und es gefiel mir gar nicht. Statt eines leichten Falls nach unten, was natürlich und reizvoll ausgesehen hätte, trotzten ihre Busen im Allgemeinen wie aufgeblasene Ballons der Schwerkraft und bildeten einen weit abstehenden rechten Winkel zum Körper, gelegentlich standen sie sogar über neunzig Grad hinaus. Sie bewegten sich auch nicht hin und her und schon gar nicht rauf und runter. Kurz gesagt: Die Büste lebte nicht.

Zwischen Dorles Busenverkleinerung, den möglichen Belästigungen durch schwule Fallschirmjäger, dem ständigen Bierkrieg der Stubenkameraden und der bis zum Zerreißen gespannten Lage der Weltpolitik gab es immerhin einen Lichtblick: den 16. Februar. Es war jetzt Ende November, und ich zählte die Tage. Achtzig waren es. Wenn ich alle kommenden Feiertage abzog und davon ausging, dass ich an Weihnachten nicht zur Wache eingeteilt würde, was allerdings unsicher war, weil vorzugsweise die Berufssoldaten sowie diejenigen beurlaubt wurden, die verheiratet waren und/oder Familie hatten, kam ich mit den dazwischen liegenden Sonntagen auf nur noch vierundsiebzig Tage. Leider freute ich mich zu früh. Hauptfeldwebel Malutke ließ uns wehrpflichtige Rekruten eines verschneiten und eiskalten Morgens in der zweiten Dezemberwoche vor der Kaserne antreten und teilte uns mit, was *das Los* ergeben habe. Der Urlaub wurde nämlich laut Hauptfeld Malutke ausgelost – von wem, wann und nach welchen Kriterien, das sagte er uns nicht. Zuerst verlas er die Namen derjenigen, die Weihnachtsurlaub bekamen. Ein Freudenschrei löste den anderen ab. Ich gehörte nicht zu denen, die Grund hatten mitzuschreien. Die acht Wehrpflichtigen, die übrig blieben und zu denen ich gehörte, waren, seltsamerweise, exakt die, die dem Malutke schon mal in irgendeiner Weise unangenehm aufgefallen waren. So also hatte das Los entschieden.

Einer plötzlichen Eingebung folgend, bat ich den Herrn Hauptfeldwebel um ein kurzes Gespräch unter vier Augen. So etwas gebe es bei den Fallschirmjägern nicht, da habe man keine Geheimnisse zu haben, weder vor den Kameraden und vor den Vorgesetzten schon gar nicht.

Ich ließ nicht locker und bedeutete ihm, mit einem Anflug von Drohung in der Stimme, dass ein solches Gespräch nur in seinem ureigensten Interesse sei. Er überlegte kurz, ließ dann die versammelten Rekruten abtreten und wandte sich mir mit einem sardonischen Grinsen zu. »Na, du Jrünschnabl du, wat willste mir denn sajen, wat in meenem Intresse sein soll? Ick warne dir, Junge, ick warne dir …« – »Sehr geehrter Herr Hauptfeldwebel«, sagte ich, als ob ich ihm einen Brief schreiben wollte, »meine Mutter ist krank, todkrank, das können Sie in dem Versetzungsbefehl nachlesen, den Sie ja sicherlich kennen.« – »Ja … kenn ick, und?« – »Wollen Sie, sehr geehrter Herr Hauptfeldwebel, in der Zeitung lesen, dass Sie einem armen jungen Rekruten verweigert haben, mit seiner bettlägrigen, todkranken Mutter das vielleicht letzte Weihnachten in ihrem Leben zu verbringen, wollen Sie das?«

»Es heißt nich ›sehr geehrter Herr Hauptfeldwebel‹, es heißt ›Herr Hauptfeldwebel‹, dat merkst du dir, du Ratte!« – »Jawoll, Herr Hauptfeldwebel«, sagte ich und erhielt am nächsten Tag in der Schreibstube vom komplizenhaft augenzwinkernden Kameraden Alfi einen Urlaubsschein vom 23.12.1964 bis 7.1.1965.

Wirklich wohl fühlte ich mich nicht dabei, aus meiner gesunden Mutter um eines Urlaubs willen eine kranke, sogar eine todkranke Frau gemacht zu haben. Nach dem Dienst um siebzehn Uhr rannte ich in die Kleinstadt Külsheim, um von dort aus einer Telefonzelle meine Mutter, die normalerweise bis achtzehn Uhr arbeitete, im Büro anzurufen. Niemand antwortete. Ich versuchte, Dorle zu erreichen. Auch dort war offenbar niemand zu Hause. In meiner abergläubischen Panik, verstärkt durch mein schlechtes Gewissen, malte ich mir alle möglichen Szenarien aus, wobei mir dasjenige am wahrscheinlichsten erschien, in dem meine Mutter, begleitet von Dorle,

in eine nahe gelegene Klinik, wahrscheinlich das Schwabinger Krankenhaus, eingeliefert wurde und sofort auf die Intensivstation kam.
Was sie hatte, konnten die Ärzte noch nicht sagen. Um mich etwas
zu beruhigen, ging ich trotz heftigen Schneefalls die menschenleeren
Gassen zwischen den niedrigen dörflichen Fachwerkhäusern auf und
ab, bis ich dann, gegen halb sieben Uhr abends noch mal versuchte,
Dorle telefonisch zu erreichen.

»Wie geht's meiner Mama ... lebt sie noch?«, war das Erste, was
ich wissen wollte. »Wie ... was is los ... was is mit welcher Mama?«,
fragte eine hörbar verwirrte Person am anderen Ende der Leitung.
»Ich bin's ... hörst du mich«? – »Freilich hör ich dich, bloß versteh'n tu ich dich nicht ... wieso fragst du, ob sie noch lebt, spinnst
jetzt ganz?« – »Du warst doch mit ihr im Krankenhaus und in der
Intensivstation und ...« – »Mir war'n in kei'm Krankenhaus und
in einer Intensivstation scho gleich gar ned, mir war'n in der Stadt
miteinand und ham für dich ein Weihnachtsgeschenk g'sucht, bloß
g'funden hamma keins, wennstas genau wissen möchst. Kommst
jetzt an Weihnachten oder ned?« – »Jaja«, sagte ich ganz erleichtert,
»aber ich kann erst am 23. fahren, da wird's eng mit Geschenken,
vielleicht können wir dann nach den Feiertagen ...« – »Macht nix, i
find scho was von dir für dei Mama und von dir für mich auch, und
für dich ... hab ich jetzt doch schon was Schönes.«

Die Überraschung, dass sie für mich schon etwas hatte, irritierte
mich weniger als der Tonfall ihrer letzten sieben Wörter. Die kurze
Verzögerung nach »und für dich« sowie das leisere, fast gehauchte,
verheißungsträchtige »hab ich jetzt doch schon was Schönes« provozierte mich natürlich sofort zu der Frage: »Was ist denn das ... das
Schöne?« – »Sag' ich nicht ... es ist eine Überraschung«, sagte sie.

Vor den Weihnachtsfeiertagen hatte sich die Führung der Fallschirmpanzerjägerkompanie 260 allerdings auch noch eine kleine
Überraschung für uns ausgedacht. Eines Nachts wurden wir per
Alarmpfeife um zwei Uhr früh geweckt und hatten wie üblich
schnellstmöglich in voller Montur unten auf dem Platz anzutreten.

Wir hatten uns innerlich schon wieder auf einen längeren Marsch eingestellt, aber diesmal war eine andere »Übung« vorgesehen. Mehrere mit schweren Planen versehene Militärlastwagen hielten vor uns, und wir mussten aufsitzen. Wohin die Reise ging, wurde uns nicht gesagt, die Planen über der Ladefläche der Lastwagen wurden sogar so dicht geschlossen und von außen so festgezurrt, dass wir nicht einmal durch irgendeinen Spalt sehen konnten, in welche Richtung wir fuhren. Auf dem Kasernengelände, dessen simple, rechteckige Anordnung der Straßen längst unseren inneren Augen vertraut war, hätten wir uns auch blind orientieren können, aber kaum fuhren wir auf die Landstraße – was wir zunächst noch wahrnahmen, weil es minutenlang nur geradeaus ging –, wurde es schwierig, weil eine Kurve nach der andern kam.

Der Friseurlehrling aus unserer Stube hatte den interessanten Einfall, wir sollten uns die Anzahl der Kurven merken und vor allem, ob sie jeweils rechts oder links abbogen, denn uns war inzwischen klar, dass uns die Truppentransporter irgendwo in unbekanntem Gelände absetzen und uns dann alleine zurücklassen würden. Nach einer guten Stunde war es schließlich so weit. Die Transporter hielten an. Die Planen wurden entzurrt. Wir fünf, die Bewohner der Stube 19, mussten schnell herausspringen. Die Transporter fuhren mit den andern weiter. Wir standen im Wald.

Leider funktionierte das raffinierte Orientierungssystem, das unser Friseurlehrling Eduard erfunden hatte, nicht wie gehofft, denn die fünf Kameraden, ich inklusive, erinnerten sich an unterschiedliche Zahlen der Geraden und Kurven, noch krasser gingen die Meinungen über Links- oder Rechtsabbiegungen auseinander. Einig waren wir uns nur darüber, dass der Wald, in dem wir abgesetzt worden waren, ein dichter Wald sei, und dass es sich wahrscheinlich um den Odenwald oder sogar den Spessart handle und man vielleicht besser den Morgen abwarte, der uns bei Tageslicht eine zuverlässigere Einschätzung der Lage ermögliche. »Wie weit fährt ein solcher Lastwagen in einer Stunde, das sollten wir wissen«, sagte der Kaufmannsgehilfe Uwe, »weil … dann wüssten wir, wie weit wir von der Kaserne weg sind, jedenfalls ungefähr.« – »Das wissen wir nur, wenn wir wissen, wie schnell wir gefahren sind, aber das wissen wir nicht«, meinte völlig zu Recht der Handwerksgeselle Rudolf, genannt Rudi. »Ich schätze die Durchschnittsgeschwindigkeit auf etwa … gute … vierzig Kilometer pro Stunde«, erwiderte der andere Handwerksgeselle Willi und beanspruchte als Automechaniker die Autorität in der Gruppe, »also können wir ungefähr von dieser Entfernung ausgehen!« – »Und was ist, wenn der Transporter uns nur im Kreis herumgefahren hat?«, traute ich mich anzumerken. »Das hätten wir gemerkt, du Doofkopp, weil dann hätte es uns bei jeder Kurve auf dieselbe Seite gedrückt, hat es aber nicht, kapito, Doofkopp?«, sagte mit Nachdruck der kompetente Automechaniker, holte eine Flasche bayerisches Bier aus seinem Sturmgepäck, nahm einen tiefen Schluck und gab dann die Flasche weiter an seinen Kumpel Rudi. »Er meint vielleicht nicht einen kleinen Kreis, sondern einen großen, dem man gar nicht mehr anmerkt, dass es ein Kreis ist, so wie man der Erde auch nicht anmerkt, dass sie eine Kugel ist«, merkte der Friseurlehrling Eduard an und handelte sich gleich eine Abfuhr vom Automechaniker ein: »Du hältst jetzt mal deine Klappe, ich bin der Stubenälteste, und darum sage ich jetzt mal, wo's langgeht, Stube 19 antreten … im Gleichschritt … marsch!« – »Der Weg hier ist aber völlig zugeschneit, da geht einem der Schnee bis ans Knie und …« Weiter kam Kaufmannsgehilfe Ludwig nicht, da schrie ihn Willi gleich an: »Marsch hab' ich gesagt, du Pfeife, was glaubst, wie unsere Leute nach Stalingrad im Winter marschiert sind … glaubste, denen hat einer den Schnee weggeschippt? Ein Lied … zwei, drei …!«

Willi nahm noch einen Schluck aus der Paulanerpulle, dann schritt er als Erster voran und begann ein Marschlied zu singen, dessen Text offenbar nur er kannte und das ihn als begeisterten Fallschirmjäger-Aspiranten auswies:

Werft an die Motoren, schiebt Vollgas hinein,
Startet los, flieget ab, heute geht es zum Feind.
An die Maschinen, an die Maschinen,

Kamerad, da gibt es kein Zurück!
Fern im Osten stehen dunkle Wolken,
Komm' mit und zage nicht, komm' mit ...

Klein unser Häuflein, wild unser Blut,
Wir fürchten den Feind nicht und auch nicht den Tod.
Wir wissen nur eines, wenn Deutschland in Not,
Zu kämpfen, zu siegen, zu sterben den Tod!
An die Gewehre, an die Gewehre ...

»Mitsingen!«, brüllte Willi. »Wir können den Text nicht«, schrie der Friseurlehrling. »Mir egal«, schrie Willi zurück. »Dann macht ihr einfach nach jeder Zeile BRUMMBRUMM, das sind dann die Motoren der Flieger, also los!«

Willi: »Werft an die Motoren, schiebt Vollgas hinein!«
    Wir: »Brummbrumm!«
    etc. ...

Es war vier Uhr. Wir stapften singend stundenlang geradeaus durch den schneebedeckten Weg, ohne zu wissen wohin. Gelegentlich blieben wir stehen, dann schaute Willi torkelnd und angestrengt in den Nachthimmel, um sich an den Sternen zu orientieren. Das Problem war nur, dass in dieser Nacht gar keine Sterne zu sehen waren, und selbst, wenn Willi welche gesehen hätte, hätten weder er noch wir gewusst, welchem wir in welche Richtung hätten folgen sollen.

Unter ständigem Absingen desselben Liedtextes, der vor allem durch das monotone Hinzufügen des »BrummBrumm« nach jeder Zeile eine Wirkung entfaltete, die sich wie ein dumpfes Narkotikum in unseren Hirnen ausbreitete, setzten wir mechanisch und todmüde einen Fuß vor den anderen, bis wir schließlich eine kleine Lichtung erreichten, in der ein Weg den unseren im Neunzig-Grad-Winkel kreuzte. Erschöpft sanken wir in den Schnee, der an dieser

Stelle nur etwa knöcheltief war, und drückten uns zunächst vor der schwerwiegenden Entscheidung, die mit kategorischer Strenge hieß: links, rechts oder geradeaus!

Willi, der Automechaniker, hatte seine Autorität als Führer der kleinen Gruppe dadurch verscherzt, dass er ein Paulaner nach dem andern aus seinem Sturmgepäck geholt und es hopp und ex die Kehle hinuntergeschüttet hatte, was sowohl seinen Gleichschritt schwer aus dem Takt brachte als den ohnehin schon äußerst martialischen Text des Marschliedes mit improvisierten, unangenehm rassistischen Parolen anreicherte. Statt »an die Gewehre, an die Gewehre« sang er: »auf die Zigeuner und auf die Juden« und Ähnliches mehr. Jedenfalls ließen wir uns nichts mehr von ihm sagen, was dazu führte, dass er zuerst drohte, uns alle umzulegen, dann aber, lallend und singend, einfach geradeaus weitertorkelte und hinter der nächsten Wegbiegung verschwand. Jetzt waren wir nur noch vier, Rudi, Uwe, Eduard, und ich.

Es war dreiviertel sechs, immer noch dunkel, und immer noch gab es drei verschiedene Möglichkeiten. Einer plötzlichen Eingebung folgend, skeptisch beobachtet von meinen müde im Schnee liegenden Stubengenossen, kniete ich mich auf die Mitte der Wegkreuzung, um zu sehen, welche Wege aufsteigend oder abfallend waren. Tatsächlich schien es von rechts nach links leicht bergauf zu gehen, während der Weg, auf dem wir gekommen waren, dasselbe Niveau behielt wie vorher.

Da ich während der Fahrt mit dem Truppentransporter bereits immer wieder das Gefühl leichter Steigungen gehabt hatte, ging ich ganz simpel davon aus, dass wir dorthin gehen sollten, woher wir gekommen waren, nämlich nach unten, das hieß: nach rechts! Die Zustimmung der ermatteten Kameraden war nicht frenetisch zu nennen, aber sie waren schon zu erschöpft, um Widerstand gegen meinen Vorschlag zu leisten.

Nach einer guten Stunde, es war kurz vor sieben, gab der Wald den Blick auf ein Tal frei, in dem in der Ferne ein Dorf zu sehen war, und wenige Kilometer außerhalb des Dorfes ein Konglomerat von blockartigen Neubauten, die von Mauern und Drahtzäunen umgeben waren. Das Dorf war Külsheim und die eingezäunten Blockbauten waren die der Prinz-Eugen-Kaserne.

Der nächtliche Zwangsausflug hatte noch ein bemerkenswertes Nachspiel. Wir vier von der Stube 19 waren zwar die Ersten, die in die Kaserne zurückgefunden hatten, aber Willi, der Mechanikergeselle, der erst Stunden später völlig besoffen eintraf, profitierte von den Umständen, die sich dann ergaben. Eduard, der Friseurgehilfe, zeigte seinen Stubenkameraden wegen rassistischer Marschgesänge beim Bataillonskommandanten an. Eduard erhielt daraufhin einen Verweis mit Eintragung in den Wehrpass wegen unmotivierter Denunziation eines Kameraden, und Willi wurde zum Gefreiten befördert. Warum wusste keiner, vermutlich auch er nicht. Ein Grund könnte vielleicht gewesen sein, dass der Jäger Willi, trotz oder wegen des Genusses von acht Flaschen Bier, gut gelaunt und das oben zitierte Lied inklusive des »BrummBrumm« singend in die Kaserne einmarschierte. Einen Fallschirmjäger wirft eben nichts um.

Ich war froh, als ich am Morgen des 23.12. im Zug nach Hause saß …

Meine Mutter war glücklich. Die schönsten Weihnachtsgeschenke für sie seien diese beiden: dass ich in den Feiertagen bei ihr zu Hause sei, und dass meine Versetzung nach München am 16. Februar in »trockenen Tüchern sei«. Etwas überrascht nahm ich diese Redewendung zur Kenntnis, die sonst gar nicht zum Sprachgebrauch meiner Mutter gehörte. Vielleicht hatte sie während meiner Abwesenheit Umgang mit Personen gehabt, die ich nicht kannte, vielleicht auch nicht kennen sollte. Ebenfalls fiel mir auf, dass sie an diesem 23.12. geschminkt im Büro saß, an einem Mittwoch, einem Werktag, an dem sie noch arbeiten musste.

Das war ungewöhnlich. »Kommt noch irgendwer?«, fragte ich. »Nein, wer soll'n jetzt noch kommen, ich bin gleich fertig mit der Arbeit, geh einfach inzwischen nauf, ich komm' gleich, geh nur, dann kann'st gleich den Baum aufstell'n.« Ich zögerte noch einen

Moment, weil mir der schnelle, hektische Ton, in dem meine Mutter mit mir sprach, vorkam, als ob sie etwas vor mir verheimlichen wollte. »I komm glei, geh nur!«, sagte sie noch mal.

Als ich im Treppenhaus mit meinem Koffer gerade nach oben gehen wollte, hörte ich, wie die Haustüre geöffnet wurde. Herein kam der Manni, der immer gut gelaunte Vormann der Heimerl-Möbelpacker, ein großer, kräftiger Mann von etwa vierzig Jahren mit einem markant geschnittenen Raubvogelgesicht, fülligen blonden Haaren und leuchtend blauen Augen unter buschigen Brauen. »Ja, da Herr Foischirmjäga, da schau her, bist jetzat wieda dahoam, hast deina Muatta scho schwer g'fehlt, aba jetzt kimmst ja boid wieda ganz nach Minka, nachad is ja ois wieda in trockane Tiacher … fröhliche Weihnachten und a fetts Gansal!« Damit war die Herkunft der Redewendung geklärt, ebenso die Frage nach der geschminkten Mutter im Büro an Werktagen. Manni war natürlich ein Mann, der Frauen gefiel. Der Haken an ihm war nur, dass er zu vielen gefiel und außerdem verheiratet war und zwei Kinder hatte. Einerseits war ich froh, dass es meiner Mutter, auch als Frau, offenbar gut ging, andererseits konnte ich ein gewisses Gefühl des Unbehagens nicht unterdrücken. War es vielleicht Eifersucht?

Mit dem Problem der Eifersucht hatte ich an diesem Tag schon einmal zu tun gehabt. Meine Gottesgabe hatte mich nämlich nicht wie vereinbart vom Münchner Hauptbahnhof abgeholt. War ihr etwas Wichtiges dazwischengekommen? Und wer war der Wichtige, der wichtiger war als ich? Möglicherweise der »sehr, sehr nette Doktor«, der ihren prachtvollen Busen verstümmelt hatte … Bestimmt war sie sogar in der halben Stunde, in der ich vor dem Bahnhof auf sie gewartet hatte, zu Besuch bei dem netten Doktor gewesen. Die Operation hatte vor guten vier Wochen stattgefunden. Musste nach dieser Zeit unbedingt noch mal nachgeschaut werden, ob die Wunden der Operation gut verheilt waren, wenn der nette Herr Doktor doch angeblich neueste Hollywood-Technik eingesetzt hatte, bei der man ein Mikroskop brauchte, um später noch irgendwelche Spuren zu entdecken?

Während ich meinen schweren Koffer in den zweiten Stock hinaufschleppte, kreisten meine Gedanken nur noch um Dorotheas unerträgliches, enttäuschendes, verräterisches, schändliches, verlogenes und betrügerisches Verhalten. Ich war fest entschlossen, mich von ihr zu trennen, nicht erst morgen, sondern heute noch, einen Tag vor dem Heiligen Abend. Es musste sein, sagte ich mir, während ich den langen, leeren Gang hinabging, hinter dessen Türen Hunderte von Möbelstücken lagerten.

Als ich vor der Tür stand, die zu unseren zwei Zimmern führte, wusste ich genau, was ich ihr sagen bzw. schreiben würde: Ich würde ihr ohne genauere Angabe von Gründen mitteilen, dass ich sie nicht mehr sehen wolle, nie mehr! Ich schloss die Tür auf, öffnete sie und … da stand sie. Sie trug hochhackige schwarze Stiefel, eine lange schwarze Hose und eine weiße weit geschnittene Seidenbluse, die bis über ihre Hüfte reichte. Wortlos zog sie an den Bändern, die die Bluse verschlossen hatten …

Ich musste, ungern, aber fairerweise, zugeben, dass der »nette Herr Doktor« seine Arbeit ausgesprochen sauber, man konnte sagen perfekt gemacht hatte. Sowohl links als auch rechts wölbten sich mit geradezu mathematischer Genauigkeit in einer wohlkalkulierten Mischung aus Steilgipflichkeit und Flachgipflichkeit sowie einer Gesamtneigung von deutlich unter neunzig Grad, aber dennoch nicht hängend, makellose Brüste, die im Grunde keinerlei Stützung mehr durch einen Büstenhalter bedurften. Im Vergleich zu vorher dürfte das Gesamtvolumen zwar um etwa fünfzig Prozent reduziert worden sein, was aber nur derjenige bedauern konnte, der die frühere Ausstattung kannte. Ich war derjenige. Ich war auf dem Gebiet der Erotik noch nie ein Freund von Perfektion. Die körperlich makellose Frau interessierte mich nicht, bis heute kann ich mich für Models nicht begeistern, sie lassen mich kalt, ich finde sie nicht sexy. Es sind die kleinen Fehler, die den Reiz ausmachen, das gilt für Frauen wie für Männer und übrigens auch für die Kunst.

Der perfekte Busen also war mein Überraschungsweihnachtsgeschenk von der Gottesgabe. Ich heuchelte Begeisterung, was mir nicht so schwerfiel, wie ich glaubte, denn ich war tief gerührt, als ich sah, wie glücklich sie diese in ihren Augen höchstgelungene Kurvenkorrektur machte.

Ich umarmte sie, aber instinktiv mit einer gewissen Vorsicht, da ich ihr nicht wehtun und vor allem das schönheitschirurgische Kunstwerk nicht beschädigen wollte. »Du brauchst nicht so zimperlich sein, der neue halt des alles aus. Da … den kannst genauso streicheln und drück'n und und knutsch'n wie den alten …«, sagte sie und führte meine linke Hand über ihren rechten Busen. Er fühlte sich sehr fest an. »Merkst jetzt wie … wie … kompakt und … und griffig die sind … des is scho was ander's als wie diese lätscherten Dampfnudl'n vorher, find'st ned?« – »Jaja«, sagte ich, »des is was ganz was anders …«

Ansonsten war das Weihnachtsfest mit meiner Mutter angenehm wie immer nach der Scheidung von meinem Vater. Da ich als Kind den friedlichen, märchenhaften Zauber des geschmückten Tannenbaums, das Geheimnis des nie erscheinenden Christkindes sowie die damit verbundene familiäre Zwangsharmonie trotz aller Anstrengungen meiner Mutter nur selten störungsfrei erleben durfte, verband ich lange Zeit unerfreuliche Erinnerungen an dieses jährliche Ereignis. Nicht nur, dass mein Vater regelmäßig zu spät kam, zu spät zum Anzünden der Kerzen am Baum, zu spät zur Verteilung der Geschenke, zu spät zum Essen der stundenlang gebratenen, mit Bier und ihrem eigenen Fett immer wieder begossenen Gans sowie den handgemachten rohen Kartoffelknödeln. Er war auch jedes Mal schon so betrunken, dass er nicht mehr aufrecht auf einem Stuhl sitzen konnte, sondern von meiner Mutter und der Betty-Oma ins Bett geschleppt werden musste. Jedes Jahr sagte meine Mutter dann zu mir: »Des tut dem Vati sehr leid, dass er nicht mit uns feiern kann, aber er hat heut einen sehr schweren Tag gehabt. Ein guter Freund von ihm ist nämlich unerwartet gestorben. Des hat er nüchtern nicht ausgehalten, der Vati …«

Ich kann mich an mindestens fünf dieser »guten Freunde« erinnern, die jeweils am Tag des Weihnachtsfests »gestorben« waren.
Wenn mein Vater am Nachmittag des nächsten Tages seinen Rausch
ausgeschlafen hatte und ich ihn nach dem Namen des Verstorbenen
fragte, war seine Antwort ebenso stereotyp wie am Vorabend die
Ausrede meiner Mutter. »Jaja ... so kanns geh'n«, murmelte er, »irgendwann geht's halt so nicht weiter.« Seinen verquollenen Augen,
dem leeren Blick, der seinem Gesicht einen Ausdruck von totaler
Abwesenheit verlieh, war anzusehen, dass er überhaupt nicht wusste,
was meine Frage sollte.

Ein Weihnachtsfest allerdings gab es, an dem keiner seiner »guten
Freunde« gestorben war. Es muss 1954 oder ein Jahr später gewesen
sein. Das erste, aber auch das letzte Mal erhielt ich ein Geschenk von
ihm. Es war ein Fahrrad einer italienischen Marke mit drei Gängen.
Keiner meiner Freunde hatte so ein Fahrrad. Vor Überraschung und
Freude kamen mir die Tränen. Den ganzen Monat Januar liebte ich
meinen Vater, weil ich wegen des italienischen Fahrrads glaubte, dass
er mich auch liebte. Erst im Februar erfuhr ich, dass er das Fahrrad nicht normal gekauft hatte, sondern zwanzig dieser Räder als
Gegenleistung für einen unsauberen Tauschhandel von einem Sauf-
kumpan erhalten hatte, der berufsmäßig Waren jeder Art über die
italienisch-österreichische Grenze schmuggelte. Da mein Vater offenbar niemanden fand, der ihm auch noch das letzte unverzollte
Gerät abkaufen wollte, landete das illegale Super Bicicletta, als großzügiges Weihnachtsgeschenk deklariert, bei seinem Sohn.

Dieses Weihnachten hingegen, fern von der Kaserne in Külsheim,
genoss ich sehr, auch wenn wir beide, meine Mutter und ich, uns
nicht viel zu schenken hatten. Ich hatte etwas Geld von meinem
Sold gespart und konnte am Vormittag des 24. noch in einem
Schuhgeschäft in der nahe gelegenen Hohenzollernstraße ein Paar
hellbraune gefütterte Lederstiefel erwerben, die meine Mutter innerhalb von vierzehn Tagen umtauschen durfte, wenn sie ihr nicht
passten oder nicht gefielen. Für Dorle kaufte ich bei meinem Freund

Zwi Kantorowicz, der mit antikem Schmuck handelte, ein altes silbernes Medaillon, das an einer silbernen Halskette hing und aufklappbar war. An einem Fotoautomaten, der drei Passbilder für eine Mark erstellte, bekam ich schlechte Porträts von mir, auf denen ich aussah wie ein lang gesuchter Verbrecher. Das Bild, das am wenigsten einer Steckbrieffotografie glich, schnitt ich aus, bis es genau in das Medaillon passte.

Von meiner Mutter erhielt ich zwei Paar lange warme Unterhosen aus Merinowolle, die so kratzten, dass ich sie nicht tragen konnte, es aber meiner Mutter zuliebe tapfer zwei Tage lang um den Preis eines höllisch juckenden Hautausschlages trotzdem tat, bis ich auf die Idee kam, die zwei Unterhosen säuberlich zusammengefaltet in meinen Koffer zu packen, »damit sie, die geradezu ideal waren für lange Märsche im nordbadischen Winter, nicht zu früh beschädigt werden!«.

Von Dorle, die mir schon, gegen meinen Willen, eine Schönheitsoperation geschenkt hatte, bekam ich noch ein prachtvolles Nagelnecessaire aus Krokodilleder, in dem sich zwei Scheren, eine Nagelzange, eine Feile und eine Pinzette auf beiger Seide, gehalten von krokodilledernen Schlaufen, präsentierten. Mir gefiel dieses Geschenk sehr, aber in meine Kaserne konnte ich es leider nicht mitnehmen. Hätte auch nur einer von meinen Fallschirmjäger-Stubenkameraden diesen femininen Luxusgegenstand entdeckt, wären neben der ohnehin schon diskriminierenden Tatsache, dass es sich bei mir um einen Abiturienten handelte, weitere Zweifel an meiner Männlichkeit nicht mehr auszuräumen gewesen.

Der Silvesterabend verlief ohne größere Zwischenfälle. Dorle und ich feierten im »Leierkasten« mit Rolf, Bernd und Lilo, mit Fritz Arnold, Ivan Nagel, dem deutsch-französischen Schriftsteller und vielfachen Millionär Joseph Breitbach sowie einer unübersehbaren Menge von Stammkunden, Damen und Herren, Herrendamen und Damenherren. Auch Frankie und die Eier-Lili schauten vorbei, die blonde Schönheitskönigin von Moosinning ignorierte allerdings das chirurgisch veredelte, rassig dunkle Gottesgeschenk und umgekehrt.

Erst um Mitternacht, als alle miteinander auf das neue Jahr anstießen, mussten sich auch Dorle und Lili den Gebräuchen beugen. Jede der beiden hielt ein volles Glas des von Rolf und Bernd spendierten Champagners in der Hand und ging auf die andere zu, jede so zuckersüß lächelnd, dass ich das Schlimmste befürchtete. Noch bevor ich friedenstiftend dazwischengehen konnte, ereignete es sich auch, allerdings noch perfider, als ich mir vorgestellt hatte. Die beiden stießen nicht nur mit ihren Gläser in ausgesucht spielerisch-eleganten Gesten an, sie küssten sich auch noch gegenseitig auf beide Wangen, tauschten maßlos übertriebene Komplimente über die jeweilige Garderobe der anderen aus und verschwanden dann, ohne mich auch nur eines weiteren Blickes zu würdigen, plaudernd und kichernd wie zwei gute, alte Freundinnen, in der Menge der Feiernden.

Es dauerte gute zwei Stunden, bis ich die beiden wiedersah. In dieser Zeit hörte ich mir Frankies Klagen über das Ungemach an, das ein sensibler Typ wie er in einem unkultivierten Dorf wie Moosinning zu erleiden habe. Er werde jetzt endlich nach Paris gehen, auch wenn er dort unter den Brücken schlafen müsse. Hundertmal lieber unter den Brücken der Seine als noch einmal im Federbett vom Gasthof »Maier-Wirt«.

Außerdem werde er in Paris, der Welthauptstadt der Mode, eine gewaltige Karriere machen. Er habe nämlich schon die private Telefonnummer von Yves St. Laurent, der ein genialer Modeschöpfer sei, früherer Assistent von Christian Dior, von dem man noch viel hören würde, und die Privatadresse von Hubert de Givenchy, dessen Vater der Marquis von Givenchy gewesen sei, der seinen Adelstitel allerdings an Huberts älteren Bruder Jean Claude vererbt habe. Zu Unrecht, meinte Frankie, denn wenn jemand den »Marquis« verdient habe, dann Hubert und sonst niemand, vor allem für seine Kostüme für Audrey Hepburn in »Breakfast at Tiffany's«. Nach Yves, Christian und Hubert kamen auch noch Einzelheiten und Charakteristika von Cristóbal Balenciaga und Pierre Balmain, Coco Chanel und Elsa Schiaparelli, Pierre Cardin und Paco Rabanne dran. Von jeder und jedem hatte Frankie eine Telefonnummer, eine Privatadresse oder wenigstens Namen und Ort des Lieblingsrestaurants. »Dann musst du ja nicht unter den Brücken wohnen«, sagte ich. »Ach, weißt du … ich möchte niemandem zur Last fallen«, war seine Antwort. »Und wenn's in Paris nicht klappt, geh' ich nach Rom.«

Es war zu erwarten, dass nach der tour d'horizon der wichtigsten französischen Modeschöpfer unverzüglich eine Liste der italienischen folgen würde: Gucci, Pucci, Cerruti, Valentino, Ungaro etc. … Frankie hatte auch ihre Telefonnummern und Adressen in Rom und in Mailand, in Florenz und Portofino, in Forte dei Marmi, auf Capri und in Taormina und wusste vor allen Dingen, dass der kommende Meister der italienischen Alta Moda ein gewisser Giorgio Armani sei. Von ihm werde man noch hören, auch wenn er jetzt erst dreißig sei und noch für Ungaro und Zegna arbeite. Er kenne ihn gut, sagte Frankie, und dass der was werde in dem Geschäft, dafür habe er eine Nase.

Da ich allmählich von Frankies pausenlosen Modemonologen und dem ebenso ununterbrochenen Konsum des Hauschampagners immer betrunkener wurde, gelang es mir nur mit Mühe, das Gesprächsthema auf mein traumatisches Hauptanliegen zu lenken: »Frankie … jetzt frag ich dich ganz unter uns was … glaubst du, Frankie, dass wir … in ein paar Wochen, oder meinetwegen auch in ein paar Monaten … dass … uns da der Russe mit über sechstausend Panzern und … mit seinen Atombomben … und der ganze Ostblock … und wenn der Ami sich dann … da hinein … einmischt, dass dann der Dritte Weltkrieg … was meinst du … wie siehst du des jetzt so … als außenstehender, quasi unbeteiligter … äh … äh … Modeschöpfer? Meinst du … der steht direkt vor uns … äh … also uns bevor … der Weltkrieg? Sag's ehrlich!« Frankie schaute mich mit großen, verwunderten Augen an, antwortete zunächst gar nichts, sagte dann aber: »Ich bin noch kein … Modeschöpfer, aber ich werde einer … ein weltberühmter. Weißt du, was ich glaube, ich glaube, du hast mir gar nicht zugehört … bin jetzt sehr enttäuscht.«

Die Menge der Feiernden gab für einen Moment einen Spalt frei, durch den ich Lili und Dorle an der Bar sehen konnte. Sie unterhielten sich offenbar blendend, lachten, beugten sich vor und zurück auf ihren Barhockern, tranken Champagner. Lili strich begeistert mit den Händen über Dorles Busen und kreischte: »Wemma was kleiner macha kann, dann kamma aa was größer macha … gell, Dorle … prost … gib mir de Adress' von dem Doktor … prost!«

Als Erinnerung an diese Silvesternacht behielt ich die Erkenntnis, die ich gegen drei Uhr am 1. Januar 1965 gewann und später nie wieder verlor, dass jeder seine eigenen Probleme hat, die zuverlässig verhindern, dass er ernsthaft an denen der anderen interessiert ist, vermutlich ein uralter Überlebensinstinkt.

Ich hatte noch ein paar freie Tage, die mir aber vergällt wurden durch die Nachricht der Medien, dass am 2. Januar die erste offene Schlacht zwischen den Südvietnamesen und dem Vietcong begonnen hatte. In der Folge würde es also nicht mehr lange dauern, bis die Amerikaner ihr Bombardement Nordvietnams eskalierten. Diese Entwicklung bedrückte mich, und man sah es mir an. »Was hast'n? Tut dir was weh?«, fragte die besorgte Dorle. Als ich ihr dann, nach einigem Zögern, eine ehrliche Antwort gab, war ihre Reaktion nur ein verständnisloses Kopfschütteln. »Des geht doch uns nix an, weiß gar nicht, was du immer mit deine Kriege hast. Z'erst is der Russ', dann is' der ganze Ostblock und die Chines'n … weißt du überhaupt wo Vietnam is … ganz weit weg is des, ganz weit! I frag jetzt den netten Doktor, ob der nicht einen guten Nervenarzt weiß, weil so geht's ja nicht weiter … da kommst ja am Schluss ins Irrenhaus mit deine fix'n Ideen. Sei halt wieder normal … ich hab' dich doch so lieb!«

Am 6. Januar fuhr ich zurück nach Külsheim und am Samstag, dem 13. Februar, holte mich Dorle mit dem Lancia ihrer Mutter vor der Kaserne ab. Wieder wollte ich ohne Führerschein zwischendurch mal am Steuer sitzen. Prompt rammte ich die Leitplanke und fuhr eine Delle in den Kotflügel des Wagens. Dorle übernahm, gegen meinen Protest, die Urheberschaft des kleinen Unfalls. Ich willigte schließlich ein, fühle mich aber heute noch schuldig.

Am 16. Februar 1965 hatte ich meinen Dienst bei den Fernmeldern am Münchner Oberwiesenfeld anzutreten. Da ich eine »kranke« Mutter hatte und ihr einziges Kind war, mich also als Einziger in der Familie, die ohnehin nur aus zwei Personen bestand, um sie kümmern konnte, wurde mir eine besondere Annehmlichkeit zuteil. Ich durfte einen Antrag auf »Heimschläfergenehmigung« stellen, der mir mit unverzüglicher Wirkung noch am selben Tag positiv beschieden wurde. Das Reglement sah vor, dass ich um sechs Uhr früh in Uniform zum Dienst in der Kaserne erscheinen musste und sie nach achtzehn Uhr, ohne Uniform, wieder verlassen durfte, sofern ich nicht gerade Wachdienst hatte.

Im Vergleich zu der FschPzJgKp 260 in Külsheim war das 2. Fm-LehrBtl 776 in München geradezu ein Erholungsheim. Wir wurden zu Richtfunkern ausgebildet, deren Aufgabe es war, im sogenannten Ernstfall die Kommunikation der verschiedenen Einheiten der Territorialverteidigung zu gewährleisten. Zu diesem Zweck hatte jede der vier Mann starken Gruppen einen olivfarbenen Unimog zur Verfügung, der sämtliche Funkgeräte, Antennenteile, Seile, Tarnnetze, Schlafsäcke und unser persönliches Gepäck transportierte. Damit fuhren wir auf kleinere und größere Hügel im Umland, tarnten den Unimog mit den mitgebrachten Netzen und errichteten dann die Antenne, die aus sieben bis acht ebenfalls olivfarbenen Metallrohren zu je zwei Metern sowie einem U-förmigen Endstück bestand. Auch die Antenne wurde mit entsprechenden Netzen getarnt. Wenn die anderen Gruppen erfolgreich Gleiches taten, konnten wir in wenigen Stunden eine Funkstrecke von zwei- bis dreihundert Kilometern bereitstellen. Wenn eine Gruppe zu langsam war oder aus irgendwelchen Gründen ganz ausfiel, hatte der fiktive Feind, der wie immer im Osten angenommen wurde, einen entscheidenden Vorteil, der nur dadurch wieder wettgemacht werden konnte, dass die schuldige Gruppe als Strafe für den Fehler mindestens eine ganze Woche lang Nachtwache schieben musste.

Die Zeit beim Militär, sei es bei den Fallschirmjägern oder bei den Fernmeldern, die man auch als eine verlorene bezeichnen könnte, war für mich letztlich doch so sinnlos nicht. In zweierlei Hinsicht habe ich von ihr profitiert: Zunächst physisch; ich hasste das System so sehr, dass ich mich körperlich nicht unterkriegen ließ, der Hass half mir auch dabei, mich geistig und seelisch weiterzuentwickeln.

Meine Abneigung gegen alles Militärische, verbunden mit wachsendem Interesse an politischem Geschehen, öffnete mir einen Horizont, dessen Weite ich bis dahin nicht gekannt hatte. Meine Traumata, hauptsächlich verursacht durch die Weltkriegsvisionen alter Nazis wie die des Hauptfeldwebels Malutke, verstärkt durch die unsäglichen Lieder, die wir auf Befehl von sadistischen Unteroffizieren sogar mit Gasmaske singen mussten, noch verschlimmert durch das proletarische und rassistische Gehabe der Stubenkameraden, schwanden allmählich und machten einer Einsicht Platz, die mir ohne diese Erlebnisse und Erfahrungen unzugänglich geblieben wäre.

Gegen Mitte März des Jahres 1965 stellte sich heraus, dass sich meine Befürchtungen hinsichtlich des Vietnam-Krieges bewahrheitet hatten. Die Amerikaner flogen einen Einsatz gegen ein Waffenlager in Phu Qui und setzten dabei Napalm-Brandbomben ein. Daraufhin kam es zu den ersten Studenten-Demonstrationen in den USA gegen den Vietnam-Krieg. Ich konnte es mir nicht verkneifen, Dorle auf die Richtigkeit meiner Voraussage von Anfang Januar hinzuweisen, erntete aber nur ein teilnahmsloses Achselzucken.

Seltsamerweise schien sich allmählich unsere Beziehung umso mehr abzukühlen, je näher wir uns wieder waren. Die Briefe, die wir uns in der Zeit geschrieben hatten, als dreihundert Kilometer zwischen uns lagen, waren leidenschaftlicher und liebevoller als das, was wir uns jetzt, höchstens eine halbe Stunde voneinander entfernt, zu sagen hatten. Wenn wir früher im Wesentlichen immer einer Meinung waren, so wurde unser Gleichklang nach und nach immer seltener und bedurfte allerlei fauler Kompromisse auf beiden Seiten, um Streit zu vermeiden. Während wir früher kaum stritten, häuften sich jetzt die Auseinandersetzungen und wurden vor allem immer heftiger. Im Gegensatz dazu wurden die Umarmungen immer spärlicher und die Gespräche wortloser. Dorle warf mir vor, dass ich mich verändert hätte, und, noch schlimmer, dass ich ein *anderer* geworden sei. Ähnliches warf ich ihr vor, worauf sie erwiderte, dass sich bei ihr, außer ihrem Busen, nichts verändert habe. Wahrscheinlich liege das ganze Problem, tiefenpsychologisch gesehen, sowieso an nichts anderem als an ihren verkleinerten Brüsten.

Ein guter Bekannter und Psychologe, der ein solches Problem nicht habe, habe ihr das so erklärt: Manche Männer seien deshalb auf große Busen versessen, weil sie als Baby entweder gar nicht, nicht lange genug oder viel zu lange gestillt worden seien. Deshalb hätten sie einerseits ein Defizit, andererseits aber vielleicht auch … An dieser Stelle unterbrach ich sie, mitten im Satz, mit zwei Fragen. Die erste war: »Wer ist der *gute Bekannte?*«, und die zweite: »Hast du was mit ihm, und wenn ja, seit wann?« Auf diese Fragen gab mir Dorle keine Antwort. Sie sah mich nur stumm an.

Diese stumme Phase zwischen uns dauerte einige Monate. Jeder wartete darauf, dass der andere das erste Wort der Versöhnung aussprechen würde. Aber das Warten war vergebens. Dorle war stur, und ich auch, vielleicht noch mehr als sie. Aber ich litt bestimmt auch mehr als sie unter der Trennung, deren Dauer keiner von uns beiden richtig einschätzen konnte. War sie nur vorübergehend oder endgültig? Ich wusste es nicht, und ich wusste vor allem nicht, in welcher Gefühlslage sich meine ehemalige Gottesgabe befand. Auch meine Mutter, die sonst ein gutes Gespür für solche Situationen hatte, konnte mir weder Rat noch Tröstung geben. Würde mich Dorle anrufen, wenn wir ein Telefon hätten?

Die Frage war insofern müßig, weil wir immer noch keines hatten. »Die Gebühr für ein paar Gespräche hätt'n mir schon zahl'n können, aber das Problem war, dass in dem Lagerhaus erst eine entsprechende Leitung g'legt werd'n hätt' müss'n. So was hätt' nicht nur viel Geld kost', sondern zwangsläufig dazu g'führt, dass unsere zwei Zimmer bei den zuständigen Behörden als eindeutige Wohnunterkunft aktenkundig g'word'n wär'n. Dies hätt' zum einen als

Straftatbestand der Zweckentfremdung gegolt'n, sowie eine juristische Auseinandersetzung mit der Versicherung verursacht. Beides wär' zu Lasten der Speditionsfirma gegangen, worauf wir mit Sicherheit nicht nur meine Stellung, sondern auch uns're Wohnung verlor'n hätt'n.«

Das erklärte mir meine Mutter in einer bei ihr sehr seltenen etwas aufgeregten, verärgerten Tonlage, woraus ich schließen konnte, dass auch sie allmählich darunter litt, dass sie kein Telefon in der Wohnung hatte. Vom Büro aus konnte sie manchmal private Telefonate führen, aber wenn es um sehr persönliche Angelegenheiten ging, wie zum Beispiel Verabredungen mit ihrem »Trockene-Tücher«-Manni, dann war nicht einmal die nächste Telefonzelle die Lösung der Probleme. Den verheirateten Manni konnte meine Mutter nicht zu Hause anrufen. Er wiederum konnte sie auch nur im Büro anrufen, worauf meine Mutter nur sehr verschlüsselt antworten konnte, was gelegentlich peinliche Fragen vonseiten der Geschäftsführung auslöste. Hinzu kam, dass ich als Heimschläfer ebenfalls ein gewisses Hindernis für das Privatleben meiner Mutter darstellte. Um sie nicht zu stören, hätte ich jederzeit freiwillig eine oder zwei Nächte pro Woche in der Kaserne geschlafen, der Haken daran war nur, dass ich in der Kaserne gar kein Bett hatte.

So blieb mir also nichts anderes übrig, als mich öfter als dienstlich eingeteilt zur Übernahme der Nachtwache zu melden. Dies wiederum war nicht nur für mich ziemlich anstrengend, es erregte auch das Misstrauen meiner Vorgesetzten. Ein gemeiner wehrpflichtiger Soldat, der sich freiwillig, geradezu hartnäckig, immer wieder zur Nachtwache meldete, war äußerst selten, daher auf jeden Fall verdächtig. Da ich dem Kompaniechef den wahren Grund für mein seltsames Verhalten nicht nennen konnte, war es kein Wunder, dass man mir verbot, mich in Zukunft zum Wachdienst zu melden. Ich wusste nicht, wie ich die Angelegenheit meiner Mutter erklären sollte, die über meine militärischen Dienstpläne, die ich nur ihrem Liebesleben zuliebe manipuliert hatte, natürlich nicht informiert war. Zuerst sagte ich ihr gar nichts, dann aber musste ich mit der

Wahrheit herausrücken, da ich nicht riskieren wollte, irgendeines Abends plötzlich Manni in unserer Wohnung zu begegnen.

Mamas Reaktion auf mein Geständnis war jedoch überraschend. Zuerst lachte sie darüber, dann aber war sie anscheinend so gerührt von dem Gefallen, den ich ihr heimlich getan hatte, dass sie zu weinen begann. Daraufhin kamen auch mir die Tränen. So weinten wir gemeinsam, bis Mama unter Schluchzen sagte: »Er hat mich verlassen.« Darauf stammelte ich, unter Tränen: »Sie ... mich auch.« Von diesem Moment an wussten wir beide, dass es nicht nur die Rührung war, die unsere Tränen fließen ließ, sondern die Trauer über unsere Verluste. Sie hatte Manni verloren, ich mein Gottesgeschenk.

Es stellte sich dann im weiteren Verlauf unseres Gesprächs auch noch heraus, dass meine kilometerlangen nächtlichen Gänge mit Stahlhelm und Sturmgewehr, immer schön parallel zum Stacheldrahtzaun im riesigen Gelände des Münchner Wehrbereichskommandos, zwar gut gemeint, aber völlig umsonst gewesen waren – Manni hatte meine Mutter schon kurz vor Neujahr verlassen. »I kann des nimmer mit anschaun, wia mei Frau unter meine G'schpusis leidet«, habe er gesagt. »Und was is mit mir, leid' ich vielleicht nicht?«, habe sie darauf gefragt. »Doch doch, und wia«, habe er ihr geantwortet. »Aber der Unterschied zwisch'n ihr und dir is, sie leidet scho zwanz'g Jahr, und du erst a halberts.«

Von Dorle kam monatelang keine Nachricht. Auch Elfie, die ich manchmal am Telefon erreichte, reagierte zwar sehr freundlich, aber seltsam ausweichend, wenn ich sie nach ihrer Tochter fragte.

Eines Abends im Herbst, als ich den Trennungsschmerz einfach nicht mehr aushalten konnte, fuhr ich, wie zu Anfang unserer Beziehung, mit der Straßenbahn zum Romanplatz, ging von dort aus in die Mechthildenstraße 26 und stellte mich, wie damals, laut- und regungslos vor das kleine Haus und schaute hinauf zum rechten Fenster des ersten Stocks. Die Vorhänge waren nicht geschlossen, im Zimmer war es dunkel, auch sonst brannte im ganzen Haus kein Licht. Ich klingelte trotzdem. Mehrmals, vergeblich. Es kam mir vor, als ob mich das dunkle Haus abwies, als wollte es mir sagen:

»Geh! Lass mich in Ruhe! Ich will nichts mehr von dir wissen.« Ich überlegte noch, ob ich einen Zettel mit einer Nachricht in den Briefkasten werfen sollte, einfach nur, um meinen Besuch zu dokumentieren, ließ es dann aber bleiben. Da ich viel zu aufgewühlt war, um gleich wieder mit der Trambahn nach Hause zu fahren, ging ich zu Fuß den langen Weg von Nymphenburg nach Schwabing, in der Hoffnung, dass mir die kühle Nachtluft eine Linderung meines Liebesschmerzes bringen möge. Von Linderung war aber keine Rede, dafür umso mehr von einer kräftigen Erkältung, die sich in den nächsten Tagen zu einer Lungenentzündung entwickelte. Ich bekam hohes Fieber, delirierte und träumte mehrmals, in Schweiß gebadet, dass die Trennung von Dorle nur ein schlechter Traum sei.

13

Nach zwei Wochen durfte ich endlich das Bett verlassen, um ein bisschen spazieren zu gehen. Im Briefkasten lag Post von Elfie Pertramer. Sie benachrichtigte mich in mitfühlendem Ton von der Abreise ihrer Tochter nach Paris. Ein Motiv sei das Scheitern unserer Beziehung und die damit verbundene allergische Abneigung gegen Häuser, Straßen und Plätze in gewissen Stadtvierteln, besonders in Schwabing, im Grund gegen die ganze provinzielle Stadt. Ein zweites sei, dass sie die französische Sprache nur dort richtig lernen könne, wo sie auch tagtäglich gesprochen werde. Voraussichtlich werde sie daher erst einmal ein Jahr in Paris verbringen, um dann möglicherweise nach New York zu gehen.

Elfie schrieb mir in dem Brief auch noch in einem Nebensatz, dass wir uns beide um Dorle keine Sorgen machen müssten, denn sie sei »in guten Händen«. Mehr sagte sie zu diesem Thema nicht, war auch nicht nötig. Ich verstand schon, was sie damit durchblicken lassen wollte. Im Übrigen gehe es ihr nur »mittelprächtig«, sie lasse sich gerade von Bob scheiden, aber so sei eben das Leben. Wenn sie Neues von Dorle höre, werde sie sich sofort melden, und wenn's mir, in irgendeiner Hinsicht, nicht gut gehe, sei sie auch jederzeit »für mich da«. Liebste Grüße, Deine *alte* Elfie.

Alt? Wieso alt? So alt war sie doch gar nicht. Als ich am 31.3.1966 vom Militär entlassen wurde, fehlten mir noch knappe drei Monate bis zu meinem 22. Geburtstag und ihr fast noch acht bis zu ihrem 42. Sie war jedoch eine sehr attraktive Frau und sah aus wie höchstens Mitte dreißig.

Ich saß ihr auf der Couch Tee trinkend gegenüber, an diesem Freitag, dem 1. April 1966, und wollte wissen, wie es Dorle in Paris erginge. »Du bist Krebs, ich bin Skorpion. Die Sternzeichen stimmen«, sagte sie. »Inwiefern?«, fragte ich. »Wir sind beide Wasserzeichen, und deshalb harmonieren wir.« – »Aha«, sagte ich, nahm noch einen Schluck aus der besonders schönen Teetasse und lehnte mich dann zurück in die seidenen Polster der Couch. »Nymphenburger Porzellan«, sagte sie. »Aja«, sagte ich und bemühte mich, einen beeindruckten Eindruck zu machen. »Der Skorpion ist stark und trifft gerne Entscheidungen, das gefällt dem Krebs, dem Skorpion wiederum gefällt am Krebs die Tiefe seiner Gefühle.« – »Ist das so?«, fragte ich. »Jaja«, sagte sie, »genau so ist das, ich kenn' mich da sehr gut aus.« Wie gut, sollte ich dann einige Zeit später erfahren.

»Du entschuldigst mich einen Moment?«, fragte sie und stand auf. »Jaja, selbstverständlich«, sagte ich. Sie ging aus dem Wohnzimmer, ließ die Tür offen und stieg die Treppe in den ersten Stock hinauf, wo sich neben ihrem Schlafzimmer auch das Bad und das Zimmer von Dorle befanden. Ich hörte das Öffnen und Schließen von Türen, danach das Fließen von Wasser im Badezimmer, wieder ein Schließen und Öffnen von Türen, dann ihre Stimme von oben: »Kannst du mal kurz raufkommen?« Das war keine Frage, sondern eher ein Befehl. Ich ahnte schon, warum ich raufkommen sollte, und gehorchte mit etwas zitternden Knien.

Dass mir die Knie zitterten, hatte allerdings nichts mit Angst zu tun, sondern mit einer mich plötzlich überfallenden, hemmungslosen Begierde. Die Türe zu Elfies Schlafzimmer stand offen, sie lag im Bett. Ich warf vom Gang aus noch einen kurzen Blick auf die Türe des Zimmers der Tochter und betrat dann das Zimmer der Mutter.

Ob es daran lag, dass ich über ein Jahr nicht mit einer Frau geschlafen hatte, oder daran, dass ich noch *nie* mit einer Frau geschlafen hatte, sondern mit mehr oder minder erwachsenen Mädchen, konnte ich nicht beurteilen. Ich wusste nur, dass ich erst nach diesem Nachmittag mit Elfie das sichere Gefühl hatte, das geworden zu sein, was man gemeinhin einen Mann nennt.

Schon nach der kurzen Affäre mit Louise, meiner ersten sexuellen Erfahrung, war ich zu einer ähnlichen Erkenntnis gelangt. Sie hatte aber, damals vor fünf Jahren, mehr mit romantischer Liebe zu tun als mit purer Fleischeslust. Die Tatsache, dass Elfie zwanzig Jahre älter war als ich, spielte nicht nur keine Rolle, sondern war im Gegenteil das eigentlich Faszinierende, das Neue, das Aufregende. Interessant war auch, dass die Beziehung zur Mutter meine Gefühle für die Tochter nicht beeinträchtigte. Es waren zwei völlig verschiedene Arten der Liebe, ein Phänomen, das ich bisher nicht kannte, mit dem ich aber in Zukunft öfter zu tun haben sollte.

Da Frau Pertramer mich gerne von früh bis abends und anschließend von abends bis früh an ihrer Seite haben wollte, schlug sie mir nach ein paar Tagen vor, bei ihren Fernsehproduktionen als Aufnahmeleiter, Regieassistent und Drehbuchberater mitzuarbeiten. Ich war so überrascht, dass ich zuerst nicht wusste, was ich dazu sagen sollte. Dann gab ich ihr zu bedenken, dass ich von all diesen Dingen keine Ahnung hatte. Sie hatte ja einen Stab von erfahrenen Profis um sich, die bestimmt sofort merken würden, dass ich ein absoluter Amateur und Dilettant war. »Des kann schon sein, dass die des merken, aber anmerken lassen darf es sich keiner, sonst schmeiß ich ihn raus. Außerdem bist du so ein g'scheiter Bursch, dass du des in einer Woch' kannst, wozu die andern ein Jahr brauch'n. Glaub' mir's, ich hab' für so was ein ganz feines G'schpür, und 'täuscht hab' i mich da no nie, ich sag' dir einfach, was'd machen sollst, und des machst dann, und zwar genau so wie ich's dir sag! Außerdem möcht' i di dabei hab'n, weil dann kann i di immer anschau'n, wenn i mag … und ein Geld verdienst auch!«

Noch am selben Vormittag stellte sie mich Herrn Böhmler, dem Chef der Abendschau, vor. Ich erzählte von Erfahrungen in dieser Branche, die ich nie gemacht hatte, und sollte daraufhin ein Engagement für zunächst drei Monate erhalten, dann werde man weitersehen. »Da brauchst du gar ned weiterseh'n, mein lieber Heinz, weil so eine Probezeit braucht der Herr Dietl nicht. Mir können froh sein, wenn mir überhaupt so eine Spitzenkraft krieg'n. Unter einem Jahr geht da gar nix. Hast mich verstand'n, Heinzibärli?«

Heinzibärli machte, was Elfie wollte, er hatte keine andere Wahl, er brauchte sie. Ich erhielt die mündliche Garantie für ein Jahr und sagenhafte fünfhundert Mark monatlich. Damals war Elfie Pertramer auf dem Höhepunkt ihrer Popularität. Das Bayerische Fernsehen konnte es sich nicht leisten, auf sie zu verzichten.

Meine Mutter war begeistert. Sie wollte zuerst gar nicht glauben, dass ich so schnell so eine begehrte und gut bezahlte Stelle, und dann auch noch beim Fernsehen, bekommen würde. Für sie war Fernsehen etwas Besonderes, wie Film, Theater und Oper zusammen. Elfie Pertramer war ein Star. Bei ihr würde ich viel lernen, meinte sie.

Sie wusste gar nicht, wie recht sie damit hatte. Von der Erziehung in körperlicher Liebe abgesehen, lernte ich von Elfie wirklich sehr viel. Was ein Aufnahmeleiter und Regieassistent tun musste, hatte ich tatsächlich innerhalb einer guten Woche begriffen, und die sogenannte »Drehbuchberatung« war ein reines Vergnügen. Elfie schrieb ihre Drehbücher und Texte selbst, las sie mir vor, entweder wenn sie damit fertig war oder wenn sie nicht weiterwusste. Ich sagte meine Meinung dazu, machte, aber immer sehr vorsichtig, Vorschläge, wie man die eine oder andere Formulierung vielleicht zuspitzen könnte, wie und wann man eine Pointe setzen sollte und was man eventuell noch machen sollte, dass die geplante Geschichte auch wirklich so verstanden würde, wie sie gemeint war. Diese Stunden, in denen ich ihr am Schreibtisch im Wohnzimmer helfen durfte, das von ihr Geschriebene zu beurteilen oder gar zu korrigieren, waren für mich fast noch wichtiger als die anschließenden Entspannungen im Schlafzimmer.

Elfie war erstaunlicherweise jeder Kritik gegenüber aufgeschlossen, wenn sie zu einem besseren Ergebnis führte. Was ihr nicht gefiel, war meine Ausdrucksweise, in der ich häufig die dritte Person Singular »man« statt der zweiten Person »du« gebrauchte. »Wer is der

›man‹ scho wieder, kannst du ned einfach ›du‹ sag'n, wenn du ›du‹ meinst?! Man könnte, wenn man wollte – was soll denn das heißen? Wer san denn die, die könnten, wenn sie wollten? Die san doch gar ned da, da san mir, du und ich und sonst niemand. Warum sagst du nicht einfach zu mir: Du könntest, wenn du wolltest? Oder sag lieber gleich: Des, was du da gschrieb'n hast, find' ich Scheiße, schreib lieber soundso, sag's halt!«

Darauf antwortete ich: »Wenn ich das zu dir sag'n tät, liebe Elfie, dann tätst du sag'n: Was verstehst denn *du* davon, meinst du, dass du des besser kannst wie ich, du siebeng'scheiter Lackl du?!« – »Ja«, sagte sie, »des würd' ich sag'n, mindestens, aber denk'n tät ich, recht hatta, der Bua, mir hat's ja selber ned g'fall'n, ich find's ja selber Scheiße! Weißt du was ich bin? Ich bin stolz auf dich ...« Sie war eben ein Skorpion, und ich war ihr in keiner Weise gewachsen.

Das galt auch für ihren intimen Freund Walter Sedlmayr, der zwar kein Skorpion war, sondern ein im Jahr 1926 am 6. Januar, dem Feiertag der Heiligen Drei Könige, geborener Steinbock. Walter, den ich schon flüchtig durch Dorle kannte, war ein routinierter Ohrenbläser und genialer Intrigant, außerdem war er ein sehr origineller Schauspieler. Er war damals noch nicht bekannt, wurde nur in kleinen Nebenrollen an den Münchener Kammerspielen besetzt und durfte bei Elfies Fernsehproduktionen die grantigen, missgünstigen Hausmeister und ähnliche unsympathische Figuren spielen. Für Walter war ich ein Konkurrent. Nicht, dass er auf mich eifersüchtig gewesen wäre wie ein Mann auf seinen Nebenbuhler. An Frauen war Walter sexuell nicht interessiert, seine Neigung gehörte, wenn auch nur in aller Heimlichkeit, jungen Männern, hauptsächlich Strichern. Seine Beziehung zu Elfie war kompliziert. Sie war für ihn alles, Mutter, Schwester, Tochter, Freundin, und er für sie auch. Er beriet sie in allen Lebenslagen, privat, beruflich, geschmacklich, es gab keinen Bereich, in dem Walter nicht zurate gezogen wurde, und nur wenige, die für Elfie nicht zugänglich waren, über die er mit ihr nicht sprach. Dazu gehörten an erster Stelle seine sexuellen

Neigungen. Walter bepflanzte und pflegte nicht nur seinen Garten, der zu dem kleinen Haus gehörte, das er mit seiner kranken, von religiösen Wahnvorstellungen heimgesuchten Mutter bewohnte, auch Elfies Garten in der Mechthildenstraße war ein Terrain, über das er als Herr über alle bunten Rosenkugeln uneingeschränkt herrschte.

Auch in das Aussuchen und Schmücken von Elfies Weihnachtsbaum durfte sich niemand einmischen. Jeglichen Kommentar, der nicht von überschwänglichem Entzücken geprägt war, verbat er sich, noch bevor er geäußert wurde. Kunstwerke der Schnitz- und Glasbläserkunst schleppte Walti zu Weihnachten an, Antiquitäten wie eine wunderschöne alte Krippe, deren Figuren Maria und Josef, das Christkind und der Esel sowie die Heiligen Drei Könige lebensechter und schöner gearbeitet waren als die der Krippe im Münchner Liebfrauendom. Waltis Faible für Antiquitäten, besonders sakraler Art, brachte ihn in größere Schwierigkeiten, als im Jahr 1971 die aus der Schlosskapelle Blutenburg gestohlene berühmte Blutenburger Madonna, geschätzter Wert ca. sechshunderttausend D-Mark, von der Kriminalpolizei in seinem Haus in Feldmoching aufgefunden wurde.

Da half auch die Unterstützung durch seine alte Mutter nichts, die, tief religiös wie sie war, den Beamten ergriffen schilderte, wie sich die Madonna aus dem Nichts, sprich Himmel, niedergesenkt habe und schließlich auf dem uralten Refektoriumstisch, den ihr Sohn in einem Benediktinerkloster für viel Geld erworben hatte, weil er sich so in den Tisch verliebt hatte, gelandet sei, wo sie so gut hinpasse, als sei sie da immer gestanden. »Ein Wunder, glauben Sie mir, Herr Wachtmeister, es war ein Wunder«, soll angeblich die ehrfürchtige Mutter gesagt haben, die nicht zufällig Maria hieß. Leider fruchtete ihr biblisches Märchen nichts. Walti wurde wegen des Verdachts auf Diebstahl und Hehlerei festgenommen und musste fünf Tage in Untersuchungshaft verbringen. Bei dem anschließenden Prozess sprach ihn dann jedoch das Gericht frei.

Elfies ehemaliger Gatte, Bob Ausböck, war für Walter Sedlmayr kein wirklich gefährlicher Konkurrent. Bob war Kameramann und hatte wenig zu sagen, wenn es um Fragen des Humors, des Geschmacks, des Stils bis hin zur Wahl der Kameraobjektive ging. In Walters Sicht war Bob für Elfie das, was für ihn seine Strichbuben waren. Damit hatte er weder ganz recht noch ganz unrecht. Die Beziehung zwischen Elfie und Bob war im Wesentlichen, zumindest für gewisse Zeit, sexuell gewesen. Da jedoch der Alkohol ein größeres Problem für Bob war, als Elfie zunächst angenommen hatte, führte das zu gewissen Bettproblemen. Dann kam noch hinzu, dass Elfie für die immer kostspieliger werdenden Ansprüche ihres Ehemanns in Bezug auf Autos, Kleidung und Restaurants aufkommen musste. Diese Kombination war dann zu viel für sie. Sie ließ sich scheiden. Glücklicherweise hatte dies keine wesentlichen finanziellen Konsequenzen für Elfie, da sie ihm mühelos nachweisen konnte, dass er während der Ehezeit mehrmals fremdgegangen war. Damals galt noch das Schuldprinzip.

Wenn Herr Ausböck auch nie ein großes Problem war, so war es doch angenehm für Walter Sedlmayr, wieder Frau Pertramers alleiniger Ratgeber in allen Lebenslagen zu sein. Allerdings konnte er sich dieser ungestörten Zeit nicht sehr lange erfreuen, da ihm nun ein junger Mann in die Quere kam, der ihn an einen anderen jungen Mann erinnerte, der ebenfalls Anfang zwanzig gewesen war, als er Elfie begegnet war, die damals Mitte dreißig und damit vierzehn Jahre älter gewesen war.

Dieser Jüngling war und blieb ihre große Liebe, und Walti konnte diesen Sachverhalt mir gegenüber gar nicht oft genug in Nebensätzen betonen, vermutlich in der Hoffnung, dass ich sehr bald einsehen würde, dass ich mir da gar keine Hoffnungen zu machen brauchte, weil der Platz, den ich anstrebte, in ihrem Herzen schon besetzt sei. Gleichzeitig versäumte er auch keine Gelegenheit, ebenfalls in Nebensätzen, Elfie vor mir zu warnen: Sie sei nur ein vorübergehender Ersatz für ihre eigene Tochter, wirklich lieben würde ich nur Dorle, wenn ich überhaupt zu einer innigen Liebe zu Frauen fähig sei, was er nicht glaube, denn er habe aus verlässlicher Quelle gehört, aber natürlich auch nur gerüchteweise, dass ich seit Jahren ein Verhältnis mit dem Chef eines bekannten Buchverlages pflegte.

Elfie wollte mir zunächst nichts von diesen ätzenden Bemerkungen Waltis erzählen. Aber irgendwann hielt sie es dann doch nicht mehr aus und konfrontierte mich mit den, wie sie sie nannte, »Anschuldigungen« aus »verlässlicher Quelle«. Als ich sie fragte, wer diese »verlässliche Quelle« sei, ob es sich nicht vielleicht um Herrn Sedlmayr handelte, gab sie nicht zu, dass die Verleumdungen von Walti stammten, vermutlich, um keinen Konflikt zwischen ihm und mir entstehen zu lassen, der mit dem Verlust der Freundschaft des einen oder der Liebe des anderen enden könnte. Ich nahm Zuflucht zur Wahrheit, erklärte ihr, so gut ich konnte, den Unterschied zwischen der Liebe zur Tochter und der zur Mutter, nämlich die des Jünglings zu einem Mädchen und der eines Mannes zu einer Frau. Das verstand sie und war damit zufrieden.

Bei dem Vorwurf der angeblichen Affäre mit dem »Buchverleger«, bei dem es sich nur um Fritz Arnold handeln konnte, fiel es mir schwer, diese perfide Anschuldigung in ruhiger und gelassener Haltung zurückzuweisen. »Dass ausgerechnet ein verkappter Schwuler, der seine sexuelle Neigung vor allen, auch vor dir, seiner engsten Freundin, verheimlicht und sogar abstreitet, solche Gerüchte über mich verbreitet, nehme ich nicht einfach so hin … und jetzt geh ich zu ihm, liebe Elfie, und sage ihm, wenn er das noch einmal macht, dann werde ich vor seiner Mutter und vor aller Öffentlichkeit sagen …« – »Bitte, mach's nicht, bitte«, unterbrach sie mich. »Der Walter …« – »… also doch der Walter!« – »Ja freilich, wer denn sonst, der is' doch a ganz arme Sau …« – »Ja, Sau auf jeden Fall, arm weniger …« – »Doch, des is' er, und da kann er auch nix dafür, dass er so is', wie er is' … und leiden tut er unter seiner Veranlagung, leiden tut er wie ein Hund.« – »Z'erst war er eine Sau, jetzt is' er ein Hund, wird nimmer lang dauern, dann is' er ein Kanarienvogel, die Ratt'n die! Und wer war jetzt eigentlich deine große Liebe?« – »Wieso? Meine große Liebe? Meine Liebe bist du!« – »Ich hab' nicht gefragt, wer is' deine Liebe, sondern ich hab' gefragt: *Wer war deine große Liebe?* Sag's!« – »Ich weiß jetzt nicht, was du …« – »Doch, das weißt du genau … und wenn du's nicht weißt, dann ruf'n mir jetzt den Walter an und frag'n ihn, ob's er weiß.« – »Den rufst du jetzt nicht an!« – »Doch, den ruf ich jetzt an und frag ihn, wer *den Platz in deinem Herzen schon besetzt hat.*« – »Wer was hat?« – »So hat er's g'sagt, genau so: *Der Platz in deinem Herzen ist besetzt.*« – »Also so ein Schmarrn!« – »Das is kein Schmarrn, und wenn du noch mal Schmarrn sagst, dann geh' ich jetzt, und du kannst zu deiner *großen Liebe* gehen, Servus!« – »Du gehst nicht, du bleibst da, und ich zeig dir jetzt, wer meine *große Liebe* ist!!!«

Das hat sie mir dann gezeigt, und damit waren vorerst Herrn Sedlmayrs Intrigenversuche abgeschmettert. Ein paar Tage später hatte sie ihm dann offenbar unmissverständlich ins Gewissen geredet, denn Walter war plötzlich so nett zu mir, dass ich mich fast schon vor ihm zu fürchten begann.

Um mir zu beweisen, wie ernst sie es mit mir meinte, bestand sie, kurz nach unserer Auseinandersetzung, darauf, sich meiner Mutter vorzustellen. Ich wusste nicht genau, wie ich es anstellen sollte, meine Mutter auf den Besuch einer Geliebten vorzubereiten, die nicht nur die Mutter meines ehemaligen Gottesgeschenks war, sondern auch eine Frau, die zwanzig Jahre älter war als ich und nur drei Jahre jünger als meine Mutter.

Eine Weile lang drückte ich mich so unverständlich aus, dass meine Mutter eines Abends mit einer gewissen Strenge von mir verlangte, ich möge jetzt gefälligst Klartext reden und deutlich sagen, was vorgefallen sei. Sie mache sich nämlich langsam Sorgen um mich. »Sorgen brauchst du dir überhaupt nicht machen, Mama, im Gegenteil, es is' nur Folgendes …« Bevor ich weiterreden konnte, wurde ich unterbrochen durch Pfeifsignale, die aus dem Hinterhof der Ainmillerstraße in unsere Zimmer drangen. Unten stand, höchst vergnügt und gut gelaunt, Elfie. Meine Mutter verstand überhaupt nichts mehr. Ich ging hinunter, um das Tor zu öffnen und Elfie in das Lagerhaus hereinzulassen. Dann sagte ich ihr, dass es vielleicht besser sei, ich ließe sie jetzt mit meiner Mutter alleine, und schlug ihr vor, erst in einer Stunde wiederzukommen. Elfie war nicht nur mit meinem Vorschlag einverstanden, sondern sagte, dass sie selbst auch dieselbe Absicht gehabt habe. »Solche Sachen müssen Frauen untereinander bered'n, da hab'n Männer nix verlor'n«, meinte sie. Ich beeilte mich, erleichtert dasselbe zu meinen, und verbrachte anschließend exakt sechzig Minuten um die Ecke in dem Wirtshaus »Kaiser Friedrich«, wo ich meine Nervosität mit zwei Halben Helles bekämpfte.

Als ich nach Ablauf der Schonzeit wieder nach Hause kam, fand ich zwei Frauen, die von einer Flasche Weißwein, den offenbar Elfie mitgebracht hatte, bereits etliche Gläser getrunken hatten und mit einem Anflug von Rötung auf den Wangen in bester Kicherlaune waren. Wenn man es nicht besser gewusst hätte, würde man die beiden fast gleichaltrigen Damen für alte Freundinnen gehalten haben, die sich nach langer Zeit endlich wiedersehen. »Was sagst jetzt, Mama?«, war meine erste, nicht sehr originelle Frage. »Ja mei, Bub … wie halt das Leben so spielt … gratuliere, Prost! Auf dich und deine Elfie!«

Meine Mutter war einzigartig. Sie war glücklich, wenn ich glücklich war. Ich hätte auch eine Elefantenkuh mit nach Hause bringen können.

Zu Beginn des Sommers fuhren Elfie und ich mit ihrem Lancia Cabriolet in den Urlaub nach Italien. Im Autoradio hörten wir unterwegs, dass Mao Tse-tung im Rahmen der Großen Proletarischen Kulturrevolution die Bildung der sogenannten Roten Garden eingeleitet hatte. Weder Elfie noch ich konnten uns darunter etwas vorstellen.

Als wir hinter Bozen, kurz vor Trient, an einem Ort vorbeikamen, der San Michele all'Adige hieß (auf Deutsch: St. Michael an der Etsch), durchfuhr ein tiefer Seufzer ihre Brust. Auch ihre Augen begannen feucht zu glänzen. Sie schniefte. Ich reichte ihr ein Papiertaschentuch. Der Seufzer kam vermutlich aus der Nähe der Stelle, an der *der Platz in ihrem Herzen besetzt* war. Die Feuchtigkeit der Augen konnte, wenn man so wollte, auch dem Gegenwind geschuldet sein, der über das offene Dach des Autos blies. St. Michael! Jetzt wurde mir plötzlich alles klar. Ich erinnerte mich an ein drei Jahre zurückliegendes Gespräch mit Dorle. Damals sagte sie mir, dass ich vom Typus her eine nicht allzu entfernte Ähnlichkeit mit einem gewissen Michael habe, der die große Liebe ihrer Mutter gewesen sei. Allerdings hätte sie der vierzehn Jahre jüngere Mann bald mit der schon erwähnten sehr schönen, zweiundzwanzigjährigen Schauspielerin aus Wien betrogen und dann verlassen. Ihr, Dorle, habe dieser Michael auch gefallen, aber ihre Mutter sei für den jungen Mann wohl attraktiver gewesen.

Dummerweise sprach ich Elfie auf diese Affäre an, als wir mit dem offenen Wagen in Richtung Gardasee fuhren. Sie reagierte aber sehr geschickt darauf. Zuerst rief sie mir zu, ich solle lauter reden, da sie sonst bei dem Fahrtwind nichts verstehe. Das Thema, um das es sich handelte, war jedoch nicht wirklich dazu geeignet, die einzelnen Sätze oder Fragen laut hinauszubrüllen. Ich ersuchte sie, langsamer zu fahren, weil ich dann besser mit ihr reden könne. Sie schrie, dass das jetzt nicht ginge, da sie schnellstens eine Raststätte finden müsse, um dort dringendst eine Toilette aufzusuchen. Als dann die nächste Raststätte auftauchte, bremste sie aber nicht, sondern gab stattdessen noch mehr Gas, bis sie eine Geschwindigkeit von fast zweihundert Stundenkilometern erreichte. Es war aussichtslos, bei diesem Tempo in einem Cabriolet ein Gespräch zu führen. Irgendwann kamen wir erneut an einer Raststätte vorbei, an der sie ebenfalls nicht haltmachte, sondern wieder im Höchsttempo vorbeiraste, mir aber dabei mit liebevoller Überlegenheit zulächelte. Da dämmerte mir langsam, dass sie einfach nicht über das Thema *Michael* reden wollte. Ich lächelte dann genauso stumm und liebevoll zurück, sie reduzierte das Tempo auf angenehme hundert Stundenkilometer, und wir fuhren, ohne jemals wieder auf das Thema zurückzukommen, in größter Harmonie weiter nach Süden.

Als wir zwischen Modena und Bologna auf die Autostrada del Sole kamen und die Verkehrsschilder nur noch hundert Kilometer bis Florenz anzeigten und etwas über dreihundert bis Rom, packte uns eine italienbegeisterte Hochstimmung, die eine halbe Stunde später leider durch ein völlig unerwartetes und unvorhergesehenes Phänomen gestört und schwer beschädigt wurde. Es juckte mich heftig im Schritt. Schon um sechs Uhr morgens, kurz vor unserer Abfahrt aus München, hatte ich einen plötzlichen Juckreiz im Genitalbereich festgestellt, der sich aber innerhalb von Sekunden wieder abgemeldet hatte. Jetzt allerdings, nach etwa sechs Stunden Autofahrt, kam er wieder und griff mich mit einer Heftigkeit an, die mir unerklärlich war. Ich kratzte mich, und je mehr ich mich kratzte, desto mehr juckte es. Elfie hielt an einem Rastplatz, wir schlossen das Dach des Wagens, klemmten Tücher und Kleidungsstücke zwischen Verdeck und Fenstern, und ich zog zuerst die Hose, dann die Unterhose aus.

Elfie beugte sich über meinen Unterleib, warf einen kurzen Blick auf die Gegend um das Schamhaar herum und stellte dann fachmännisch fest: »Du hast Filzläuse!« Ich sah sie überrascht und fragend an, sie schüttelte langsam und nachdenklich den Kopf, presste ihre Lippen zusammen und zog gleichzeitig die Mundwinkel nach unten. Eine etwas seltsame Reaktion.

Da ich nicht wusste, was Filzläuse sind, noch nie welche gehabt hatte und mir daher auch nicht erklären konnte, auf welchem Weg diese kleinen, juckenden Tierchen in meine Hose gelangt waren, lag es nahe, dass ich mich bei der Person erkundigte, die sicher und bestimmt wie ein zoologischer Experte auf Anhieb die insektenähnlichen Wesen erkannt und benannt hatte. Elfie informierte mich zunächst, ohne dass ich sie danach gefragt hatte, über den lateinischen Namen der krabbenähnlichen Kreaturen. Er lautete *Phtirus pubis*. Das war vielleicht sehr interessant, vor allem erstaunlich, dass sie das wusste, aber es war nicht das, was ich wissen wollte. Allmählich kam sie dann aber zur Sache: »Des is eine Art Floh, weißt du ... also eher eine Laus, vulgär sagt man dazu *Sackratte* ... und die kriegt man auf allerlei ... verschiedenen, also auf den verschiedensten Wegen ... äh ... zum Beispiel von einem dreckigen Handtuch ... oder auch von einer un... ah ... unsauberen Bettwäsche ... oder so ...« – »Aha«, sagte ich, »aber wie kommen die Läus' auf

das Handtuch oder die Bettwäsch'? Irgendwo müssen die doch herkommen?« – »Jaja, freilich … müssen die irgendwo … ah … herkommen«, sagte sie und begann sich selbst am Unterleib zu krat-
zen: »Vielleicht kommen die von dir!« – »Von mir, wieso von mir …
ich hab' doch in deinem Bett geschlafen und frische Handtücher
von dir … woher soll'n da die … Filzläus' bei mir kommen?« –
»Tja … manchmal kommen die auch von irgendjemand … wenn
man mit irgendjemand intim … ah … geschlafen ha… oder so« –
»Ich hab' doch nur mit dir geschlafen und mit sonst niemand.« –
»Bist du da ganz sicher?« – »Ja natürlich, und wie!« – »Tja, dann
versteh' ich das auch nicht, ah … jetzt juckt's mich schon wieder«,
sagte sie und kratzte sich zwischen den Beinen: »Jetzt fahr'n wir
mal weiter und schau'n bei der nächst'n Raststätt'n, ob wir da vielleicht eine Flasch'n amerikanischen Whisky krieg'n, Jim Beam wär
gut, noch besser wär Jack Daniels, aber den werd'n die in Italien
nicht hab'n, komm fahr'ma!« – »Amerikanischen Whisky … wieso
bitte?!« – »Ja, weil's den nicht mög'n, mög'n vielleicht schon, aber
nicht vertrag'n … a halberte Flasch'n und tot sind's.« – »Wer ist tot,
bitte?« – »Ja, d'Filzläus' halt, wer denn sonst?«

Rom ist nicht nur eine schöne Stadt, sie ist so monumental, präch-
tig und einschüchternd geschichtsträchtig, dass man den nächsten
Polizisten untertänigst um Erlaubnis bitten möchte, über Straßen
fahren zu dürfen, die Namen tragen wie Via Aurelia, Via Appia,
Via Cassia und Via Flaminia. Leider konnten wir die Pracht und
Bedeutung der Ewigen Stadt nur ungenügend würdigen, da es uns
immer schlimmer im Schritt juckte. Es war schon in der Dämmerung des Abends, als wir nach einem Hotel suchten, in dem wir
uns, ohne größeres Aufsehen beim Personal zu verursachen, endlich
Elfies Whisky-Therapie unterziehen konnten. Wir hatten zwei Flaschen Jim Beam und eine Flasche Jack Daniels in einem Supermer-
cato am Ende der Autostrada erstanden und warteten nur auf den
Moment, in dem wir endlich unsere Filzläuse mit einer speziellen
Alkoholdusche außer Gefecht setzen würden.

In dem eher schlichten, aber unverhältnismäßig teuren Doppel-
bettzimmer eines Hotels in der Via del Corso, unweit der Piazza
Venezia, rissen wir uns die Kleidung vom Leib und übergossen uns
gegenseitig mit dem Jim-Beam-Roggenwhisky. In alle behaarten
Stellen des Körpers, von Kopf über Achseln hinunter bis in Geni-
tal- und Analbereich, so lehrte mich Elfie, solle der kräftig riechende
Alkohol einmassiert werden, dann lasse man das Haar eine Weile
trocknen, wiederhole die gleiche Prozedur mit Jack Daniels, dem
Tennessee-Whisky, dessen starker Flavor von Zuckerahorn-Holz-
kohle den Läusen dann den endgültigen Rest gebe bzw. sie in panische Flucht jage. Für alle Fälle, empfahl meine erfahrene Geliebte,
könne es auch nicht schaden, mit dem Rest des Whiskys vorsorg-
lich Bett, Bettlaken und Handtücher zu benetzen. Außerdem dürf-
ten unsere Körper ab jetzt mindestens zwölf Stunden lang nicht mit
Wasser in Berührung kommen, sonst bestünde die Gefahr des Rück-
marsches der übrig gebliebenen Läuse.

Ich muss sagen, dass ich mir unseren ersten Abend in Rom völlig anders, vermutlich etwas romantischer, vorgestellt hatte, aber
das fast schlagartige Verschwinden des Juckreizes entschädigte für
entgangenes Flanieren zwischen Statuen und Säulen, Kirchen und
Brunnen, Palmen und Oleanderbüschen. Ein Gutes aber hatte die
Whiskydusche: Wir stanken so stark nach Alkohol, Roggen- und
Zuckerahorn-Brand, dass ein abendlicher Besuch des St. Petersplatzes, eventuell sogar des Petersdoms, den Elfie mehrmals während
der Reise immer wieder schwärmerisch erwähnt hatte, nicht mehr
infrage kam. Aufzuklären, wer von uns sich zuerst und auf welche
Weise mit den Filzläusen angesteckt hatte, war ihr deutlich weniger
wichtig als die Tatsache, dass sie nicht mehr, wie geplant, am ersten
Tag ihrer Ankunft in der heiligen Stadt im heiligen Dom eine heilige
Kerze für uns anzünden konnte. Das sei kein gutes Omen, sagte sie,
legte sich ins Bett, verweigerte jede Diskussion über die Herkunft
der Filzläuse und schlief ein.

Ich schlief nicht so schnell ein. Das Problem mit den kleinen
Tierchen beschäftigte mich noch eine gute Stunde. Die routinierte

Art, wie Elfie sofort die Plage zu bekämpfen wusste, allein die in völliger Gemütsruhe durchgeführte Anwendung der ungewöhnlichen, aber todsicheren Insektenvertilgungsmittel Jim Beam und Jack Daniels, deutete darauf hin, dass Elfie mit dem gelegentlichen Besuch von Filzläusen durchaus vertraut war. Aber wen hatte sie vorher besucht oder wer sie? Ich war überzeugt, dass der juckende Befall nicht mit schmutziger Kleidung und Handtüchern zu tun hatte, sondern mit Bettwäsche … Und dann hatte ich mich bei *ihr* angesteckt.

So war der erste Tag der Urlaubsreise zwischen St. Michael und den plötzlich auftretenden Filzläusen nicht dazu angetan, unsere Liebesbeziehung zu vertiefen. Ich überlegte, ob ich am nächsten Tag mit dem Zug zurück nach München fahren sollte, und schlief dann schließlich mit einem schlechten Gefühl ziemlich desillusioniert ein.

Allerdings hatte ich nicht mit Elfies überlegenem Talent gerechnet, jegliche Disharmonie schon *in statu nascendi* zu spüren und nicht nur im Keim zu ersticken, sondern sofort eine euphorische Stimmung zu erzeugen, die in Sekundenschnelle auf die Beteiligten übersprang. »Ah«, sagte sie, als sie am frühen Morgen aufwachte, lächelte mich glücklich an und umarmte mich: »Ich kann dir gar nicht sagen, wie froh ich bin, dass ich jetzt endlich weiß, woher wir diese ›Drecksviecher‹ herg'habt haben. Weiß't woher?« – »Nein«, sagte ich etwas reserviert, »aber ich kann mir's schon denken, von mir kommen's jedenfalls nicht.« – »Im Gegenteil«, rief sie freudig aus, »ganz im Gegenteil, von mir san's, von mir, und weißt, wo ich sie herhab'?« – »Nein, sag' mir's doch, los!«, rief ich, aber diesmal nicht mehr reserviert, sondern schon reichlich aggressiv. »Des ahnst du nicht, ahnst du nicht, die ganze Nacht hab' ich nicht g'schlafen, sondern mir immer nur den Kopf zerbrochen, wer mir diese Viecher angedreht hat, und dann bin ich auf einmal d'raufkommen, weißt du wer?« Ich antwortete nicht mehr, sondern stand stumm auf, schlüpfte in meine Hosen und begann, meine Reisetasche zu packen. Da lachte sie plötzlich laut und rief: »Der Wolfi war's, der Wolfi … weil ich mich aus Versehen im Bad mit seinem Handtuch abtrocknet hab'. Und nicht nur abtrocknet hab' ich mich, sondern eing'wicklt hab' ich mich in den Dreckfetz'n, weil's Telefon g'läut hat und ich bin hing'rennt, weil ich mir denkt hab', dass du des bist. Und weißt, wer's war?« – »Der Walter«, sagte ich. »Eben nicht, sondern du warst es, und dann haben wir lang miteinander geredet, und genau das hätt' ich nicht tun soll'n, weil in der Zeit sind die Viecher vom Handtuch direkt in meine … Schamhaare … äh … geklettert. Dieser Wolfi mit seine Schwabinger Schlamp'n, mein Herr Sohn, schon wieder Filzläus … typisch … typisch Wolfi, i bin jetzt so froh, so froh, dass die Filzläus nicht von dir sind, hab' schon gedacht, dass du mich betrogen hast, das hab' ich wirklich gedacht!« Sie schniefte ein paarmal, dann flossen Tränen über ihre Wangen. »Komm her, bitte komm … ich hab' dich doch so lieb … du bist doch mein Einziger, mein Alles …!«

Was sollte ich dazu sagen? Am besten vergaß ich St. Michael und die Filzläuse – die Whisky-Therapie hatte die erhoffte Wirkung gezeigt – und freute mich auf die Ferien. Ohne Besichtigung Roms, sogar unter Auslassung des Petersplatzes und des Petersdoms, verließen wir schon am frühen Morgen die Stadt und fuhren auf der Via Appia Nuova weiter nach Süden.

Eigentlich hatten wir vor, bis Neapel zu fahren, um dort die Fähre nach Ischia zu nehmen, aber etwa hundert Kilometer von Rom entfernt, kurz nach Terracina, entdeckten wir einen wunderbaren, menschenleeren Sandstrand im Süden der alten Kleinstadt Sperlonga, die auf einem gewaltigen Felsen über dem Meer thronte. Die Straße am Meer führte vorbei an den antiken *Grotten des Tiberius,* in deren Seewasserbecken der gleichnamige Kaiser Unzucht mit Knaben getrieben haben soll, die er seine *»Fischlein«* nannte. Wir fuhren den holprigen Weg hinunter in die Bucht, auf deren weitläufigem Strand zwei Gebäude standen. Das eine war eine einstöckige Hütte, in dem sich ein einfaches, kleines Restaurant befand. Unweit daneben stand ein zweistöckiges, unverputztes und billig gebautes Haus, dessen schmucklose Räume von den Besitzern der Restauranthütte als Fremdenzimmer vermietet wurden, zu einem Preis, der anständigerweise der Qualität der Unterkunft entsprach. Das Ehepaar, er Fischer, sie Köchin, war sehr freundlich und sympathisch.

Dass Elfie und ich darauf bestanden, in einem Doppelbett zu schlafen, führte angesichts des deutlichen Altersunterschiedes zunächst zu leichten Irritationen der Frau Köchin, dann allerdings akzeptierte sie die Mesalliance und quittierte sie mit einem verständnisvollen Lächeln. Dieses Lächeln setzte sie immer auf, wenn sie uns begegnete, das hieß, mehrmals am Tag. Wir gewöhnten uns daran. Ihr Mann, der Fischer, fuhr täglich am frühen Morgen mit seinem Kutter hinaus aufs Meer, und wir bekamen – als einzige Gäste – zu Mittag die Fische, Krabben und Meeresschnecken, die er vor nur wenigen Stunden gefangen hatte.

Es war genau so, wie man sich heute vorstellt, dass es damals war. Der ganze Landstrich in der Mitte zwischen Rom und Neapel barg Attraktionen jeglicher Art. In der Nähe des benachbarten Ortes Terracina bog von der Hauptstraße ein Weg nach Nordosten ab, der auf einen Berg hinaufführte. Auf dem Berg – besser gesagt, dem hohen Hügel – standen die Ruinen des Jupitertempels von Anxur aus dem 1. Jahrhundert vor Christus. Von diesem Tempel aus hatten der Herr der Götter jahrhundertelang und wir immerhin eine gute Viertelstunde bei Sonnenuntergang einen wunderbaren Blick auf das Meer und den Monte Circeo. Dort hatte sich die Zauberin Circe in den Seefahrer Odysseus verliebt und ihn so sehr becirct, dass der vom Heimweh geplagte Held ein ganzes Jahr mit ihr verbrachte. Um sich ihm ungestört und in Ruhe hingeben zu können, hatte sie vorher seine ganze Mannschaft in Schweine verwandelt.

Elfie war fasziniert von dem Berg der Circe. Vor allem bewunderte sie mein Wissen um die Mythologie, von der sie, wenn überhaupt, nur eine sehr geringe Kenntnis hatte, aber unbedingt mehr darüber erfahren wollte. Ich sah eine gute Gelegenheit, mich zu profilieren, und mischte Kenntnisse mit kühnen Erfindungen, bis sie so beeindruckt von mir war, dass sie mich buchstäblich anbetete. Ich war kurz versucht, die Gelegenheit, in der *ich* so beeindruckend wusste, was *sie* nicht wusste, dazu zu nutzen zu erfahren, was *sie*, aber *ich* nicht wusste, zum Beispiel die Wahrheit in der Filzlaus-Affäre. Dann dachte ich, wenn ich sie jetzt danach fragte, würde sie mir mit Sicherheit eine zweite Version auftischen, die genauso erfunden war wie die erste.

Lieber ließ ich *meine* Fantasie spielen, dankte nachträglich der Firma Margarine Union in Hamburg mit ihren Sammelbildern und Fotos in den Einklebealben der Erfolgsmarke Sanella, der Münchner Zigarettenfabrik Zuban, deren Alben ich ebenfalls sammelte, sowie Herrn Marek, der mich als C. W. Ceram mit seinem Buch über Götter, Gräber und Gelehrte schon als Siebenjähriger so sehr fasziniert hatte, dass ich mir bis ins Alter von dreizehn absolut sicher war, was ich einmal werden wollte: Archäologe! Ich wollte Archäologie studieren und hatte daher meine Eltern gebeten, mich unverzüglich von der Oberrealschule zu nehmen, in der ich ständig nur mit Mathematik, Physik, Chemie und Biologie zu tun hatte, mit Latein nur wenig und mit Griechisch gar nicht. Ein Humanistisches Gymnasium wollte ich besuchen. »Nein«, hatte mein Vater gesagt, der sich sonst nie für meine Erziehung oder Bildung interessierte. »Griechisch braucht man nicht, und Altgriechisch schon gleich gar nicht, außerdem ist das griechische Essen beschissen, vom Ouzotrinken wird man impotent, und Archäologie ist sowieso nur was für höhere Töchter und alte Professoren.« Damit war der Fall erledigt. Aus Rache beschloss ich, keine Mathematik und keine naturwissenschaftlichen Fächer mehr zu lernen, was mir in der vierten Gymnasialklasse gleich so erfolgreich gelang, dass ich sitzen blieb. Anschließend kam ich dann in das Schülerheim Bad Tölz und gleichzeitig so gewaltig in die Pubertät, dass ich überhaupt kein Interesse mehr für die beschädigten Statuen alter Griechen und Römer hatte, sondern nur noch für die herrlichen Figuren und die schönen Augen junger Mädchen.

Meine ehemalige Leidenschaft für Mythologisches verschaffte mir zwar Elfies Bewunderung, die mir sehr guttat, deren Konsequenzen ich aber zunächst nicht überschaute. Es fing damit an, dass sie in einem Krämerladen in Sperlonga ein größeres Paket von Tischkerzen und Plastiktellern kaufte. Diese Kerzen klebte sie in den Plastiktellern fest und ordnete dann sechs dieser Kerzenteller auf dem Esstisch, von dem sie die Tischdecke entfernt hatte, zu einem Kreuz an: vier Kerzen in der Länge, an der dritten Kerze zwei in der Breite, eine links und eine rechts. Als es Nacht wurde, schloss sie alle Fenster und Vorhänge und entzündete die Kerzen. Ich musste mich ihr gegenüber an den Tisch setzen und stumm in die Flammen der Kerzen schauen. Ich durfte nichts fragen oder sagen.

Nach etwa einer halben Stunde, die Luft wurde immer stickiger, brach sie die Stille: »Merkst was?« – »Nein«, sagte ich. »Was soll ich merken?« – »Merkst du gar nix?« – »Nein«, sagte ich. »Ich merk' gar nix.« – »Komisch, der Walti merkt immer was … und der versteht auch was von Mythologie und Okkultismus, komisch, dass du jetzt nix merkst, wo du sonst so sensibel bist, komisch … vielleicht sind des zu wenig Kerzen, vielleicht brauchst du mehr!« Ich konnte sie gerade noch daran hindern, dass sie das Zeichen des Kreuzes in Länge und Breite vergrößerte. »Ich möcht' jetzt gern mit dir einen Spaziergang am Meer machen«, sagte ich, »wer weiß, vielleicht merk' ich dann was.« – »Dann nehm' ich aber ein paar Kerzen mit«, sagte sie, »die zünden wir dann am Strand an und schau'n über die Flammen in die Wellen!«

Während wir hinunter ans Meer gingen, fragte ich mich, ob es vielleicht doch ein Fehler gewesen war, sofort aus Rom abzureisen, ohne Elfie die Gelegenheit zu geben, ihr Bedürfnis nach dem Anzünden von Kerzen im Inneren des Petersdoms zu befriedigen. Elfie bohrte ihre Kerzen in den Sand, diesmal nicht in Kreuzform, sondern in einem Halbkreis, der zu uns hin offen war und nicht zum Meer. Warum so und nicht anders, wagte ich nicht zu fragen, da sie bestimmt mit einer Erklärung aufwarten würde, die aus der sedlmayrischen Okkultismus- und Esoterikschatulle stammte. Sie entzündete die Kerzen, deren Flammen eine kurze Weile im Wind, der vom Meer kam, flackerten, dann aber schnell erloschen, sodass wir nicht über Flammen in die Wellen schauten, sondern über verbrannte Dochte. »Merkst du jetzt was?«, wollte sie wissen. »Ja«, sagte ich, weil eine andere Antwort nicht mehr möglich war, ohne Elfies Gefühle zu verletzen. »So ganz langsam merk' ich jetzt was.« Das Erstaunliche war, dass sie nicht fragte, was ich da merkte, sondern einfach sagte: »Siehst du's, ich hab's gewusst, irgendwann hab' ich mir gedacht, irgendwann kommt der Moment, und dann merkt er's. Schon schad', dass man jetzt von da aus den Felsen nicht sieht, auf dem die Circe g'sessn is', gell mein kleiner Odysseus, du!«

Die Circe mit der Loreley zu verwechseln oder zumindest zu vermischen, fand ich nicht weiter bemerkenswert, als Elfie jedoch »kleiner Odysseus« zu mir sagte, wurde ich hellhörig. Dass sie mich mit diesem Kosenamen bedachte, zärtlich intoniert, aber doch mit leicht ironischem Unterton, ließ vermuten, dass sie unserer Beziehung, ähnlich wie der des Seefahrers mit der Hexe, keine besonders lange Dauer zumaß.

Ich weiß nicht mehr genau, was ich in diesem Moment dachte, kann mich aber daran erinnern, dass mich ihre Neigung zum Übersinnlichen, Spiritistischen und Abergläubischen, verbunden mit einem Hang zu tiefer mystischer, zu gleichen Teilen heidnischer als auch christlicher Religiosität, unsicher, sogar etwas ängstlich machte. Manchmal glaubte ich für Sekunden in ihren wasserklaren, hellen grünblauen Augen katzenhafte Kälte mit einem leichten Ansatz von Wahnsinn zu erkennen. In diesen Momenten fürchtete ich mich vor ihr.

Die gemeinsamen Wochen in Italien waren vielleicht nicht wirklich erholsam, eher ein Erlebnisurlaub, aber sie krallten sich als etwas Ungewöhnliches in mein Gedächtnis ein. Möglicherweise sorgte vor allem die Erfahrung mit den Filzläusen für einen dauerhaften Eindruck.

Im Herbst des Jahres 1966 schrieb ich mich an der Philosophischen Fakultät der Münchner Ludwig-Maximilians-Universität ein. Ich wollte Theater- und Kunstgeschichte studieren und belegte im ersten und zweiten Semester Vorlesungen wie: *Europäische Theaterge-*

schichte von den Anfängen bis zur Gegenwart, Malerei im späten achtzehnten und neunzehnten Jahrhundert, Ausgewählte Kapitel aus der Geschichte der deutschen Schauspielkunst und etliche mehr. Die Professoren waren so, wie man sie aus den Karikaturen deutscher Professoren kannte, und ihre Vorlesungen so langweilig, dass ich mich nach den vergleichsweise aufregenden Unterrichtsstunden im Alten Realgymnasium zurücksehnte.

Hinzu kam noch ein anderes Problem, das sich jedoch von heute aus gesehen als Glücksfall erwies. Ich konnte mir das Studium finanziell gar nicht leisten. Die Arbeit als Aufnahmeleiter und Regieassistent bei Elfies Fernsehproduktionen war zwar relativ gut bezahlt, aber sie war doch zeitintensiver, als ich dachte. Ich hatte auch nicht die Wahl zwischen dem einen und dem anderen. Das Studium hätte ich mir nur leisten können, wenn ich nebenher gearbeitet hätte, aber arbeiten konnte ich nur, wenn ich nicht nebenher studiert hätte. Um meiner Mutter ein freieres Leben zu ermöglichen und sie auch wirtschaftlich nicht länger zu belasten, hatte ich mir, für achtzig Mark im Monat, ein kleines Zimmer im zweiten Stock der Herzogstraße 6 nahe der Römerstraße gemietet. Eine Cutterin des Bayerischen Fernsehens mit dem nicht sehr häufigen Namen Isa Peterseil besaß dort eine Vierzimmerwohnung.

Es war eine Umstellung, die mir zunächst sehr schwerfiel. Nicht mehr bei meiner Mutter zu wohnen, ergab ein Gefühl der Einsamkeit und der Freiheit zugleich. Manchmal überwog das eine, manchmal das andere. Ich kam mir verlassen vor, obgleich ich nicht derjenige war, der verlassen wurde, sondern der, der verlassen hatte. Es verging zwar kaum ein Tag, an dem ich nicht meine Mutter besuchte, sei es kurz im Büro oder auch in ihrer, früher unserer Wohnung. Aber es war nicht mehr wie noch vor wenigen Monaten. Was genau anders war, wusste ich jedoch nicht zu sagen. Ich hatte immer getan, was ich wollte, aber immer mit der Billigung meiner Mutter, gelegentlich auch mit der nachträglichen. Doch die Frage nach Billigung oder Missbilligung stellte sich jetzt nicht mehr. Ich war für alles, was ich tat oder dachte, selbst verantwortlich. Es gab keine

Instanz mehr, an die ich mich wenden konnte oder musste. Ich selbst war die Instanz. Das war neu für mich. Nicht nur neu, auch schwer zu verarbeiten. Es gab vor allem Gewohnheiten, Rituale, die ich vermisste. Zweimal die Woche, jeden Montag- und Donnerstagabend, stellte mir meine Mutter ein Glas warme Milch und ein kleines Stück Schokolade auf meinen Nachttisch. Während ich die Milch trank und die Schokolade aß, saß sie am Bettrand, und wir unterhielten uns. Diese Gespräche waren sehr wichtig für mich, für sie vermutlich ebenso.

Manchmal bekannte ich auch Fehler oder Dummheiten, die ich gemacht hatte. Sie nahm sie mit gütigem, verständnisvollem Lächeln zur Kenntnis, fragte nicht nach Einzelheiten, sondern sagte einfach: »Denk dir nix!« Diese wenigen Worte meiner Mutter, die für mich wie eine Absolution waren, fehlten mir.

In der Beziehung zu Elfie gab es nach wie vor Höhepunkte, denen jedoch immer häufiger, zumindest bei mir, Phasen der Ernüchterung und der Langeweile folgten. Am besten verstanden wir uns bei der Arbeit. Ich bewunderte sie und lernte viel von ihr. Sie hatte ein besonderes Talent, sich selbst und andere so zu inszenieren, ihre Texte von den Schauspielern so sprechen zu lassen, dass der Zuschauer immer das Gefühl hatte, alles, was er sah und hörte, sei gerade in diesem Moment, zufällig und auf natürlichste Weise entstanden. Sehr hilfreich war für diesen Eindruck von Spontaneität der Gebrauch des bayerischen Dialekts, den sie in all seinen Nuancen beherrschte. Wenn sie nicht ganz sicher war, kam ihr Sedlmayr Walti zu Hilfe, der ebenfalls ein Experte der bayerischen Sprache war.

In Anwesenheit von Mitarbeitern und Kollegen durfte man ihr allerdings nicht helfen, sie nicht korrigieren, sonst beharrte sie auf ihren Fehlern, wodurch es – wenn auch unfreiwillig – zu sehr komischen Wirkungen kommen konnte. Genaueste Beobachtungen von Menschen und Zuständen, die in ihrem Kopf auf sehr eigene, skurrile, absurde Weise textlich und darstellerisch miteinander verknüpft wurden, schufen bei ihr das, was man »die eigene, unverwechselbare

Handschrift« nennt. Wenn Elfies Filme, Sketche und Bühnenauf-
tritte dennoch manches Mal an ein Vorbild erinnerten, dann war
das niemand anderes als der große Komiker Karl Valentin.

Freie Abende verbrachte ich entweder bei meiner launischen Geliebten in der Mechthildenstraße, manchmal bei meiner Mutter und
immer häufiger im »Café Europa«, in Schwabing. In diesem Café,
Ecke Leopoldstraße/Franz-Joseph-Straße, trafen sich gegen Mitte
der Sechzigerjahre überwiegend die Kinder von jüdischen Überlebenden der Shoa, die in München lebten und ihre Geschäfte betrieben. Die Mädchen waren zwischen siebzehn und zwanzig, die
Jungen teils jünger, teils älter. Die Väter dieser Kinder waren überwiegend wohlhabend, handelten mit Immobilien und Schmuck,
mit Pelzen, Schuhen und Textilien, besaßen Cafés und Restaurants,
Wohnungen und Häuser in Frankfurt, Berlin und Tel Aviv, aber es
gab auch Nachkommen aus weniger begüterten Familien.

Zu ihnen gehörte Towje (Wolfi) Kleiner, der 1948 im bayerischen Lager Föhrenwald geboren worden war. Das Lager gehörte
zum Staatsforst Wolfratshausen und wurde während des dritten Reiches hauptsächlich als Unterkunft für Zwangsarbeiter der Spreng-
stoff- und Munitionsfabriken der Deutschen Sprengchemie GmbH
und der Dynamit-Aktiengesellschaft benützt. Im September 1945,
vier Monate nach Ende des Zweiten Weltkriegs, wurde es von den
Amerikanern zum Jewish Displaced Person Center erklärt und be-
herbergte über fünftausend Personen. Viele von ihnen wanderten
später nach Israel aus, manche aber blieben oder kamen, aus welchen Gründen auch immer, gesundheitlichen oder wirtschaftlichen,
wieder zurück in das »Land der Mörder«.

Im »Café Europa« waren die Töchter und Söhne der Überlebenden
weitgehend unter sich, und Towje übernahm die Rolle des kleinen
Alleinunterhalters der Gesellschaft. Er konnte singen, Gitarre spielen, komische Geschichten und Anekdoten erzählen. Viele der Witze
des berühmten polnisch-jüdischen Komikerduos (Shimen) Dzigan
und (Yisroel) Shumacher hatte er durch ständiges Hören ihrer Schall-
platten auswendig gelernt und unterhielt damit jeden, der einiger-

maßen Jiddisch verstand. Towje, dessen Eltern aus Polen stammten – sein Vater, sagte er, sei nie mit seinem richtigen Namen angeredet worden, sondern hieß für alle immer nur *Moishe Warschauer* –, war in Bayern aufgewachsen, sprach daher den bayerischen Dialekt so fehlerfrei und authentisch, dass man ihn jederzeit für einen geborenen Wolfratshauser halten konnte, was er ja auch war.

Die Mädchen dort faszinierten mich durch ihre einzigartige Mischung aus Kind und Frau. Naivität und Koketterie, gepaart mit Charme und Humor, dazu Gesichter, die sich von den deutschen durch dunkle, melancholisch-sehnsuchtsvolle Augen unterschieden. Die Nasen, bei einigen von ihnen leicht gebogen, vermittelten zuweilen den Eindruck von stolzem Adel, von Energie und Tatkraft, manchmal aber auch von Hilflosigkeit und dem Verlangen nach Schutz. Die Lippen waren voll und sinnlich, und den strahlend weißen Zähnen sah man an, dass die Eltern unerbittlich darauf bestanden, dass sich ihre Töchter mehr als dreimal am Tag die Zähne putzten. Ich war sehr beeindruckt von den jüdischen Mädels und verliebt in zwei von ihnen, ob gleichzeitig oder nacheinander weiß ich nicht mehr. Die eine war Ruth Kaner, genannt Ruthi, die andere Rosita Zubel.

Die Beziehung zu Ruthi war ein harmloser Flirt, der sich schon deswegen nicht zu einer Affäre entwickelte, weil ich vermutete, dass Ruthi noch Jungfrau war. Entjungferungen scheute ich. Ich hatte keine Ahnung, wie in einem solchen Fall vorzugehen war. Hinzu kam das Problem, dass jüdische Mädchen vor der Heirat keinen Geschlechtsverkehr haben sollten, schon gar nicht mit einem Nichtjuden, und erst recht nicht mit einem Deutschen. Ich war zwar nicht zu hundert Prozent arisch, hatte aber keine jüdische Mutter, einen sehr deutschen Vornamen und vor allem einen Nachnamen, der mehrmals in meinem Leben zu unerfreulichen Missverständnissen führte.

Es gab nämlich einen Generaloberst der Gebirgsjäger namens Eduard Dietl, genannt »der Held von Narvik«, der im Dritten Reich eine von den Nazis hochdekorierte militärische Prominenz war. Ich war mit diesem Herrn jedoch weder verwandt noch verschwägert. Noch im Jahr 2012 durfte ich mich gegen eine Unterstellung eines Herrn Raichle, Mitarbeiter von Herrn Professor Wolfram Pyta vom Historischen Institut, Abteilung Neuere Geschichte der Universität Stuttgart, unter Zuhilfenahme meines Anwaltes wehren. Man fragte mich in einem Brief nicht etwa, ob ich mit dem Nazi-General verwandt sei, sondern ging wie selbstverständlich davon aus, dass ich sein Sohn sei, und fragte an: »… ob sich möglicherweise in Ihrem Besitz noch ein schriftlicher Nachlass Ihres Vaters befindet. Herr Pyta ist besonders an der militärischen Tätigkeit Ihres Vaters interessiert.«

Herr Professor Pyta versuchte sich dann mit allerlei oberlehrerhaften Argumenten aus der Affäre zu ziehen, wie zum Beispiel, dass »es bestimmte Standards der Geschichtswissenschaft gibt, die ein Recht auf Irrtum als legitimen Prozess der Wissensgenese anerkennen. Ich weiß nicht, inwieweit Sie mit der heuristischen Methode der Historie vertraut sind … etc.«, und entschuldigte sich für sein Vorgehen erst, als ich eine Kopie des Briefwechsels an den Rektor der Universität sandte und ihm mein Anwalt »mit einer Information, auch der Öffentlichkeit, über die Vorgehensweise ›heuristischer‹ Forschungen, dargelegt an einem konkreten Fall« drohte.

Im Übrigen war seinen schriftlichen Äußerungen zu der diskriminierenden Unterstellung zu entnehmen, dass er die Tatsache, dass ich Wert darauf legte, *nicht* der Sohn des »Helden von Narvik« zu sein, doch als eine verwunderliche, geradezu kapriziöse Haltung ansah.

Vor allem frage ich mich, wie wichtig es ist, »heute« die »militärischen Tätigkeiten« eines Nazi-Generals, der von Hitler hoch gelobt und geehrt wurde und an mehreren Kriegsverbrechen beteiligt war, en détail zu recherchieren, obwohl sie grosso modo längst ausführlich beschrieben wurden. *»Der Frontsoldat weiß … dass sich die Juden der ganzen Welt zusammengeschlossen haben zur Vernichtung Deutschlands und ganz Europas … ich erkläre feierlich: Ich glaube an den Führer.«* Diese Sätze waren Bestandteile einer Durchhalterede, die der

General im November 1943 zuerst auf den Stufen der Feldherrn-
halle in München gehalten hatte, dann in Rosenheim, Ingolstadt
und Graz. Wie muss es in einem Mann ausgesehen haben, der so
was sagte? Welcher Schmutz und Unrat, welcher Rassenhass, welche
Verblendung und Menschenverachtung müssen sich in einer solchen Kreatur angesammelt haben, um Derartiges von sich zu geben?

Ganz davon zu schweigen, dass mit so einer perfiden Hetztirade
auch noch Zigtausende von deutschen Soldaten zynischerweise in
einen Krieg geschickt wurden, der nicht nur von Anfang an verbre-
cherisch, sondern zu diesem Zeitpunkt, neun Monate nach Stalingrad, nicht mehr zu gewinnen war, was die überwiegende Mehrheit
der führenden deutschen Generäle bereits wusste oder zumindest als
höchstwahrscheinlich annahm.

Muss man da noch mehr Einzelheiten wissen? Und wer sind diejenigen, die diese Einzelheiten immer wieder wissen, hören und lesen wollen? Dass die Beschäftigung mit »militärischen Tätigkeiten«
solcher Ikonen des Dritten Reiches, deren Untaten unglücklicherweise in den Hirnen der Neonazis als »heldenhaft« weiterleben, dem
historischen Institut der Universität Stuttgart zur Ehre gereichen,
bezweifle ich.

Im Jahr 1967, vierunddreißig Jahre nach der Münchner Rede des
deutschen Gebirgsjägergenerals und neunzehn Jahre nach der Staats-
gründung Israels, versuchten die »vereinigten Juden« offenbar schon
wieder andere Völker zu vernichten. Diesmal nun sollten die Gegner allerdings nicht mehr Deutschland und Europa sein, sondern
die Ägypter, Jordanier und Syrier, unterstützt von den Ländern Irak,
Kuwait, Saudi-Arabien, Sowjetunion und der Palästinensischen Be-
freiungsorganisation, mit insgesamt vierhundertsiebenundsiebzig-
tausend Soldaten, zweitausendvierhundert Panzern und über achthundert Flugzeugen.

Israel dagegen hatte dieser geballten arabischen Streitmacht ungefähr zweihunderttausend Soldaten weniger, statt zweitausendvierhundert Panzern nur tausend und statt achthundertsechzig Flug-

zeugen nur zweihundertfünfzig entgegenzusetzen. Die arabische Koalition wurde von Militärberatern der Sowjetunion unterstützt, Israel von den USA. Am 27. Mai verkündete der ägyptische Präsident Gamal Abdel Nasser: »*Unser grundlegendes Ziel ist die Vernichtung Israels. Das arabische Volk ist bereit zu kämpfen.*«

In diesem Zusammenhang war besonders die Haltung der europäischen Linksintellektuellen interessant, hauptsächlich der französischen und der deutschen. Sie bezogen Partei, und zwar *gegen* Israel. Jean Améry, der österreichisch-jüdische Schriftsteller, der von der SS gefoltert worden war, Bergen-Belsen, Buchenwald und Auschwitz überlebt hatte, schrieb 1969 in seinem Essay *Der ehrbare Antisemitismus*: »Wenn aus dem geschichtlichen Verhängnis der Juden- beziehungsweise Antisemitenfrage, zu dem durchaus die Stiftung des nun einmal bestehenden Staates Israel gehören mag, wiederum die Idee einer jüdischen Schuld konstruiert wird, dann trägt hierfür die Verantwortung eine Linke, die sich selber vergisst.« Zwölf Jahre später beging Jean Améry in einem Hotel in Salzburg Selbstmord.

Wir wussten nichts oder nur wenig von diesen Zusammenhängen. Wir saßen aber ab dem 5. Juni 1967 täglich im »Café Europa« an der Leopoldstraße in Schwabing, hörten Radio und hofften auf einen Sieg Israels. Sie kamen und gingen: Stoppi Stopnitzer, Romi Habermann, Towje Kleiner, Zwi Gabowicz, Leon Pulwer, Lili Liebermann, Sarah Gelhorn, Ruthi Kaner, Zosia Rosenberg, Rosita Zubel, Ruth Steinberg, Gabi Grausam und viele mehr. Manche von ihnen, die Verwandte oder Freunde beim Militär in Israel hatten, wussten und erzählten Genaueres, andere berichteten ebenfalls das Neueste, aber das Gegenteil von dem, was die Ersteren sagten. Auch die Qualitäten der verschiedenen Armee-Befehlshaber wurden diskutiert. Keiner kannte irgendeinen der sechs wichtigsten, aber sehr schnell wurden Jitzchak Rabin, Mosche Dajan und Ariel Scharon von uns als die Helden auserkoren, was jedoch hauptsächlich daran lag, dass wir ihre Namen in den Nachrichten öfter hörten und in den Zeitungen öfter lasen als die der anderen.

Vor allem Mosche Dajan, der als Verteidigungsminister zwar nicht direkt an den Schlachten teilnahm, aber die Soldaten durch sein charismatisches Auftreten an der Front hoch motivierte, gewann Tag für Tag an Ansehen und Bewunderung. Als am sechsten Tag des Krieges die israelische Armee unter seiner Führung als Sieger feststand, war er derjenige, der nicht nur in seinem Heimatland geradezu ekstatische Verehrung genoss, sondern dessen Name auch in der ganzen westlichen Welt mit größtem Respekt genannt wurde.

Der 11. Juni 1967 war der Tag der Unterzeichnung des letzten Waffenstillstands. Da wir damals noch nicht wissen konnten, dass die von Israel eroberten und besetzten Gebiete Ost-Jerusalem, Gazastreifen und Westjordanland sich sehr schnell zu ständigen, Elend, Tod und Zerstörung bringenden Unruheherden entwickeln würden, war dieser Tag ein Festtag der Juden in aller Welt, auch in München im »Café Europa«. Man sang, man tanzte, und ich begleitete schließlich Rosita Zubel nach Hause.

Die unerfüllte Beziehung zu Rosita hat mich jahrzehntelang immer wieder beschäftigt. Vermutlich *weil* sie unerfüllt blieb. Rosita trug ihr dunkles Haar schulterlang, ihr Teint war ungewöhnlich hell, ihre Augen grün, ihre Figur groß und schlank, ihr Gang leicht und aufrecht. Sie war eine auffallende Schönheit. Hinzu kam, dass sie sich schon im Alter von knapp zwanzig durch überragende Klugheit auszeichnete. Auch ihr Humor war besonders, er hatte eine leicht resignative Note, so als wüsste sie trotz ihrer Jugend schon, dass das Leben nicht leicht sei und Illusionen eher ein Zeitvertreib für schlichtere Gemüter.

Im Gegensatz zu Ruthi Kaner, Ruth Steinberg und der Mehrzahl der anderen Mädchen, die sich regelmäßig im »Café Europa« trafen, kam Rosita Zubel nicht aus einer der Familien, in denen Geld keine Rolle spielte. Sie wohnte auch nicht in einer Villa im Herzogpark, in Altbogenhausen oder sonstigen privilegierten Lagen, sondern in einem hässlichen Nachkriegsbau in der Schwanthaler Straße nahe des Münchner Hauptbahnhofes. Dort lebte sie mit ihrer Mutter in einer bescheidenen Dreizimmerwohnung im dritten Stock des Gebäudes. Frau Zubel, eine große dunkelblonde attraktive Frau um die Mitte vierzig, kam aus Rumänien. Wenn sie mit ihrer Tochter redete, dann nur in ihrer Heimatsprache, mit der auch Rosita aufgewachsen war. Rumänisch ist eine interessante Sprache, mal klingt es wie Italienisch, mal wie Spanisch oder Französisch, aber immer umrahmt oder unterfüttert von slawisch klingenden Lauten, die dieser Sprache ihren unverwechselbaren Charakter geben.

Ich hörte gerne zu, wenn die beiden miteinander sprachen. Einmal durfte ich mit Rosita sogar in ihr Zimmer gehen. Aber außer ein paar schüchternen Zärtlichkeiten, kurzen Küssen, an denen ihre Zunge nicht teilnahm, und unbeholfenen Streicheleien, die nicht weiter als bis zu unseren jeweiligen Knien gelangten, geschah nichts. Trotzdem genügte es mir, denn Sex spielte für mich diesmal keine große Rolle. Ich war einfach nur sehr verliebt in Rosita, leider unglücklich. Ich sah sie nie wieder.

Mit Freund Herbert nach
Frankreich, um 1960

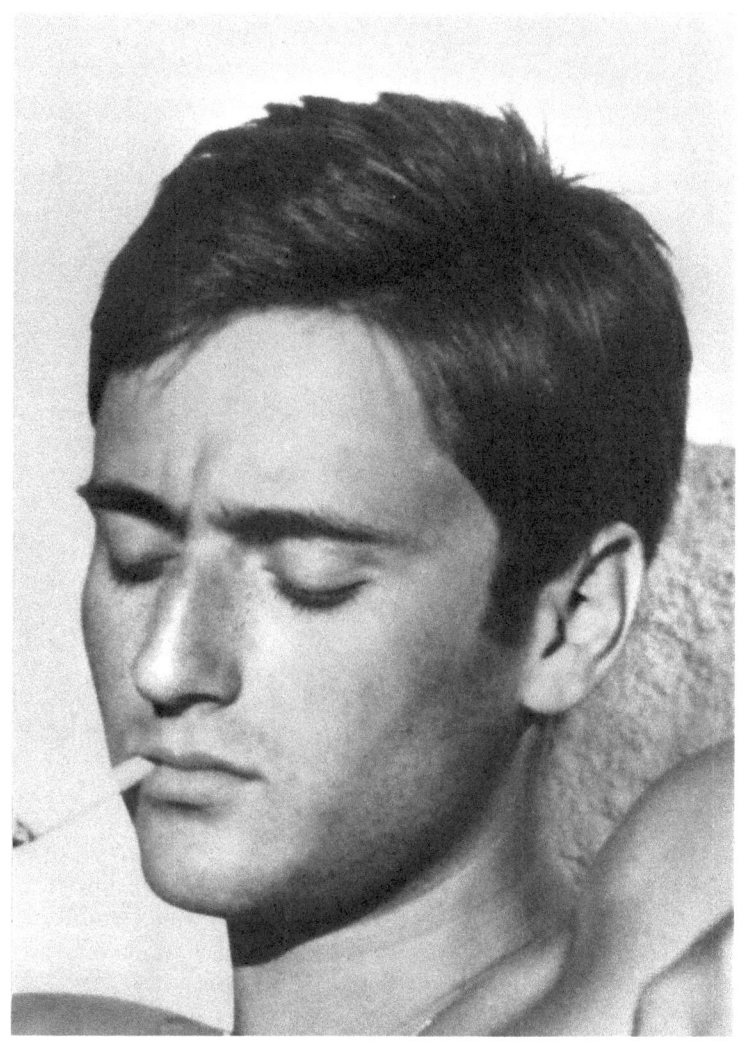

Wehrdienst in der Prinz-Eugen-
Kaserne in Külsheim, Nordbaden,
1964: »Tagtäglich wurde vor den
Russen gewarnt.«

Fragmente

Den Weg nach oben musste ich zunächst in kleinen Schritten bewältigen.

1968, ein Jahr, das als eminent wichtig in die deutsche und europäische Geschichte eingegangen ist, war sowohl für jüngere und ältere, besonders jedoch für viele mit mir gleichaltrige Zeitgenossen ein gesellschaftliches und politisches Erlebnis, an dem sie unbedingt teilhaben wollten, diese Teilnahme geradezu als ihre Pflicht ansahen. Zahlreiche von denen, die sich bei Demonstrationen an der Spitze dieser Bewegung mit Sandalen und Parkas profilierten oder es wenigstens glaubten, haben sich später in italienischen Maßanzügen und englischen Boxcalf-Lederschuhen in entgegengesetzter Richtung davongemacht und können sich kaum noch an ihre Rolle in dieser Zeit erinnern. Toscana-Fraktion war die freundliche Bezeichnung, die die vielen ehemaligen Ultra-Linken vielleicht am besten charakterisierte. Schily, Ströbele und Mahler waren die Anwälte, sprich Verteidiger, der Terroristengruppe Baader-Meinhoff. Dann wurde der eine SPD-Innenminister und zeichnete sich in diesem Amt überwiegend durch besonders harte Maßnahmen gegen linke Revoluzzer aus. Der Nächste, der nach wie vor demonstrativ bescheidene Kleidung und alte Fahrräder bevorzugt, erklärt sich wie selbstverständlich zum »linken Gewissen« der Grünen, und der Dritte schwenkte übergangslos von ganz links nach ganz rechts, was ihn dazu befähigte, öffentlich den Holocaust zu leugnen. Die Begründung ist wahrscheinlich der erholsame Ferienaufenthalt mit Baader, Meinhoff und Ensslin in einem jordanischen Trainingscamp der Fatah. Dort erfuhr Mahler bestimmt »die Wahrheit« über die »infame Shoah-Lüge«, die er immer gesucht hatte.

Links war »in« in dieser Zeit, nicht nur im Jahr 68 und nicht nur in Deutschland. Auch in Frankreich und Italien gehörte es zum »comme il faut« unter Intellektuellen, mindestens Kommunist zu sein. Sehr »en vogue« war auch Maoist oder Stalinist zu sein, sogar Trotzkisten gab es wieder und Anarchisten sowieso. Interessant war, dass besonders in Deutschland ein erheblicher Prozentsatz der Linken zum Antiisraelismus neigte. Man könnte diese Haltung auch genereller benennen …

Da ich diese »ultralinke« Neigung genauso wenig wie die »ultrarechte« billigen konnte, ja verabscheute, befasste ich mich mehr mit mir selbst als mit den politischen Verhältnissen. Was nicht gerade einfach war in einer Zeit, in der in Deutschland noch erstaunlich viele alte Naziverbrecher in herrschenden Funktionen saßen, in der Sowjetunion der Diktator Stalin bereits tot war, aber die unfassbaren Gräuel seines Regimes längst bekannt. Gar nicht zu reden davon, wie die Länder hinter dem »Eisernen Vorhang«, inklusive DDR, beherrscht von Vasallen der Sowjets, den »Kommunismus« zu üben hatten, von dem zu dieser Zeit schon der Modergeruch des langsamen, aber stetigen Verfalls ausging.

///

1983. Endlich allein. Allerdings nicht ganz allein, sondern in einem bis auf den letzten Platz besetzten Jumbo der Air France auf dem Flug nach Los Angeles. Ich hatte mir Business Class geleistet und konnte meine Gitanes rauchen. Das tat ich auch, und so gelang es mir, eine ältere Dame zu vertreiben, handelte mir aber einen dicken und bereits betrunkenen Norweger ein, der in seinem Dusel aus Versehen in der No-Smoker-Abteilung gelandet war. Ich nahm den vorgewärmten Sitz der älteren Dame am Fenster ein, der Skandinavier saß auf dem Gangplatz, der ihm einen erheblich leichteren Zugang zur Bestellung von Alkoholika jeder Art verschaffte. Die Stewardess tauschte besorgte Blicke mit mir, als sie ihn immer wieder bedienen musste. Einmal schloss Reivik die Augen, ließ genüsslich den alten französischen Cognac hinuntergleiten, und die Stewardess machte schnell eine mir zugedachte Geste, die bedeuten sollte: »Den werden wir raustragen müssen!«

Ich war ganz ihrer Meinung, eine andere Lösung gab es nicht. Mein Nachbar verhielt sich nämlich absolut unauffällig. Er randalierte nicht, sagte außer seinem Namen, mit dem er sich vorstellte – wobei man nicht wusste, ob es sein Vorname oder sein Nachname war –, der hilflosen Stewardess nur sehr leise die Marke der Spirituose an, die er als nächste trinken wollte. Um nicht weiterhin Zeuge oder gar Bewunderer seiner ausgedehnten, selbstverständlich kostenlos kredenzten Schnapsprobe zu sein, schaute ich schließlich nur noch aus dem Fenster. Ganz unten war schon die Mojavewüste im Flimmern der heißen Mittagsluft zu sehen. Auf meiner Armbanduhr war es kurz vor 22 Uhr. In einer knappen Stunde würde das Flugzeug in L. A. landen …

Der erstaunlich nette koreanische Fahrer meines Taxis nahm tatsächlich, im Gegensatz zum durchschnittlich schlecht gelaunten Cab-Driver, der normalerweise mindestens fünf Meilen oder mehr in seinen Personentransport einbaute, den kürzesten Weg. Entweder ahnte er, dass ich mich nicht das erste Mal von LAX nach Westhollywood fahren ließ, oder er war einfach nur ehrlich. Ich entschloss mich, Letzteres zu glauben, und gab ihm ein großzügiges Trinkgeld, das mindestens acht bis zehn Meilen wert war. Er war überglücklich und gab mir seine Karte. Er würde mich »anytime and anywhere« fahren, sagte er, »be it to heaven or to hell«. Und schon hatte ich einen Fahrer für die nächsten Tage. Er versprach mir eine »special rate«. Sein Vorname war Walter. Wieso Walter? Weil seine Mutter eine Deutsche war. Er sprach fließend deutsch. Ich hätte mich mit ihm auch in meiner Landessprache verständigen können.

Der Koreaner Walter setzte mich vor meinem Haus ab und trug mir auch das Gepäck hinein. Trinkgeld dafür lehnte er mit einem charmanten asiatisch-amerikanisch-deutschen Lächeln ab. »Das nächste Mal«, sagte er, und »see you soon«.

Ich fühlte mich, trotz Jetlag, jetzt endlich sehr wohl. Ich war ein Fremder, aber ich war zu Hause. In Los Angeles, in Hollywood waren letztlich alle Fremde, dadurch hatte man das angenehme, wenn auch etwas seltsame Gefühl, gleichzeitig zu niemandem, aber auch zu allen zu gehören. Auch Ray Sarlot, mein Agent, war ursprünglich kein Kalifornier. Woher er kam, weiß ich nicht mehr. Ich rief ihn an, er war in seinem Speicher im Château um die Ecke und kam sofort rüber, um mich aufs Herzlichste zu begrüßen. Abends aßen wir gemeinsam dort, wo wir immer zusammen aßen, im »Canter's« auf der Fairfax-Avenue. Zu »Canter's« hätte man zu Fuß gehen können, aber Ray musste seinen neuen Porsche spazieren führen: »He is like a dog, you know, he needs every day to go out with me, but the good thing about him is: He never pisses, nor does he shit … you see, he doesn't even bark, wouldn't you like a dog like this, Helmet?«

Er sagte immer Helmet oder »Son« zu mir, Hamlet wäre mir lieber gewesen, weniger militant … weniger deutsch, besonders im »Canter's«. Dort war die Küche absolut koscher, »glatt koscher« sagte man. Wir aßen wie immer zuerst die Suppen, er »Chickensoup with Matzeballs« (Matzeknödel), ich ebenfalls Chickensoup, aber mit Lokschen (Nudeln). Danach nahm ich »Canter's« berühmte Kreplach (mit Hackfleisch gefüllte Teigtaschen, etwa wie italienische Ravioli), Ray nahm das Gleiche, aber seine Kreplach waren mit Käse gefüllt. Rays Frage, wie weit dieser Käse wirklich koscher war, wurde von Dworele (Deborah), der netten, dicklichen, älteren Kellnerin kaum beantwortet. Nur die Art, wie sie den Mund verzog, ließ auf irgendeine Meinung schließen. Welche, wusste man nicht so genau, vielleicht haben ihr vom vielen Hin- und Herlaufen nur die Füße in ihren Sandalen wehgetan. Alle Bedienungen waren weiblich, dicklich und entweder knapp an die sechzig oder längst darüber hinaus. Es waren »jiddische Mames«, und wenn irgendwas in der Küche nicht so richtig klappte oder gar das Essen einmal nicht dem hohen Standard genügte, streikten sie und zwangen die unglücklichen

Köche, ihr »Dreckszeug« selbst an den jeweiligen Tisch zu bringen. Durch diese harte Maßnahme war das Essen in elf von zehn Fällen vorzüglich. Als Dessert bestellten Ray und ich immer das Gleiche. Einmal New York Cheese Cake und einmal Apple Pie.

Die beiden Kuchen teilten wir zunächst exakt für jeden in jeweils zwei Hälften: Sobald wir diese gegessen hatten, teilten wir sie nach demselben Prinzip 50/50 noch einmal, und zwar so lange, bis beide Teller leer waren.

Wichtig in diesem von uns so oft geübten Zeremoniell war, dass keiner schneller war als der andere. Wir nannten das »the synchronized dessert«. Danach ergriff Ray wieder das Wort. Ich ahnte schon, was er sagen bzw. fragen würde: »Du hast also die ›Unendliche Geschichte‹ nicht gemacht«? – »Habe ich nicht, nein.« – »Warum nicht?« – »Dieser Stoff war nicht richtig für mich.« – »Wie ich dir schon sagte …« – »Du hast das Buch doch gar nicht gekannt.« – »Brauch ich nicht kennen, ich kenn dich, du hast mir ja die Story erzählt, Schmonzes, sonst gurnischt!« – »So was Ähnliches hat Coppola auch zu mir gesagt!« – »Was fir a Coppola?« – »Francis Ford.« – »Siehst du, ich und der Coppola sagen das Gleiche, und er, er versteht was vom moviemaking und ich nicht, sagen aber trotzdem das Gleiche. Wie geht's denn jetzt weiter mit deinem Film über unser ›Château‹?« – »Gar nicht!« – »Ahja … wieso?« – »Weil ich es nicht finanzieren kann.« – »Aha … wieso?« – »Weil es den Deutschen zu kommerziell …« – »Was isses denen?« – »Zu kommerziell, Ray.« – »Soll ich dir was sagen, Son, es ist nicht zu kommerziell, sondern es ist nicht kommerziell genug, das ist die Wahrheit!« – »Ja, die amerikanische, aber nicht die deutsche!« – »Oh come on, fuck them, why can they make the most exciting and beautiful cars like nobody else in the world«, er deutete durch die großen Fensterscheiben hinaus auf seinen Porsche, »and at the same time the most boaring, confusing, pseudohighbrow and miserable produced movies, worse than in … in … wherever it is in the Mongolian desert … oh, come on …« – »But you don't really know, Ray, you never go to german movies.« – »Why should I? What's up now, Son?« – »What is … ›up now‹ … Daddy?« – »Of course, it's called next!!!« – »What is next, next … next is I'm developing a series for TV!« – »I see … what is it about … TV? Could be worse, got the financing?« – »Looks like …« – »What is the name of the show, the title … title is very important, do you have already a kind of title in mind?« – »Yes, Daddy … of course …« – »What is it?« – »KIR … KIR … RO-YAL …« – »Kir… what? Sounds like a mixture between Aristocats and a scottish sagpipe band! Oh … baby, baby … are you completely meschigge?!«

In dieser Nacht habe ich schlecht geschlafen. Es lag nicht nur am Jetlag. Es war die Unsicherheit, ob der Titel »Kir Royal« wirklich und definitiv der richtige für die Serie war. Aus der Unsicherheit entstanden dann Ängste. Alle möglichen. Es läutete an der Tür. Ich schaute auf die Uhr, sie zeigte für Deutschland vier Uhr nachmittags an, für Los Angeles sieben Uhr morgens.

Es läutete noch mal, diesmal länger als zuvor. Ich stand auf, zog meinen Bademantel an, ging hinunter ins Parterre und öffnete die Haustür, so weit es die Sperrkette zuließ. Draußen stand Suzan Jirjian. Ich ließ sie herein. Die Diskussion mit ihr zog sich eine gute Stunde vom Wohnzimmer in mein Arbeitszimmer, danach ins Esszimmer, von dort aus in die Küche und schließlich in den Garten hin, wo Suzan unter dem großen Avocadobaum stehen blieb, der jederzeit eine oder mehrere seiner harten Früchte aus ca. fünfzehn Meter Höhe fallen lassen konnte. Sie verfolgte mich wie ein Raubtier, das mich jederzeit anfallen und zerreißen würde. Aber sie hatte auch recht. Ich hatte sie nie von München aus angerufen, obwohl ich es ihr versprochen hatte, ich hatte meine Rückkehr nicht angekündigt, obwohl … Sie hatte jede Menge gerechtfertiger »Obwohls« parat. Ich konnte und wollte mich auch nicht verteidigen. Ich gab alles zu, sagte immer Ja, entschuldigte mich bei ihr für mein schlechtes Benehmen, schaute so traurig wie möglich und erklärte ihr dann mit einer äußerst melancholischen Miene, dass leider eine wunderbare Beziehung jetzt zu Ende gegangen sei. Ich hätte sehr viel Stress gehabt und bräuchte jetzt unbedingt etwas Ruhe … Diese Ausreden kenne sie schon, sagte sie kühl, jetzt fehle nur noch die Bitte »Lass uns trotz allem gute Freunde bleiben«. Ich nickte stumm, sie ging hinaus und schlug nicht die Haustüre hinter sich zu, sondern schloss sie ganz leise, fast zärtlich. Das war eine grausame, weil unerwartete Reaktion.

Ich schaute auf die Uhr, jetzt war es 8 Uhr 25. Ich versuchte wieder zu schlafen. Es ging aber nicht. Ich dachte an *Kir Royal*, stellte fest, dass ich im Grunde gar nicht wusste, was ich da erzählen wollte. Ich kam mir in dem Haus verloren und einsam vor, nickte immer wieder zwischendurch für ein paar Minuten ein, schreckte dann wiederholt ohne Anlass auf und wusste zuerst nicht, wo ich war, bis ich bei geöffneter Schlafzimmertür hörte, dass jemand durch das große Tor in die Garageneinfahrt fuhr. Dem Wummern des Motors nach konnte es nur Lutz mit seinem Jeep sein.

Die Freude des Wiedersehens war auf beiden Seiten groß, aber er, der ein bisschen müde, aber blendend gelaunt von einer Liebesnacht zurückkam, die er offenbar mit seiner stricknadeldünnen japanischen Freundin verbracht hatte, merkte gleich, dass es mir nicht besonders gut ging. Er fragte nicht lange, wieso und warum, empfahl mir einen schwulen Masseur namens Truman, dessen kräftige, aber gleichzeitig samtene Griffe nicht nur dem Körper, sondern auch der Seele guttaten.

»Du bist ein neuer Mensch, wenn du dich von Truman massieren lässt. Schau mich an, ich bin auch einer geworden und … und ich kann jetzt sogar länger und öfter. Was sagst du dazu?« Ich sagte, dass ich daran gar nicht interessiert sei, weil ich erst mal keine Weiber brauchte, sondern meine Ruhe. »Kriegst du, kriegst du auch, jetzt schau'n wir mal, ob das Trumännle heute Zeit hat, wann wär für dich okay, jetzt gleich oder am Nachmittag?« Schon war Lutz am Telefon, Trumännle war da, zwar gerade beschäftigt, aber 3 pm habe er eine Stunde Zeit. Er habe ja schon von mir gehört, ich sei wohl dieser berühmte deutsche Erfolgsregisseur, der die bisher teuerste europäische Produktion leite – das habe ihm ein anderer Stammkunde, nämlich Mark Damon erzählt, Boss von der berühmten und erfolgreichen »Producer Sales Organisation« und eine hyperwichtige Persönlichkeit in Hollywood, die ihre Finger überall drin habe. Jedenfalls sei er, Trumännle, um drei da, für »Body and Soul«. Außerdem könne er mir, wenn ich wolle, zeigen, was für ein begabtes Schauspieltalent er sei, wenn man ihn nur irgendwann und irgendwo endlich mal spielen ließe. Er würde auch für die erste Rolle, und wenn sie noch so klein wäre, kein Geld verlangen, keinen Cent. Lutz machte ihm kurz, aber deutlich klar, dass es bei dem Termin mit HELMET nicht um »acting« gehe, sondern um »massage«. »You got it, Truman?«

Pünklich um drei kam Truman Castello, Mitte zwanzig, sehr klein, blond, hübsch, und irgendwie kam er mir bekannt vor. Ich fragte ihn, ob Truman Castello sein wirklicher Name sei. »Nein«, lächelte er mit seinen superweiß gebleichten Zähnen, »das ist mein Künstlername.« Da wusste ich schlagartig, an wen er mich erinnerte: Er hätte der Zwillingsbruder des jungen Truman Capote sein können. Bürgerlich heiße er Jeff Hofman, diesen Namen habe er aber nicht weiter tragen wollen, weil er sich unbedingt von Dustin Hoffman abgrenzen musste.

»That's very smart, Truman«, sagte ich und überließ mich seinen zupackenden und gleichzeitig streichelnden Händen, die mich in einen wohltuenden, zufriedenen Viertel- bis Halbschlaf versetzten. Jetzt wusste ich wieder genau, wo ich war, wusste, dass ich mich in den nächsten Wochen und Monaten völlig friedlich entspannen würde, niemand, vor allem keine Frau, würde mich dabei stören. Ohne dabei einsam zu sein, würde ich ganz allein ... Es klingelte an der Haustür. Wieder und wieder.

»Don't go, Helmet, you couldn't care less, don't destroy the harmony of your body and soul ... believe me, you couldn't care less.« Immer wieder klingelte es. Schließlich sprang ich wütend auf, schlüpfte in meinen Bademantel, rannte unter hörbarem Memorieren gemeinster bayerischer Flüche zur Tür und riss sie auf. »Stören wir dich?«, fragte augenaufschlagend und betont rücksichtsvoll die eine der zwei jungen Damen, die genauso wie die andere zwei große Koffer dabei hatte. Es war die deutsche Schauspielerin Cleo Kretschmer, bürgerlich Ingeborg Maria, ehemalige Freundin und Muse des Regisseurs Klaus Lemke, der mich Jahre später hinter meinem Rücken immer wieder rücksichtslos beleidigen, kein gutes Haar an mir lassen und mich verleumden würde, als hätte ich ihm persönlich Geld gestohlen, wenn ich Förderung für meine Filme beantragte und erhielt. Zu Cleo hatte ich, wohl bei Dreharbeiten zu *Monaco Franze*, irgendwann mal so nebenbei gesagt: »Wenn du mal in L. A. bist, dann komm doch einfach vorbei.«

Jetzt war sie da, und sie brachte eine Freundin mit, eine blond melierte, schlanke, hübsche Französin, ungefähr Anfang dreißig. Sie hieß Denise Cheyresy, war gar nicht mein Typ Frau, und ich, als Mann, ihrer wohl auch nicht, aber sie hatte, wie gesagt, zwei große Koffer, die dringend aufs Auspacken warteten.

Meine »Freiheit« hatte nicht einmal vierundzwanzig Stunden gedauert. Auch meine »friedliche Entspannung« nicht. Truman verabschiedete sich absichtlich tuntig und überfreundlich von mir, nicht ohne vorher einen noch tuntigeren, unfreundlicheren Blick auf die beiden Damen geworfen zu haben. Cleo war etwas verwirrt, vielleicht hielt sie mich für einen verkappten Schwulen. »Stören wir dich ... und ... deinen ... äh ... Freund wirklich nicht?«, fragte sie mich noch mal leise, als ich die vier Koffer schon nacheinander in das Wohnzimmer getragen hatte. Denise sagte gar nichts, sie lächelte mich nur an. Glücklicherweise gab es in dem Haus drei Schlafzimmer.

Die räumliche Distanz dauerte allerdings nicht lange. Schon zwei Tage bzw. Nächte später waren Denise und ich ein Paar. Nur mit der sprachlichen Kommunikation haperte es ein bisschen, sie sprach nicht sehr gut englisch, und ich hatte schon lange nicht mehr französisch gesprochen, was aber, auch im Austausch von verbalen Zärtlichkeiten, unser Verhältnis schon nach kürzester Zeit nicht mehr wirklich behinderte.

Nur bei Bestellungen in mexikanischen oder japanischen Restaurants gab es zwischen uns gelegentlich Missverständnisse. Denise hatte nämlich eine Pousada, ein kleines, brasilianisches Hotel, am Strand von Bouzios, zwei Fahrstunden von Rio de Janeiro, besessen. Und dies führte dazu, dass sie bei den spanisch sprechenden Mexikanern häufig in portugiesische Ausdrücke verfiel und bei den Japanern in französische. Sie lachte fröhlich über solche Versprecher, während mir nichts anderes übrig blieb, als in ihrer Gegenwart mein angeborenes Besserwissertum deutlich zu zähmen.

Denise wachte auf, als ich in die Garage fuhr. »Yes«, sagte sie, »we are a couple now, you now know everything about me … but I don't know beaucoup de toi … you, do you often go to the movies, I love to go to the movies … you are a famous movie-director in Allemagne, c'est juste? I have a French passeport and a Suisse one, you can decide what you want, French or Suisse, en cas you will marry me?« – »I will what?« – »In this case you can even have my name Cheyresy, it sounds much better than Elmut Diätl or Helmet Ditel, you don't make carrier in Hollywood with such a name. We only need en plus a forename. Don't you have a second forename?« – »Yes, I have«, sagte ich, »but it's uglier than Helmut … it is Heinz, horrible!« – »Well«, she said, »Heinz is a ketchup and Henry in French, Henry Cheyresy, what's wrong with that? It's a good name for Hollywood – sounds French and en même temps très international. May even sound jewish, and jewish is very important in Hollywood, isn't it, Henry?« – »My grandfather, a star of Silent Movies, was supposed to be jewish. When Hitler came to power, he committed suicide, in 1933.« – »Maybe«, antwortete sie, »but personne ne le sait.« – »What?« – »Nobody knows, you cannot go to the bank and say, I need a credit, my grandfather was a famous silent actor and probably a jew.«

Wir kannten uns jetzt knapp eine Woche. Normalerweise spricht man nach so kurzer Zeit von allem, nur nicht von Heirat. Und was mir nicht so recht daran gefallen wollte, war der Gedanke, dass mir schon wieder eine – diesmal die dritte – Heirat drohte. Außerdem war ich nicht sicher, ob mir dieser Name in Hollywood wirklich nützen würde. Der Nachname war, nicht nur für Amerikaner, schwer auszusprechen. Ich vermutete, dass er irgendwas zwischen Schiäresie und Kiäresie, oder Käresie und Cheiaresie, werden würde, den ich bei jedem Besuch von Restaurants und Hotels, bei Bestellung von Flugzeugtickets, Massagen, Kreditkarten, Bankverbindungen sowie bei nächtlichen Kontrollen der L. A. Police, gar nicht zu reden von Telefonaten mit oder Besuchen bei Vorzimmerdamen von Produzenten oder Verleihern zu buchstabieren gezwungen gewesen wäre. Ich besprach das Problem mit meinem Agenten Walter Kohner.

»Was willst du … an andern Namen, efscher an jiddischen?« – »Ja, warum nicht?« – »Weißt du, dass es in Hollywood mehr Antisemiten gibt als Juden?« – »Nein«, sagte ich, »das wusste ich nicht.« – »Dann geb ich dir a Beispiel: der Bernstein is a Antisemit, der Diamant oched, der Steinberg, der Sternberg, der Silberberg und der Goldberg und so fort und so weiter, sennen alle Antisemiten!« – »Ja … aber die sind doch …« – »tirlich, was sonst?« – »Ja aber …« – »Gurnischt aba, alle Gojim glauben, dass a Jid nisch kann sein a Antisemit!« – »Ich bin kein Goi, Walter … ich bin …« – »Dann bist halt a halberta.« – »Mein Großvater …« – »Dei Großvadda, her mir bloß auf mit Großvadda, kanns nimmer hern, jeda hot heutzutag an jiddischen Großvadda … wenn iberhaupt Großvadda, dann bist’ nicht mal a halberta, und a viertela bist oched ned … und weißt du, was du unserem Gesetz nach bist: iberhaupt kei Jid nischt, weil …« – »… meine Mutter nicht jüdisch war …« – »So isses und so stehts geschriebn, mei lieba junga Freund. Aba wenn scho, nimmt nischt den Käräsie da, sonst kennt mer denkn, du bist a Ungar … nimm irgendwas anders, aba nischt keine Poiln, da hamma scho genug, mei Bruder und ich mer kommen aus Prag. Tschechoslowakei efscher wär was …« – »Mein Großvater …« – »Herma auf mit deim Großvadda!« – »Mein Großvater war aus Poszony …« – »No … dann wara doch a Ungar! Wie hat er gheißn?« – »Er hat nicht geheißn, er hat sich genannt!« – »Ah … er hot sach sogar genannt? Sehr fesch! Wie?« – »Greiner!« – »No – klingt gar ned so schlecht, Griener tät man hier sagn, und wie noch?« – »Auf den Visitenkarten seines Sohnes, meines Vaters, stand Henry Greiner, Special-Service!« – »Noja … Henry Griener! Kennt schlächter sein! Jedenfalls besser als Kienesy!« – »Cheyresy!« – »Mussma ned wissen, den nimmst eh ned, den Namen.« – »Dann muss ich auch nicht heiraten.« – »Wos must du nicht … was hat des mit heiraten zu tun? Tu ned scho wieda heiratn, herst du, und auf gar kein Fall a Amerikanerin, und scho gar keine aus Hollywood, sennen alle Kurves, und wennsas no nicht sind, dann wern sie's nach der Hochzeit, und am schlimmsten sind die … ich sag's lieber ned, nimm a europäische, a italienische, a schpanische, a franzoisische …« – »Eine französische?«, fragte ich, leicht alarmiert. »Ja warum ned franzoisische? Was is schlecht mit a franzoisischen?«

Tja, was war schlecht mit Denise? Und was war schlecht mit einem neuen Namen: nicht »Henri Cheyresy«, sondern »Henry Griener« oder »Henry Greener« oder doch »Henry Greiner«? Wie mein Vater? War er wirklich mein Vater, der, den ich Vater nannte, der sich aber nie wie mein Vater benahm? Wenn er nicht mein Vater war, dann war auch der Stummfilm-Schauspieler Fritz Greiner nicht mein Großvater, Mirzl nicht meine Großmutter … wer war ich? Wer war mein Vater?

Die plötzlich wiederkehrende Frage nach meiner Herkunft führte erst mal dazu, dass ich vor lauter Grübeln über dieses Problem den Sunset Boulevard aus Versehen nicht nach Osten nahm, sondern mich auf dem South Doheny Drive Richtung Süden wiederfand und Mühe hatte, den Santa Monica Boulevard nicht zu übersehen.

Als ich nach Hause kam, es war früher Abend, erwarteten mich schon ungeduldig zwei Damen, die sich offenbar für ein besonderes Ereignis gekleidet, geschmückt und geschminkt hatten. »Wir freuen uns schon …«, sagte Cleo. »Worauf«, fragte ich. »Auf die Party!«, sagte sie. »Welche Party bei wem?«, fragte ich. »Oh … Ecoute, you are invited ce soir, don't you remember, and we accompagnous you«, sagte Denise. »Ah … oui«, sagte ich. »I remember, oui … party!«

Ich erinnerte mich an gar nichts, weil ich sehr selten auf Partys ging, und wenn, dann nur alleine, allerdings mit der Absicht, nicht mehr alleine wieder wegzugehen. Mit einer Frau, in die ich noch dazu verliebt oder mit der ich gar verheiratet war, auf eine Party zu gehen, schien mir völlig sinnlos und auch eher langweilig zu sein, ich wusste ja schon vorher, mit wem ich nachher wieder den Schauplatz verlassen würde, es war kein Abenteuer mehr. Aber es wurde eines, allerdings eines von einer ganz anderen Sorte …

Wir fuhren zu dritt in die Hollywood Hills hinauf zum Mulholland Drive und suchten dort, fast eine Stunde lang, die Villa der Freundin einer Freundin der Freundin von Lutz, die mich zu der Party eingeladen hatte. Leider hatte ich nicht nur ihren Namen vergessen, sondern auch die Hausnummer. Während der Fahrt versuchte Denise, mir gute Laune zu machen. Ihre Bemühungen waren so gut gemeint und so rührend, dass mir schließlich, um sie nicht zu verletzen, nichts anderes übrig blieb, als so zu tun als ob. Vor lauter »so tun als ob« schlich sich so etwas wie »gute Laune« dann tatsächlich bei mir ein und führte so weit, dass ich sogar die etwas unbeholfen servierten Witze von Cleo zum Thema »Adressenvergessen« komisch fand und, vermutlich aus Irrfahrtsverzweiflung, darüber lachen musste.

Kurz bevor ich von der Sucherei und dem ewigen Hin- und Herfahren auf dem Mulholland Drive durchdrehte – die Straße ist ungefähr vierzig Kilometer lang –, überholte mich glücklicherweise der Jeep von Lutz und parkte einige Hundert Meter vor mir in der Einfahrt eines großen, wohl vor vielen Jahrzehnten teilweise aus Holz, teilweise aus Beton erbauten Hauses, das zwischen Zuckerbäcker- und Gropius-Stil schwankte. Man sah dem seltsamen Gebäude an, dass das Bauherren-Ehepaar wohl nicht einer Meinung gewesen war. Sollten Bauherr oder Frau eine einzelne Person gewesen sein, lag der Verdacht auf Bewusstseinsspaltung nahe, schon allein deswegen, weil die Fassade der Villa, die zur Straße zeigte, nur wenige und noch dazu kleine Fenster aufwies, in denen nur entferntes und schwaches Licht vom Inneren des Hauses zu sehen war. Vielleicht lagen dort größere Fenster, die einen weiten Blick auf das

San-Fernando-Valley freigegeben hätten. *Hätten* ... wenn die Zuckerbäckergropiusvilla auf der nördlichen Seite des »Drives« gestanden wäre statt auf der südlichen. Es muss das Hin- und Herfahren gewesen sein, das mir die Himmelsrichtungen verdreht und mir die schwierig erworbene »gute Laune« wieder ausgetrieben hatte. »Ich will nicht zu einer Party in ein Haus gehen, von dem aus man auf das trostlose Valley schaut«, sagte ich mürrisch zu Lutz. »Kannst du auch gar nicht«, erwiderte er, und schon betraten wir das Entree des kalifornischen Palastes, das in einen weiten Raum mit deckenhoher Verglasung führte.

Der Blick, den man von hier aus bei Nacht auf Hollywood und das über viele Meilen ausgebreitete, aus Millionen Lichtern strahlende Los Angeles hatte, war wie der Blick auf eine unendliche Cinemascope-Leinwand. Wahrscheinlich hat sich das oben erwähnte Ehepaar doch nicht scheiden lassen – sondern einfach nur gemeinsam und stumm vor Staunen jeden Abend aus den Fenstern geschaut.

Die Partygesellschaft erinnerte mich an eine bestimmte Szene in Woody Allens Film »Annie Hall«, der einzige Unterschied war, dass das obligatorische Kokain nicht von der Gastgeberin als »lines« auf großen Tellern an die Eingeladenen verteilt wurde, sondern aus den Hosen- und Jacketttaschen elegant gekleideter und seriös aussehender Gäste diskret und gratis durch Röhrchen gerollter Hundertdollarscheine seinen Weg in die Nasen der jeweiligen Interessenten fand.

Die Kommentare über Art und Qualität der Droge fanden, im Gegensatz zu den lauten, exaltiert quietschenden Jubelausbrüchen auf Partys der späten Siebzigerjahre, eher in einem flüsternden Verschwörungston statt, aus dem man nur einzelne Ausdrücke und Bezeichnungen wie »Ah! ... Peruvian flakes! Ah! ...« oder »Ooh! ... Bolivian rocks! ... Ooh! ...« heraushörte. Offenbar hatte sich die Illegalität des Kokainkonsums wieder durchgesetzt. Angeblich waren sogar private Partys von V-Männern des US Drug Enforcement Departements unterwandert ...

Gehörte eventuell der attraktive junge Mann mit der grauen Flanellhose, engem schwarzem Leinenjackett, weißem Hemd und dunkelroter Seidenkrawatte, der in einer Ecke des Raums heftig mit Cleo flirtete, zu den besagten Agenten? Sein muskulöser Oberkörper, der sich unter dem Hemd deutlich abzeichnete, sowie sein markanter Kopf mit ausgeprägt proletarisch-aggressiver Kinnpartie passten nicht so recht zu seiner Kleidung. T-Shirt, Jeans und Lederjacke hätten seinen Sex-Appeal besser zur Geltung gebracht. Für Cleo schien es aber gar nicht so sehr auf seine Textilien anzukommen. An ihren begeisterten Blicken und Gesten konnte man, selbst auf die Entfernung, erkennen, dass er es ihr angetan hatte.

»Are you boring?«, fragte mich Denise plötzlich. »What am I ... boring???« – »Oui, tu t'ennuies, ça se voit, n'est-ce pas ... langerweilisch.« – »I am langerweilisch?« – »No, not you ... ici is langerweilisch, tu trouves pas? I am hungry ... can't we go to our Japanese Restaurant and eat Sushi?«

Wir verabschiedeten uns von der Gastgeberin mit Ausreden und höflichen Floskeln, Denise ging noch schnell hinüber zu Cleo, tuschelte kurz mit ihr, ich teilte Lutz mit, dass wir jetzt aus medizinischen Gründen essen gehen müssten, dann verließen wir die seltsame Villa aus Holz und Beton.

Bei »unserem Japaner« am Santa Monica Boulevard aßen wir Sushi und Sashimi, Yakitori und Thunfisch-Teriyaki, Miso-Suppe und Tee. Eis. Dazu tranken wir warmen Sake. Es war herrlich, schon nach dem Sushi überwältigte mich wieder die gute Laune. Unser Gespräch, das sich mehrere Stunden lang hauptsächlich um Heirat und Künstlernamen drehte und schließlich mit lautem Gelächter darin endete, dass Denise, schon leicht vom Sake beduselt, vorschlug, ich solle mich Carlito Caplan nennen. »If you make comedies, this is the one and only right name for you ... Charlie Chaplin also made comedies, n'est-ce pas and he was also married several times!«

Auf dem Heimweg versuchte ich meiner »Franzoisin« den Unterschied zwischen dem genialen Charlie Chaplin und meiner »künstlerischen Armseligkeit« zu erklären. Aber es nützte nichts, sie widersprach in einem Gemisch aus Brasilianisch, Französisch, Spanisch und Englisch und sagte so lange »meu querido Carlito« zu mir, bis wir lachend vor unserem Haus angekommen waren.

///

Der WDR wollte die TV-Serie grundsätzlich machen, aber über den Titel *Kir Royal* noch mal reden. Was »noch mal reden« bei einem Fernsehsender bedeutete, wusste ich. Er wollte einen anderen Titel. Ich sagte dem Redakteur, so freundlich wie nur möglich, dass ich darüber nicht reden werde. Darauf sagte er gar nichts und redete weiter. Ich solle schon mal die erste Folge schreiben, er werde so schnell wie möglich einen Produktionsvorbereitungsvertrag an die Balance-Film schicken, die Firma, aus der ich zu diesem Zeitpunkt als Gesellschafter bereits ausgestiegen war. Dann kam das nächste Problem zur Sprache. Wer spielt die Hauptrolle? Wer könnte *Baby Schimmerlos* sein? Glücklicherweise schnäuzte sich Denise in diesem Augenblick erneut.

Wer die Hauptrolle in dieser Serie spielen sollte, wusste oder ahnte zu diesem Zeitpunkt niemand. Ich schon gar nicht. Die Vorschläge, die vom WDR kamen, waren, wie erwartet, durchaus zu gebrauchen, aber nicht von mir. Ich wollte etwas Besonderes, jemand Besonderen, wusste aber weder was noch wen. Der berühmte Schweizer Kabarettist Emil Steinberger war gerade zufällig in Amerika, allerdings an der Ostküste. Ich lud ihn nach Los Angeles ein. Er kam.

Er war gescheit, sehr nett – und wir verstanden einander vier Tage lang nicht. Als er abreiste, wussten ich und er zwar vom anderen etwas mehr, aber auch, dass Emil Steinberger für die Rolle des Klatschreporters Schimmerlos nicht geeignet war, was hauptsächlich daran lag, dass er gewohnt war, nur selbst und ganz allein künstlerische Entscheidungen zu treffen. Leider war ich das auch.

Als nächster Kandidat wurde mir, diesmal von Michael Graeter,

Helmut Berger aufgeschwatzt, der sich ebenfalls zufällig in Amerika befand, praktischerweise gleich um die Ecke im Chateau Marmont. Die Gespräche mit ihm zogen sich über mehrere Nächte hin. Sie begannen am späten Abend im Hotel, setzten sich fort in einigen Schwulenkneipen, Bodybuilder-Gyms und Dampfbädern Westhollywoods und waren am Anfang so ergebnislos wie am Ende. Spätestens gegen zwei Uhr war Berger von seinem regelmäßigen Alkohol- und Drogenkonsum so benebelt, dass er mir dann, mit »klarem Kopf«, wie er lallend sagte, darlegen konnte, wie, wo und wann er diese Rolle, wenn überhaupt, spielen würde. Zeit hätte er dazu, wenn überhaupt, erst irgendwann, wann wisse sein Agent. Der Schauplatz dürfe unter keinen Umständen München sein, das sei ein »Dealbreaker«. Die Serie müsse mindestens, wenn überhaupt, in Rom, Paris oder Hollywood spielen. Am besten an allen drei Orten. Was seine Rolle betreffe, so müsse er die Drehbücher nicht nur zuerst lesen, sondern das vertraglich zugesicherte Recht bekommen, seine und jede andere Rolle so und so lange umzuschreiben, bis er damit zufrieden sei. Auch das Recht des »Final Cut« beanspruche er, zumindest für die Figur, die er spiele, und was die Gage betreffe, so solle man sich an seinen Agenten wenden. »Für dich mach ich es ein bissel billiger, weil du's bist«, sagte er dann noch, »wenn überhaupt, hast g'hört, wenn überhaupt …«

Helmut Berger war in dieser Zeit, Anfang der Achtzigerjahre, in der Filmbranche ungefähr so gefragt wie eine gerupfte Gans auf den Laufstegen der Haute Couture. Niemand wollte ihn mehr, jede Filmausfallversicherung lehnte ihn als launenhaften und unberechenbaren Klienten ab. Die Rollen, die ihm gelegentlich von dubiosen Independent-Produzenten angeboten wurden, bestanden im günstigsten Fall aus Eintagesrollen – Auftritt von links, Abgang nach rechts und umgekehrt – und sollten nur dazu dienen, dass man den Namen Helmut Berger auf die Besetzungsliste und in die Pressebroschüre setzen durfte.

Im Herbst 1983, als wir uns in Hollywood trafen, bekam er wenigstens noch eine Nebenrolle in der vierten Staffel der US-Serie

Denver-Clan als »Peter de Vilbis«, ein skrupelloser Playboy. Mehr nicht. Seit März 1976, dem Tod von Luchino Visconti, für ihn nicht nur vergötterter und unübertrefflicher Regisseur, sondern gleichzeitig Vater, Freund und Geliebter, fand Berger die Wege nicht mehr, die ihm sein Luchino im Zweifelsfall immer gewiesen oder geebnet hatte. Am ersten Jahrestag von Viscontis Tod, dem 17. März 1977, versuchte er sich aus Verzweiflung, das Leben zu nehmen. Der Versuch schlug fehl. Seine Karriere neigte sich dem Ende zu.

Es gab mehrere Gründe, warum Helmut Berger für die Hauptrolle in *Kir Royal* nicht geeignet war. Ich konnte gut mit Schauspielern umgehen, aber gegen ihn hatte ich keine Chance. Sein exzentrisches Benehmen, sein egozentrischer Charakter, seine Drogen- und Alkoholsucht, seine Unzuverlässigkeit bei der Arbeit, die fast so legendär war wie die des verstorbenen Superstars Marilyn Monroe, würden nicht zu ertragen sein. Für niemanden. Billy Wilder bekam ihretwegen bei *Some like it hot* unerträgliche Rückenschmerzen, an denen er jahrelang litt, bei mir wären es, bei der Arbeit mit Berger, ganz sicher Magengeschwüre geworden sowie mit hoher Wahrscheinlichkeit der Wiedereinstieg in das mühsam bewältigte Drogenproblem. Außerdem hätte ich mir vermutlich bei jeder Einstellung anhören müssen, wie »Luchino« das gemacht hätte, nämlich »ganz anders« und »viel besser«. Vielleicht hätte ich das alles ertragen können, wenn an dem eitlen und pathetischen Helmut wenigstens ein Mindestmaß an Humor sicht- und hörbar geworden wäre. Wurde aber nicht. Für mich jedenfalls nicht.

Was er als Humor und Ironie bezeichnete, waren Spott, Zynismus, verstärkt durch seine ständig zur Schau getragene Arroganz. Das nächste, kaum zu lösende Problem war sein Aussehen. Ich hätte ihn nicht nach meinen Vorstellungen zurechtmachen können. Er war schön, wollte es auch bleiben, und hatte dafür seinen eigenen Friseur, seinen eigenen Maskenbildner und seinen eigenen Chauffeur, wenn er die Hauptrolle spielen sollte, wenn er »überhaupt wollte«. Was allerdings der Chauffeur mit Helmut Bergers Schönheit zu tun hatte, war mir nicht recht erklärlich …

Nach einigen Tagen wusste ich, was ich schon bei der ersten Begegnung mit dem Visconti-Star vermutet hatte: Wir waren füreinander nicht geeignet und er nicht für die Figur des Baby Schimmerlos.

Damit war der Aufenthalt in Hollywood, der Genuss der Freiheit, zu Ende, noch bevor er wirklich begonnen hatte. Denise wollte zurück nach Südfrankreich, um ihr Verhältnis mit Gérard zu beenden, und ich hatte mit widerstrebenden Gefühlen zu kämpfen. Sie redete schon zu mir wie eine Ehefrau. Und das gab mir zu denken. Am nächsten Tag flog sie nach Frankreich. In spätestens einer Woche sollte ich sie in Roquefort treffen.

Ich war wieder allein. Allein in Hollywood. Konnte ich jetzt, in diesem Zustand, beginnen, das erste Drehbuch der Serie zu schreiben? Ich telefonierte mit Patrick Süskind, der in seiner Wohnung in Paris war. Zwei Tage später trafen wir uns an der Place St. Germain im »Café de Flore«. Er war gut gelaunt. Aber nur so lange, bis ich wieder von meinem neuen Projekt erzählte. Ich ahnte schon, dass er, wie schon vor Wochen, von dem Vorhaben *Kir Royal* nicht übermäßig enthusiasmiert sein würde. Nachdem wir je zwei Kaffees getrunken und zwei wunderbare Apfeltartes gegessen hatten, konnte ich mich nicht mehr beherrschen. Ich musste ihm erzählen, was ich vorhatte, schilderte lückenhaft, jedoch voll Begeisterung, in die ich mich immer mehr hineinsteigerte, die erste Folge mit dem Titel: »Das Volk sieht nichts«. Auch hier trat wieder das Phänomen auf, dass sich meine Gedanken, fantasievoller als ursprünglich gedacht, beim Reden entwickelten. Besonders wenn ich mit ihm sprach. Meine Ideen häuften und veredelten sich. Wobei diesmal von »mit« im Sinne von Rede und Gegenrede keine Rede sein konnte. Ich redete und redete, bis mir schließlich auffiel, dass er gar nichts dazu sagte. Er verstummte in dem Moment, als ich mit *Kir Royal* anfing. Ich verstummte in dem Moment, als ich bemerkte, dass er ziemlich genau eine Stunde lang nichts dazu gesagt hatte.

Sechzig Minuten zu schweigen, wäre für ein Gespräch zwischen zwei Personen, die eng befreundet waren, nicht üblich, wenn eine der Personen nicht Patrick Süskind hieße. Er verfügte über etliche Varianten der stummen Anwesenheit, die für den Kenner eine gesteigerte Art von Abwesenheit signalisierten. Wobei »stumm« nicht zu steigern war. Mark Twain hatte recht, als er in einem amüsanten Essay die deutsche Sprache zu einer der schwierigsten und inkonsequentesten Sprachen erklärte. Das Wort »dumm«, das sich von »stumm« lautmalerisch kaum unterscheidet, kann man korrekt steigern, sowohl im Komperativ als auch im Superlativ: »dumm, dümmer, am dümmsten«, wogegen man nicht sagen kann: »stumm, stümmer, am stümmsten«. Um welche Art der schweigenden Anwesenheit es sich diesmal bei Patrick handelte, war für mich nicht schwer herauszufinden. Er beherrschte im Allgemeinen drei Möglichkeiten. Die erste war: Das Sujet, um das es ging, interessierte ihn nicht. Das war bei dem Projekt *Kir Royal* sehr gut möglich. Zweitens: Er dachte intensiv über *Das Parfum* nach, sein Buch, an dem er schon jahrelang schrieb und das jetzt bald bei Diogenes erscheinen würde. Und drittens, am wahrscheinlichsten, immerhin war es schon Nachmittag: Er befasste sich gedanklich ausschließlich mit dem Problem, welches Abendessen heute in seiner kleinen, auf acht Quadratmeter beschränkten »chambre de bonne« in einem sechsstöckigen Altbau am Boulevard Raspail für das Garen auf der elektrischen Kochplatte geeignet wäre, und ob er für das gewählte Mahl schon die notwendigen Lebensmittel und den dazu passenden Wein eingekauft hatte. Dazu muss man wissen, dass Patrick Süskind ein genialer Kochkünstler war. Niemand kochte so gut wie er. Und niemand aß mit solchem Genuss, wenn die Qualität der Speise seine Erwartung erfüllte. Darum brauchte ich auch keine langen Fragen nach dem Grund seiner einstündigen Verstummung zu stellen. Ich stellte nur eine kurze: »Wollen wir heute Abend ins ›Muniche‹ gehen, Austern essen und dazu Sancerre trinken?« – »Sehr gute Idee«, sagte er sofort. Ich hatte also recht mit meiner Vermutung gehabt, dass er an diesem Tag hauptsächlich an kulinarische Themen gedacht hatte.

Das »Le Muniche« war eine von uns häufig besuchte Brasserie im

6. Arrondissement, in der nahe gelegenen Rue St. Benoît. Ein Restaurant, das sich hauptsächlich durch die Opulenz seiner Meeresfrüchte auszeichnete. Wir tranken zweieinhalb Flaschen Sancerre, dazu aßen wir erst Seeigel und Crevetten, anschließend jeder zwei Dutzend Austern von der Sorte Fines de claires.

Es war wunderbar. Die unvermeidbare, vom Wein provozierte Redseligkeit überfiel zuerst Patrick, dann nahezu gleichzeitig mich. Jeder erzählte irgendwas, er von seinen Basteleien in der »chambre de bonne«, die es ihm ermöglichten, aus acht Quadratmetern gefühlte zwölf zu machen, ich von dem Ausstieg aus der *Unendlichen Geschichte*, vermied *Kir Royal* auch nur zu erwähnen, und schilderte stattdessen die unerwartete Liebesaffäre mit Denise.

Auf dem Weg zurück fragte er mich, in welchem »Roquefort« Denise wohne, ob es vielleicht das Roquefort sei, aus dem der berühmte Käse gleichen Namens komme. »Nein«, sagte ich, »es heißt, genauer gesagt, Roquefort-les-Pins, liegt ungefähr zehn Kilometer hinter Cannes, und direkt gegenüber dem Landhaus, das sie gemietet hat, nur durch eine Straße getrennt, soll es einen sehr guten ›Supermarché‹ geben.« – »Wann fährst du dahin?«, fragte er. »Zuerst flieg' ich nach München, dort erledige ich verschiedenes Geschäftliches, warte, bis Gérard, ihr bisheriger Geliebter, auszieht, und fliege dann nach Nizza. Dort wird sie mich am Flughafen abholen, nach Roquefort bringen, wo ich in aller Ruhe zu schreiben beginnen werde.« – »Was schreibst du da?« – »Das sag ich dir nicht noch mal.« – »Wieso nicht?« – »Weil ich dir das bereits eine Stunde lang erzählt habe.« – »Jaja ... ich weiß schon ... würde es dich stören, wenn ich dich in diesem Roquefort-les-Pins ...« – »Wenn du was?« – »... dich in diesem Roquefort ... besuchen würde?« – »Im Gegenteil, darüber würde ich mich sehr freuen, wir könnten spazieren gehen, uns über irgendwas unterhalten, Pläne, Projekte ...« – »Welche Projekte genau?« – »Welche?« – »Ja!« – »Genau?« – »Ja!« – »Ja mei ... halt irgendwelche ... alle möglichen ... vielleicht auch unmöglichen!«

Während des kurzen Fluges nach München dachte ich darüber nach, ob Patrick bei *Kir Royal* mitmachen, nicht mitmachen oder vielleicht erst mal abwarten wollte. Ich kam zu keinem Ergebnis.

/ / /

Während meiner Abwesenheit war mein Geschäftspartner und Freund Jürgen Dohme, mit dem ich schon *Münchner Geschichten, Der ganz normale Wahnsinn* und *Monaco Franze* gedreht hatte, nicht untätig gewesen. Er hatte inzwischen eine Firma mit dem erfolgreichen Autor und Regisseur Dieter Wedel gegründet, an der weder ich noch unsere gemeinsame Balance-Film beteiligt waren. Ähnliches machte er auch mit Tom Toelle, ebenfalls einem sehr guten TV-Regisseur. Die Zusammenarbeit mit Tom scheiterte jedoch nach der ersten gemeinsamen Produktion. Bald kam dann die Beteiligung Dohmes an der Voodoo-Film dazu, eine Konstellation mit dem Musiker und Komponisten Jackie Shay, der zum großen Teil die Musik zu meiner Serie *Der ganz normale Wahnsinn* und etwas später dann zu dem aus der Serie zusammengeschnittenen Spielfilm *Der Durchdreher* geliefert hatte. Von jener Voodoo-Film sollte man noch Jahrzehnte später, in eher unerfreulichen Zusammenhängen, hören.

Monaco Franze war ein noch größerer Erfolg gewesen als die *Münchner Geschichten*. Am 2.3.1983 sendete das Bayerische Fernsehen die erste Folge, »A bissel was geht immer«, und erzielte im weiteren Verlauf der Serie sensationelle Einschaltquoten. Das wiederum hatte zur Folge, dass ich seit diesem Datum immerhin über dreißig Jahre kein ernsthaftes Angebot mehr von dieser »Öffentlich-Rechtlichen Anstalt« bekam. Stattdessen wurde *Monaco Franze* über fünfundzwanzigmal wiederholt. Um aber für mich und meinen Ko-autor Patrick Süskind Wiederholungshonorare zu erhalten, musste ich mich schriftlich, in einer wahren Philippika, an den damaligen Fernsehdirektor Dr. Oeller wenden, der schließlich anordnete, das von »Telepool«, einer kommerziellen Tochter des Senders, unter Berufung auf den Senderechtsvertrag stur verweigerte Honorar zu genehmigen. Für die *Münchner Geschichten* galt dann die gleiche Regelung. Nur für die Wiederholungen von *Der ganz normale Wahnsinn* gab es bis heute keinen Pfennig und keinen Cent.

Dass der Hauptdarsteller Towje Kleiner jüdisch war, tat angeblich überhaupt nichts zur Sache. Im Gegenteil, wurde mir versichert. Es wurde mir in einem seltsam entschuldigenden Ton mitgeteilt, dass es überhaupt und schon gar nicht an irgendeiner Form von Antisemitismus von irgendjemand lag, sondern an irgendetwas ganz anderem. Was genau, erfuhr ich nie. Die Repräsentanten des bayerischen Senders haben sich in diesem Fall so benommen, wie ich es von ihnen erwartet hatte.

Der Erfolg von *Monaco Franze* hatte mich und meinen Ruf jedoch erheblich gestärkt. Ich verkaufte meine fünfzig Prozent an der Balance-Film. Mein Partner Jürgen Dohme nahm sie gerne. Das wunderte mich, weil die Firma angeblich von Anfang an ein Verlustgeschäft war. Dass sie mit ständigen Verlusten ihre nicht unerheblichen Ausgaben bezahlen konnte, war für mich nur schwer bzw. gar nicht zu verstehen. Ich sah in dieser Firma keine Zukunft mehr für mich. Zudem wollte ich für *Kir Royal* frei sein, wollte nicht mehr Produzent sein, sondern nur noch Autor und Regisseur.

Um das erste Drehbuch der Serie zu schreiben, fuhr ich, wie verabredet, zu Denise nach Roquefort. Wie ebenfalls verabredet, holte sie mich mit ihrem kleinen, roten »Triumph«, einem Cabriolet-Sportwagen, am Flughafen in Nizza ab. Die Sonne schien. Es war ein romantisches Wiedersehen wie in einer Soap Opera. Wir fielen uns stürmisch in die Arme und küssten uns minutenlang, dann allerdings störte eine kleine Enttäuschung mein überbordendes Glück: Nicht verabredet war nämlich, dass Gérard, von dem sie sich trennen wollte, immer noch die Schlüssel zu ihrem Haus besaß und daher jederzeit kommen und gehen konnte. Sie hätte sich aber von ihm schon getrennt und würde jeden Abend zu mir kommen, um bei mir zu schlafen. Ich sollte, bat sie mich mit tränenfeuchten Augen, ein paar Tage lang in ein nah gelegenes Hotel gehen, bis sie über die Zweitschlüssel verfügte. Ihr Vorschlag war eines der berühmtesten und teuersten Hotels der Küste, das »Colombe d'Or« in St.-Paul-de-Vence. Das unaufdringliche, aber imposante Gebäude, ein mehrstöckiger herrlicher alter provenzalischer Gutshof, stand am Eingang zu der auf einem mächtigen Felsen erbauten Ortschaft. Davor und daneben lag ein romantisch von Platanen gesäumter Platz, der zum Boule-Spiel einlud. Allerdings nicht jeden Interessenten, da die Sandbahnen entweder den Einwohnern des Ortes oder den Gästen des Hotels vorbehalten blieben.

Normalerweise bekam man in der »Goldenen Taube« kein Zimmer, wenn man nicht entweder zu den Prominenten der Welt oder mindestens Frankreichs gehörte. Wenn nicht, musste man bis zu einem Jahr vorher reservieren, und selbst dann war es keine feste Zusage, sondern eine Möglichkeit, »une possibilité«. Für Denise Cheyresy schien das aber kein Problem zu sein. Offenbar kannte sie die Besitzer des Hotels, die Familie Roux, und machte mich europaweit um einen halben Meter größer, als ich war. Der »berühmte deutsche Filmregisseur Elmüt Diätl« bezog also zusammen mit seiner Geliebten eine Suite des »Colombe d'Or«, in dem schon seit Jahrzehnten »kein Zimmer mehr frei« war. An einer Wand des großen Raumes hing ein – alarmgeschütztes – Gemälde von Picasso. Aber das war nicht das einzige.

Überall hingen oder standen sie, die Werke von Picasso, Matisse, Tinguely, Dufy, Signac, Braque, Miró, Chagall, Léger, César und anderen bedeutenden Malern oder Skulpteuren. Es war nicht nur beeindruckend, es war geradezu überwältigend. Sowie die dezent an den noch vorhandenen Restflächen angebrachten Fotos mit Signaturen und Widmungen berühmter Hotel- oder Restaurantgäste. Es blickten auf mich herab oder besser über mich hinweg: Jacques Prévert, Orson Welles, David Niven, Yves Montand und Simone Signoret, Jean Renoir, André Malraux, Jean-Paul Sartre mit Simone Beauvoir, James Baldwin, Marcel Pagnol, Romy Schneider und Alain

Delon, Carlo Ponti mit Sofia Loren, Marcello Mastroianni, Jeanne Moreau, Liz Tailor, Gina Lollobrigida, Jean-Paul Belmondo, Lino Ventura, Charles Aznavour und Charlie Chaplin, Henri-George Clouzot, François Truffaut, Frank Sinatra, Kirk Douglas und Curd Jürgens, Maria Callas, Michèle Morgan, Burt Lancaster, Paul Newman, Greta Garbo … um nur einige wenige zu nennen.

Wessen gerahmte Fotos darüber hinaus noch an den Innenwänden der »Goldenen Taube« hingen, weiß ich nicht mehr. Ich weiß nur noch, dass diese umfangreichen Galerien der weltberühmten Persönlichkeiten erst begeistertes Staunen bei mir auslösten, dann, nach kürzester Zeit, eine mittelschwere Depression. Das Maß, um das mich Denise bei der Rezeption des Hotels größer gemacht hatte, schrumpfte auf wenige Millimeter zusammen. Ich kam mir vor wie ein Hochstapler. Dass Curd Jürgens in der hochkarätigen, internationalen Promiversammlung der einzige deutsche Gast war, tröstete mich auch nicht. Vermutlich gehörte er nur dazu, weil er sich ganz in der Nähe von Saint-Paul-de-Vence eine teure Rosenfarm gekauft hatte. Wer war ich, im Vergleich zu den oben genannten Stars? Niemand! Nobody!

Denise, die bis zum Morgen bei mir geblieben war, kehrte am nächsten Nachmittag wieder ins Hotel zurück, bemerkte meine schlechte Laune, war aber in der Angelegenheit »weltberühmte Gäste« anderer Meinung: »Helmuty, who stays only *une* night dans ›la Colombe‹ belongs automatiquement to that famille of famous people. You are famous in Allemagne, now you are it in France, au moins dans le Sud … and ne me fais pas la gueule, you have got all you want! Believe me, only des gens célèbres get a room in this hotel, and only the veryvery important ones get it tout de suite, ne fais plus la gueule, okay Helmuty?« – »Tell me, Schneckele, did Gerard finally give back the keys of your house?« – »Bien sûr he did, I told you he would!« – »And did he leave the house?« – »Bien sûr he did, this midi, I knew he would, are you content now, Helmuty I love you … don't you believe me?«

Diese Frage veranlasste mich, noch eine weitere Nacht mit Denise in der »Goldenen Taube« zu verbringen. Sie fuhr zunächst wieder ein paar Stunden nach Hause, räumte dort auf und richtete mir ein »Schreibzimmer« ein. Danach kam sie zurück ins Hotel. Wir aßen abends im Restaurant, das Essen war fabelhaft, der Rotwein der Marke »Domaine Ott« des Jahrgangs 1977 auch noch in der zweiten Flasche vorzüglich. Käse und Dessert waren in ihrer Qualität und Raffinesse nicht zu überbieten. Auch der Preis für das Dinner-Menü war insofern passend zum sonstigen Luxus und den vielen Millionen, die den Wert der kostbaren Gemälde ausstrahlten, mit denen Familie Roux das Restaurant geschmückt hatte, als eine Abräumhilfe, ein etwa zwanzig Jahre altes, hübsches marokkanisches Mädchen, mindestens drei bis vier Monate für ein solches Abendessen arbeiten müsste – so sagte diese ganz leise zu uns. Das Trinkgeld, das ich ihr geben wollte, lehnte sie mit freundlichem Lächeln ab. Als sie unseren Tisch verließ, sah ich, dass der Oberkellner sie beobachtet hatte. Er drehte sich schnell um.

Am nächsten Vormittag verließ ich, zusammen mit Denise, die Luxus-Taube. Die Angestellten an der Rezeption verabschiedeten mich mit ausgesuchter Höflichkeit. Ich musste ihnen versprechen, von meinem nächsten »Film« eine Kassette an das Hotel zu schicken, sie seien sehr gespannt darauf und freuten sich schon jetzt. Einer von ihnen präsentierte mir die Rechnung in einem Umschlag aus edelstem schwarzem Saffianleder.

Ich schaute weder auf die einzelnen Kosten noch auf den Gesamtbetrag. Aus gesundheitlichen Gründen, bemerkte ich nebenbei, zur Erheiterung der Anwesenden. Ich überreichte einfach nur meine Kreditkarte und ein würdiges, dem Prestige des Hauses angemessenes Trinkgeld in bar.

Als mich Denise auf der Fahrt nach Roquefort-les-Pins fragte: »How much did you pay, Helmuty?«, konnte ich ohne zu lügen antworten: »I don't know, Schneckele … I didn't look at the bill.«

Dass diese Antwort ein Fehler war, merkte ich schon in den nächsten Sekunden. Was ritt mich, so was zu tun und mich auch noch mit einem Benehmen zu brüsten, das sich nur schwerreiche Hotelgäste wie die fotografierten Berühmtheiten leisten konnten? Ich gehörte gewiss nicht dazu, auch wenn Denise dies von diesem schwachen, zumindest halbstarken Moment an zu glauben begann. In Zukunft war nämlich *ich* für finanzielle Angelegenheiten zuständig.

»It's very comfortable to have such a delicatessen-supermarché just across the street, don't you think so, Helmuty«, sagte sie, bevor sie das Tor zu ihrer »Bergerie« öffnete. »Certainement«, antwortete ich und beschloss, in Zukunft wieder mein lange vernachlässigtes Französisch zu pflegen. Die »Bergerie« war ein niedriges, in Naturstein gebautes Häuschen mit etlichen später errichteten Anbauten, die sich aber in Stil und Material harmonisch in das Gesamtbild einfügten. Die Außenwände waren auf der Süd- und Westseite mit Kletterrosen bewachsen. Vor dem Haus lag eine mehrere Tausend Quadratmeter große Wiese, die noch an den ursprünglichen Zweck der »Bergerie« erinnerte: an den »Schafstall«. Der das Grundstück begrenzende Drahtzaun wurde durch wild gewachsene Büsche und Bäume beidseitig so verdeckt, dass man auch nackt auf der Wiese liegen konnte, falls man das wollte. Denise wollte es, ich nicht.

Der ehemalige »Schafstall« erwies sich durch seine Anbauten innen geräumiger, als man es ihm von außen ansah. Er überraschte mit sechs Zimmern, zwei Bädern und einer gut ausgerüsteten Werkstatt. Bei Besichtigung der »Werkstatt« dachte ich sofort an den Hobbybastler Süskind, vor dessen Lötkolben keine beschädigte Rohrleitung sicher war, der die Gewinde der Wasserhähne in Bad, Toilette und Küche, auch wenn nicht notwendig, so sorgfältig und entschlossen nachschnitt, dass keine der Armaturen sich mehr traute, auch nur um einen Tropfen zu lecken. Auch mit Elektrizität und elektrisch betriebenen Maschinen kannte er sich aus. Seine Spezialität, der all seine Liebe galt, war jedoch die Holzverarbeitung jeglicher Art. Da machte ihm kein Schreinermeister etwas vor. Tische, Stühle und Regale baute er fehlerfrei. Er brauchte keine Handwerker.

Nach etwa zwei Wochen täglicher Arbeit am ersten Drehbuch zu

Kir Royal rief ich Patrick in Paris an und bat ihn, nach Roquefort zu kommen. Ich hatte Denise unter anderem auch von den handwerklichen und kulinarischen Fähigkeiten meines Freundes erzählt. Sie war begeistert und drängte mich, ihn zu der Reise zu bewegen.

Ein paar Tage nach meinem Anruf kam er mit dem Zug nach Cannes. Ich holte ihn im kleinen roten Cabriolet am Bahnhof ab und fuhr mit ihm zur »Bergerie«. Städtchen wie Valbonne gefielen ihm, Roquefort-les-Pins nicht so sehr. Er fragte mich, wo denn das Dorf sei. Ich wusste keine Antwort. Mir fiel das erste Mal auf, dass der Ort keine erkennbare Mitte hatte, sondern aus nichts anderem als einigen Häusern und Geschäften entlang der Route national nach Grasse bestand. Patrick kannte Grasse gut. Die Handlung seines noch nicht veröffentlichen Romans *Das Parfum* war überwiegend dort angesiedelt. Aber darüber wollten wir nicht sprechen, kamen auch gar nicht dazu, denn Denise, voller Freude über den Besuch meines multitalentierten Freundes, zeigte ihm fröhlich, noch bevor sie ihn ins Gästezimmer führte, die Küche mit den tropfenden Hähnen sowie den unzuverlässigen Gasherd, der manchmal funktionierte und manchmal nicht, was meine Geliebte aber nicht so sehr störte. Sie konnte nämlich außer Couscous nichts kochen. Kochen war bei ihr immer eine Angelegenheit der Männer. Besonders gut auf diesem Gebiet sei ihr Vater, sagte sie, gleich danach komme ihr Bruder Yves. Auch Gérard, der in Le Cannet ein Restaurant besaß, sei, was Essen betraf, durchaus solide, aber auch einfallsreich gewesen.

Patrick versorgte sich noch vor dem Betreten des Gästezimmers in der Werkstatt mit den nötigen Schraubenziehern, Zangen, Drähten und Dichtungen, eilte damit zurück in die Küche und reparierte in erstaunlich kurzer Zeit Wasserhähne und die schlecht befestigte Gasleitung. Denise lobte ihn in den höchsten Tönen.

Ich war auch zufrieden, dass sich die beiden so gut verstanden. Alle drei sprachen wir jetzt französisch. Ich zunächst etwas schlechter als Patrick, dann aber, nach ein paar Gläsern Rosé, fast fließend. Es war wunderbar. Umso wunderbarer, als Patrick darauf bestand, hinüber in den »Supermarché« zu gehen und dort fürs Abendessen einzukaufen. Er kochte. Als Vorspeise aßen wir »foie gras«, der zweite Gang war ein vorzügliches »magret de canard«, als Nachspeise gab es »mousse au chocolat« und danach noch Käse. Dazu tranken wir Rosé und Rotwein. Als Patrick schließlich erschöpft zu Bett ging, saßen Denise und ich noch eine Weile zusammen im Wohnzimmer. »Comment tu le trouves?«, fragte ich sie. »Il est … magnifique, je ne savais pas, that you have such friends. J'ai seulement un, un seul! Ça suffit largement … en cas de Patrick«, sagte sie.

Am nächsten Tag ließ ich Patrick lesen, was ich bisher geschrieben hatte. Seine Kritik daran war ebenso freundlich wie deutlich. Es gefiel ihm nicht, aber das machte mir nichts aus. Wieder stellte sich das mir vertraute Phänomen ein: Patrick regte meine Fantasie an. In seiner Gegenwart, besonders im Gespräch mit ihm, fielen mir Handlungsabläufe, Konstruktionen und Szenen für mein Drehbuch ein, auf die ich vorher nicht gekommen war. Wieder übernahm ich bald das Wort, und wieder saß er stumm da. Diesmal hatte ich jedoch das Gefühl, dass er mir zuhörte. Das stellte sich zwar später als Irrtum heraus, aber auch dieser beirrte mich nicht wirklich. Nach drei Tagen der Gespräche, von meiner Seite überwiegend monologisch an meinen geduldigen Freund hingeredet, war ich mit dem Ergebnis sehr zufrieden. Ich wusste endlich, worüber ich schreiben wollte und sollte: wie immer, letztlich über mich selbst.

Ich zog die drei Schlüsselfiguren, den Klatschkolumnisten, seine Lebensgefährtin und seinen Fotografen, so nah wie möglich an mich heran, schlüpfte aber nicht banal in sie hinein, sondern bewahrte, so gut ich konnte, die mir angeborene ironische Distanz des Erzählers. So hatte ich bisher immer gearbeitet, bei den *Münchner Geschichten*, dem *Ganz normalen Wahnsinn* und bei *Monaco Franze*. Warum ich das bei *Kir Royal* anders versucht hatte, weiß ich bis heute nicht. Einer der Gründe war sicherlich, dass ich immer noch keinen Hauptdarsteller gefunden hatte.

Ich brauchte ihn aber dringend, nicht nur, weil ich in wenigen Monaten zu drehen beginnen sollte, sondern hauptsächlich, damit er die Flammen meiner Fantasie nährte und am Brennen hielt. Denise, ihr Hund Tschin und ich flogen nach München. Vorübergehend bezogen wir eine Wohnung, deren Fenster zur stark befahrenen Leopoldstraße lagen. Wenn man sie öffnete, drang ein infernalischer Straßenlärm herein. Lüften konnte man daher nur, wenn man sich für diese Zeit entweder im Bad oder in der Toilette aufhielt. Die Wohnung zu lüften hieß aber auch nicht, frische Luft hereinzulassen, sondern die Abgase der vorbeifahrenden – noch schlimmer: der im stockenden Großstadtverkehr stehenden – Automobile einatmen zu müssen. Der akustische und aero-hygienische Unterschied zwischen der lärmenden und stinkenden Münchner Leopoldstraße und der von zirpenden Grillen und quakenden Fröschen musikalisch begleiteten Stille der »Bergerie« und der sauberen, provenzalisch aromatischen Luft von Roquefort-les-Pins war eklatant. Er gab mir zu denken. Wie wäre es, wenn wir an der Côte d'Azur wohnen und leben würden? Die Antwort auf diese Frage blieb ich mir zunächst schuldig. Nützte aber nichts. Sie hatte sich bereits in meinem Kopf und meinem Herzen eingenistet. Sobald ich *Kir Royal* abgedreht und hinter mir haben würde ... würde ich ... würden wir ...

Allmählich, sagte Denise, würde es ihr gefallen, wenn ich sie und ihren kleinen Hund endlich zum Casting mitnähme. So was hätte sie nämlich noch nie gesehen. Sie versprach, nicht zu stören, ganz ruhig mit Tschin einige Meter weit hinter mir zu sitzen und sich auf keinen Fall in die Probeaufnahmen einzumischen.

Sie hielt ihr Versprechen, obwohl mein Rücken das Gefühl hatte, dass ihr das doch ziemlich schwerfiel. Manchmal wollte sie mir etwas sagen, aber ich brauchte mich nur zu ihr umzuschauen, schon schwieg sie. Als Dieter Hildebrandt ein paar Sätze seines Textes gesprochen hatte, klatschte sie Beifall. Obwohl sie kaum Deutsch verstand noch sprach, also auch den Text des Drehbuchs nicht wirklich lesen konnte, hatte sie instinktiv das Richtige getan. Dieter war die Idealbesetzung für die Rolle des Fotografen »Herbie Fried«. Senta

314

Berger war ebenfalls wie bestellt für die Figur der »Mona«, des »Lebensgeschäfts«, wie Denise immer statt »Lebensgefährtin« sagte.

Sentas größtes Problem war: Sie zweifelte erst mal grundsätzlich an ihrer Eignung für jede Rolle, die man ihr anbot. Das erfuhr ich allerdings erst später. Trotzdem war sie schließlich, nach meinem geduldigen Anhören all ihrer ablehnenden Argumente, bereit, die »Mona« zu spielen. Ihre wichtigste Frage war: »Wer spielt den ›Baby Schimmerlos‹?« Eine gute, interessante Frage. Ich konnte sie nur noch nicht beantworten.

Einige Wochen später hatte ich mithilfe meiner Casterin und meines Regieassistenten Kurt Raab für jede, auch die kleinste Rolle, einen hervorragenden Darsteller gefunden, nur für die wichtigste immer noch nicht. Es war schon Anfang August. In drei Wochen sollten wir zu drehen beginnen. Ich wurde zunehmend nervöser. So machte ich schließlich in meiner Panik einen schwerwiegenden Besetzungsfehler, der mir zwar latent schon am ersten Drehtag auffiel, aber nach einer Woche Filmerei so drastisch und deutlich sichtbar wurde, dass ich den Hauptdarsteller Nikolaus Paryla auswechseln musste.

Aber gegen wen? Ich wusste niemanden. Es war Freitag. Ich hatte Zeit bis Sonntag, genauer gesagt bis Montag früh, einen passenden Ersatz zu finden. Sechzig Stunden ... wenn man die Nächte hinzuzählte.

Ich war kurz vor einem Nervenzusammenbruch, versuchte mich aber zu beherrschen und kühl zu bleiben. Zuerst machte ich noch am selben Abend Probeaufnahmen per Video ... mit mir selbst. Publikum waren Jürgen Dohme, Kurt Raab und Denise. Die beiden Herren waren unschlüssig in der Beurteilung meiner schauspielerischen Fähigkeiten. Während sie noch herumstotterten, meldete sich Denise zu Wort und sagte in ihrem fließenden englisch-französisch-deutschen Kauderwelsch: »Don't do it Helmuty, tu est trop unsympathisch ...« Ich schaute sie etwas verblüfft an. Sie hatte recht. Raab und Dohme schienen erleichtert zu sein. Am selben Abend noch begann Kurt, Filme zu besorgen, die ich mir gleich am Samstag früh im Arri-Kino anschauen sollte. »Vielleicht finden wir jemanden«, sagte er hoffnungsvoll. Ich hatte die Hoffnung schon aufgegeben und schlief schlecht in dieser Nacht. Außerdem hatte ich einen kurzen Traum, der sich mehrmals wiederholte: Ich wollte immer nach Nizza fliegen, landete aber ständig in Los Angeles.

Es wurde Samstag. Ich saß mit Kurt im Kino und schaute mir mit ihm ausschnittsweise mindestens ein Dutzend Filme und deren jeweilige Hauptdarsteller an. Der Vorführer hatte Mühe, immer schon nach jeweils drei bis höchstens fünf Minuten schnell die in den Projektor eingelegte Zelluloidrolle zu wechseln und uns die erste des nächsten »Kunstwerkes« zu zeigen. Ich fand keinen »Schimmerlos«. Angst und Katastrophenstimmung nahmen sowohl bei mir als auch bei Kurt zu. Im letzten Film fiel mir dann plötzlich in einer kleinen Nebenrolle ein etwa vierzigjähriger, robuster Mann auf, der mich schlagartig faszinierte. »Der is es, des is er, Kurt, wer is des? Sag dem Vorführer, den möchte ich noch mal sehn, und sag scho, wer des is! Der schaut ja aus wia da Kroetz.« – »Des is er aa … aber … des … der is doch ned dei Ernst?«, stammelte Kurt. »Doch is er … wo is der … der muaß den Schimmerlos spuin, wo is der … wie kamma den erreichen … heut noch, auf jed'n Fall heut noch … los Kurti los … such ihn!« Kaum hatte ich das zu ihm gesagt, wurde mir bewusst, dass ich meinen Assistenten wie einen Hund behandelt hatte. Es schien ihn aber nicht zu beleidigen, eher im Gegenteil. Mein entwürdigender Befehlston ließ ihn förmlich aufleben. Kurt Raab hatte die harte Schule von Fassbinder überstanden. Nichts Erniedrigendes war ihm fremd.

Er machte sich sofort auf die Suche nach Kroetz. Nur eine Stunde später hatte er durch permanentes und penetrantes Herumtelefonieren Adresse und Telefonnummer des berühmten Dramatikers. Franz Xaver Kroetz, ehemaliger Bauerntheater-Schauspieler, hielt sich momentan auf seinem alten Gutshof in der Nähe von Traunstein auf. Ich telefonierte mit ihm, erklärte ihm kurz die Situation und bat ihn, die Drehbücher von »Das Volk sieht nichts«

316

und »Adieu Claire« noch am selben Tag zu lesen. Letzteres hatte ich Ende Mai/Anfang Juni zehn Tage lang Kurt in die Schreibmaschine diktiert, weil der WDR darauf bestanden hatte, dass der Produzent, die Balance-Film, die Kosten von mindestens zwei Folgen der Serie kalkulieren und den Dreh mit ihnen beginnen sollte. Kurt ließ sich mit dem Taxi in ein Dorf bei Traunstein fahren, fand den Bauernhof, überreichte Kroetz die Drehbücher, bat ihn noch mal, sie sofort zu lesen und mir danach gleich telefonisch die Entscheidung mitzuteilen, ob er die Rolle des »Schimmerlos« spiele oder nicht, denn übermorgen sei schon der erste Drehtag – was Kroetz schon von mir wusste.

Ich ging nach Hause, das heißt: Ich ging nicht, ich rannte. Im Wohnzimmer setzte ich mich sofort vor mein Telefon und starrte es über eine Stunde lang an, obwohl Kroetz die beiden Drehbücher gar nicht so schnell gelesen haben konnte. Schließlich hielt ich, nach etwa drei Stunden, die Spannung nicht mehr aus, wollte mir gerade ein Taxi bestellen, um nach Traunstein zu fahren, da klingelte das Telefon. »Des g'fallt mir gut«, sagte Kroetz, »des mach i.« Ich wusste zuerst gar nicht, was ich antworten sollte. Ich war einer freudigen Ohnmacht nahe …« Hast nur de zwoa Büacha, oda alle scho?« – »Ich hab' nur die zwei, die ich jetzt dreh', die andern vier schreib' i erst danach. Aber vor Jahresende dreh' i sowieso ned weida. Is des ok mit dir?« – »Ja basst, basst mir sogar terminlich genau. Derf'st du des überhaupt bei am Senda, wenns'd a Serie drahst?« – »I frag da ned, Franze, i mach's einfach so wia i mecht.« – »Aha, so oana bist du, des g'foit mir.« – »Dann ruaft di jetzt glei da Bernd Stockinger an …« – »Wer is des, und was wui der vo mir?« – »Deine Körpermaße, wei übamoagn brauch' i di in Kostüm und Maske.« – »Kriag i dann aa glei an Vadrag, an schriftlich'n? Und was fira Gage habt's ihr eich fir mi vorgstellt?«

Nach dem Telefonat mit Kroetz informierte ich sofort Jörn Klamroth vom WDR. Nach einer unheilverkündenden Pause sagte er: »Den Kommunisten Kroetz wird der WDR nicht akzeptieren, und ehrlich gesagt, mir gefällt diese Lösung auch nicht. Du musst einen anderen suchen!« – »Dann kostet es euch viel Geld, die Dreharbeiten müssen sofort abgebrochen werden, alle Verträge ausbezahlt und …« Jörn unterbrach mich: »Das ist nicht ein Problem des Senders, sondern des Produzenten.« – »Wenn das so ist, dann hat der Produzent auch dem Sender gegenüber die Verantwortung für das Budget, für die bereits erheblichen Kosten der Vorbereitung, der Durchführung der bisherigen Dreharbeiten, trifft die nötigen Entscheidungen und …« Wieder unterbrach mich Jörn: »Kroetz spielt diese Rolle nicht!!! Das genehmigen wir nicht!!!« – »Lieber Jörn, ihr das genehmigt oder nicht, ab kommenden Montag spielt …« – »… spielt nicht, lieber Helmut!!!«

Ich brach das Gespräch ab, indem ich einfach auflegte. Nach dem Einspruch des WDR-Redakteurs war ich erst recht entschlossen, die männliche Hauptrolle um jeden Preis mit Franz Xaver Kroetz, mit niemand anderem, zu besetzen. Ich wusste zu diesem Zeitpunkt noch nicht, dass eine weitere Erschwernis von einer Seite kommen würde, die nicht einmal zum ständigen wachsenden Inventar meiner Albträume gehörte.

Es war Boy Gobert, der in der Folge »Das Volk sieht nichts« die wichtige, unverzichtbare Rolle des »Konsul Hubert von Dürkheimer« schon eine Woche lang an der Seite von Paryla hervorragend gemimt hatte und jetzt nicht nur die fünf Drehtage wiederholen, sondern seinen Part, wie vorgesehen, auch zu Ende spielen sollte. Gobert war ein berühmter Schauspieler, präsent in einer Vielzahl von Filmrollen, elf Jahre lang Intendant des renommierten Hamburger Thalia Theaters, zweifellos eine Respektsperson, ein bedeutender Künstler.

Ich besuchte ihn am Sonntagmorgen in der Halle des Hotels »Vier Jahreszeiten«. Wir setzten uns an einen kleinen Zweiertisch. »Wer spielt denn jetzt den Schimmerlos?«, fragte er gut gelaunt. »Franz Xaver Kroetz«, sagte ich stolz. Gobert blickte mich ungläubig, wie erschrocken, an: »Wer? Der? Wenn der das spielt, steige ich aus, und zwar sofort. Ich werde meinen Anwalt verständigen. Ich spiele nicht mit Herrn Kroetz.« – »Warum nicht?«, fragte ich, völlig konsterniert. »Das geht Sie nichts an.« – »Warum nicht?«, fragte ich noch mal. »Das wird Ihnen mein Anwalt mitteilen.« Er stand auf und wollte weggehen. »Warten Sie, Herr Gobert, bitte warten Sie, ich mache Ihnen ein Angebot …«

Glücklicherweise musste Herr Gobert ohnehin warten, da der Lift nicht gleich kam. So konnte ich auf ihn einreden und reden und reden und ihn immer wieder hindern, die angekommenen Liftkabinen zu betreten, bis ich ihn nach etwa einer halben Stunde so weit hatte, dass er mir versprach, rechtzeitig zu den Dreharbeiten am morgigen Montag zu erscheinen. Was ich ihm alles mit erhobener rechter oder linker Hand schwor, weiß ich nicht mehr genau, aber da er immer noch wiederholte, dass er mit Kroetz auf keinen Fall spielen werde, hatten ihn meine eidesstattlichen Erklärungen offensichtlich nicht voll befriedigt. Es war mir egal. Er hatte das Wichtigste zugesagt: am frühen Morgen des nächsten Tages zum Dreh zu kommen.

Nach diesem anstrengenden Gespräch traf ich mich gegenüber in der »Kulisse«, dem Café im Haus der Münchener Kammerspiele, mit Kurt Raab, der mich als Erstes fragte: »Und, wie schauts aus?« – »Nicht besonders gut, Kurti, eher unübersichtlich.« – »Wieso, will der Boy vielleicht mit dem Kroetz nicht drehen?« – »Woher weißt du das?« – »Der soll ihn mal schwer beleidigt haben …« – »Beleidigt? Inwiefern?« – »Er soll gesagt haben, der Boy sei weder ein guter Schauspieler noch ein akzeptabler Regisseur und schon gar kein kompetenter Intendant. Er sei nichts anderes als eine *schwule Basteltante.*« – »Stimmt das?« – »Ich glaub's nicht, ich glaub eher, dass irgendeine Tunte das erfunden hat und dann dem Boy g'steckt hat, um den Franz Xaver beim Boy zu diffamieren, das glaub ich.« – »Was mach' ich jetzt?« – »Beten!«

Da ich nicht wusste, zu wem, ging ich nicht in die nächste Kirche, sondern nach Hause. Ich informierte zunächst den etwas zögerlichen Jürgen Dohme vom Stand der Dinge und bat ihn, trotz aller Schwierigkeiten, die festgelegten Termine der Dreharbeiten vorerst so zu lassen, wie sie geplant waren.

Dann überlegte ich, seltsamerweise ganz kalt, was ich jetzt noch tun könnte, um *Kir Royal* zu retten. Einige Stunden später kam ich auf eine mögliche, aber sehr gefährliche Lösung. Funktionierte sie nicht, dann mussten die Balance-Film und ich mit großem Schaden rechnen. Es konnte sowohl unseren finanziellen Ruin als auch den unseres guten Rufes bedeuten.

Ich rief noch mal Jürgen Dohme an, sagte ihm, er solle morgen die Ankunftszeit von Gobert und Kroetz am Drehort um zwei Stunden auf fünf Uhr früh vorverlegen, rechtzeitig die Türen des Trailers, der für die Darsteller bereitstand, aufschließen lassen und das Personal Maske/Kostüm erst für sieben Uhr bestellen. Die beiden sollten allein und für zwei Stunden ungestört sein. Jürgen fragte mich, warum ich das wollte. Ich antwortete: »Es ist unsere letzte Chance!«

Ich schlief schlecht, hatte bedrohliche Träume und Magenschmerzen, stand kurz vor fünf auf und ließ mich dann gegen halb sieben klopfenden Herzens an den Drehort bringen, eine alte, aber grandiose schlossartige Villa im Isartal, ehemals Eigentum und Wohnort des Dramatikers Carl Sternheim.

Schon bei der Einfahrt in das Grundstück sah ich zwei Männer bei einem gemeinsamen Spaziergang. Als ich näher kam, brauchte ich mir nicht mehr die Augen zu reiben. Es waren Boy und Franz Xaver. Sie schienen sich ganz besonders gut zu verstehen. Ich sagte freundlich lächelnd: »Guten Morgen.« Auch sie sagten freundlich lächelnd: »Guten Morgen.« Sonst nichts. Offenbar gab es nichts zu sagen. Ich fragte auch nicht. Meine hochriskante Taktik hatte, exakt nach Plan, funktioniert. Mein Angstschweiß trocknete allmählich …

Der erste Drehtag verlief ebenso reibungslos wie alle weiteren mit den beiden. Kroetz war die richtige, die beste Besetzung für »Baby Schimmerlos«. Er spielte die Rolle so hervorragend, so selbstverständlich und überzeugend, als ob er selbst der Klatschkolumnist sei. Im Durchschnitt täglich zwei Stunden sorgfältig geschminkt und coiffiert, sah er auch noch blendend aus, ein wahrer »homme à femmes«.

Als ich Denise in Roquefort anrief – sie war am Samstag für ein paar Tage nach Hause geflogen – und ihr die Neuigkeiten mitteilte, dankte sie mir, hörbar erleichtert. »Wofür, pourquoi?«, fragte ich. »Dass *du* nicht die Rolle gespielt hast.«

Mit Klamroth gab es noch ein paar Diskussionen. Meine Begeisterung für die neue Besetzung genügte ihm offenbar nicht. Um sich selbst von Franz Xavers schauspielerischem Talent und seiner Eignung für die Hauptrolle zu überzeugen, kam er zwei Tage später nach München und ließ sich, ganz alleine, die bisher mit Kroetz gedrehten Szenen vorführen. Anschließend kam er an den Drehort, nickte ein paarmal und umarmte mich dann schweigend. Ich erwiderte die Umarmung, ebenfalls schweigend. Das Problem Kroetz schien mir damit gelöst zu sein, bis Jörn leise sagte: »Nur beim WDR darf es noch keiner offiziell wissen …« – »Es steht aber heute schon in der Zeitung, mein lieber Freund.« – »In welcher?« – »In jeder, nehm ich an.« – »Hätte man damit nicht noch etwas warten können?«

Ich machte dem Fernsehunterhaltungsabteilungsleiter klar, was er ohnehin wusste oder zumindest hätte wissen müssen. Mit der Presse, sagte ich, sollte man es sich als Filmemacher oder Schauspieler nur dann verderben, wenn man vorhat, so schnell wie möglich, am besten gleich morgen, seinen Beruf für immer an den Nagel zu hängen und Arbeitslosenunterstützung zu beantragen. »Du hast mich also vor vollendete Tatsachen gestellt?« – »Hätte ich noch ein paar Tage warten sollen, Drehtage, von denen euch jeder um die dreißig- bis vierzigtausend Mark kostet?« – »Wieso *uns?*« – »Lieber Jörn, tu mir einen Gefallen, jetzt ist doch alles in Ordnung, wir haben einen wunderbaren Hauptdarsteller …« Er nickte wieder mehrmals, unterbrach mich dann jedoch: »Aber ich hab' noch keine verlässliche Seilschaft im Sender, Junge … die hab' ich noch nicht, außer ein paar SPD-Redakteure vom ultralinken Lager, Maoisten, die zu mir in die Unterhaltung abgeschoben wurden, weil sie unkündbar sind, aber in diesem Ressort wenigstens keinen politischen

Unfug anrichten können. Weißt du eigentlich, was ich …?« – »Ich weiß, lieber Jörn, was *ich* weiß!« – »Was?« – »Dass ich jetzt weiterdrehen muss, jede Stunde kostet *euch* nämlich zwischen dreitausend und fünftausend Mark. Wir stehen hier jetzt genau achtundzwanzig Minuten herum, jetzt kannst du dir's ausrechnen, nehmen wir fünfzig Prozent, haben wir ungefähr für knappe zweitausend Mark lang … äh … Bullshit … äh … geplaudert. Kann sich dein Sender so was leisten, mein Freund?«

Nach diesem Gespräch wurden wir nicht mehr gestört, abgesehen von einer Gruppe weiterer unkündbarer WDR-Beamter, die, offenbar von Klamroth gebrieft, nach München reisten, sich zuerst, ohne Kommentar, ebenfalls das bisher gedrehte Material anschauten, dann um die Kosten des Nachdrehs der Paryla-Szenen mit dem Produzenten Dohme hartnäckig feilschten. Anschließend erschienen sie am Drehort, dankten allen, die an diesem »großartigen Projekt maßgeblich beteiligt« waren, und wünschten uns weiterhin »viel Glück«, vor allem Kroetz, Gobert und mir. Ich glaube, mich sogar zu erinnern, dass sie schließlich »den Kommunisten« Franz Xaver um Autogramme baten. Von Boy wollten sie nichts. Er war ein bisschen beleidigt …

Ähnliche Probleme wie diese, wenn auch nicht existenzbedrohend, hatte ich bei der zweiten Folge »Adieu Claire«, die ich gleich nach »Das Volk sieht nichts« drehen sollte. Die Episoden-Hauptdarstellerin Marianne Hoppe wollte nicht mit Curt Bois als Partner spielen. Wir trafen uns in der Halle des »Vier Jahreszeiten«, einem Ort, an dem ich vor vier Wochen schon einmal mit jemandem ein schwieriges Gespräch geführt hatte.

»Was? Wer? Der kleine, alte Jude? Mit dem spiele ich nicht. Glaubt doch kein Mensch, dass ich in den hässlichen Zwerg mal unsterblich verliebt war … oder vielleicht noch bin. Nee, nee … kommt gar nich' infrage. Mach' ich nich. Schade! Is' 'ne wirklich schöne Rolle … mach' ich aber nich', spiel' ich nich', die ›Claire‹ … nich' mit Curt! Niemals!!!« – »Kennen Sie Curt Bois schon von früher?« – »Türlich, warum fragen Sie?« – »Nur so …« – »Quatsch, nur so! Kommen Sie mir jetzt nur nich' mit den ollen Nazis! Gründgens hat jede Menge Juden gerettet, jede Menge!«

Bis es mir gelang, Frau Hoppe zu überzeugen, dass sie, und *nur sie* die Rolle der »Claire« spielen konnte, bedurfte es einiger schmeichelnder Briefe, etlicher Blumensträuße und mindestens eines halben Dutzends erneuter Gespräche, wie immer in der Halle des »Vier Jahreszeiten«. Gerade noch rechtzeitig willigte sie schließlich ein. Sie drehte mit Curt Bois. Die Hoppe war zu diesem Zeitpunkt fünfundsiebzig, Bois fünfundachtzig. Die beiden im Film zusammen zu sehen, war ergreifend …

Als Patrick Süskind im Herbst den Rohschnitt beider Folgen zu sehen bekam, änderte sich seine Haltung zu *Kir Royal*. Besonders gut gefiel ihm »Adieu Claire«. An den nächsten vier Folgen arbeiteten wir zusammen. Vor Weihnachten noch schrieben wir miteinander das dritte Drehbuch mit dem Titel »Karriere«. Im Februar 85 fing ich an zu drehen. Bis die ganze Serie fertig war, dauerte es noch etwa eineinhalb stürmische Jahre: Konstantin Wecker gab seine Dreizimmeraltbauwohnung in der Schwabinger Ainmillerstraße auf. Ich mietete sie sofort und verließ mit Denise die akkustisch und olfaktorisch unerträgliche Leopoldstraße, so schnell ich nur konnte. Die neue Wohnung lag in einem eindrucksvollen, fünfstöckigen Gründerzeithaus, zu meiner Verwunderung schräg gegenüber des Hofes, über dessen Tor ich in meiner Schulzeit geklettert war und meiner Mutter zugepfiffen hatte, damit sie mir aus dem zweiten Stock des angrenzenden Lagerhauses den einzigen Hausschlüssel herunterwarf, den wir damals besaßen. Hier zu wohnen, war für mich eine Art Heimkehr.

Die »Bergerie« in Roquefort mussten wir nach Eigenbedarfskündigung durch die Besitzerin aufgeben. Durch eine Annonce in der Zeitung *Nice Matin* wurden wir auf ein sehr schön gelegenes Landhaus in La Roquette-sur-Siagne aufmerksam. Ich mietete es im März für ein halbes Jahr.

Die Siagne war ein etwa fünfzehn Meter breiter Fluss, der genüsslich und unaufgeregt durch unser Grundstück in Richtung Mittelmeer dahinplätscherte. Ein idealer Ort, um Drehbücher zu schreiben. Patrick kam am 11. April des Jahres 1985 nach La Roquette und blieb bis 9. Juni. In dieser Zeit schrieben wir zwei *Kir-Royal*-Drehbücher: »Muttertag« und »Wer reinkommt, ist drin«.

Zwischendurch stritten Denise und ich ausgiebig miteinander. Wir gerieten in die erste ernste Beziehungskrise. Ein äußerer Grund war das Schreiben der Drehbücher. Patrick und ich arbeiteten fast jeden Tag daran. Ich hatte wenig Zeit für sie. Am Abend war ich häufig zu müde, um mit ihr zu essen oder auszugehen. Schlecht gelaunt fuhr sie dann in solchen Fällen einkaufen. »Lebensmittel«, sagte sie, kam aber nur mit Blumen zurück. Als ich sie daraufhin eine »poetische Existenz« nannte, nahm sie mir diese Bezeichnung, die eher ein Kompliment als eine Beleidigung war, neben anderen besonders übel.

Während 1985 für Denise und mich teilweise überschattet war von den Streitereien, war es für Patrick *das* Erfolgsjahr schlechthin. Im Februar kam sein Buch *Das Parfum* in Deutschland raus und wurde schnell ein Bestseller. Es war ein veritabler Goldesel, den Daniel Keel, der Chef des Züricher Diogenes Verlages, gefunden hatte. Keel verkaufte die Druckrechte des Romans für viel Geld in fast alle Länder. Ende April rief er in La Roquette an. Er hatte gerade einen lang verhandelten, sehr lukrativen Vertrag mit einem großen amerikanischen Verlag unterschrieben. Ich fragte Patrick nicht nach der Summe. Sie musste aber bedeutend gewesen sein, denn mein Freund reagierte wie häufig in Glücksfällen weitgehend schweigend und mit ausdrücklich ausdruckslosem Gesicht.

Ab Spätsommer begann ich mit den Dreharbeiten zu den beiden Folgen. Erschwert wurden sie mir dadurch, dass ich kurz vorher Denise einen romantischen Heiratsantrag am Tisch eines Schwabinger Biergartens gemacht hatte.

Sie war glücklich, ich nicht so sehr. Denn als ich unmittelbar danach aufstand, teils um sie ihre Rührung genießen zu lassen, teils um mich auf der Toilette vom bayerischen Fassbier zu erleichtern, knickte ich mit dem rechten, eingeschlafenen Fuß um und riss mir dabei die Achillessehne ein. Die Folge war ein Gipsverband bis zum Knie und die künftige Fortbewegung in einem Rollstuhl. Das war insofern ungünstig, als ich »Muttertag« größtenteils auf der Treppe zu der riesigen Bronzestatue der »Bavaria« drehte. Es waren hundertdreißig Stufen, und der Rollstuhl, dauerbesetzt von mir, war nicht leicht zu tragen, vor allem dann, wenn ein Mann darin saß, dem es nie schnell genug ging. Da ich nicht zu den Schauspielern gehen konnte, mussten sie vor oder nach einer Einstellung zu mir kommen, wenn ich ihnen etwas zu sagen hatte, und ich hatte dauernd etwas zu sagen.

Schließlich wurden zwei kräftige Männer engagiert, die mich im Eiltempo mitsamt meinem Rollstuhl von einer höheren Stufe auf eine niedrigere trugen oder umgekehrt, sei es beispielsweise von der siebenundfünfzigsten auf die vierte oder von der zweiten auf die einhundertneunundzwanzigste. Es waren mühsame Dreharbeiten, mühsam für jeden. Dagegen waren die Drehtage für die Folge »Wer reinkommt, ist drin« ein reines Vergnügen. Hauptsächlich zu verdanken war dies Mario Adorf, der die große Rolle des Kleberfabrikanten Heinrich Haffenloher in einer solch virtuosen und einmaligen Weise spielte, dass sich noch Jahrzehnte später das Publikum sowohl an die Figur als auch, unter anderem, an ein markantes Zitat aus seinem Text am Swimmingpool des Hotels »Bayrischer Hof« erinnerte: »Ich scheiß dich so was von zu mit meinem Geld, dass du keine ruhige Minute mehr hast …«

Erinnerungen an eine Freundschaft

von Patrick Süskind

Dass ich Helmut Dietl kennenlernte, verdanke ich der CSU. Mitte der Siebzigerjahre stand die Partei auf dem Gipfelpunkt ihrer Macht. Mit ihrem Ministerpräsidenten Goppel und dem Parteichef Strauß hatte sie bei den Landtagswahlen von 1974 über zweiundsechzig Prozent der Stimmen erobert. Die Sozialdemokraten hingegen waren auf klägliche dreißig Prozent herabgesunken. Heutzutage wären sie über ein solches Ergebnis hocherfreut, damals aber waren sie verzweifelt. Während die SPD nämlich in den anderen Bundesländern stetig zulegte, in Bonn regierte, seit 1969 den Kanzler und seit 1972 sogar die stärkste Fraktion im Parlament stellte, schien es in Bayern völlig ausgeschlossen, die Konservativen je von der Macht zu verdrängen oder auch nur ihre absolute Mehrheit zu gefährden. Der CSU war es gelungen, sich mit Bayern gleichzusetzen und die Sozis als ridiküle Opposition aussehen zu lassen, die froh sein durfte, den Oberbürgermeister in München und Nürnberg zu stellen und vielleicht noch irgendeinen Landrat im Zonenrandgebiet.

Dies zu ändern, nahm sich ein junger, äußerst dynamischer und intellektuell beeindruckender Mann vor. Er hieß, nein, nicht Helmut Dietl, sondern Peter Glotz, und hatte bereits eine rasante Karriere hinter sich: Konrektor an der Münchner Universität, Abgeordneter im Landtag, Bundestagsabgeordneter. Auf die Frage, was das Ziel seiner politischen Ambitionen sei, pflegte er ganz ungeniert zu antworten: »Bundeskanzler werden!«

– *Interessant. Aber was hat das bitte mit Helmut Dietl zu tun?*
– *Augenblick noch, kommt gleich!*

Zu der Zeit, von der hier die Rede ist, nämlich dem Frühjahr 1975, war Glotz parlamentarischer Staatssekretär im Bundesbildungsministerium und nebenher stellvertretender Landesvorsitzender der SPD in Bayern. Als solcher lancierte er, die Bundestagswahlen 1976 im Blick, eine Aktion, die sich »Das andere Bayern« nannte und zum Ziel hatte, dem werten Publikum die liberalen und sozialdemokratischen Traditionen des Freistaates Bayern ins Gedächtnis zu rufen, von Montgelas bis Hoegner, von Annette Kolb über Oskar Maria Graf, Lion Feuchtwanger bis Bertolt Brecht. Zwei Dinge brachte diese Aktion zustande (danach hörte man nie wieder etwas von ihr): einen Aufruf – unterzeichnet vom einschlägig bekannten Häuflein linksliberaler Intellektueller, Künstler und Publizisten Bayerns – und ein *Lesebuch für einen Freistaat*, so der Untertitel, mit einigen zwanzig Beiträgen desselben Personenkreises, welche angetan sein sollten, die CSU das Fürchten zu lehren. Zur Herstellung dieser Anthologie brauchte es eine Redaktion, bescheidener gesagt, eine oder zwei Personen, deren Aufgabe darin bestand, die niederen Dienste zu verrichten, einzelne Beiträge zu erbetteln, ihre rechtzeitige Fertigstellung anzumahnen, sie einzusammeln, zu kopieren, zusammenzustellen, zu redigieren und so weiter.

Und hier nun kommt der Zufall ins Spiel. Dr. Peter Glotz – Ehre seinem Andenken! – war nämlich nicht nur politisch und organisatorisch, sondern auch erotisch durchaus umtriebig. Damals lebte er in Liaison mit einer außerordentlich reizenden Dame, die ihrerseits mit der Mutter meiner ältesten Freundin bekannt war. Diese Dame schlug meine Freundin und mich für die redaktionelle Mitarbeit an dem Buch vor. Wir bekamen den Job und sollten pauschal fünftausend Mark dafür erhalten, also zweitausendfünfhundert pro Nase. Für einen Studenten, der mit vierhundert Mark pro Monat zurechtkommen musste, war das ein Angebot, das er nicht ablehnen konnte.

Bei einer der Redaktionssitzungen fiel der Name Helmut Dietl, von wem geäußert, weiß ich nicht mehr; ob man den nicht für unsere Sache gewinnen könne, er sei mit seinen *Münchner Geschichten* bayernweit bekannt, volkstümlich, populär und – ganz wichtig! – keiner der altbekannten SPD-Wählerinitiativenanhänger. Der Vorschlag wurde allgemein gutgeheißen, die redaktionellen Mitarbeiter beauftragt, Kontakt mit Herrn Dietl herzustellen und ihn zu bewegen, einen Beitrag für unser Buch zu schreiben. Irgendwie bekamen wir seine Telefonnummer heraus, wurden mit seinem Auftragsdienst verbunden, baten um ein Treffen in Sachen »Das andere Bayern«, und, oh Wunder, er rief zurück und bestellte uns auf einen bestimmten Tag und eine bestimmte Vormittagsstunde – es muss im Herbst 1975 gewesen sein – in das Café »Kulisse« in der Maximilianstraße, gleich neben den Kammerspielen. Wenn ich heute daran zurückdenke, so ist mir rätselhaft, weshalb er sich auf ein Treffen einließ und uns nicht gleich am Telefon abgewimmelt hat. Denn selbstverständlich musste ihm sofort klar gewesen sein, dass unser Projekt nicht die geringsten Erfolgsaussichten hatte. Außerdem hielt er die bayerische und speziell die Münchner SPD für eine marode Truppe, und öffentliches Engagement für eine Unternehmung, die von vornherein zum Scheitern verurteilt war, lag ihm gar nicht. Dennoch ließ er uns kommen. Hatte ihm die Telefonstimme meiner Freundin gefallen? War ihm gerade langweilig, hatte er nichts Besseres zu tun? Oder war's einfach nur deshalb, weil wir alle damals sehr viel jünger waren und weil man als junger Mensch lieber Ja als Nein sagt oder zumindest: Ja, warum nicht? Ich weiß es nicht, und ich habe ihn auch später nie danach gefragt.

Jedenfalls fanden wir uns zur angegebenen Stunde in der fast leeren »Kulisse« ein und warteten. Er erschien mit einer Viertelstunde Verspätung, betrat die Lokalität mit vorwärtsstürmendem und zugleich schlurfendem Schritt, ein Mann von schlanker, etwas schiefer Figur, mit weißer Hose, weißen Turnschuhen, dunklen Haaren, dunklem Bart und dunkler Nerzjacke. Er war außer Atem und sichtlich erregt. Ein *tic nerveux* des Auges setzte beinahe sekündlich die obere linke Gesichtshälfte in zuckende Bewegung. Er begrüßte den Wirt und die Kellnerinnen, offenbar war er hier Stammgast, erspähte uns, kam auf uns zu, es tue ihm leid, sagte er zur Begrüßung, normalerweise sei er auf die Minute pünktlich, aber heute gehe alles drunter und drüber, gerade habe er den goldenen Mercedes seiner Frau »zammg'fahren«, »Rieseng'schiss« mit Polizei und Abschleppdienst, Kühlerhaube verzogen, Scheinwerfer hin, Reparatur fraglich, wahrscheinlich müsse er seiner Frau jetzt einen neuen Wagen kaufen, mindestens einen 280er SE Coupé, das hätt' ihm grad noch gefehlt. Er warf eine Schachtel Gitanes und ein silbernes Cartierfeuerzeug auf den Tisch, rief nach Tee, zog die Nerzjacke aus und ließ sich stöhnend nieder. Sein Hemd stand drei Knopf weit offen und entblößte die schwarz behaarte Brust, am rechten Handgelenk trug er ein Silberarmband, am linken eine goldene Cartieruhr. So einem war ich bis dato noch nie begegnet.

Ich komme vom Land. Geboren auf einem Bauernhof, aufgewachsen im Wald und unter Bäumen am See. Da gab es (damals!) keine Cartierfeuerzeuge und keine Nerzjacken und keinen goldenen Mercedes. Von solchen Dingen hatte man nur vom Hörensagen erfahren oder aus der Zeitung, Abteilung »Vermischtes«, sie stammten aus der Glitzerwelt der Filmsternchen oder gar aus dem verruchten Milieu der Rosemarie Nitribitt, kurz, aus einer Sphäre, die in einem bürgerlichen und leicht protestantisch angehauchten Elternhaus als »halbseiden« bezeichnet worden wäre.

Nun erwies es sich aber im Verlauf unserer Begegnung – und das war irritierend –, dass dieser Mann mit der Nerzjacke alles andere als halbseiden war, nämlich durch und durch seriös, dazu gescheit, beredt, belesen und sehr schnell im Kopf. Absicht und Aussichtslosigkeit unseres Projekts erkannte er sofort: Das sei alles wahnsinnig sympathisch, und er wünsche uns viel Erfolg, aber er persönlich könne sich da nicht engagieren, weil er einfach zu viel anderes um die Ohren und keine Zeit habe. Und dann, es war noch keine Viertelstunde vergangen, drehte er den Spieß um und begann, uns auszufragen: Was wir studierten, was unsere Zukunftspläne seien, und ob vielleicht möglicherweise, wenn schon nicht er für uns, so doch wir für ihn arbeiten könnten? Er habe da einen Haufen Projekte und Anfragen und Ideen, da könne er gut Hilfe gebrauchen, da er, wie gesagt, keine Zeit habe und nebenher noch Geld verdienen müsse, mit Werbefilmen, was zwar lukrativ, aber unvorstellbar qualvoll sei, geradezu gesundheitsgefährdend. Als wir uns nach einer Stunde trennten, war verabredet, dass wir in Kontakt bleiben würden, im Augenblick habe er zwar wahnsinnig wenig Zeit, völlig »zug'schissen« sei er mit Problemen und Terminen, aber ich könnte ihm ja schon einmal was von mir Geschriebenes schicken, er werde sich dann melden, damit wir »ein bissel reden«.

Er meldete sich tatsächlich ein oder zwei Wochen später und lud mich zu sich zum Tee ein. Die Wohnung lag in einer Seitenstraße der Maximilianstraße, beste Gegend also, ganz nahe der »Kulisse«, im dritten Stock, man konnte in den Hinterhof der Kammerspiele sehen. Als ich sie zum ersten Mal betrat, stellte sich wieder das irritierende Gefühl ein, in eine Welt geraten zu sein, die so gar nichts mit der mir vertrauten zu tun hatte: Da war alles ausgelegt mit feinstem hellem Teppich, die Wände von oben bis unten bespannt mit hinterfüttertem Satinstoff in den Farben Rosa, Creme und Hellblau – es mag auch etwas Gold dabei gewesen sein. Schwere Vorhänge umkleideten die Fenster, weit ausladende Sofas beherrschten den Salon. Man kam sich schon in Gang, Küche, Ess- und Wohnzimmer vor wie in einem einzigen großen Boudoir, und in den intimeren Gemächern, in die ich bei späterer Gelegenheit einen Blick werfen konnte, herrschte geradezu orientalischer Pomp.

Den Stempel hatte dieser Wohnung offensichtlich die Dame des Hauses aufgeprägt, die der Hausherr »Püppilein« nannte und die einem größeren, die Boulevardpresse lesenden Publikum als Schauspielerin, »Sexbombe« oder »Skandalnudel« unter dem Namen Barbara Valentin bekannt war, bekannter damals als Dietl selbst. Von einem Püppchen hatte sie freilich, außer einem vollen runden Gesicht, so gar nichts an sich: eine Frau von dominanter, aggressiver Weiblichkeit, eine starke, manchmal furchterregende Persönlichkeit, gewohnt und fordernd, im Mittelpunkt zu stehen und begehrt zu werden, dazu eifersüchtig und gelegentlich, nein, häufig zu Äußerungen und Ausbrüchen unfassbarer Vulgarität neigend. Da auch

331

der junge Dietl eher zur Kategorie der eifersuchtgeplagten Choleriker zählte, kam es zwischen den beiden sowohl im heimischen Boudoir als auch in der Öffentlichkeit – etwa einem Restaurant – nicht selten zu Auseinandersetzungen der lautesten und derbsten Art, sodass der anwesende Dritte sich nur eilends empfehlen konnte, um nicht vor Scham im Boden versinken zu müssen.

Aber da gab es auch noch das Arbeitszimmer, gleich rechts hinter der Eingangstür vom getafelten Gang abgehend, und hier herrschte eine ganz andere Atmosphäre: Regale voller Bücher, zwei kleine, schon leicht abgewetzte Ledersofas und, dominierend, ein großer, mit Manuskripten, Zetteln und Büchern übersäter Schreibtisch, ein sogenanntes Partnerdesk. Dieses nicht eben leichte Möbel mit ihm gemeinsam in eine andere Ecke des Raums zu rücken (»... weil Sie grad da sind«), war meine erste Aufgabe bei Helmut Dietl. Sie wiederholte sich. Unsere nächsten vier, fünf, sechs Treffen begannen immer wieder mit dem Verrücken des vermaledeiten Schreibtischs, mal in diese, mal in jene Ecke, mal schräg, mal rechtwinklig zur Wand, mal quer in die Mitte, mal längs. Den meiner ganz aufs Praktische gerichteten Natur entspringenden Ratschlag, den Schreibtisch ganz einfach neben das Fenster zu stellen, damit das Tageslicht, sofern man Rechtshänder sei, von links komme, ignorierte er und bestand vielmehr auf einer Feinabstimmung, wobei er bis zur Tür zurücktrat und mich dirigierte: »... bissel weiter nach rechts! ... Nein, zuviel ... bissl weiter vor! ... Halt! Genau so ist's richtig! Danke.« Zunächst hielt ich dies Prozedere für eine Art zwangsneurotisches Ritual, ohne dessen Abhaltung er sich nicht zum Arbeiten niedersetzen konnte, bis ich allmählich dahinterkam, dass es hier um ein mir eher fremdes Gebiet, nämlich um eine ausgeklügelte Ästhetik ging: Er betrachtete den Schreibtisch wie durch das Okular einer Kamera, und die Herausforderung bestand darin, ihn so zu positionieren, dass sich, von der Türe aus gesehen, ein ausgewogenes Bild des Begriffs »Arbeitszimmer« ergab. Umgekehrt hatten die übrigen Elemente des Raumes und der Einrichtung, vom Schreibtisch aus gesehen (Schuss – Gegenschuss), ebenfalls eine befriedigende Bildaufteilung zu ergeben. Dasselbe Prinzip wandte er später bei der Gestaltung seines Gartens in Südfrankreich an, wo er sukzessive so viele Olivenbäume in ausgetüftelter Staffelung pflanzen und mit raffinierter Beleuchtung versehen ließ, dass sich dem Betrachter, besonders nachts von der Terrasse aus gesehen, eine wirklich entzückende Szenerie bot, die wenig von einem realen, aber alles von einem idealen Olivenhain hatte, und in der man sofort hätte Theater spielen oder einen Film drehen können.

Nachdem der Schreibtisch seine vorläufig endgültige Position gefunden hatte, saßen wir uns daran gegenüber, tranken Tee, rauchten und redeten stundenlang über … ja, worüber eigentlich? Über alles. Nicht nur über Bücher und Filme und Gedichte, die wir kannten und mochten, sondern auch über Leute, lebende und tote, über das Verhalten von Menschen und Tieren, über Politik und Geschichte, über Merkwürdigkeiten, über Ängste, über das, worüber wir uns im alltäglichen wie im generellen Leben wunderten oder empörten, und darüber, was wir komisch fanden. Dabei ergaben sich viele, sehr viele Gemeinsamkeiten.

Wir dachten uns einen Filmstoff aus mit dem Titel »Der verhinderte Mann«, angeregt von einem Marlene-Dietrich-Chanson (Ehefrau teilt der Geliebten ihres Mannes mit, dass sie diesen soeben ermordet hat), eine völlig abstruse Horrorgeschichte, zu der ich unter seiner Anleitung ein Treatment schrieb, sozusagen meine Probearbeit. Wir schrieben das Drehbuch für die Verfilmung eines Kolportageromans, die man ihm angeboten hatte, eines drittklassigen Stücks Literatur, aus dem wir eine gesellschaftskritische Kriminalkomödie zu machen versuchten. Wir entwarfen eine zehnteilige Fernsehserie über Ludwig II. von Bayern, die immerhin bis zu drei Drehbüchern und sieben Treatments gedieh. Und schließlich – opus magnum – bastelten wir über ein Jahr lang an einem Drehbuch für einen Spielfilm über Franz Schubert, dessen 150. Todestag bevorstand. Aus all diesen Projekten wurde aus den unterschiedlichsten Gründen nichts, was wir damals bedauerten, was aber aus heutiger Sicht vielleicht nicht allzu bedauerlich ist. Und trotzdem waren diese Arbeiten wichtig. Für uns beide wichtig, weil wir nun wussten, dass wir überhaupt miteinander arbeiten konnten, was keine Selbstverständlichkeit ist. Wir verstanden uns unmittelbar. Und zwar nicht nur im Sinne einer grundsätzlichen Einvernehmlichkeit – das auch, aber nicht immer –, sondern in kommunikativer Hinsicht. Jeder begriff sehr schnell, was der andere meinte, ohne dass man ausufernde Vorträge halten musste. Oft genügte ein Wort, ein Blick, ein Schnaufen, und man hatte sich zur Genüge verständigt. Wichtiger noch waren diese Präliminarien für mich, der ich in dieser Zeit unerhört viel von ihm lernte, nämlich so scheinbar sekundäre künstlerische Tugenden wie Disziplin, Zweifel, Beharrlichkeit und den Mut, manches oder alles, was man unter Mühen hergestellt hat, auf den Kopf zu stellen, zu verwerfen oder wieder ganz von vorne anzufangen, ohne zu verzweifeln und ohne den Glauben daran zu verlieren, dass man es dennoch schaffen werde, und sei es nur unter Zuhilfenahme der arroganten Autosuggestion, dass das, was wir *nicht* können, immer noch tausendmal besser sei als das, was die andern Deppen machten. Dramaturgisches Denken und das Erzählen in dramaturgischer Form sind Dinge, die man nicht erlernen kann, sondern für die man begabt sein muss. Er war's. Ich nicht. Aber ich habe gelernt, dass ich's nicht bin, und dass es in den meisten Fällen für die Sache gut und richtig war, seinem dramatisch zuspitzenden Instinkt zu folgen und nicht meinem gemächlich prosaischen.

Manchmal, wenn ich an einem bestimmten Wochentag zu unserer Sitzung kam und die Wohnung betrat, sah ich am Ende des Ganges, dort, wo er sich zum Essplatz weitete, eine schlicht gekleidete Frau von gut fünfzig Jahren stehen, die dort bügelte. Sie trug eine Schürze, und ich hielt sie für die Putzfrau. Aber es war seine Mutter. Ihren freien Tag verbrachte sie damit, im Haushalt des Sohnes ein wenig aufzuräumen, Wäsche zu waschen, zu bügeln. Drei- oder viermal bin ich ihr gewiss begegnet, ihr vorgestellt worden, habe wohl auch einige Worte mit ihr gewechselt, und dennoch ist mir nicht die geringste präzisere Erinnerung an ihr Aussehen oder ihre Sprache geblieben; nur der Eindruck von Unauffälligkeit, Bescheidenheit, scheuer Zurückhaltung, Ruhe – also das genaue Gegenteil dessen, was ihr Sohn verkörperte, von Püppilein ganz zu schweigen. Wie wichtig, lebenswichtig, und zwar lebenslänglich lebenswichtig diese Frau für Helmut Dietl gewesen ist, konnte ich damals nicht ahnen. Zu unscheinbar schien sie, zu selten sprach er von ihr.

Aber dann, Anfang Dezember 1976, klingelte bei mir das Telefon, es war schon fast Mitternacht, und als ich abhob hörte ich einen Schrei, so laut und gequält, als würde jemand erstochen, und der Schrei ging über in ein Schluchzen und ein Stöhnen, und da erst erkannte ich, dass *er* es war, glaubte zunächst, er sei in Lebensgefahr, und fragte, was geschehen sei, und dann kam, von Schluchzen unterbrochen, die Antwort: »Meine Mutter ist tot.« Sie war, erst siebenundfünfzig Jahre alt und ohne ersichtliche Krankheit, mit einem Herzinfarkt in ihrer Wohnung zusammengebrochen. Die Beerdigung dauerte nur eine halbe Stunde, sie war die einzige, an der er in seinen erwachsenen Jahren teilgenommen hat, ohne Feierlichkeit, ohne Leichenschmaus, er floh, sobald dem Allernötigsten Genüge getan war. Um die Auflösung der mütterlichen Wohnung kümmerte sich Püppilein. In Szene setzen konnte er den Tod und die ihm folgenden Rituale, und er hat das in seinen Filmen des Öfteren getan. Wenn ihm aber die Regie darüber entzogen war, so entwickelte er eine allergische, fast panische Symptomatik und wollte nichts mit dem Sterben zu tun haben.

In seinen Erinnerungen sind die berührendsten Seiten jene, auf denen er von seiner Mutter spricht. Es muss ein unerschütterliches, nie infrage gestelltes Liebesverhältnis zwischen ihr und ihm geherrscht haben, eine emotionale Symbiose. Sie habe ihm – so schreibt er – in seiner Jugend kaum je etwas verboten, ihm die größten Freiheiten gelassen, weil – dies ihre Begründung oder ihr Trick – sie ohnehin wisse, dass er sich nie etwas zuschulden kommen lassen oder etwas Verantwortungsloses tun würde, da er ihr ja keine Sorgen oder gar Schmerzen bereiten wolle. Mit der zarten Fessel des Vertrauens habe sie ihn immer an die Kandare nehmen können. Aber diese Bindung war wohl nicht nur Kandare oder Fessel, sie war für ihn – um im Bild zu bleiben – Ankerkette oder existenzielles Halteseil. Jedenfalls verlor er nach dem Tod der Mutter diesen Halt. Er stürzte regelrecht ab. Er betäubte sich mit Arbeit (*Der ganz normale Wahnsinn* entstand damals), er betäubte sich mit Alkohol, putschte sich auf mit allerlei Substanzen, stürzte sich in ein erotisches Abenteuer nach dem anderen. Die Ehe mit Püppilein war nur noch eine gegenseitige Zerfleischung. Er zog aus, wohnte in Hotels, Pensionen, bei Freundinnen oder Freunden, manchmal da und dort in täglichem Wechsel wie ein Gejagter, überdreht und verzweifelt zugleich. Er machte die Nacht zum Tage, verfiel erst um sechs Uhr morgens vermittels Tabletten in einen komatösen Schlaf, der bis vier Uhr nachmittags dauern konnte. Er nahm immer weniger Rücksicht auf seine Umgebung, noch weniger Rücksicht auf sich selbst, magerte ab, setzte nicht nur seine Gesundheit, sondern tatsächlich sein Leben aufs Spiel. Das Ganze dauerte fast drei Jahre. Es war ihm nicht zu helfen.

Dann gewann allmählich der Selbsterhaltungstrieb wieder die Oberhand über die selbstdestruktive Verzweiflung. Zwei Dinge halfen ihm dabei: seine Intelligenz, die ihn auch in extremis nicht im Stich ließ und ihn befähigte, den Schlamassel, in dem er sich befand, zumindest zeitweise klar zu erkennen und zu benennen, und zum Zweiten die Fähigkeit, sich am eigenen Schopf aus dem Sumpf zu ziehen, und zwar mithilfe eines ihm seit jeher geläufigen Tricks, den er noch häufiger in seinem Leben anwenden sollte. Der Trick bestand darin, sich aus der Verstrickung in unlösbare Probleme dadurch zu befreien, dass man sich in andere, neue unlösbare Probleme verstrickte. In seinem Fall bedeutete das: neuer Wohnort, neues Haus, neue Frau, neues Kind, neues Filmprojekt. Der Trick funktionierte. Er ist gleichwohl nicht jedermann zur Nachahmung zu empfehlen. Zu seinem Gelingen braucht es ein spezielles Naturell.

Seines war gekennzeichnet durch einen permanent hohen Tonus, durch immense innere Spannung, durch Unruhe. Deshalb fiel es ihm schwer zu warten. Sei es eine Viertelstunde aufs Essen (weshalb er Stammlokale bevorzugte, wo man seine Eigenart kannte und ihm zumindest Brot, Butter, Wein und Wasser auf den Tisch stellte, noch ehe er sich gesetzt hatte), sei es auf Entscheidungen. Abwarten und die Dinge auf sich zukommen lassen, das war seine Sache nicht. Das hätte seine nervöse Grundspannung nicht ausgehalten. Er musste selbst initiativ werden und selbst die Dinge in die Hand nehmen. Untätigkeit, Nichtstun, Ausspannen, Abschalten, kurz das, was man mit Urlaub bezeichnet, oder, noch schlimmer, mit »Wellness«, »sich wohlfühlen«, »Seele baumeln lassen« und dergleichen, war ihm nicht nur ein Horror, er war zu solcher Lebensführung schlicht nicht fähig. Selbst im Schlaf werde er, wie er sagte, regelmäßig zwischen drei und fünf Uhr morgens von Dämonen heimgesucht, mit denen er sich auseinandersetzen müsse. Wenn zu bestimmten Anlässen, etwa bei Familienfestivitäten oder Essenseinladungen, es die bürgerliche Konvention erforderlich machte oder es zumindest wünschenswert erscheinen ließ, gute Miene zum ermüdenden Spiel zu machen, verlor er immer wieder die Selbstbeherrschung und konnte geradezu ausfallend werden. Zu einem Konzertbesuch ließ er sich zeitlebens nicht überreden. In der Oper war er genau vier Mal (zu Recherchezwecken) und verließ sie vier Mal wütend in der Pause, auf Publikum und Inszenierung gleichermaßen schimpfend. Überflüssig zu sagen, dass er in seinen Filmen genau solche Veranstaltungen bürgerlicher Kunstandacht aufs Trefflichste und Komischste zu inszenieren verstand. Daher ist die Feststellung, es könne sich bei ihm um einen exemplarischen Neurotiker gehandelt haben, zwar richtig, aber sinnlos. Einem Arzt, der es gut mit ihm zu meinen meinte und ihm zur Linderung seiner Magenbeschwerden, Zigarettensucht, Schlafstörungen, Depressionen etc. etc. eine psychotherapeutische Behandlung anempfahl, entgegnete er zu Recht, das komme gar nicht infrage, da er mit den Neurosen seit Jahrzehnten seinen Lebensunterhalt verdiene, und zwar einen recht auskömmlichen.

Paradigmatisch für seine rastlose Natur, und übrigens auch für eine Grundkonstante unserer Beziehung, waren unsere gemeinsamen Spaziergänge. Wenn wir zwecks Durchlüftung unseres Geistes in den Englischen Garten gingen oder nach der Arbeit zum Essen gingen oder, zu welchem Behuf auch immer, irgendwohin nebeneinander hergingen, so ging er immer einen halben Schritt voraus. Immer. Nicht einen oder anderthalb Schritt, dann hätte man sich ja nicht mehr unterhalten können, sondern akkurat einen halben Schritt. Ein paarmal machte ich mir den Spaß – um ihn zu ärgern oder einfach, um einen psychologischen Test durchzuführen, ich weiß nicht mehr – und legte, ohne meine Schrittfolge zu erhöhen, einen längeren Zwischenschritt ein, einen einzigen, dergestalt, dass ich nun nicht mehr einen halben Schritt hinter ihm ging, sondern im Gleichschritt exakt neben ihm und mit exakt der von ihm vorgegebenen Geschwindigkeit. Worauf er, ohne meinen Trick bemerkt zu haben und übrigens auch ohne seinen Redefluss zu unterbrechen, ganz instinktiv seine Schrittfolge erhöhte, um wieder einen halben Schritt vor mir zu sein. Ich wiederholte den Trick zwei-, dreimal, immer mit demselben Resultat, was zur Folge hatte, dass wir nun gemeinsam – sei's auf gleicher Höhe, sei's versetzt – mit einer sich sukzessiv erhöhenden Geschwindigkeit einherschritten, so lange bis er außer Atem kam, abrupt stehen blieb und mich anherrschte, ich solle gefälligst nicht so schnell gehen, da komme er ja kaum noch hinterher – obwohl er doch nie hinter mir gegangen und immer derjenige gewesen war, der den Takt vorgegeben hatte.

Dies vorandrängende, stets initiative Temperament hatte bei der Arbeit, beim Gespräch und beim freundschaftlichen Umgang etwas Mitreißendes, ja Beflügelndes, zumal für den Jüngeren, der eher von vorsichtig zaudernder, gar phlegmatischer Art war. Manchmal aber, ich kann es nicht verleugnen, war es anstrengend. Sehr sogar. Wenn wir bisweilen wochen- oder monatelang fern der Heimat in gemieteten Häusern zusammenwohnten, um uns – das war die Absicht – ausschließlich dem Drehbuchschreiben zu widmen, wenn aber nebenher oder, besser gesagt, gleichzeitig aus geringstem Anlass endlose Streitereien mit Ehefrau zwei oder drei vom Zaun gebrochen wurden, dazu Auseinandersetzungen mit Handwerkern stattfanden, lange Telefonate, deren Zeuge man lieber nicht hätte sein wollen, erbitterte Diskussionen über die richtige Schnittstärke von gekochtem Schinken etc. – und all das mit derselben Intensität und demselben Engagement, das er auch bei der eigentlichen Arbeit an den Tag legte –, dann mochte es wohl vorkommen, dass der durchaus anders konstituierte Partner nicht mehr mithalten konnte. Seine um Beruhigung und Ausgleich bemühten Kräfte hatten sich erschöpft, und er musste in sein Kämmerlein oder hinaus ins Freie fliehen, zum Einkaufen oder in ein stilles Café, einfach um wenigstens für eine Weile der Präsenz dieses angespannten Menschen entzogen zu sein und wieder zu sich selbst zu finden.

Er hat es mir nicht übel genommen. Er hat es verstanden, weil er sehr wohl wusste, dass er für andere anstrengend sein konnte, manchmal bis zur Unerträglichkeit. Zugleich wusste er aber auch, dass er nicht anders sein konnte, als er eben war. Ich habe einige Jahre gebraucht, um das herauszufinden und zu akzeptieren. Er übrigens auch, was meine Eigenheiten und Schrullen betraf. Siesta, beispielsweise, eine Dreiviertelstunde nach dem Mittagessen. Ihn machte das wahnsinnig, weil er wieder zur Arbeit zurückdrängte und seinerseits unfähig war, eine Dreiviertelstunde der Ruhe zu pflegen: Phasen des Alleinseins, für den einen unabdingbar, für den andern blanker Horror. Wenn er einen Tag lang oder auch nur für ein paar Stunden niemanden um sich hatte, musste er wenigstens unablässig telefonieren. Ich telefoniere eher ungern. Wenn man ins Restaurant ging, musste der eine den Tisch haben, von dem aus er alle anderen Gäste sehen und folglich auch von allen anderen Gästen gesehen werden konnte. Dem anderen wäre ein Platz lieber gewesen, wo ihn keiner sah und er niemand zu sehen brauchte. Wenn der Zeitungsverkäufer hereinkam und die Zeitung auf den Tisch legte, musste er sofort zu blättern anfangen und seine Nase hineinstecken und dies und jenes lesen oder vorlesen. Der andere wäre ganz außerstande gewesen, eine Zeitung zu lesen, wenn eine zweite Person am Tisch saß. Der eine verabscheute jegliche Speise mit prononciertem Geschmack (Rote Rüben, Nieren, Knoblauch, Kutteln, bittere Orangenmarmelade usw.), der andere liebte sie. Der eine legte Wert auf Kleidung, der andere nicht. Der eine fand einen Frauentypus faszinierend, mit dem der andere lieber nichts zu tun haben wollte.

Wenn ich es mir recht überlege, so gab es eigentlich bis auf dieselbe Zigarettenmarke nichts, was wir im Habitus gemeinsam gehabt hätten. Trotzdem konnten wir stundenlang miteinander reden, konnten uns über dieselben Dinge und Personen (auch über uns selbst), aufregen und amüsieren, und waren vierzig Jahre lang miteinander befreundet. Ein Wunder.

Seine Rede hatte etwas Suggestives. Er war ein großer Einreder, Überreder und auch Verführer. Redakteure, Schauspieler und vor allem Frauen können ein Lied davon singen. Wenn er aber spürte, dass man wirklich nicht wollte, was er wollte, sondern eine andere Sache im Sinne hatte, die einem wichtig war, so beharrte er nicht weiter, sondern ließ einen machen und freute sich, wenn die Sache gelang. Er, der bei seinen Frauen eifersüchtig sein konnte bis zur Paranoia, war es in der Freundschaft nie. Er war großzügig, er war hilfsbereit, er war zuverlässig, pünktlich, er war in geschäftlichen und finanziellen Dingen korrekt wie ein Buchhalter, er war diskret. Man mag diese Eigenschaften allesamt zu den Sekundärtugenden zählen, für eine Freundschaft sind sie von kardinaler Bedeutung.

Am Anfang dieser Seiten war die Rede von der Disparität, die der vom Lande Gekommene zwischen Helmut Dietls Erscheinung und seinem Wesen festzustellen glaubte, und die ihn irritierte. Demimondeattitüde und diskursive Ernsthaftigkeit – wie ging das zusammen? Ein Mann, der Gedichte von Villon, Baudelaire, Heine, Lorca, Benn las und liebte – und an seiner Seite eine Frau, deren literarisches Interesse sich in der Lektüre der Klatschspalten von *Bild*- und *Abendzeitung* erschöpfte? Einmal gaben wir Püppilein ein paar Szenen aus einem Drehbuch zu lesen (sie hatte eine kleine Rolle darin). Eine Viertelstunde später platzte sie ins Arbeitszimmer, sagte in höhnischem Ton: »Und ihr wollt Schriftsteller sein? Ihr schreibt ja nur hin, was ihr selber erlebt habt!«, warf uns die Seiten verächtlich auf den Tisch und rauschte hinaus. Wir sahen uns an, hüteten uns, laut zu lachen, und waren uns sofort einig, den Auftritt zwecks späterer schriftstellerischer Verwertung zu notieren.

Je länger ich ihn kannte und je besser ich ihn kennenlernte, desto enger wuchsen die beiden Dietls in meiner Wahrnehmung zu einer einzigen, zwar komplexen, aber in sich stimmigen Person zusammen. Zu erkennen, dass das, was ich Disparität genannt habe, in Wahrheit im naiven, durch Herkommen und Konvention beschränkten Blick des Betrachters lag, dauerte noch etwas länger. Dabei hätte schon die flüchtige Beschäftigung mit den Biografien oben genannter Dichter zur Einsicht führen können, dass öffentlicher Auftritt, private Präferenzen und künstlerische Rigorosität niemals eine gefällige Einheit bilden. Auch Heine, der ihm der Liebste war, hatte sein Püppilein, genannt Mathilde, die sich nur für Klamotten und Tanzen interessierte und nicht die geringste Ahnung hatte, wer er war und was er trieb. Er sei ein guter Junge gewesen, sagte sie nach seinem Tod, aber Grips habe er nicht viel im Kopf gehabt, dauernd habe er Verse geschrieben, die hätten aber nicht viel getaugt, denn er sei ja nicht einmal selbst damit zufrieden gewesen … Aber ich schweife ab und will zum Ende kommen.

Zwölf Tage vor seinem Tod haben wir uns zum letzten Mal gesehen. Er lag im Bett, halb aufgerichtet, gestützt von unzähligen weißen Kissen. Es gibt Bilder des alten Heine mit blassem, magerem Gesicht und grauem Bart. So sah er aus. Die Szenerie hatte freilich gar nichts Matratzengruftiges, es war hell im Zimmer, alles in penibelster Ordnung und von blinkender Sauberkeit. Die späte Märzsonne schien zum Fenster herein, ein fast heiteres Ambiente. Wir unterhielten uns zwei Stunden lang wie früher, sprachen über alles und jedes, lachten auch und machten kleine Witze. Wir sprachen auch über den Tod, aber nur als Hypothese, obwohl wir wussten, dass er eine imminente Gewissheit war.

Als ich aufbrach, bat er mich, die Vorhänge ein wenig zuzuziehen, da ihn die untergehende Sonne blendete. Es waren Raffvorhänge, die man herablassen konnte, indem man an bestimmten Schnüren zog. Er überwachte und dirigierte alles aufs Genaueste. Dann wollte er noch, dass ich ein Fenster öffnete, aber nicht zu weit. Das Fenster hinter dem Vorhang? – Nein, natürlich nicht. Das andere, drüben! Die große Schiebetür zum Nebenraum stand offen, er konnte ihn zum größten Teil von seinen Kissen aus überblicken. Da waren zwei Fenster. Ich ging zum linken. – Nein, das andere, rechts! Aber nicht zu weit! Ich ging zum rechten und öffnete es einen Spalt weit. – Ein bissel weiter! … Noch weiter … nein, zurück … halt! Genau so ist's richtig. Danke! – Wir verabredeten uns für den nächsten Tag zur selben Stunde, dann ging ich.

Am nächsten Vormittag rief er mich an, er sprach sehr langsam, es tue ihm leid, sagte er, ich könne heute nicht kommen, er müsse den Termin absagen, er habe zu viel um die Ohren, Arzt, Krankenpfleger und das ganze G'schiss … nächste Woche vielleicht. – Dann bis nächste Woche! – Genau. Mach's gut!

Das war's. Was bleibt, ist neben der Melancholie, die mich befällt, wenn ich an ihn denke, immer noch, bis auf den heutigen Tag, die Verwunderung über diese sehr, sehr unwahrscheinliche Freundschaft. Montaigne, der nach dem Tod seines Freundes La Boëtie gefragt wurde, worin der Grund und das Wesen ihrer Freundschaft gelegen habe, gab die lapidarste aller Antworten: »Parce que c'était lui, parce que c'était moi«, zu Deutsch: »Weil er es war, weil ich es war.«

Personenglossar

Fritz Greiner

Der Großvater von Helmut Dietl, der eigentlich Friedrich Dietl hieß und 1879 in Wien geboren wurde, begann seine schauspielerische Laufbahn an verschiedenen Bauerntheatern und war während des Ersten Weltkriegs am berühmten, 1892 gegründeten Schlierseer Bauerntheater engagiert. Für seine Karriere nahm er 1918 den Künstlernamen Fritz Greiner an und ging im selben Jahr nach München, wo er von der Filmgesellschaft Münchner Lichtspielkunst engagiert wurde. Bereits Ende der 1910er-Jahre war er in Filmen mit Titeln wie »Der Jäger von Fall«, »Der schwarze Jack« und »Das Opfer der Isis« zu sehen. In den 1920er-Jahren avancierte er zu einem vielbeschäftigten Neben- und manchmal auch Hauptdarsteller in unzähligen Stummfilmproduktionen. Er verkörperte stets kraftvolle, zuweilen dämonische, zuweilen heldenhafte Charaktere. Seine bedeutendsten Rollen waren die Titelfiguren des Wallenstein und des Andreas Hofer in den gleichnamigen Produktionen 1924/25 und 1929. Er starb 1933 in München.

O. W. Fischer

In der Zeit des deutschen Nachkriegsfilms war O. W. Fischer *der* männliche Filmstar schlechthin in Deutschland. In mehr als 40 Filmen eroberte der Österreicher in den 1950er- und Anfang der 1960er-Jahre ein Millionenpublikum und avancierte neben Curd

Jürgens zum höchstbezahlten deutschsprachigen Filmschauspieler. Sein Name erhielt ein solches Gewicht, dass ihm ein Mitspracherecht eingeräumt werden musste, auf Art und Anlage seiner Rollen Einfluss nehmen zu dürfen. Seine aristokratische und distanzierte Erscheinung gepaart mit Selbstironie wurde für seine Spielart charakteristisch. Zu seinen populärsten Filmen gehören »Peter Voss, der Millionendieb« (1958), Johannes Mario Simmels Romanverfilmung »Es muss nicht immer Kaviar sein« (1961) und »Ludwig II.« unter der Regie von Helmut Käutner. (1954). O.W. Fischer starb 2004 in Lugano.

Ugo Dossi

Ugo Dossi, geboren 1943 in München, ist ein deutscher Maler und Objektkünstler. Er studierte an der Akademie der Bildenden Künste in München und an der Accademia di Brera in Mailand. Durch seine multimedialen Installationen verschaffte sich Ugo Dossi internationales Renommee. So nahm er 1977 an der Documenta 6 und 1987 an der Documenta 8 in Kassel teil, 1986 und 2011 waren seine Arbeiten auf der Biennale in Venedig zu sehen. Daneben war er mit seinen Werken in zahlreichen Einzel- und Gruppenausstellungen vertreten. Ugo Dossi befasst sich vor allem mit den Grenzbereichen zwischen Kunst und Psychologie sowie Kunst und Wissenschaft.

Fritz Arnold

Fritz Arnold (1916-1999) war ein deutscher Journalist und Lektor und prägte das Literaturleben in der Bundesrepublik 40 Jahre lang entscheidend mit. Er studierte Literatur- und Kunstgeschichte, war nach dem Krieg Redakteur der Zeitschriften »Prisma«, »Thema« und »Perspektiven und seit 1952 zugleich Lektor beim S. Fischer Verlag. 1956 wechselte er als Lektor zum Insel Verlag und übernahm die Verlagsleitung, 1965 bis 1981 war er langjähriger Cheflektor des Carl Hanser Verlages. 1998 erschien seine Autobiographie »Freundschaft in Jahren der Feindschaft«.

Fatty George

Der Klarinettist, der eigentlich Franz Georg Preßler hieß, war über Jahrzehnte einer der Eckpfeiler der europäischen Jazz-Szene. Geboren wurde Franz Georg Preßler 1927 in Wien. Er studierte am Konservatorium und an der Musikakademie Wien. Unmittelbar nach dem Krieg begann seine Leidenschaft für den amerikanischen Sound des Traditional Jazz. Neben seinem Ruf, zu den besten Jazzklarinettisten Europas zu gehören, machte sich der Wiener auch als Gründer von Jazzklubs einen Namen. 1958 eröffnete er in Wien »Fatty's Saloon« – damals Europas größtes und berühmtestes Jazzlokal, wo er auch Jamsessions mit internationalen Jazzgrößen wie Lionel Hampton oder Ella Fitzgerald veranstaltete. Er starb 1982 in Wien.

Elfie Pertramer

Elfie Pertramer, geboren 1924 in München, war eine bayerische Ausnahmekünstlerin. In den 50er- und 60er-Jahren war sie ein Star, die bayerische Antwort auf Sophia Loren und Marylin Monroe, die sie hinreißend parodieren konnte. Sie war Sängerin, Schauspielerin, Autorin und Regisseurin. Zu Beginn ihrer schauspielerischen Tätigkeit trat sie als Kabarettistin in den Münchner Kabaretts *Wespennest* und *Bunter Würfel* auf. Danach drehte sie zahlreiche Filme, u.a. mit Heinz Rühmann, Willy Fritsch, Grete Weiser, Heinz Erhardt, Hans Clarin, Hans Moser oder Georg Thomalla, und war als Volksschauspielerin aktiv. Ihre eigene Fernsehserie »S'Fensterl zum Hof«, die Anfang der 1960er-Jahre dem Zuschauer Einblick in das Leben in einem Münchner Hinterhof bot, war ein Straßenfeger und ist heute ein Klassiker. Sie starb 2011 in München.

Walter Sedlmayr

Walter Sedlmayr, geboren 1926 in München, war einer der großen bayerischen Volksschauspieler. Kaum einer hat den bayerischen Grantler besser verkörpert als er. Angefangen hatte Walter
Sedlmayr seine Karriere als Theaterschauspieler. Ende der 1940er-
Jahre kam er zum Fernsehfilm. Zu seinen populärsten Produktionen zählten »Münchner Geschichten« (1974–1975, unter der
Regie von Helmut Dietl), »Reisen mit Walter Sedlmayr« (1976–
1982), »Polizeiinspektion 1« (1977–1988) und »Der Schwam-
merlkönig« (1986–1987). Der brutale Mord an Sedlmayr 1990
hatte die umfangreichste Spurensicherung der deutschen Krimi-
nalgeschichte zufolge.

Towje (Wolfi) Kleiner

1948 geboren als Sohn jüdischer Eltern, die den Holocaust überlebt hatten, wuchs der Schauspieler und Drehbuchautor in Israel, Schweden, Kanada, England, Argentinien und Deutschland
auf. Sein Bühnendebüt gab Kleiner 1967 am Yiddish Theatre in
Israel, wo er bis 1969 tätig war. In Deutschland wurde er einem
breiteren Publikum Anfang der 1980er-Jahre mit der Hauptrolle
in Helmut Dietls Fernsehserie »Der ganz normale Wahnsinn«
bekannt. Diese Serie brachte ihm den Ehrentitel »bayerischer
Woody Allen« ein. Zuvor spielte er schon in Dietls »Münchner
Geschichten« (1974) die Rolle des singenden Taxifahrers Ach-
med. 1994 spielte er in der Pumuckl-Verfilmung »Pumuckl und
der blaue Klabauter« sowie in der Pumuckl-Fernsehserie »Pu-
muckls Abenteuer« den Koch Odessi. In seinen letzten Lebens-
jahren zog sich Kleiner zurück und verbrachte viel Zeit in Israel,
wo er Schauspielunterricht gab. Towje Kleiner starb 2012 im Alter von 63 Jahren.

Cleo Kretschmer

Cleo Kretschmer, geboren 1951 in Thalberg, ist eine deutsche Schauspielerin, Drehbuch- und Romanautorin. Als Schauspielerin wurde sie von Regisseur Klaus Lemke entdeckt. Der Durchbruch gelang Kretschmer 1975 in der Fernsehkomödie »Idole«, für die sie selbst das Drehbuch schrieb. In den Jahren 1976 bis 1981 und dann noch einmal 1995 machte sie Lemke zur Hauptdarstellerin seiner Komödien. Für ihre schauspielerische Leistung in »Amore« erhielt Kretschmer 1978 den Fernsehfilmpreis der Deutschen Akademie der Darstellenden Künste. 1984 veröffentlichte sie mit »Herzschmerz« ihren ersten Roman, dem bald weitere Bücher folgten. Cleo Kretschmer lebt heute in Oberbayern.

Helmut Berger

Helmut Berger, geboren 1944 in Bad Ischl, Österreich, zählte in den 1960er- und 1970er-Jahren zu den populärsten Stars des europäischen Kinos. Als künstlerisch herausragend gilt seine Zusammenarbeit mit dem italienischen Regisseur Luchino Visconti, mit dem er auch in einer Beziehung lebte. Durch seine Rollen u. a. in »Die Verdammten«, Der Garten der Finzi Contini« und »Ludwig II.« wurde er zu einem der wenigen deutschsprachigen Weltstars. Außerdem modelte er für Modezeitungen und zierte als erster Mann überhaupt das Cover der Zeitschrift Vogue. Nach dem Tod Viscontis 1976 stürzte Helmut Berger ab. Seine persönlichen Probleme – Trauer um den Lebensgefährten, Alkohol- und Drogensucht – gipfelte in einem Selbstmordversuch. In der Folgezeit fasste Berger nie wieder richtig Fuß.

Boy Gobert

Geboren 1925 in Hamburg, kam Boy Gobert nach einigen Theaterengagements 1954 zum Film, wo er vor allem auf das Rollenfach von Dandys, Snobs und Bonvivants festgelegt war. »In über 50 Filmen der Nierentischzeit juxte Gobert näselnd und blasiert durch das Land des Lächelns«, schrieb *Der Spiegel* im Nachruf auf Gobert 1986. 1969 übernahm er die Intendanz des Hamburger Thalia-Theaters, das er bis 1980 mit gehobenem Boulevard-Programm erfolgreich führte.

Er selbst spielte unter namhaften Regisseuren Rollen der Weltliteratur, darunter Shakespeares *Richard III.* und Goethes *Faust.* Im Jahr 1980 wechselte er als Generalintendant an die Staatlichen Schauspielbühnen Berlin. Mit 60 Jahren lieferte Boy Gobert als windiger Konsul in Helmut Dietls »Kir Royal« 1986 sein letztes schauspielerisches Kabinettstück ab. Mit der Spielzeit 1986/87 sollte er die Direktion des Wiener Theaters in der Josefstadt übernehmen, starb jedoch überraschend noch vor der Spielzeiteröffnung in seinem Haus in Wien-Neustift am Walde.

Helmut Dietl/Benjamin von Stuckrad-Barre. Zettl – unschlagbar
charakterlos. Taschenbuch. Verfügbar auch als ▪Book

»Und dann scheißt du ihn glei mit die Klickzahlen zu«

Helmut Dietl und seinem Co-Autor Benjamin v. Stuckrad-Barre ge-
lingt mit »Zettl – unschlagbar charakterlos« eine großartige Satire
auf die Reichen und Mächtigen, die Schönen und Schamlosen, die
Halbprominenten und Volltrottel der Berliner Republik.